하고, 하고, 또 하라.

끝까지 하라.

너는 마침내 너의 인생에 올라타

완벽한 웃음을 웃게 될 것이니

그것은 세상에 존재하는 가장 멋진 싸움이다.

_찰스 부코스키의 〈끝까지 가라〉 中

어른이라는 혼란

어른이라는 혼란

인생의 망망대해에서
표류하는 당신을 위해

박경숙 지음

"길이 끊어진 곳에서 살길이 생기고,
삶이 꽉 막힐 때 우리는 극적으로
변할 수 있다."

와이즈베리
WISEBERRY

인생을 표류하게 만드는 '혼란'

"인생의 중반기에 올바른 길을 벗어난 내가
눈을 떴을 때, 캄캄한 숲속에 있었다.
그 가열하고도 황량한 숲을 입에 담기조차 괴롭다.
생각만 해도 몸서리쳐진다.
그 괴로움이란 진정 죽음과도 같은 것이다."

_단테, 〈신곡〉 중에서

인생을 늪에 빠진 것처럼 만들어버리는 마음의 문제 중 '혼란'이라는 것이 있음을 알고 있는가? 내가 단테의 숲을 처음 경험한 것은 학습된 무기력을 겪을 때였다. 중년의 어느 날 예기치 않은 '학습된 무기력'을 만났을 때 나는 단테가 말한 캄캄한 숲이 내가 겪는 절망을 정확히 묘사한다고 느꼈다. 학습된 무기력은 가도 가도 끝나지 않는 사막을 걷는 것과 같았다. 10여 년의 고통을 지나서야 겨우 무기력을 처리할 수 있었다. 그러나 그게 끝이 아니었다. 무기력의 사막, 그 끝에서 '저항'이라는 또 다른 복병을 만났다. 나는 무기력에서 겨우 찾은 기력을 나 자신을 막는 데 쓰고 있었다.

무언가를 해야 하는데 하지 않는 증상, 바로 프로이트가 말했던 저항resistance이었다. 그건 벽이었다. 도저히 넘을 수 없는 거대하고 튼튼한 강철벽이 내 앞에 버티고 있는 듯했다. 저항은 '작가의 장벽'으로 다가왔고 오랜 시간 글을 쓰지 못했다. 저항을 이길 힘을 스스로 만들며 두 번째 책을 낸 후 한동안 자유로움을 느꼈다. 드디어 내가 내 인생의 주인이 된 것 같았다. 이후 나는 니체가 말한 완전한 어린아이로 살 수 있으리라 생각했다.

그러나 내 안의 아이는 또 다른 문제에 봉착했다. 아이가 만드는 충동적인 자유가 방종이 되면서 혼란스러운 상태로 빠져들었다. 이번에는 늪이었다. 무기력은 사막, 저항은 벽이었다면 혼란은 늪이었다. 이전과 달리 힘을 쓸수록 점점 더 늪에 빠져들었다. 나는 늪에서 도저히 빠져나올 수 없었다. 무질서는 나를 계속 표류하게 만들었다. 자유가 클수록, 뭔가를 하면 할수록 혼란은 심해졌다.

혼란을 겪으며 내가 내린 잠정적 결론은 이 혼란이 엔트로피entropy 증가라는 자연 법칙 때문에 생긴다는 것이었다. 질서를 찾으면 혼란이 끝날 것이라 생각했다. 그러나 나는 늪을 우습게 본 것이었다. 한두 번의 질서 회복만으로는 해결되지 않았다. 훈련이 필요했음을 모른 채 표류하며 5~6년을 보냈다. 《문제는 무기력이다》를 출간하기 이전에 10년, 이후에 10년 이렇게 거의 20년 세월을 제대로 살지 못했다.

자연계의 모든 생명체가 혼란을 마주할 수 있다. 혼란은 어린아이 같은 삶을 살아가려는 자유로운 이가 만날 수 있는 세 번째 복병이다. 혼란을 만나면 고장 난 보트처럼 이리저리 표류한다. 모든 게 엉망진창이고 뒤죽박죽된다. 일상은 혼란스럽고, 삶은 무질서해진다. 해결책은 보이지 않고 노력할수록 더 혼란스러워져 "이번 생은 망했다. 내가 말아먹었다"라는 생각만 들기도 한다.

혹시 당신은 지금 표류하고 있는가? 길이 보이지 않아 곤혹스러운가? 길을 잃은 느낌, 출발할 때는 분명 목적지가 있었던 것 같은데 중간에 목표가 사라져버리진 않았는가? 설사 목표가 희미하게 기억난다 해도 이정표가 보이지 않아 막막하지는 않은가? 어디로 가야 할지, 어떻게 가야 할지, 자신이 누군지조차 잊은 채 헤매고 있지는 않은가? 길을 잃어 자신이 어디쯤에 있는지조차 알 수 없어 그냥 여기서 딱 죽는 게 낫다고 생각되지는 않은가? 그렇다면 엔트로피 증가에서 오는 '혼란'을 의심해보길 바란다. 자연 법칙이 당신을 그리 만들었다.

인생에 한두 번은 무질서의 저주, 혼란의 늪에 빠질 수 있다. 하지만 꽤 오랫동안 그런 상태 속에 있어야 한다면 그건 산 채로 매장당하는 것과 별반 다르지 않다. 나는 그랬었다. 마음과 의식이 혼란스러웠고 삶은 엉망이었다. 글을 쓰려 해도 한 챕터도 쓸 수가 없었다. 문제해결이 되지 않은 상태로 책을 쓰려 한 것이 실수였다. 머릿속은 정리되지 않았고 글은 엉망이었고 글쓰기가 싫어졌다. 소위 '예술가의 혼수 상태'라고 하는 증상이었다. 뒤죽박죽인 상태로 몇 년을 진흙탕 속을 헤매며 '내 인생은 이렇게 끝나겠구나' 생각했다.

혼란의 늪은 힘을 발휘해 움직일수록 더 깊이 빠져든다. 문제를 해결하려고 벌이는 일들이 더 혼란을 만들어내기 때문이다. 힘을 빼야만 한다. 해결할 수 없는 혼란 속에서 도저히 책을 쓸 수 없어서 계약금을 반납하고 책 쓰기를 완전히 포기하려고 결심할 무렵, 기적 같은 일이 일어났다. 한 줄도 쓰지 못하던 내가 그냥 쓰고 있었다. 늪에서 건져진 것이다. 나 스스로 헤쳐나온 게 아니었다. 힘을 빼고 나니 신이 구해주신 것이었을까? 운명이었을까? 때가 된 것이었을까? 이유가 무엇이든 내 힘만으로 빠져나온 건 아니었다. 그런 이유로 이 책은 늪에 빠진 나를 건져 올린 과정에 대한 인지과학적 보고서이자 신앙 고백서다.

지금 당신이 혼란으로 길을 잃었다면, 먼저 힘을 빼고 다시 길을 찾는 훈련을 나와 함께 해보자. 혼란 속에서 헤맬 때는 무질서가 매우 높은 '고엔트로피' 상태다. 그 혼란에서 힘을 빼고 질서를 찾는 훈련을 할 때, 엔트로피는 점점 낮아지고 마음은 질서를 찾고 의식 수준이 높아진다. 당신이 마음의 문제를 자각하고 그 문제에서 벗어나기 위한 노력을 하는 동안 의식은 높은 수준으로 끌어올려질 것이다. 먼저 힘을 뺀 다음에는 훈련이다. 이 두 가지가 혼란에서 벗어나는 비결이다.

스콧 펙M. Scott Peck 박사는《끝나지 않은 길》의 서두에 "삶은 고통이다"라고 선언했다. 살아갈수록 그 말이 참 맞는다고 느낀다. 삶이 고통으로 바뀌는 근원은 마음이다. 마음이 고통을 계속 만들어내기 때문이다. 우리를 고통스럽게 만드는 많은 문제 중 나는 무기력과 저항, 혼란이 가장 힘들었다. 그래서 세 가지 문제를 차례로 얘기하는 것이다. 특히 혼란이 무서운 이유는 생활의 무질서를 넘어서 인생 자체를 표류하게 만들어 시간 낭비를 하게 만들기 때문이다. 무기력, 저항, 혼란은 순서대로 오기도 하고 함께 공존하기도 한다. 정도의 차이가 있긴 하지만 누구나 이 세 가지 문제로부터 자유로울 수 없다. 프로이트가 말했듯 마음의 문제는 양의 문제이지 질의 문제가 아니기 때문이다. 니체가 말한 정신의 수준인 낙타, 사자, 어린아이는 그 특성 때문에 각각 무기력, 저항, 혼란을 만날 수밖에 없다.

무기력은 우리가 의도치 않게 외부 충격으로부터 배웠던 통제 불가능의 기억이 삶의 곳곳에 학습된 무기력으로 나타나는 현상이다. 이런 독소는 무언가의 노예인 낙타의 삶을 살 때 잘 나타난다. 니체는 "낙타를 벗고 사자가 돼라"라고 말했다. 백수의 왕 사자가 되면 모든 것이 가능할 것 같다. 사자는 힘이 세다. 인생의 주인이 되어 세상을 원하는 대로 살아갈 수 있다. 완전히 자유로울 것 같다. 하지만 사자는 자신의 강한 힘을 자기를 막는 데 쓰기도 한다. 마치 자신에게 저항하는 듯하다.

자신이 해야 하는 일을 하지 않고 버티게 만드는, 자신의 의도에 반항하는 힘은 '내적 저항'이다. 무기력은 외부의 힘이 나를 그렇게 강제로 만든 것이고, 저항은 나의 내부의 힘에서 만들어진다. 그렇다면 혼란은 어디서 올까? 혼란은 자연 법칙이 만든다. 호기심과 충동이 자유가 되고 그 자유가 늘어나 방종이 되면서 엔트로피 증가 법칙이라는 자연의 법칙이 작용해 의식과 뇌에 혼란을 가져온다. 엔트로피가 높아지면 에너지가 떨어져 우리는 점점 더 쓸모없는 사람이 돼가고, 엔트로피가 최대가 되면 죽음만 남는다.

이 책은 앞서 출간한 두 전작에 이어 마음의 문제를 다룬 세 번째 책으로, 각 세 권은 하나의 시리즈로 볼 수 있다. 각각 하나의 챕터를 이루는 한 권의 책이라고 보면 된다. 무기력, 저항, 혼란은 마음속에 늘 공존한다. 우리 마음 안에 낙타, 사자, 어린아이가 함께 살고 있기 때문이다.

무언가를 할 수 있음에도 '할 수 없다'라고 착각하게 만드는 것이 학습된 무기력이라면, 자신이 해내야 하는 가장 중요한 일을 '하지 않고' 버티게 만드는 것은 내적 저항이다. 마지막으로 혼란은 '하기 싫다'는 마음을 준다. 하고 싶은 일이 너무 많아 어떤 것부터 해야 할지 모를 때, 하나의 일을 해내는 중에 다른 일에 마음이 가는 현상, 그리하여 자신이 하고 싶어서 시작한 일이 어느 순간 '하기 싫게' 되는 현상이 바로 엔트로피 증가가 만드는 '혼란'이다.

엔트로피 증가는 에너지의 감소를 가져오므로 무언가를 할 힘도 사라지게 할 뿐만 아니라 하기도 싫어지게 만든다. 의식의 혼란은 재미있던 일도 '하기 싫게' 만든다. 심리적 엔트로피 때문이다. 이 책은 엔트로피 증가 법칙이 만드는 심리적 엔트로피가 의식의 무질서가 되는 과정을 설명한다. 또한 혼란에서 다시 의식의 질서를 찾아 꿈꾸었던 인생의 목표를 향해 행진할 수 있게 해주는 '의식의 자각적 통제' 방법을 다룬다.

1부는 혼란의 증상, 무질서의 양상에 대해 소개하고 2부는 그러한 혼란이 생기는 이유를 설명한다. 3부는 의식의 질서를 찾는 법과 그때 성장하는 의식의 수준을 설명한다. 4부에서는 혼란에서 질서를 만들 때 발생하는 2차 '성장'에 대해 이야기한다. 마음의 성장 모델을 만들기 위해 네 명의 노벨 수상자 이론을 차용했고, 이들의 이론을 결합한 메타코스뮤카Meta-Cos-MEWCA 모델을 제안한다. 내가 차용한 네 명의 노벨수상자는 만프레드 아이겐Manfred Eigen, 에르빈 슈뢰딩거Erwin Schrödinger, 알베르트 센트죄르지Albert Szent-Györgyi, 일리야 프리고진Ilya Prigogine이다. 혼란에서 질서를 찾으면 성장과 진화를 경험할 수 있다.

당신이 혼란의 고통을 겪고 있었다면 오늘 그 늪에서 빠져나올 수 있는 구원이 있기를 기도한다. 먼저 힘을 빼라. 그리고 훈련하라. 그러면 도움이 올 것이다. 나를 늪에서 구하신 '신의 손길'이 그대에게도 닿기를 간절히 기도한다.

박경숙

차례

시장에서 커피를 파는 여자

나는 가끔 재래시장에 간다. 대형 마트에서 구할 수 없는 물건을 보는 것도 재미있지만 사람 구경을 하다 보면 새로운 에너지를 얻게 되는 덕분에 두어 달에 한 번 정도 가는 것 같다. 내가 가는 시장에는 작은 손수레에서 커피를 파는 할머니가 있다. 정확한 연세는 모른다. 70대 초중반 정도이고 남편과 사별했다는 얘기를 들었다. 다른 상인들 말에 따르면 커피 할머니는 젊은 날 서울의 한 호텔에서 레스토랑을 크게 했다고 한다. 또 다른 사람은 할머니가 백화점에서 커피숍을 했지만 그리 오래하지 못했다고 한다.

할머니는 이후 경기도의 한 도시 변두리에서 식당을 했지만 몇 년 안 돼 주인에게 권리금도 못 받고 쫓겨났다. 그러는 사이 가진 돈을 거의 대부분 남편의 병원비로 썼고 결국 남편은 세상을 떠났다. 결혼한 외동딸은 자기 살기 바빠 얼굴을 내비치기도 힘들어했다. 남편이 죽고 난 후 그녀는 모든 의욕을 잃고 엉망인 채 한동안 집 안에만 머물렀다. 우울증과 함께 류머티즘, 고혈압, 고지혈증까지 찾아왔다.

한참을 그렇게 앓던 어느 날, 할머니는 갑자기 자신도 이러다 남편 따라가겠다는 생각이 들었다고 한다. 할머니는 살기 위해, 살아야 하므로 시장 바닥으로 다시 나왔다. 모든 것을 잃었고, 몸은 아프고, 남편도 없고, 자식에게 의탁하지도 못하지만, 이대로 죽을 수는 없어 커피라도 팔아야겠다고 결심한 것이다.

다행히 손수레를 공짜로 얻어 큰 보온병과 믹스 커피 한 박스, 종이컵을 싣고 류머티즘에 시달리는 무거운 몸을 이끌고 시장으로 나왔다. 언젠가 내게 커피를 주시며 자신은 그래도 폐지 줍는 노인보다는 낫지 않느냐고 하셨다. 할머니는 새벽에 나와 밤 8시까지 커피를 탄다. 하루 수입이 얼마인지는 모르지만 어쨌든 할머니는 매일 시장으로 나왔다. 커피 파는 것이 폐지 줍는 것보다는 낫다고 하신 말씀이 집으로 돌아오는 내내 머릿속에서 사라지지 않았다.

우리도 폐지 줍는 노인이 될 수 있다. 아무리 많이 가졌고 어떤 직업을 가지고 공부를 제아무리 많이 했어도 예외는 없다. 정신 차리고 살지 않으면 어느 날 몰락한 자신을 마주할 수 있다. 늙어서 깨닫게 되면 먹고 살기 위해 가장 밑바닥에서 할 수 있는 일, 폐지 줍는 그런 일을 해야 할지 모른다. 커피 파는 할머니는 미래의 내 모습일 수 있고 당신의 자화상일 수 있다. 그녀는 왜 호텔 레스토랑을 지키지 못했을까? 백화점 커피숍은 왜 그만두고 식당을 차렸을까?

할머니가 자신의 몰락을 상상하지 않았듯, 우리도 당연하다고 여긴 것들이 사라지는 비극을 만날 수 있다. 그때 이전과 달라진 자신을 보며 절망한다. 재기불능! '이제 끝났구나'라고 생각할 것이다. 그리고 더 이상 뭔가 하기가 싫어진다. 그러면 더 못 하게 된다. 악순환이 시작되는 것이다. 인간은 가만히 있으면 점점 쓸모가 없어진다. 엔트로피가 증가하기 때문이다. 엔트로피 증가라는 자연 법칙에 휩쓸리도록 자신을 내버려두면 우리도 폐지나 줍다 인생을 끝내야 할지 모른다. 이 책은 우리의 말년이 그리 되지 않게 하기 위해 시작됐다.

PART 1

혼란의 증상

무엇을 먼저 해야 할지 정신이 없다

사십이 넘은 남자들은 한밤중에 일어나서 도시의 불빛을 쳐다보고는
인생이 왜 그리도 긴지 의아해하고 어디서 길을 잘못 들어섰는지 생각한다.
-에드 시스맨-

에드 시스맨이라는 시인의 말은

인생의 중반기에 지옥과 연옥을 보게 된 서른다섯 살의 단테가

《신곡》의 첫 문장으로 남긴 바로 그 증상,

캄캄한 숲속에 있는 듯한 느낌과 상황을 닮았다.

이런 증상을 가진 사람은 오늘도 군중 속에서 차고 넘치게 만날 수 있다.

당신은 어떤가?

1

혼란으로 괴로운 사람들

심리적으로 혼란이 생기면 생각과 목표가 수시로 변하고, 자신이 하고 싶었던 일이 하기 싫어진다. 할 일을 하지 않는다는 생각에 우울과 죄책감에 빠지고 권태, 무기력, 수치심, 분노 등 온갖 감정적 고통을 겪는다. 일상생활 역시 무질서해져서 삶은 혼란스러워진다. 혼란으로 힘들어하는 이웃의 모습을 먼저 알아보자. 그 속에서 당신이 보일지 모른다.

늘 정신이 없다는 미혼 직장인

H건설에 근무하는 여성 A는 마흔여덟 살로 미혼이다. 결혼 생각은 없고, 여든다섯 살의 어머니와 창원시에 살고 있다. 직장이 건설 현장이므로 한곳에서 오래 일하지 않고 여기저기 옮겨다녀야 한다. 그래도 가급적이면 집 근처 현장에서 일하려고 했다. 15년여 동안 그럭저럭 출퇴근이 가

능한 사무실에서 일했다. 그런데 2년 전부터 부산 기장군 토목 공사 현장에 발령이 나서 어쩔 수 없이 엄마 집을 떠나 회사에서 제공하는 숙소에 거주하며 근무 중이다.

매주 월요일 새벽이면 기장으로 가서 일하고 금요일 퇴근 후에는 창원에 있는 엄마집으로 향한다. 그런데 어느 날부터 A는 정신이 없다는 느낌을 자주 받곤 했다. A의 업무 자체가 관리직이라 현장 전체를 총괄해 통솔해야 하고, 급여와 거래처와의 금전 거래 모두를 다 관리해야 한다. 금전 출납 관리 시스템은 단 하나의 오류도 허용하지 않으므로 늘 신경이 곤두서 있다. 특히 월 마감 날이면 다른 직원들이 다 퇴근해도 혼자 마무리를 지어야 해서 일하는 내내 외롭기도 하고 스트레스도 많이 받는다. 게다가 일의 양이 혼자 감당하기에는 너무 많다고 느껴져 매일 투덜거리면서 늦은 퇴근을 한다.

주중에는 아무도 없는 숙소에서 맵고 짠 음식으로 스트레스를 풀고 간신히 세탁기를 돌리고 걸레질을 마치고는 화장도 못 지운 채 쓰러져 잔다. 새벽에 일어나 얼굴을 닦고 다시 잠이 드는 날이 많다. 다음 날 퉁퉁 부은 얼굴로 간신히 일어나 대충 아침을 해결하고 좀비 같은 모습으로 끌리듯 회사로 향하기 일쑤다. 주말만 기다리지만 주말에 집에 가도 할 일이 많아 늘 머릿속이 복잡하다. 이번 주말에도 할 일이 태산이라 벌써부터 머리가 아프다.

엄마는 연세가 많아 늘 허리가 아프니 A가 집안일을 많이 해야 한다. 금요일이 되면 엄마 집으로 퇴근하면서 마트에 들러 장을 본다. 늦은 시간이지만 엄마가 차려주는 밥은 언제나 맛있다. 주말에는 치과에 가서 엄마 틀니를 손봐야 하고 화단의 죽은 나무도 잘라서 버려야 하고 메마른 잔디도 좀 깎아야 한다는 생각에 잠자리에 누워서도 머릿속이 복잡하다.

주5일 근무를 마치고 엄마집에 오면 주말은 또 다른 직장생활처럼 느껴진다. 토요일은 거의 대부분 엄마를 모시고 병원에 가야 한다. 안과, 치과, 내과, 정형외과, 신경정신과를 주기적으로 번갈아 방문해 진료를 받고 약도 받아와야 한다. 가끔 엄마랑 화원에 가서 나무를 사와 정원에 심고, 죽은 나무를 뽑아서 잘라 버리는 일도 하고 재활용 분리 수거도 하며 정신없이 바깥일을 한다.

일요일이 되면 엄마와 함께 다음 주 일주일 동안 먹을 반찬을 만든다. 몇 가지 밑반찬을 만들어 엄마가 드실 수 있게 소분해 냉장고에 넣어두고, 또 숙소에서 먹을 것들을 반찬통에 따로 담아 아이스박스에 담아둔다. 그렇게 일요일을 보내고 나면 월요일에 출근할 걱정이 앞선다. 새벽 3시에 알람을 맞춰서 겨우 일어나 화장하고 엄마와 함께 아침밥을 먹고 짐을 차로 옮긴 다음 5시쯤에 기장 숙소로 출발한다. 한 시간 이상 달려 숙소에 도착해 가져온 반찬과 옷가지를 정리하고 잠시 눕는다. 일주일을 시작하기도 전에 피로감이 밀려오지만 7시 반 알람 소리에 일어나 출근을 하고 또 일주일을 그렇게 보낸다.

A는 이런 생활을 2년째 하고 있다. 늘 바쁘게 살지만 머릿속은 복잡하고 생활이 정리되지 않는다고 느낀다. 그냥 닥치는 대로 사는 듯하다. 장롱 속에 던져둔 옷들도 정리해야 하고 밀린 분리 배출 용품들이 숙소에 굴러다니는 것도 신경 쓰이지만 정리할 힘이 없다. 지금 일하는 현장이 마무리돼 다시 창원으로 갈 수 있기를 바라지만 쉽지 않을 것 같다. 나이

가 많아 이직도 어렵고 더군다나 퇴직도 걱정이다. 원래 독신주의였고 지금도 결혼할 생각은 없다. 다만 바라는 것이 있다면 집에 편히 머물면서 주말에는 운동도 하고 여유 있게 쇼핑도 하고 방 정리도 깔끔하게 하면서 엄마와 재미나게 살고 싶을 뿐이다. 지금은 자신을 잃은 것 같고 정신이 없다. 최근 들어서는 건망증도 심해지는 것 같고 머리가 늘 띵하다. 혈압도 높아졌고 고지혈증약도 먹고 있다.

당신도 혹시 A처럼 살고 있지는 않은가? 이런 식의 쓸려 다니는 삶에 우리 중 누구도 자유로울 수 없다.

6개월 이상 회사를 버티지 못하는 명문대 졸업생

B는 한국 최고의 학부에서 생명공학을 전공했다. 서른한 살로 미혼이다. 고등학교까지 늘 전교 1등이었고 엄마 소원대로 S대를 들어갔다. 그런데 엄마는 B에 대해 만족을 모르는 눈치다. 어릴 때부터 칭찬에 인색했다. S대를 들어가도 칭찬받지 못했고 졸업해서도 마찬가지였다. 졸업 후 첫 직장은 제약회사였다. 6개월 다니다가 도저히 적응하지 못해 사직하고 수능을 봐서 K대 의학과에 들어갔다. 하지만 학비와 생활비 전부를 벌어서 살아야 했으므로 1년 다니다가 휴학을 했고 아직 복학하지 못하고 있다.

돈이 가장 큰 문제다. 얼마 전부터 일본에 사는 친척이 일본으로 오라고 하셔서 그곳에서 취업해볼 생각이다. 일본어 능력 시험에서 원하는 급수도 땄고, 최근 비즈니스 일본어 시험도 봤다. 취업 준비를 하면서도 늘 용돈을 벌어야 하므로 대학 때부터 해오던 과외를 하고 있다. 그러다가 일본에서 취업하는 데 나이가 걸려 일단 직장에 소속돼야 할 것 같아 학습지 교사 생활을 시작했다. 그러나 그곳에서도 도저히 맞지 않아 지국장과 대판 싸우고 3개월 만에 그만뒀다. 생각해보면 B는 직장에서 6개월 이상 버틴 적이 없는 것 같다. 이제 나이도 서른한 살이 됐고 부모님 닦달이 심해지고 있어서 집에서 빨리 독립하고 싶어 한다.

다시 전공을 살릴 수 있는 직장을 찾다 코로나19 바이러스 백신 개발 회사에서 블라인드 채용이 있어서 운 좋게 들어갔다. 직장 위치는 송도이고 집은 수원이라 출퇴근 시간이 많이 걸리는 바람에 원룸 하나를 얻어 혼자 지내는 중이다. 무엇보다 엄마의 잔소리를 듣지 않아 좋다. 지금 다니는 직장은 오래 다니고 싶어 한다. 하지만 그래도 더 나은 조건의 회사가 보이면 언제든 이직할 생각이다.

B는 한국 최고의 학부를 나와 지방 거점 국립대 의대를 다시 입학할 정도로 뛰어난 머리를 가졌다. 문제는 B가 무엇 하나를 진득하게 하지 못한다는 것이다. 입사했다 퇴사하기를 반복한 회사가 열 곳이 넘는다. 의대도 입학했다가 휴학했고 일본 취업 준비도 오래했으나 아직 출국 준비가 안 됐다. 문제는 일본에 가도 또 언제 돌아올지 모른다는 것이다.

다행히 B는 스펙이 좋고 공부 머리도 있어서 취업은 잘되는 편이다. 하지만 한 직장에서 오래 버티지 못하면 점점 상황이 어려워질 수 있다. 한 분야에 뿌리내리지 못하면 조만간 큰 혼란에 빠질 수 있음을 B는 아직 모른다. 자기 능력에 대한 자신감으로 더 나은 조건만 찾아다니다가는 어느 날 더 이상 갈 곳이 없어졌을 때 엄청난 자괴감을 느낄 수 있다.

능력, 외모, 재력, 학벌 등처럼 자신에게 주어진 자산을 제대로 쓰지 못하고 여기저기 분산만 하다가는 어느 날 심각한 혼란에 빠질 수 있다. 자산을 분산하면 남는 게 하나도 없다. 하나에 집중해 승부를 봐야 인생에 남길 것이 있다. 먹고사는 문제가 가장 중요할 수 있지만 그럼에도 돈 버는 일에만 집착하면 인생에 남는 것이 하나도 없을 수 있다. 그러다 보면 어느 날 대혼란에 빠진 자신을 마주하게 된다. 당신은 자신이 받은 것을 제대로 쓰고 있는가? 가진 것을 썩히고 있지는 않은가?

무엇 하나 끝내지 못하는 사람

너무 바빠서 벌여놓은 일을 제대로 마무리하지 못하는 사람이 있다. 당신도 나도 그중 하나일 수 있다. 덴버 신학교 명예총장 고든 맥도널드가 《내면세계의 질서와 영적 성장》에 소개한 한 목사가 그런 사람이다. 맥도널드는 어느 강연에서 자신이 읽은 책을 여러 권 소개했다. 강의가 끝나자 한 젊은 목사가 다가와 말했다.

"아니 어떻게 그렇게 많은 책을 볼 시간을 만들어냅니까? 저는 몇 달 동안 한 권도 읽지 못했습니다. 너무 바빠서 책 볼 틈이 없어요."

맥도널드는 그 목사와 대화를 하면서 그의 문제가 '책 한 권 못 읽는 것'만이 아님을 알게 됐다. 그는 일상의 많은 문제를 마무리 짓지 못한 채 방치하고 있었다. 목회뿐만 아니라 가족 관계, 일상 문제, 심리 상태까지 총체적인 문제를 안고 있었다.

"저는 완전히 무질서한 상태입니다. 아무것도 제대로 하는 것이 없습니다."

목사는 혼란의 늪에 빠졌을 때 보이는 전형적인 현상을 겪고 있었다.

맥도널드는 그가 겪고 있는 혼란의 상태를 자신도 겪었다고 고백하며, 어쩌면 무질서란 그 자리에 참석한 모든 목사의 문제일지도 모른다고 했다. 약속을 지키지 못하는 사람, 시작한 일을 끝내지 못하는 사람, 말만 번지르르하게 하고 행하지 않는 사람, 자기가 정한 규율을 지키지 못하는 사람 등 혼란에 빠진 사람은 도처에 있다고 말했다.

삶이 무질서해지면 생산성이 극도로 떨어진다. 새뮤얼 테일러 콜리지Samuel Taylor Coleridge가 바로 그런 사람이다. 영국 글래스고대학교 교수이자 성서 신학자 윌리엄 바클레이William Barclay는 《바클레이 성경 주석: 마태복음》에서 영국 6대 낭만 시인으로 불리는 콜리지의 훈련되지 않은 삶이 혼란에 빠져 무질서한 사람의 비생산성을 보여주는 전형이라고 말한다.

> 코울리지는 훈련 없는 인생이 빚어낸 최악의 비극을 보인다. 그토록 탁월한 지성이 그렇게 보잘것없이 산 경우는 없다. 군대에 입대하려고 케임브리지대학을 그만뒀다. 말을 손질하기 싫어서 군대를 그만뒀다. 옥스퍼드대학에 다시 들어갔지만 학위를 받지 못하고 그만뒀다. 〈파수꾼The Watchman〉이라는 신문을 발간했지만 10호를 넘기지 못한 채 폐간했다. 사람들은 콜리지에 대해 "그는 할 일을 보면 처음에는 정신없이 덤빈다. 하지만 언제나 미완성인 채로 남겨둔다. 그는 꾸준히 노력하고 집중하는 능력만 빼고는 시인의 자질을 골고루 갖추고 있었다"라고 했다. 콜리지는 이런 말을 즐겨했다. "내 머릿속에는 온갖 책의 원고가 완성돼 있지만 아직 글로 옮기지는 않았다. 이제 곧 원고를 인쇄소로 넘길 생각이다." 그러나 그 책들은 실제로 만들어지지

않았다. 앉아서 그것을 쓸 훈련이 돼 있지 않았기 때문이다. 자기 훈련 없이는 그 누구도 탁월한 인물이 된 적이 없으며, 그러한 인물이 됐다 해도 자기 훈련 없이 그 상태를 계속 유지한 경우는 없다.

콜리지에게서 B의 모습을 엿볼 수 있다. 재능이 독이 되는 사례다. 그 뛰어난 재능과 지성을 무질서하게 사용하며 이것저것 건드려놓고 하나도 완성시키지 않는다면 결국 재능과 지성은 사라져버린다. 이렇게 영국 낭만주의 6대 시인으로 불린 콜리지의 지성도 무질서 앞에 열매 맺지 못한 채 소진돼버렸다. 바클레이가 말했듯 훈련이 가장 중요하다. 혼란에서 질서를 찾는 법은 먼저 힘을 빼고 다음에 훈련을 하는 것이다.

욕망만 따르다 몰락한 오스카 와일드

19세기 후반, 아름다움을 정의나 선보다 더 가치 있게 여기던 유미주의 대표 작가 오스카 와일드Oscar Wilde는 무절제로 점철된 혼란스러운 삶을 살다가 젊은 나이에 비참하게 죽었다. 1854년 아일랜드에서 태어난 와일드는 유명한 안과 의사이자 고고학자였던 아버지와 성공한 작가인 어머니 밑에서 자랐다. 1871년 트리니티대학에서 고전 문학을 공부하고, 1878년 옥스퍼드대학을 우수한 성적으로 졸업했다. 졸업 후 작가가 됐고, 미국으로 건너가 영국 문예부흥과 신이교주의新異敎主義 선양을 위한 강연을 하는 등 작가로서 성공을 거둔다.

그의 문학적 명성은 장편소설 《도리언 그레이의 초상》(1891)을 통해 빛을 발한다. 하지만 소설의 머리말에 쓴 "서적에는 도덕적인 것도 부도

덕적인 것도 없다. 잘 썼느냐 그렇지 않으냐가 문제다"라는 문장이 한 잡지에 공개되면서 세인의 맹비난을 받는다. 이 소설은 잘생긴 청년 도리언 그레이가 쾌락적인 나날을 보내다 한계점에 이르러 자살로 파멸한다는 내용으로, 영화와 뮤지컬로 여러 차례 만들어졌다. "도리언 그레이는 내가 꼭 되고 싶은 인물이다"라고 말한 와일드는 욕망에 끌려다닌 그레이처럼 그 자신도 욕망에 끌려다녔다. 둘은 너무 닮았다.

쾌락만 좇던 와일드는 작가로 전성기를 누리던 1890년대 중반에 스캔들에 휩싸이면서 급격히 몰락한다. 전말은 이렇다. 1891년 와일드는 옥스퍼드대학 출신 스물두 살의 청년 앨프리드 더글러스Alfred Douglas를 만난다. 그런데 더글러스가 그레이의 실사판이라 할 만큼 아름다운 남자였다는 게 화근이었다. 와일드는 더글러스에게 매료된 나머지 희곡을 써서 번 돈을 모두 청년의 사치스러운 생활에 쏟아붓는다. 하지만 두 사람의 부적절한 관계는 더글러스의 아버지인 퀸즈베리 후작에게 발각되고 만다. 퀸즈베리 후작은 두 사람의 행각에 분노한 나머지 1895년 와일드의 문인 클럽을 방문해 "남색가를 자처하는 와일드 씨에게"라고 갈겨 쓴 명함을 두고 나온다. 이후 와일드와 더글러스의 관계는 삽시간에 사교계의 가십거리가 된다.

화가 난 와일드는 퀸즈베리 후작을 명예훼손으로 고소하지만, 오히려 조사 과정에서 와일드가 더글러스에게 쓴 연애편지가 공개되어 퀸즈베리 후작에게 유리하게 작용한다. 설상가상 조사 도중 와일드와 성적 관계를 맺었다는 남창들의 증언이 나왔고, 결국 동성애 혐의를 확정받아 패소하고 만다. 와일드는 1895년 '동성애적 성벽性癖으로 인한 풍기 문란'이란 죄명으로 2년의 실형을 받는다. 그해 그는 파산한다. 이후 아내는 두 아들을 데리고 떠났고 아들들은 아버지가 부끄럽다면서 '와일드'라는 성을 버린다. 그는 모든 것을 잃고 말았다.

와일드는 리딩 교도소에 수감돼 중노동을 하며 더글러스에게 편지를 보냈다. 당시 그가 쓴 편지를 모은 것이 참회록인《옥중기》(1897)로 출간됐다. 또 아내를 살해하고 처형된 기병대원 찰스 토머스 울드리지에 관한 이야기를 듣고서 수감 생활을 마친 후 장시《레딩 감옥의 노래》(1898)를 썼으나 재기하지는 못한다.

1897년에 와일드는 영국을 떠나 파리로 향한다. 한동안 프랑스에서 지내다 이탈리아 여행에서 더글러스와 재회한다. 하지만 더글러스가 수감 생활로 망가지고 파산한 와일드를 떠나면서 두 사람은 영원히 이별한다. 실망만 안은 채 파리로 돌아온 와일드는 가난과 외로움 속에서 몇몇 지인의 도움으로 연명하다가 1900년 11월 30일 파리의 한 초라한 호텔 방에서 뇌막염으로 비참한 삶을 마친다. 그때 나이 겨우 마흔여섯 살이었다.

훌륭한 부모, 두 아들과 아내, 옥스퍼드 출신의 재능 많고 잘생긴 오스카가 아름다운 글을 쓰면서 건전하게 살았다면 그처럼 빨리 몰락하고 죽지는 않았을지 모른다. 하지만 그는 욕망이 이끄는 대로 살았다. 그 방종은 엄청난 혼란의 결과를 낳았다. "모든 것이 가하나 모든 것이 유익한 것이 아니요"라는 고린도전서 속 바울의 가르침처럼 우리에게 허용되는 모든 것이 다 유익한 것은 아니다. 할 수 있는 모든 것을 절제 없이 하게 될 때 누구든 어김없이 혼란의 늪에 빠질 수 있다. 와일드 자신도 욕망을 절제하지 않은 자신을 수치스럽게 생각했다는 것을 그의 고백을 통해 알 수 있다.

> 신들은 내게 거의 모든 것을 주었다. 그러나 나는 나 자신을 무분별하고 육체적인 향락에 빠져들도록 오랫동안 내버려뒀다. 향락이 극치에 달하면 곧 싫증을 느끼고 새로운 흥분거리를 찾아 삶의 밑바닥까지 일부러 내려가보았다. 나를 즐겁게 하는 것이면 어디서나 계속 쾌락을 추구했다. 나는 일상의 작은 행위 하나하나가 우리의 성품을 만들기도 하고 또는 파괴하기도 하며 우리가 밀실에서 행한 일로 인해 언젠가 지붕 위에서 통곡하게 되리라는 것을 잊고 있었다. 나는 더 이상 나 자신의 주인이 아니었고, 더 이상 내 영혼의 선장이 아니었지만 그 사실조차 모르고 있었다. 쾌락이 나를 지배하도록 허용했던 것이다. 끔찍한 수치감 속에서 내 인생은 끝나버렸다.

"쾌락을 추구하다가 수치심 속에 인생이 끝나버렸다"는 와일드의 고백이 내일 우리의 고백이 될 수도 있다. 혼란이 극심해 엔트로피가 최고로 올라가면 수치심이 밀려온다. 와일드처럼 자기 욕망이 이끄는 대로 살면 언젠가 삶이 극심한 혼란에 빠지게 된다. 이후에 만날 마음의 상태는 죄책감이나 수치심, 그리고 절망이다. 인생을 잘못 살았다는 자괴감은 죄책감을 넘어 수치심을 만들어낸다. 정신 치료자이자 영적 지도자인 데이비드 호킨스David Hawkins는 수치심을 의식 수준의 제일 밑바닥으로 본다. 그는 《의식혁명》에서 수치심이 심해지면 스스로 자신을 없애버리고 싶은 마음이 생겨 그 절망으로 죽음이 올 수 있다고 말하고 있다.

"나는 더 이상 내 영혼의 선장이 아니었다"라는 와일드의 고백에서 엔진이 고장 난 채 표류하는 배를 보는 듯하다. 혼란의 늪에 빠지면 표류하는 배처럼 도저히 가고자 하는 곳에 갈 수 없다. 이에 대해 맥도널드는 '이 시대 가장 격렬한 전쟁터는 개인의 내면 세계'라고 말하며 영성 회복으로 그 문제를 풀라고 조언한다. 하지만 종교가 없는 사람은 그 무질서를 어떻게 처리해야 할지 막막할 수 있다.

우리를 이끄는 욕망은 다양하다. 와일드가 취한 쾌락과 동성애뿐만 아니라 돈, 명예, 성공, 소유물, 아름다움 등을 과도하게 추구할 때 과욕은 어느 순간 혼란을 부르고 자신을 통제하지 못하게 만든다. 결국 더 이상 스스로 자기 영혼의 선장이 아닌 꼴이 될 수도 있다. 더 많은 돈, 더 높은 지위, 더 좋은 학력, 더 많은 인간관계, 더 바쁜 일정 등을 추구할 때 삶을 끌고 가야 할 인자가 많아져 극심한 혼란을 야기하고 그로 인해 결국 삶 전체가 무너질 수 있다.

쫓는가? 쫓기는가? 쫓기면 곧 혼란이 올 것이다

당신은 일을 먼저 해버리는 사람인가? 아니면 임박해서 쫓기듯 하는 사람인가? 늘 무언가에 쫓기는 사람은 정신이 없어질 수밖에 없다. 늘 쫓기는 사람은 숙제나 보고서 작성을 제출 마감일이 다가올 때까지 하지 않는다. 계속 버티다가 전날 오후쯤에 겨우 시작한다. 결국 허둥대며 대충 마무리하거나 사정해 제출 날짜를 미룬다. 월세를 절대 당일에 내지 않고 미룬다. 임대인이 월세 미납을 통고하면 그제야 이삼 일 뒤에 주겠다며 미안하다고 말한다. 그러나 약속한 날이 다가와도 그냥 지나가기 일쑤다. 또 임대인이 연락을 하면 그제야 마지못해 입금한다. 이런 일이 몇 번 반복되면 임대인은 법적 절차를 진행한다. 내용 증명을 받고 나서야 정신이 번쩍 든다. 그러나 또 몇 달 뒤에 같은 행동을 반복한다.

자신이 해야 할 일을 미리 하지 않고 미루며 시간이 지난 뒤에야 마무리하는 사람들은 일반적으로 충동에 잘 이끌려다니는 사람들이다. 그 순간에 끌리는 대로 취미 생활도 하고 기분에 따라 지인에게 전화해 쓸모없는 잡담을 하다가 갑자기 충동적으로 인터넷 쇼핑을 하기도 한다. 자신의 형편에 과한 자동차를 할부로 사기도 하고 여행도 계획 없이 떠난다. 직장을 쉽게 들어가기도 하지만 쉽게 그만두기도 한다. 사회 활동, 운동, 식이요법 등도 충동적으로 한다.

이런 사람들은 뭔가를 바쁘게 하지만 그들의 행위에서 일관된 질서나 훈련 흐름을 찾을 수 없다. 인생을 계획하고 달리는 사람이 아니라 뭔가에 쫓기는 사람이기 때문이다. 목표를 세우고 계획과 절차에 따라 움직이는 사람을 '쫓는 사람'이라고 한다면 이들은 '쫓기는 사람'이다. 당신은 쫓는 사람인가? 쫓겨다니는 사람인가? 뭔가에 쫓기는 사람이라면 그를 쫓는 많은 인자parameter들로 인해 곧 혼란에 빠질 수 있다.

어린 시절의 어떤 상처가 자신을 쫓겨다니는 사람으로 만들기도 한다. 독일 출신의 미국 심리학자 에릭 에릭슨Erik Homburger Erikson이 그런 부류다. 에릭슨의 딸인 수전 에릭슨 블로랜드Susan Erikson Bloland는 아버지가 "영향력 있는 인물이 되려고 쫓겨다니다시피 했다"고 고백했다. 그런데 스위스 의사 폴 투르니에Paul Tournier는 에릭슨이 그렇게 된 이유 중 하나가 어린 시절 부친의 부재라고 분석한다.

에릭슨은 어머니가 친부에 대해 한 번도 말해주지 않은 탓에 친부가 누군지 몰랐다. 그는 아버지를 몰랐지만 마음속 깊은 곳에서는 늘 '자신이 성공하면 친부가 나타나 칭찬해줄 것'이라는 상상을 했다. 그의 딸은 아버지가 성공하기 위해 쫓기듯 살았다고 증언했다. 투르니에도 《상실과 고통 너머》에서 누군가 쫓겨다니는 사람이 되는 이유 중 하나로 에릭슨처럼 어린 시절에 경험한 심각한 상실감이나 수치심을 거론한다.

투르니에는 수많은 유명인과 정치 지도자들이 고아였다는 점을 지적한다. 그들은 부모의 친밀한 사랑이 결핍된 환경에서 자랐고 그로 인해 대중의 사랑으로 보상을 받으려 한 것이 그들을 성공으로 이끌었다는 것이다. 권력을 향한 욕망의 배후에는 결핍된 사랑에 대한 욕구가 도사리고 있을 수 있다. 다시 말해 그들은 부족한 사랑을 자기 내면에서 채우지 못한 채 외부의 무언가를 통해 끝없이 갈구한 것이다. 이들처럼 결핍을 통해 성공까지 갈 수도 있으나, 더 심해지면 혼란에 빠지고 애써 이룬 것조차 잃을 수도 있다.

혼란에 빠지기 쉬운 사람의 특징

혼란에 잘 빠질 수 있는 사람에겐 어떤 특징이 있을까?

무엇인가를 성취했을 때만 만족을 느낀다

어린 시절 무언가를 완수했을 때 칭찬과 인정을 받았던 기억이 나이 들어서도 작용해 훌륭한 업적을 쌓았을 때만 만족을 느끼는 사람이 있다. 바로 완벽주의자들이다. 자신의 노력이 성취로 이어져 쾌감을 느끼고 타인에게서 칭찬까지 받은 사람은 더 많은 쾌감과 칭찬을 위해 더 많이 성취하려고 한다. 또 더 많은 업적을 이루기 위해 노력한다. 그는 성취가 목표이므로 결과만 볼 뿐 과정에는 관심이 없다. 등산할 때도 정상이 목적이고 정상에 오르면 내려가기에 바쁘다. 산을 오르는 과정에서 누릴 수 있는 풍경은 놓치고 만다. 악기를 배울 때에도 한 곡을 끝내는 데 의미를 두므로 연주 속도가 빨라지는 경향이 있다.

성취의 상징에 집착한다

늘 권력을 의식하고 권력을 행사하기 위해 힘쓰는 사람이다. 직위와 직함, 사무실 크기와 위치, 특권 등 신분을 상징하는 것을 중요시한다. 허세로 가득한 SNS 사진, 명문대 로고가 박힌 점퍼 사진, 은근슬쩍 외제 고급차를 자랑하는 사진도 올린다. 먹고 쉬고 일상을 보내는 모든 것에서 성공의 흔적을 보여주려고 늘 애쓴다.

끊임없이 나아지려 한다

좋은 기회를 잡기 위해 계속 움직이는 사람이다. 더 좋은 직업, 더 크고 훌륭한 집, 더 아름다운 외모를 추구한다. 이들에겐 이미 이루어놓은 성취를 음미할 시간이 없다. 19세기 영국의 설교가 찰스 스펄전Charles Spurgeon은 이런 사람에 대해 "이미 얻은 것을 계속 움켜쥐려 하고 끊임없이 발전하려는 욕망에 자신을 내맡긴다"라고 했다. 이들은 끝없이 발전하려다 결국 외부 조건에만 끌려다니게 되고 이내 혼란에 빠지게 된다.

인격 완성에 관심이 없다

내면보다는 외적 성취가 중요한 사람이다. 이들은 성공과 성취에 골몰해 있기 때문에 내면의 인격이 외적인 활동과 보조를 맞추는지 확인할 시간이 없다. 대개는 내부와 외부 사이에 괴리가 생겨 인격의 붕괴가 일어날 수 있다. 이들은 남을 기만할 뿐만 아니라 자신도 기만한다. 스스로 자신의 초심과 동기를 망각하고 가치관과 양심을 속이며 현실과 타협하려 한다. 목표만 중시하고 윤리적 타락은 개의치 않는다. 혹은 무서울 정도로 실용주의적인 사람이 되기도 한다.

타인의 삶에 무관심하다

타인의 인생은 신경 쓰지 않는 사람이다. 이들에게 중요한 것은 사람이 아니라 일의 완성과 성과다. 따라서 목표 달성에 방해가 되는 사람은 쓸모없다고 여긴다. 한때 훌륭한 리더로 칭송받던 사람이 적개심의 대상이 되는 경우도 그가 성과만 따지고 인간을 보지 않기 때문이다. 이들 주위에서 일하던 동료나 부하 직원은 지치고 혹사당해 환멸을 느낀 나머지 하나둘 그의 주변을 떠난다. 이들은 어떻게든 일을 해내고 말지만, 그로 인해 주변 사람은 파괴된다. 감정만 희생되는 것이 아니라 인생 전체를 망치기도 한다.

경쟁심이 특히 강하다

모든 경쟁에서 자기가 이겨야 하고 사람들의 눈에 멋있게 보여야 한다고 생각하는 사람이다. 이들은 승리를 통해 자신이 귀하고 중요한 인물입을 증명하기도 하지만 누군가에게 인정받고 싶은 욕구도 충족한다. 결과적으로 상대방을 타도할 대상으로 전락시키고 심지어 그들에게 수치심을 줘서라도 승리하려고 든다. 결국 자신의 과도한 경쟁심 때문에 혼란에 빠지기 쉽다.

분노를 품고 있거나 한순간 폭발한다

사람들이 자기 의견에 동의하지 않거나 어떤 문제에 대한 다른 안을 내거나 비판을 하면 격노하는 사람이다. 이들은 타인을 모독하고 모욕감을 주는 언어 폭력을 쉽게 사용한다. 이러한 분노는 해고, 중상, 무시, 기대나 호의 거부 등 다양하게 나타난다.

늘 바쁘다고 말한다

자신이 만족할 결과를 위해 늘 바쁜 사람이다. 빈틈없는 스케줄을 세우고 1분이라도 놓치지 않고 회의에 참석하며 자료를 더 많이 연구하고 더 많은 일을 벌인다. 이들은 갑자기 할 일이 줄어들면 남은 시간을 어찌할 줄 모른다. 바쁜 것이 습관이 돼버렸기 때문이다.

뭔가에 늘 쫓기는 사람은 자신을 쫓는 많은 인자로 인해 곧 혼란에 빠져들 수 있다. 우리를 혼란스럽게 만들 수많은 인자 중에서 가장 중요한 것만 남겨야 한다. 좋은 것만 추구하고 더 높이 올라가려는 욕망이 계속될 때 그는 언젠가 너무 많은 인자에 둘러싸여 정신을 차릴 수 없게 된다. 혼란의 늪에서 나오고자 한다면 먼저 힘을 빼고 훈련을 하라고 한 말을 기억하는가? 절제와 훈련이 필요하다. 오늘 좋은 것이 내일 시들해지고, 내일은 또 다른 것에 눈길이 가는 식으로 좋아 보이는 것에 에너지를 모두 쏟다가는 아무것도 남지 않는다는 것을 곧 알게 될 날이 온다.

아무것도 못 버리는 사람

무언가를 버리지 못하는 사람은 혼란에 빠지기 쉽다. 물리적으로든 심리적으로든 버리기 힘든 사람이 있다. 이들은 가슴속과 집 안 곳곳에 뭔가를 채우고 있다. 집 안팎으로 잡동사니를 쌓아놓은 사람을 위해 지자체에서 대형 트럭 수대 분의 쓰레기를 치우고 살 수 있게 만들어주는 미담이 뉴스에 가끔 등장한다. 그런데 몇 년 후 다시 이전만큼 쓰레기를 쌓아두어 민원이 접수됐다는 기사가 보도됐다. 왜 그는 다시 쓰레기를 쌓아둔 것일까? 그 정도까지는 아닐지라도 언젠가 사용할 것이라는 생각에 버리지 못하는 물건은 우리에게 또 얼마나 많은가?

나도 잘 버리지 못하는 사람에 속한다. 언젠가 입을 것이라는 생각에 치수가 작아져버린 옷을 보관한다. 가방은 버리고 치워도 항상 수십 개에 달한다. 책은 또 얼마나 모아두고 있는가? 수시로 버리려고 하지만 쉽게 버리지 못한다. 물건을 쉽게 버리지 못하는 성향인 사람은 심리적으로도 잘 버리지 못한다. 자신이 하려고 했던 일을 포기하기 힘들고, 과거 사건이나 후회되는 일을 감정적으로 끊어내기도 힘들어한다. 또한 자기가 할 일을 남에게 미루지 못해 결국 많은 일과 걱정에 짓눌린 채 혼란을 겪을 수도 있다. 내가 혼란에 빠진 가장 중요한 이유 중 하나다.

무언가를 버리지 못하는 행위는 수동적이지만, 적극적으로 모으는 수

집욕을 가진 사람이나 수집하는 습관을 가진 사람은 당연히 혼란에 빠질 수 있다. 어린 시절부터 이것저것 수집하던 습관은 나이가 들어서도 나타난다. 딱지, 성냥 케이스, 스티커, 우표, 피규어, 레고 블록, 색연필, 만년필, 잉크, 노트, 그릇 등 닥치는 대로 모은다. 이들은 소유 자체에 의미를 둔다. 경험에 돈을 쓰지 않고 소유하기 위해 지갑을 연다. 대체로 무언가를 모으는 사람은 어린 시절부터 습관을 들이는 경우가 많다. 완벽주의 성향을 가진 사람이 성공 후에도 무기력이나 우울증 같은 정신적 문제를 만날 수 있듯이 수집 습관을 가진 사람도 부를 축적한 이후에 혼란의 늪에 빠져들 수 있다.

미국의 사회학자 필립 슬레이터Philip Slater는《부 중독자》에서 억만장자가 된 사람 중 대다수가 어린 시절부터 물건을 버리지 못하고 모으는 경향을 보였다고 말한다. 이들은 소유나 승리에 집착하고 그로 인해 부자가 됐지만 심리적 문제를 안고 있을 수 있다. 이러한 성향은 자제력과 훈련을 동반하지 않으면 언젠가 또다시 혼란의 늪에 빠져들게 만든다. 다시 말해 소유하기 위해 모으는 사람은 자신이 가진 것들을 버릴 수 없게 되면 심각한 혼란에 빠질 수 있다. 또 감정적으로 끊어내지 못하는 사람은 늘 고통을 안고 산다.

가슴이 무너져 죽은 사람

자신의 기대대로 일이 풀리지 않을 때, 꿈꾸던 일이 이뤄지지 않을 때 우리는 세상을 전부 잃은 것 같은 절망에 빠지기도 한다. 돼지꿈을 꾸고 로또를 샀으나 낙첨됐을 때, 분양가 상한제에 걸린 반값의 역세권 아파트에 청약을 넣었으나 예비 순번에도 들지 않았을 때, 공부 잘하던 자녀가 원하던 직장에 들어가지 못했을 때처럼 우리는 살면서 기대한 일이 불발되는 일을 정말 많이 경험한다.

고든 맥도널드가 소개한 한 남자의 사연이 그렇다. 맥도널드의 저서를 읽고 한 남성이 연락을 해왔다. 그는 자신의 세계가 완전히 무너졌다고 말했다. 그는 무슨 근거로 그렇게 말했을까? 불치병이나 파산, 가족의 죽음 등을 예상할 수 있었지만 의외로 그 남자가 절망한 이유는 직장 때문이었다. 그는 자신이 꼭 들어가고 싶어 하던 자리에 들지 못했다. 혼란에 빠진 그는 맥도널드에게 살려달라고 말했다. 과연 일자리를 얻지 못한 것이 그렇게 큰일일까?

그는 그 자리가 당연히 자신의 것이라고 기대하고 있었다. 그런데 자신의 기대가 무너지자 이내 자기 세계가 박살 났다고 생각했다. 그는 대화 도중 흥분하며 "모든 것에 실망했습니다. 아무것도 제가 기대했던 대로 되지 않았습니다. 일자리도 뜻대로 되지 않고 친구 관계도 실패했고 남편과 아빠 노릇도 빵점인 것처럼 느껴집니다. 저의 삶은 아무것도 되는 게 없습니다"라고 말했다. 그의 말에 그가 평소 자신의 인생에 대해 갖고 있는 생각이 드러난다.

얼마 뒤 맥도널드는 그가 죽었다는 소식을 들었다. 사람들은 그가 자연사했다고 했지만 맥도널드는 "그는 가슴이 무너져서 죽었습니다"라고 말했다. 자신이 어떤 일을 절실하게 원할 때, 그리고 그 일이 반드시 이뤄질 것이라는 기대가 클 때 우리는 희망과 안정을 찾는다. 그런데 만약 자신이 바라던 일이 이뤄지지 않는다면 어떻게 될까? 약간의 실망만으로 그치고 말까?

기대가 클수록 모든 것이 파괴됐다는 깊은 절망에 빠지게 된다. 그리고 마음속에는 대혼란이 일면서 엉망진창이고 뒤죽박죽돼 세상에 되는 일이라곤 하나도 없는 상태가 된다. 심지어 모든 것을 잊고 지금 당장 죽어버리고 싶은 심정을 겪는다. 당신이라고 이와 같은 일을 겪지 않을 것이라 장담할 수 있는가? 사람은 누구나 더 살아봐야 한다. 인생에 어떤 복병이 숨어 있을지 누구도 모른다. 젊을 때 모든 것을 이루던 사람도 어느 순간 아무것도 할 수 없는 늪에 빠질 수 있다.

어느 해 겨울, 내가 아는 한 전직 교수 P는 다시 교수직을 얻기 위해 30여 대학에 지원서를 넣었지만 단 한 곳에도 채용되지 않았다고 한다. 이전에 근무한 직장보다 눈을 낮춰 비정규직이라도 얻으려 했으나 누구도 그를 뽑아주지 않자 그는 절망한 나머지 손목을 두 번 그었다. 다행히 그는 목숨을 건졌고 세월이 지나 차분한 마음으로 당시의 이야기를 나에게 들려줬다. 그의 이야기는 내가 언젠가 읽었던 돈 슈나이더Don J. Snyder의 《절벽산책》에 나오는 이야기와 흡사했다.

슈나이더는 승승장구하던 영문학 교수로 학생들 사이에서 강의를 잘하기로 유명했다. 어느 날 그는 영문도 모른 채 학교 당국으로부터 해고 통지서를 받았다. 다시 교수가 되기 위해 130군데가 넘는 곳에 이력서를 넣었으나 모두 불합격했다. 결국 자신이 갖고 있던 책을 전부 불태우고 교수가 되기를 포기한 채 건설 현장의 목수로 살게 된다는 자전적 이야기다.

반평생 책만 보던 사람이 생활비를 벌기 위해 공사판에서 막일을 해야 했다는 전직 교수 P의 이야기를 들으면서《절벽산책》이 떠올랐다. 내 앞에서 담담히 말하는 그가 얼마나 절망했을지 머리와 가슴에 와닿았다. 나 역시 모든 것이 파괴된 것 같은 마음, 지금 당장 죽는 것 말고는 길이 없다고 느낀 적이 몇 번이나 있었기 때문이다. 그때는 모든 것이 뒤죽박죽된 혼란 그 자체였다. 내가 선 땅은 마치 그라운드 제로처럼 폭발이 일어난 장소 같았다.

직장이 우리에게 주는 의미는 크다. 자신의 정체성을 인정받으며 일을 해온 사람에게 직장이란 직장을 가지지 않았던 사람이 상상하는 것보다 훨씬 큰 의미를 갖는다. 맥도널드가 소개한 그 남자는 가슴이 무너져 내려 죽었지만 나와 내 지인 P는 아직 살아 있다. 우리는 희망을 찾았기 때문이다. P는 다시 직장에 들어갔고 나는 평생 할 일을 찾았다.

다 가지고도 죽고 싶었던 사람

> 나는 내 생애에서 무엇인가 파괴되고 있다고 느꼈다. 이런 식으로 내 생명을 지탱해나갈 수 없다는 것을 알았고, 도덕적으로 내 생명은 멈추었다고 생각했다. […] 매일 밤 내가 목매어 자살하게 될지도 모른다는 불안 때문에 침실에서 밧줄을 없애버렸다. 총으로 죽고 싶은 유혹을 벗기 위해 사냥도 다니지 않는다. 나는 내 생을 끝내고 싶다는 충동에 몰리고 있다. 그러면서도 한편으로는 끝없이 생으로부터 무엇인가를 발견하려고 노력한다. 오늘 내가 하고 있는 일의 결과는 무엇일까? 내일은 무엇을 향해 일할 것인가? 내 생애의 총결산은 무엇일까? 왜 살아야 하는가? 죽음을 기다리면서 생명을 파괴

하지 않아야 할 만큼 인생은 의미가 있는 것일까?

러시아의 소설가 톨스토이는 50대에 쓴《고백론》에서 자신의 내적 갈등에 대해 이처럼 묘사했다. 혼란에 빠진 우리 모습과 흡사하다. 모든 것을 가졌고 정신적 힘과 육체적 힘이 충만했으며, 추종자가 차고 넘칠 만큼 성공한 대문호가 죽고 싶다고 말하던 정신의 이면에 무엇이 있었을까? 그는 무엇 때문에 "왜 살아야 하는가?"라고 물었을까?

젊은 시절의 톨스토이는 이상주의자인 동시에 쾌락주의자였다고 알려져 있다. 특히 성욕과 도박의 유혹 앞에서 무방비 상태였다. 하지만 쾌락에 굴복한 후 처절한 환멸과 자괴감으로 괴로워했다. 유혹에 쉽게 넘어가고 가슴을 치며 후회하는 모순적인 삶이 말년까지 그를 괴롭혔다. 그는 죽고 싶다고 말했지만 자살하지는 않았다. 죽음을 대신한 고통이 작품과 사상의 원동력이 됐고 그것으로 에너지를 발산했다. 그의 혼란은 작품을 쓰면서 상당 부분 훈련됐을 것이다. 어쩌면 그가 자살하지 않은 안전 장치였는지도 모른다.

니콜라이 고골리, 도스토예프스키, 톨스토이에 관해 많은 글을 쓴 노팅엄대학의 슬라브 문학 교수 얀코 라브린Janko Lavrin은 톨스토이에 대해 다음과 같이 말하고 있다.

> 우리는 톨스토이에 관한 책만으로도 도서관 하나를 꽉 채울 수 있다. 볼테르와 괴테 이래로 그토록 오래 명성을 누린 작가는 없다. 그의 문학 작품 대부분은 걸작의 반열에 올랐지만 그의 인격은 의문에 싸여 있다.

톨스토이는 쾌락주의자였고 도박과 성욕을 자제하지 못하는 자신에 대해 심한 자괴감을 가지고 괴로워했다. 자괴감은 혼란으로 나타나 죽음을 갈망하게 만들었지만 그는 자살하지 않았다. 그의 인격은 의문투성이였으나 그의 작품은 위대했다. 중년에 정신적 위기를 겪으며 말년에는 정신적 혼란을 겪었지만 고통을 연료로 글을 썼다. 죽고 싶다고 말한 그가 죽지 않은 것은 재능을 쓸 수 있었기 때문이다. 반면 헤밍웨이는 비행기 사고를 당해 작품을 쓸 수 없게 되자 "이젠 써지질 않아"라고 절규하다 그가 아끼던 엽총으로 자살을 했다. 뭔가를 할 수 있다는 것은 최소한의 안전 장치다. 만약 삶의 엔트로피가 최대치로 차오르면 우리는 아무것도 하지 못한 채 희망을 잃게 된다.

2

혼란이 만들어내는 일상

자유가 혼란으로

혼란이 발생했을 때 우리 일상은 어떤 모습일까? 일단 책상 위에 책이나 연필, 노트, 메모지 등이 어지럽게 쌓여 있는 모습을 상상할 수 있다. 정돈되지 않은 현상이 우리 마음과 의식을 지배해 삶과 인생에서도 비슷한 상황이 드러났을 때 우리는 혼란에 빠졌다고 할 수 있다. 책상 위가 어지러워지는 원인은 좁은 공간에 물건을 너무 많이 늘어놓아 정돈되지 않았기 때문이다. 책상 위에 아무것도 없으면 어지러울 리가 없다. 하지만 그때는 이미 책상의 원래 목적과 역할을 잃은 상태일 것이다.

책상이 제 기능을 하면서 혼란스럽지 않으려면 일단 뭔가 하나만 있으면 된다. 책 한 권, 노트 한 권, 컴퓨터 한 대만 있다면 자연스럽게 정돈된 상태를 유지할 수 있다. 하지만 큰 책상 위에 노트북 하나만 놓고 작업을 하다 보면 필요한 것들이 하나둘 추가되기 시작한다. 책상 한쪽에 부분 조명 스탠드를 놓고 참고할 책을 올려두고 메모를 할 노트도 가져온다. 커피를 마시고 그냥 둔 커피잔, 쓰고 버리지 않은 휴지, 메모를 하던 볼펜, 잠시 벗어둔 안경 등 점점 물건이 늘어난다.

바로바로 정리하지 않으면 이내 책상 위 여기저기에 물건들이 쌓이기 시작해 불편함을 초래한다. 편리함을 위해 책상 위로 물건들을 옮겨온 것이지만 책상 위는 이내 무질서해진다. 어느 순간 책상 전체는 엉망인 듯 보인다.

나는 가정에서 쓰기에는 좀 큰 책상을 하나 갖고 있다. 가로 넓이가 2미터 정도로 소위 중역 책상이라 불리는 것을 23년째 쓰고 있다. 책상 위에는 온갖 것들이 놓여 있다. 노트북, 스탠드 조명 세 개, 북 스탠드 두 개, 서랍형 원목 약장, 파일 박스 몇 개, 책꽂이, 연필꽂이 몇 개, 펜 접시, 연습장, 그리고 그때그때 보는 책들과 연구 노트들이 흩어져 있다. 한마디로 정신이 없다.

일을 할 때는 노트북만 있으면 충분하다. 하지만 어느 순간 책상 위로 물건들을 다 가져온다. 심지어 책 놓을 곳이 없어 사이드 테이블을 의자 옆에 펼쳐놓고 그 위에도 책들을 쌓기 시작한다. 내가 일을 하면 할수록 서재는 엉망이 돼간다. 마치 내 의식 상태와 비슷하다. 책상 주변이 엉망이 되는 것처럼 내 정신도 혼란스러워진다.

혼란스러운 책상을 바라보며 더 이상 버티지 못하면 책상 위를 치우기 시작한다. 당장 펼쳐보지 않을 책은 책장에 꽂고, 볼펜들도 제자리에 두고, 여기저기 펼쳐진 노트 여러 권도 책꽂이에 꽂는다. 책상 위에 쌓인

먼지도 물티슈로 닦아낸다. 그러고 나면 하루이틀 정도는 깔끔하다. 내 머릿속도 정돈이 되는 듯하다.

책상이라면 정리하기 쉽겠지만 우리 삶과 인생에서 정리되지 않은 책상 위 같은 모습이 나타날 때면 참 쉽지 않다. 당장 해야 할 일이 너무 많거나, 하고 싶은 게 너무 많을 때면 정신이 없기 일쑤다. 하나하나 모두 중요해서 어느 것부터 해야 할지 순서를 정하기도 어려운 일들이다. 전부 다 해내야 하지만 무엇부터 시작해야 할지 막막하다. 그럴 때면 오히려 아무것도 하지 못한 채 다른 일에 몰두한다. 옆에서 누군가 독촉하지 않으면 한참을 그렇게 딴짓을 한다.

그러다 급한 일이 터지기라도 하면 그때부터 거기에 정신을 쏟는다. 직장을 다닐 때는 당장 보고를 해야 하니 미루지 못해 그럭저럭 해치운 채 지나간다. 하지만 그럴 때마다 자신의 일은 우선순위에서 밀려나 수년간 방치되기도 한다. 만약 출근하는 직장이 사라진 사람들이나 자유롭게 일하는 예술가, 프리랜서라면 옆에서 독촉할 사람이 없으므로 스스로 관리하는 역할을 하지 않으면 점점 미루고 피하다가 혼란 속으로 들어갈 수 있다.

직장에 다니며 뭔가에 매여 일하는 우리는 니체가 말한 낙타 같은 삶을 산다. 그러다 직장을 그만두거나 1인 기업 혹은 자기 사업을 시작하는 사람은 혼자 사냥하는 사자의 삶으로 나아간다. 사자의 삶을 지나 자유롭게 즐기며 일하는 예술가 부류에 속하게 되면 어린아이의 모습으로 살아간다.

낙타의 삶은 누군가의 짐을 지고 사막을 건너는 모습을 하고 있다. 이

때는 무기력에 쉽게 빠질 수 있다. 사막에서 낙타가 죽으면 그 자리에서 사자가 태어난다. 사자는 누군가의 노예가 아니라 자기 자신을 위해 사냥한다. 사자에겐 힘이 있다. 문제는 그 힘을 자기를 막는 데 쓰기도 한다는 것이다. 나는 이것을 저항이라고 했다. 사자는 스스로 '너는 무엇을 해야 한다'는 명령을 내리고 스스로 그것을 거부한다. 사자가 하지 못하는 일이 생기는 이유다.

니체는 사자가 할 수 없는 일을 어린아이가 해낸다고 했다. 어린아이는 자유로우며 누구의 명령도 듣지 않고 자신의 마음속에서 나온 즐거움을 따라 호기심이 이끄는 대로 논다. 의무가 없는 아이는 자유롭다.

예술가들은 어린아이와 같다. 삶을 예술로 만드는 자유인도 있다. 그런데 만약 어린아이의 자유가 점점 방종으로 변하면 그동안 즐겁게 하던 놀이도 하기 싫어진다. 그 순간이 바로 혼란이다. 아무것도 없던 책상 위에 물건들이 쌓이다 결국 원래 자신이 해야 할 일을 망각하게 만드는 것과 같다. 무질서의 엔트로피가 증가해 에너지를 다 먹어버리는 현상이 삶에서 나타난 것이다.

혼란의 증상

그렇다면 혼란이 일상에서 어떤 물리적, 심리적 모습으로 나타날지 생각해보자.

목표가 자주 바뀐다

목표의 잦은 수정은 혼란이 주는 가장 큰 문제다. 오늘 목표가 내일 변하고 모레는 또 다른 일에 집중하는 경우가 많다. 혼돈의 원인은 충동적 욕망이다. 중요한 것이 너무 많고 초점도 자주 변한다. 움직이는 표적에 화살을 맞추기 어려운 것처럼 욕망이 변하고 목표가 바뀌면 자신이 하는 일에서 성과를 얻지 못하고 넘어가기 쉽다.

주변 상태가 어지럽다

앞서 말했듯 책상이 흐트러져 있다면 혼란의 상태로 들어가 있는 것이나 마찬가지다. 침실 협탁 위, 부엌 아일랜드 식탁 위, 화장대 위에 물건들이 쌓이기 시작하면 자신의 마음이 혼란으로 넘어가고 있다는 하나의 단서가 된다. 자신이 지나다니는 장소마다 처리하지 않은 서류, 메모지, 끝나지 않은 일감들이 늘어져 있는 경우다. 나의 책상은 다른 이에게는 부엌일 수 있고, 거실바닥, 작업실, 창고일 수 있다. 동일한 원리를 자동차에서도 찾아볼 수 있다. 차가 안팎으로 더러워지는 것은 예사다. 엔진오일 교환 같은 정비 일정을 잊거나 검사 일자를 놓치기도 하고 자동차세 납부나 보험 갱신 등의 마감일을 잊어버리기도 한다.

정신이 없다

할 일이 많고 많은 것을 신경 쓰다 보니 약속을 잊는 일이 잦고 전화나 이메일에 응답하지 못하고 일의 마감일을 놓치곤 한다. 자신이 지키지 못한 약속에 대한 변명을 둘러대기에 바쁘다. 나도 제 시간에 원고를 주지 못해 얼마나 많은 변명을 했는지 모른다. 계약한 지 2년이 넘도록 초고를 넘기지 못했으면서도 다른 일에 정신이 팔려 있었다. 주제도 여러 번 바뀌었고 강의를 하거나 수입을 늘리는 일, 투자 등에 먼저 에너지를 쓰고 있었다. 무엇보다 늘 바빴다. 그렇다고 바쁘지 않을 때 글을 열심히 쓴 것도 아니다. 무질서가 만든 하향 곡선에 이미 올라타고 있었는지 아무것도 하기가 싫었다. 엔트로피가 극도로 높아져 일할 에너지가 다 사라진 탓이다.

깊은 생각이나 정돈된 기도, 명상이 어렵다

혼란한 상태에서는 깊은 생각을 할 수 없다. 명상이나 기도도 제대로 되지 않는다. 생각이 정리되지 않으니 일기도 길게 쓸 수 없다. 단편적 문장들만 나열하는 수준이다. 어쩌다 글을 써도 기승전결이 맞지 않고 주장하는 바가 드러나지 않는다. 생각이 정리되지 않아 혼란스러우니 글이 정리될 리 없다. 게다가 기도는 신과 나누는 대화인데 생각이 뒤죽박죽이면 잘 정돈될 리 만무하다. 평소 쉬지 않고 몇 페이지씩 글을 쓰던 사람도 혼란한 상태에 빠지면 겨우 두어 줄 쓰고서 펜을 던지거나 컴퓨터를 끈다. 의식의 혼란이 복잡한 생각으로 나타나기 때문이다. 그 결과 글이나 말에서 두서가 사라지게 된다. 깊은 신앙 활동, 명상, 묵상이 모두 불가능해진다. 의식의 무질서 때문이다.

자존감이 낮아지고 죽고 싶어진다

혼란에 빠져 있으면 하나에 집중하지 못한다. 그러므로 일을 하나 끝내도 마음에 드는 결과를 얻을 수 없다. 최선을 다하지 않았기 때문이다. 우리는 전력질주해 얻은 결과만 자랑스러워한다. 열심히 공부해 1등을 했을 때, 수년간 준비하고 자격을 갖춰 원하는 직장에 들어갔을 때, 부부가 허리띠를 졸라매 대출금을 다 갚았을 때, 노년기를 대비해 부동산을 공부하고 뛰어다니고서 작은 상가 건물 등기를 쳤을 때, 헬스클럽에서 살다시피하며 근육을 만들어 대회에 입상했을 때, 사람들은 인생의 최고 상태를 느낀다. 자기 삶에 최선을 다했으니 누가 뭐라고 한들 자신에게 떳떳하고 뿌듯하다. 반면 자신이 해야 할 일을 하지 않았을 때는 누가 칭찬해도 스스로 부끄러움을 느낀다. 에너지와 시간을 낭비하고 있다는 좌절감과 죄책감에 괴로워지고 자존감이 낮아진다. 할 일을 하지 못하고 있음을 본인 스스로 잘 알기 때문이다. 또한 무질서한 사람은 우울로 인해 건강도 나빠지고 비만이 되기 쉽다. 충동적으로 먹고 운동을 싫어한 결과다. 예상치 못한 질병이 생기기도 한다. 무엇보다 자기 자신이 싫어진다. 무질서하게 살아가는 사람이 자신을 좋아하기란 어렵다. 최선을 다하지 않고 몰입하지 않고 에너지와 시간을 낭비하는 자신에게 자괴감과 수치심을 느끼기도 한다.

쓸데없는 곳에 에너지를 낭비한다

무질서한 상태가 되면 쓸데없는 일에 에너지 낭비를 하는 경향이 있다. 진짜 해야 할 일은 하지 않고 습관이 끄는 대로 익숙한 일에만 시간을 쏟는다. 하지만 거의 대부분 쓸모없는 일이다. 아무 생각 없이 유튜브를 시청하고, 소셜 미디어에 올라온 새 글에 흥분해 댓글을 달고, 인터넷 뉴스 기사를 읽고는 세상을 원망한다. 이러한 일상을 반복한다. 해야 할 일을 회피하고 다른 일을 하거나 백일몽과 상상에 젖기도 한다. 혼란은 늘 꿈꾸며 하고 싶던 일도 하기 싫게 만든다.

인간관계에 소원해진다

혼란으로 자신의 문제를 해결하지 못하는 사람은 주변 사람에게 신경 쓸 겨를이 없다. 그 결과 자녀나 배우자와의 친밀한 대화가 줄고 관계가 소원해진다. 반드시 필요한 피상적 대화만 나누고 속마음을 잘 드러내질 않는다. 가족이 자기 일에 간섭하거나 뭔가를 요구하거나 마음 상하는 이야기를 하면 날카롭게 신경질적으로 반응하고 짜증과 화를 쉽게 낸다. 자기 일도 하지 못하고 방치하고 있는데 다른 일에 끌어들인다는 생각에 화가 치밀어 오르는 것이다.

혼란을 일으키는 잡동사니들

주변이 어수선하면 마음도 어수선하고 인생이 꼬일 수 있다. 책상 위가 어지러울 때 집중이 잘 안 되는 것처럼 주변의 잡동사니들이 우리를 정신없게 만드는 물리적 요인이 된다. 잡동사니는 '별 소용이 없는 여러 가지가 잡다하게 뒤섞인 것'이다. 즉, 쓸모없는 것들이 내 일상과 정신에서 혼란을 일으킬 수 있다. 누구나 집 안 청소를 하면 마음이 개운해지는 경험을 해봤을 것이다. 반대의 상황도 충분히 일어날 수 있다. 주변이 어수선하면 정신도 없어진다.

잡동사니를 말하는 영어 명사 'clutter'는 깔끔하게 정리되지 않은 우글거리는 물건의 집합을 의미한다. 또한 '혼란'이라는 의미도 담고 있다. 이 단어는 중세 시대의 언어 'clotter'에서 유래했다. 현대 영어에서

'coagulate'에 해당하는 의미로 우리말로 하면 '응고시키다'라는 의미다. 다시 말해, 뭔가를 묶어둔다는 뜻이다. 그 대상은 바로 에너지다. 잡동사니는 우리를 혼란에 빠지게 만들고 에너지를 묶어버린다. 에너지가 침체될 때 잡동사니가 쌓이고, 잡동사니가 쌓이면 에너지는 더욱 정체된다. 혼란으로 엔트로피가 증가해 에너지가 사라지고 일할 힘도 없어지는 것은 무질서와 에너지가 깊이 관여돼 있기 때문이다.

장을 보고 와서 바쁘다는 핑계로 물건들을 정리하지 않은 채 펜트리에 쌓아둔 적이 없는가? 나는 30개들이 두루마리 화장지, 라면 번들 봉지, 식용유 등을 대충 욱여넣고는 다른 일에 정신을 쏟곤 한다. 마음 한쪽에선 물건들을 정리해야 한다는 생각에 마음이 불편하다. 또 분리 배출 요일이 되면 베란다에 쌓아둔 재활용 쓰레기들이 떠오른다. 재활용품들을 버려야 한다고 생각하면서 그날 하루 잔신경을 쓰다가 에너지가 없어서 다음 주로 미룬다. 이렇게 잡동사니나 쓰레기들이 쌓이면 기분이 나쁘다. 심리적 에너지도 빼앗긴다.

주변에 뭔가가 쌓이기 시작하면 에너지 정체 현상이 발생한다. 마치 깨진 유리창 이론과 유사하다. 예를 들어 누군가가 길가 구석에 빈 담배갑 하나를 버렸다고 하자. 다음 날, 담배갑 주변에 쓰레기들이 버려져 있을 것이다. 일주일쯤 지나면 담배갑이 버려졌던 그 장소는 동네 쓰레기들이 모두 모인 쓰레기장이 될 수 있다. 집 안의 잡동사니도 마찬가지다. 작은 물건 하나를 통에 담아두면 나도 모르는 새 잡다한 물건이 통을 가득 채우게 된다. 얼마 후에는 그 통 속이 잡동사니들로 뒤죽박죽돼버린다.

잡동사니와 쓰레기들은 에너지를 정체시키고 정신적 혼란을 일으키는 원인이 될 수 있다. 정리하지 않은 박스나 서랍들이 잡동사니로 넘쳐나면 그 주변에서 에너지가 정체된다. 집 안 곳곳에서 에너지 정체 현상이 생기면 삶에서도 같은 결과가 나타난다. 그래서 우리는 삶의 변화를 원할 때 본능적으로 집 안 곳곳에 쌓인 잡동사니부터 청소하고 새 출발을 하려고 한다.

그런데 잡동사니를 쌓아두고 사는 사람 중에는 청소할 힘이 없다고 말하는 이가 많다. 그들은 언제나 피곤하다고 말한다. 하지만 정작 그들이 피곤한 진짜 이유는 잡동사니 주변에 쌓여 있는 정체된 에너지 때문일 수 있다. 쓰레기를 치워야 집 안의 에너지도 자유로워지고 육체와 정신에 새로운 생명력이 생길 수 있다. 의식의 질서도 생겨난다. 할머니와 어머니가 늘 하시던 말씀인 "네 도랑부터 치우고 공부해라"라는 말은 어쩌면 진리일지 모른다.

끝내지 못한 일이 혼란의 근원이다

눈에 보이지 않지만 심리적 에너지에 가장 영향을 많이 주는 것은 '끝내지 못한 일'이다. 심리학에서 자이가르닉 효과Zeigarnik effect라고 부르는 현상이다. 베를린대학의 심리학자이자 정신과 의사였던 블루마 자이가르닉Bluma Zeigarnik이 제안한 개념으로 '끝내지 못한 일이 마음속에 불편함으로 남아 쉽사리 잊지 못하는 현상'을 일컫는다.

끝내지 못한 인생의 문제가 있을 때면 늘 찜찜하다. 숙제를 못 한 아이처럼 우울하기도 하다. 그러다 보면 다른 일도 처리하지 못해 할 일들을 방치하게 된다. 마음에 숙제를 가지고 있는 사람은 일상의 일을 미루고 자기 몸을 위한 운동이나 좋은 식사 등에 에너지를 쓰지 못하고 대충 먹고 대충 산다.

끝내지 못한 일은 에너지를 분산시킨다. 프로젝트 보고서 작성을 마치지 못한 팀장, 논문을 쓰지 못해 졸업이 연기된 대학원생, 계약금만 받고서 원고를 넘기지 못한 작가, 자녀 결혼 비용 준비를 못한 부부 등은 머릿속이 걱정으로 가득 차 있을 것이다.

주로 인생의 중요한 문제가 에너지를 막기도 하지만 종종 아주 간단한 일도 우리를 혼란에 빠지게 만든다. 고장 난 드라이어의 코드 교체하기, 책상 서랍 손잡이 고치기, 구두 밑창 수선하기, 떨어진 잠옷 단추 달기, 드레스룸에 쌓인 옷 정리하기, 세무서에 전화 걸기, 실손보험 청구하기 등 일상에서 이뤄지는 작고 성가신 일들이 심리적 발목을 잡는다.

정말 사소하고 간단한 일들은 무시해도 괜찮은 것처럼 보인다. 하지만 단순히 무시하기에는 생각보다 큰 에너지가 소모된다. 이런 일들을 해결하지 않는 한 자유롭지 못하다. 그동안 처리하지 못했던 일을 끝내 본 사람이라면 문제를 해결한 이후에 얼마나 홀가분해지는지 알 것이다.

나는 셀프 등기에 도전한 적이 있다. 등기 치는 일은 인생에 몇 번 경험하지 못하는 일이다. 보통은 단체 등기나 법무사에게 일을 맡기고 신경 쓰지 않으려 한다. 그러던 어느 날 나도 셀프로 등기를 한번 해보자는 생각이 들었다. 당시는 매일 출근하는 직장이 없어 시간이 많던 때라 등기 공부라 생각하고 도전했다.

처음에 막연하게 생각하던 것보다 신경 쓸 일이 많았다. 아파트를 분양받아 준공 이후 신탁사로부터 등기 관련 서류를 받을 때까지 시간이 꽤 지나야 했다. 잔금을 치르는 날 시행사가 서류까지 준다면 얼마나 좋았을까? 잔금을 치른 후 한 달이 지나서야 등기소에 낼 위임장 같은 서류를 받았다. 그리고 내가 준비해야 할 또 다른 서류를 10종 넘게 준비해 등기소에 제출했다.

나는 구청과 등기소를 왔다 갔다 하고 은행에서 채권을 사고 인지세를 내고 또 신탁 말소를 위해 등록세를 내기 위해 구청을 다시 방문하는 등의 과정이 너무 번거로워 지쳐버리고 말았다. 법무사 비용은 전문가가 아닌 개인이 등기를 처리하는 데 들어가는 번거로움과 시간에 대한 합당한 대가였다.

나는 공부나 해보자는 마음으로 겁 없이 도전했다가 영혼까지 털리는 느낌을 받았다. 시공사와 신탁사의 불친절하고 불투명한 업무 처리도 한몫했다. 그들은 법무사와 편하게 일처리를 하길 원했다. 심지어 셀프 등기를 하려는 개인 세대는 우선순위에서 밀리거나 무시당하기도 했다. 자신들의 효율성 때문에 개인의 경제적 선택이 희생되는 현장이었다. 그 몫은 고스란히 까다롭고 번거로우며 불투명한 등기 절차로 이어졌다.

모든 서류를 등기소에 제출한 이후에도 등기 완료까지 마음이 놓이질 않았다. 결국 등기 문서를 수령하고 난 이후에야 자유를 얻었다. 모든 처리 과정이 끝날 때까지 잔금 지불 이후 약 두 달의 시간이 걸렸다. 그동안 내 마음 한구석은 삼키지 못한 알약이 목에 걸린 듯 등기 걱정으로 갑갑했고 다른 일에 쉽사리 집중하지 못했다.

이처럼 자신이 하지 못한 일, 완료하지 않은 일은 상상 이상으로 마음에 영향을 준다. 법무사 입장에서는 "부동산 등기 그게 뭐 어렵다고?"라고 말하겠지만, 법을 잘 모르는 사람이 처음으로 등기를 칠 때 느끼는 막막함이나 두려움은 다른 중요한 일을 침범할 만큼 강력하다. 한마디로 끝내지 못한 모든 일은 의식과 영혼을 혼란스럽게 어지럽힌다.

셀프 등기 공부의 대가는 적지 않았다. 하지만 다음에 또다시 시도할 수 있다는 자신감을 얻었고 비용도 절감했다. 돈은 곧 에너지나 마찬가지다. 그리고 내가 쓴 에너지만큼 등기 비용은 절약됐다. 무엇보다 나는 셀프 등기를 계기로 에너지와 함께 자신감도 얻었다.

두려움이 혼란과 비만을 부른다

《아무것도 못 버리는 사람들》을 쓴 공간 정리가 캐런 킹스턴Karan Kingston은 정리 컨설팅을 하면서 많은 사람을 관찰했다. 그 결과 잡동사니를 많이 가진 사람 중에 비만 사례가 많다는 사실을 발견했다. 그에 따르면 놀랍게도 몸의 지방과 잡동사니는 모두 자기 방어의 수단이라고 한다. 지방을 불리거나 잡동사니 양을 늘리는 이유가 곧 인생의 충격이나 다루기 힘든 감정으로부터 자신을 보호하려는 행위라는 것이다.

대표적인 사례로 오프라 윈프리를 소개한다. 윈프리는 "나는 무려 13년에 걸친 체중과의 싸움으로부터 감정적인 문제를 해결하지 않는다면 진정한 살 빼기가 불가능하다는 사실을 깨달았다. 인생에서 한 치도 나아가지 못한 것은 두려움 때문이다"라고 말했다. 그 말인즉, 두려움이 비만의 근거라는 것을 알 수 있다.

우울증과 공황장애에 시달리면서 갑자기 살이 찌는 사례도 많다. 물론 우울증에 빠지면 좀처럼 움직이지 않고 침대에 숨어들어 활동량이 현저하게 줄어들 수 있다. 또 약물 자체의 부작용으로 이전보다 살이 찌기도 한다. 하지만 킹스턴은 두려움이라는 감정이 지방층도 쌓이게 만든다고 주장한다. 무엇보다 비만인들이 마음 깊은 곳에 두려움을 갖고 있다고 한다. 두려움이 비만을 초래할 뿐만 아니라 잡동사니도 함께 쌓아두게 만든다는 것이다.

앞서 말한 저장강박증에 시달리는 사람들이 집 안에 쓰레기를 한가득 쌓아두는 이유도 두려움과 불안 때문이다. 삶과 미래에 대한 두려움과 불안을 잊기 위해 몇 톤에 달하는 물건을 저장하는 것이다. 비만도 마찬가지다. 감정적 문제가 음식을 먹게 하고 지방을 점점 쌓게 만든다.

물리적, 심리적 잡동사니를 청소하려면 두려움을 먼저 극복해야 한다. 킹스턴은 자신에게 편지를 보낸 많은 사람이 잡동사니 청소를 해냈을 때 얼마나 큰 자유로움을 느꼈는지 말해줬다고 한다. 편지를 보낸 이들에 따르면 쓰레기를 버리는 과정에서 몸의 지방도 함께 빠져나갔다고 한다. 주변 환경을 돌보기 시작하면 자연스럽게 자신의 몸을 돌보고 싶어지기 때문이다.

한 여성은 "집 안의 쓰레기를 버리고 나자 몸속에 쓰레기 같은 음식을 집어넣고 싶은 마음이 확 달아나버렸다"고 증언했다. 두려움이 잡동사니와 지방을 축적하게 만들지만 잡동사니를 청소하는 과정에서 두려움의 일부분이 함께 제거되면서 비만도 조금씩 정리될 수 있다.

나 역시 일상의 혼란을 멈추기 위해 주변의 잡동사니 정리부터 시작했다. 언젠가 사용할 거라는 이유로 펜트리에 한가득 넣어둔 잡동사니를 버리고 주변에 나눔을 했다. 언젠가 논문을 쓸 때 참고하려고 모아둔 수

백 편의 논문, 원서, 책들도 버렸다. 컴퓨터 파일들도 정리했다. 최근에 출간된 깨끗한 책은 중고 서적으로 팔았다.

중고 물건과 책을 팔고 얻는 수입은 또 다른 재미를 줬다. 아침에 눈을 뜨면 중고서점 앱에서 판매가 됐다는 알림이 도착해 있었다. 그 앱의 '지니 램프' 로고처럼 활기를 불어넣어줬다. 일상이 조금씩 정리되고 있고 주변이 쓸모 있는 에너지로 채워지는 상승 기류를 몰고 왔다. 언젠가 내가 가진 많은 책들이 전부 다음 주인을 찾아갈 날이 올지 모른다. 내가 책쓰기를 멈추는 날, 나는 책을 스무 권 정도만 남기고 모두 정리할 생각이다. 좋은 책 스무 권 정도만 반복해서 읽어도 충분할 듯하다.

3

여러 가지 혼란

급성 혼란

모든 심리적인 문제가 그러하듯 심리적 혼란에는 긴급하게 발생하는 급성 혼란도 있고 오랜 시간을 두고 괴롭히는 만성 혼란도 있다. 갑자기 신경을 앗아 가는 일이 생기면 우리는 하던 일에 집중할 수 없다. 바로 급성 혼란의 대표적인 증상이다. 몰입에 대한 개념을 처음으로 제시한 미하이 칙센트미하이Mihaly Csikszentmihalyi는 몰입을 방해하는 심리적 혼란을 보여주는 한 사례를 저서 《몰입》에서 소개한다.

칙센트미하이는 훌리오라는 남자를 대상으로 실험을 실시했다. 그는 시청각 장비를 만드는 공장에서 납땜 일을 한다. 일등 납땜공인 그는 어느 날 평소와 달리 조립 라인으로 영사기가 다가와도 집중이 되지 않았다. 평소 같으면 일을 뚝딱 해치우고 다음 부품이 올 때까지 동료들과 농담을 나누며 쉬었을 것이다. 그런데 그날은 정신이 산만해 납땜을 제대로 할 수 없었다. 결국 그는 실수를 저질렀다. 그의 실수 때문에 전체 조립 라인마저 멈춰버렸다. 동료들은 훌리오를 비웃었고 그는 화가 난 나머지 동료들과 다툼을 벌였다.

평소 납땜질을 잘하던 그가 그날 산만해진 이유는 무엇일까? 아주 사소한 문제 하나가 원인이었다. 바로 자동차 타이어였다. 며칠 전, 그는 타이어 하나에서 휠이 땅에 닿을 정도로 바람이 빠진 것을 발견했다. 하지만 그에겐 타이어 교환은커녕 임시로 타이어를 수리할 돈도 없었다. 신용카드가 없어 회사에서 수당을 받아야만 타이어를 고칠 수 있었기 때문이다. 수당을 받는 날까지는 아직 5일이나 남아 있었다.

게다가 공장에서 훌리오의 집까지 거리는 상당히 멀었고 출근 시간은 8시까지였다. 바람 빠진 타이어로 출근을 하려면 방법은 하나뿐이었다. 우선 아침 일찍 집 근처 정비소에 들러 공기를 주입한 후 출근을 한다. 또 오후에는 회사 근처 주유소에서 타이어에 공기를 주입한 후 퇴근한다. 그렇게 며칠간 임시방편으로 버티다가 수당이 나오면 타이어를 수리하는 것이 그의 전략이었다.

이틀간 훌리오는 자신이 고안한 방법으로 출퇴근을 했다. 그런데 3일째 되는 날, 바람 빠진 타이어로 운행한 탓에 타이어뿐만 아니라 휠까지 손상된 것을 발견했다. 휠이 손상된 것을 알고 나서는 걱정이 머릿속에서 떠나질 않았다. '오늘은 어떻게 집에 가지? 내일 출근은 할 수 있을까?' 근무 시간 내내 걱정이 밀려와 일에 집중할 수 없었고 결국 실수를 하고 만 것이다.

훌리오의 이야기는 급성 혼란의 대표적 사례다. 평소에 일어나지 않던 일이 생겨 정신을 다른 곳에 쏟게 만드는 것이다. 건강이나 안전, 돈 등에 관한 걱정일 때는 혼란이 한층 더 심해진다. 바깥에서 정신을 빨아내는 힘이 크기 때문이다. 이처럼 갑자기 어떤 일이 발생해 온 신경이 쏠리게 되면 평소 잘하던 일에도 집중이 안 되고 우울해지기 쉽다.

급성 혼란이 생기는 이유는 무엇일까? 쉽게 말해 외부의 자극이 내부에서 유지되던 질서를 파괴할 만큼의 충격을 주기 때문이다. 칙센트미하이도 훌리오가 집중하지 못하고 우울해진 이유를 "자아의 내적 질서가 무너졌기 때문"이라고 말했다. 우리의 목표와 갈등을 일으키는 외부 정보가 입력되면 둘이 충돌함으로써 이전까지 잘 지켜지던 내적 질서가 무너져내린다. 훌리오의 경우 바람 빠진 타이어가 그의 마음에 위협을 주었다. 연이어 정신적 에너지를 빼앗아버리는 바람에 평소 쉽게 잘하던 납땜질에 집중할 수 없었던 것이다.

우리도 일상생활에서 비슷한 경험을 많이 한다. 나는 한눈을 팔다 주머니칼에 베어 손가락 힘줄이 끊어지는 바람에 수술까지 받은 적도 있다. 정신이 산만해져서 일어난 일이다. 또 훌리오처럼 타이어 바람이 빠진 것을 육안으로 발견하지 않아도 불안함을 느끼곤 한다. 타이어 네 개의 압력 수준이 다르다는 것을 알려주는 자동차 계기판의 경고 메시지 때문이다.

비록 경고 메시지가 운전자의 안전을 위해 만든 기능이긴 해도 마음을 더 불안하게 만드는 것은 분명하다. 나는 경고 메시지를 보고 나면 혹시 타이어에 펑크가 났을지 의심하며 정비소에 가서 확인을 한다. 정비소에서 바람을 주입하고 문제가 없다는 말을 듣고 나야 안심을 한다.

자동차를 타고 외출할 일이 없어 주차장에 며칠 주차해둘 때가 있다. 그러면 이번에는 배터리 전압이 낮으니 시동을 걸라는 메시지가 뜬다. 그러면 또다시 마음이 불안해진다. 이러다 시동이 영영 안 걸리는 것은 아닌지, 배터리 교체를 해야 하는지 몰라 또 정비소로 향한다. 배터리에는 문제가 없으니 시동을 걸어 엔진을 좀 오래 켜두라는 정비사의 말을 듣고 나서야 안심을 한다.

이제는 배터리 경고 메시지가 뜨면 정비사의 말을 따라 장거리 운행을 한번씩 하는 식으로 대처한다. 배터리 전압이 낮아 시동이 걸리지 않는 것을 방지하는 기능인데, 문제는 그 덕분에 나는 더 불안함을 느낀다는 것이다. 결국 배터리 교체 주기보다 빨리 교체해버리고 나면 한동안 마음이 편안해진다.

이런 식으로 일상생활 속에서 평소와 다른 메시지가 등장하면 마음은 분산되고 중요한 일에 집중하지 못하고 걱정과 불안이 인다. 물론 문제를 해결하고 나면 다시 편해진다. 인생 문제도 마찬가지다. 아직 해결하지 못한 문제가 있다면 계속 마음을 괴롭힌다. 이런 종류의 혼란은 해결되면 곧 사라지는 급성 혼란이다. 반면 상당히 오랫동안 우리를 괴롭히는 만성 혼란도 있다.

만성 혼란

만성 혼란이란 심리적 혼란을 야기하는 문제가 해결되지 않아 혼란이 오래 지속되는 것을 말한다. 수년에서 수십 년이 걸리기도 하고, 평생에 걸쳐 나타나는 성향으로 굳어지기도 한다. 성격이 만드는 혼란이나 내재과거아內在過去兒, innerchild가 만드는 혼란은 자신을 평생 따라다닐 수 있다.

칙센트미하이의 연구에 참여했던 영재 고등학생 짐의 경우를 살펴보자. 짐은 어느 날 오후 집에서 거울을 보고 있었다. 그의 방 안에는 〈자비로운 죽음〉이라는 음악이 흐르고 있었다. 짐은 아버지가 자신과 캠핑을 갈 때마다 입었던 셔츠를 꺼내 입었다. 그의 곁에는 아스피린이 일흔 알 정도 들어 있던 약병이 비워진 채 놓여 있었다. 짐의 부모는 1년 전 별거를 시작했고 현재는 이혼 소송 중이다. 짐은 주중에는 어머니와 살았고 주말에는 아버지와 지냈다. 그의 가장 큰 문제는 친구들과 보낼 시간이 없다는 것이다. 주중에는 짐도 친구들도 모두 바빴고 주말 동안 지내는 아버지의 아파트에는 친구가 없었다.

짐은 친구가 없어 외로웠지만 부모님이 서로 자신을 더 좋아해달라는 요구에 더욱 괴로웠다. 게다가 아버지와 어머니는 서로를 계속 욕했다. 두 사람은 짐이 상대방을 사랑하는 것에 죄책감을 갖게 했다. 짐은 괴로움을 이기지 못해 약을 먹었다. 그는 약을 먹기 전 일기장에 자신의 심정을 남겼다. "도와주세요. 나는 엄마를 미워하고 싶지도 않고 아빠를 미워하기도 싫어요. 나한테 더 이상 고통을 주지 마세요." 다행히 짐이 약을 먹은 그날 밤에 누나가 짐을 발견했고 병원으로 급송돼 위 세척을 받고 목숨을 건졌다.

짐은 부모의 이혼 소송 문제로 심리적 혼란과 생활의 혼란을 겪었다. 완전한 만성은 아니지만 상당히 오랜 시간 그를 괴롭히는 혼란이 발생할 수 있는 여건에서 살고 있었다. 주중에는 엄마의 집에서 학교를 다니지만 주말에는 아빠의 집으로 가서 함께 시간을 보낸다. 짐의 부모는 짐을 자기편으로 만들기 위해 상대방을 욕한다. 자기에게만 짐이 관심을 가져 주기를 바라는 말과 행동도 거침없이 쏟아내며 짐을 괴롭힌다.

부모가 끊임없이 주입하는 각각 상반된 정보에 짐은 심리적으로 혼란스러움을 느낀다. 주말과 주중에 두 집에서 살아야 하는 것도 생활 면에서 혼란을 초래한다. 학업에도 지장을 줄 뿐만 아니라 친구들과의 관계를 유지하기도 힘들게 만들어 또래 집단이 주는 심리적 안정을 얻기 어렵다. 심리적 혼란과 더불어 생활의 혼란까지 더해진 대표적인 사례다.

부모가 이혼할 때 가급적 한 부모가 아이를 관리해야 심리적 안정을 줄 수 있다. 짐처럼 매주 부모의 집을 오가며 서로 상반되는 정보를 듣게 되면 아이는 혼란을 느끼기 쉽다. 혼란을 털어놓고 마음을 위로받을 친구나 지인이 없다면 혼자 모든 혼란을 감당해야 한다. 일상생활의 사소한 문제로 생기는 혼란은 급성으로 분류되지만 이런 식의 혼란은 문제를 해결하는 데 시간이 많이 걸려 만성 혼란으로 나아갈 수 있다. 때로는 부모의 영향에서 벗어나지 못한 채 평생 혼란을 안고 살아야 할지도 모른다.

칙센트미하이는 짐이 좀 더 독립적이었다면, 그리고 가까운 친구가 있거나 더 많은 성취를 이뤘다면 짐의 자아가 힘을 가질 수 있었을 것이고 부모의 이혼을 계기로 자살을 기도하지 않았을 것이라고 말한다. 결국 우리 마음은 우리가 지켜야 한다는 말이다. 혼란을 일으킬 자극이 입력돼도 자신의 내적 질서를 파괴하지 못하게 만들면 된다.

심리적 무질서

우리 의식이 하나의 일에 집중할 수 없는 상태를 심리적 무질서psychic disorder라 한다. 한마디로 마음의 혼란이다. 심리적 무질서란 우리가 마음먹은 의도를 방해하거나 의도의 실행을 방해하는 정보가 입력돼 마음이 혼란스러운 상태를 말한다.

예를 들어 차를 몰아 서울에서 부산으로 가는 중에 라디오에서 사고 소식을 들었다고 가정해보자. 경부고속도로 대전 부근에서 17중 추돌 사고가 났다는 뉴스를 들으면 그 순간 우리는 불안함을 느낀다. 머릿속으로 '어떻게 해야 하지? 늦게 도착하면 어쩌지? 돌아가야 하나?' 하고 생각하며 마음은 어수선해진다. 운전에 집중하지 못할 뿐만 아니라 혼란스러운 마음과 공포, 불안, 분노 등의 감정이 복합적으로 생기면서 침울해진다.

그러면서 고속도로가 아닌 다른 도로를 생각하거나 내비게이션에서 다른 도로로 안내할 거라 생각하거나 지도로 확인해 우회 국도를 타고 빠져나가야 하는지 고민한다. 얼마 후 휴게소가 나오면 잠시 차를 세우고 지도 앱을 열어 도로를 확인한다. 청주에서 상주 방향으로 가다가 중부내륙고속도로를 타고 다시 경부고속도로로 합류해야겠다고 마음을 먹는다. 잠시 마음의 안정을 되찾은 후 화장실에 들렀다가 커피를 한잔 마시고 다시 출발한다. 지도를 보고 다음 경로를 확인했으므로 마음이 편해진다.

이처럼 목표를 방해하는 정보가 들어와 내가 목표한 의도와 충돌해 혼란이 생기는 현상을 심리적 무질서라 부른다. 심리적 무질서는 우리의 주의력을 여러 사물과 정보, 환경 등으로 분산시켜 의도한 행위를 못하게 막는 심리 상태다.

목표가 있을 때 목표와 상반되는 갈등을 일으킬 정보가 의식되면 심리적 무질서가 생긴다. 이때 목표의 크기에 따라 심리적 무질서의 크기도 달라진다. 서울에서 부산으로 가는 과정을 방해하는 정보는 운전하는 동안에만 심리적 무질서를 초래한다. 하지만 인생의 목표, 예를 들어 공무원 시험을 준비하는 수험생이 갑자기 가족을 부양해야 한다면 인생 목표 자체를 바꿔야 하는 심리적 무질서를 겪는다. 재빨리 목표를 하나로 정리하지 않으면 그는 공부도 돈 버는 일도 제대로 하지 못하고 갈등 속에서 혼란한 생활을 할 수 있다.

의식하는 혼란과 무의식적인 혼란

의식할 수 있는 혼란도 있지만 나도 모르게 발생하는 무의식적인 혼란도 있다. 무질서가 생긴 이유를 알고 있을 때 '의식하는 혼란'이 발생한다. 앞의 사례처럼 17중 추돌 사고가 발생해 도로가 막힌다는 방해 요소를 알고 있는 상태에서 계속 신경을 쓰고 방해 요소를 해소할 방법을 찾고 있다면 의식하는 혼란에 해당한다. 이런 종류의 문제는 사라지면 바로 혼란에서 질서가 생긴다.

반면 '무의식적인 혼란'도 있다. 앞서 이야기한 짐이라는 학생의 경우 부모의 별거와 이혼이 혼란을 초래했다. 주중에는 엄마, 주말에는 아빠와 함께 지내며 일상이 바쁘게 돌아가므로 짐은 자기 혼란의 원인이 무엇인지 모를 수 있다. 그냥 우울하고 정신이 없는 상태가 이어질 뿐이다.

스스로 방해 요소를 의식하지 못하므로 무의식적인 혼란으로 볼 수 있다. 심리적 혼란의 대다수가 이유를 알지 못하는 무의식적인 혼란인 사례가 많다. 성격이 만드는 혼란이나 내재과거아가 만드는 혼란은 대부분 무의식적인 혼란이다.

타이어에 바람이 빠져 문제를 겪었던 훌리오의 경우를 생각해보자. 훌리오에게 직장은 생활비를 벌게 해주는 곳이므로 매우 중요하다. 만약 그가 직장에서 해고된다면 생활 방식을 모두 바꾸고 계획을 수정해야 한다. 직장을 잃지 않는 것은 자아의 질서 유지에 필수적이다. 회사의 매출이 늘어 보너스가 오르거나 직원이 부족하니 계속 근무를 해달라는 등의 정보가 입력되면 자아는 팽만해지며 좋은 기분을 느끼게 된다. 반대로 직장 유지를 위협하는 정보가 들어오면 우울하고 불안해진다.

훌리오에게 바람 빠진 타이어는 출퇴근을 위협하는 요소였다. 이는 곧 자신이 직장을 잃을지 모른다는 무의식적인 생각으로 확장돼 정신 에너지를 앗아 가버렸다. 만약 납땜 실수의 원인이 타이어 때문임을 알아차렸다면 그건 의식하는 혼란이다. 하지만 훌리오가 진짜 원인을 생각하지 못하고 계속 불안해하고 집중하지 못할 뿐만 아니라 일의 실수 원인조차 모를 때는 무의식적인 혼란으로 볼 수 있다.

서양의 혼돈: 카오스

이미 오래전부터 혼란과 무질서는 자연 현상으로 규명돼 있었다. 혼돈은 항상 우리 곁에 있었다. 물리학자 에드워드 로런츠Edward Lorentz는 혼돈을 학문적으로 규명해 '혼돈의 과학science of chaos'이라는 과학의 한 분야를 탄생시켰다.

우리 주변에는 불규칙하고 변화를 예측할 수 없는 일들이 많이 일어난다. 수면의 출렁이는 파도, 수증기의 분자 운동, 대기의 무질서, 바다의 난류turbulence, 인간의 심장에서 나타나는 갑작스러운 진동, 주식 가격의 난데없는 폭락처럼 어지러운 상태를 카오스chaos, 즉 혼돈 현상이라고 부른다. 이러한 혼돈은 불시에 도처에서 나타난다.

고대인은 혼돈에서 사물의 질서가 생겨난다고 생각했다. 미국의 작가 토마스 불핀치Thomas Bulfinch가 펴낸 《고대신화Mythology》의 첫머리에는 혼돈을 사물의 씨앗으로 생각한 그리스 신화가 소개돼 있다.

> 땅과 바다와 하늘이 창조되기 전에는 만물이 다 한 모양이었으니, 우리는 이것을 카오스라 부른다. 카오스는 혼란한 형태 없는 덩어리에 불과했으나 그 속에는 여러 종자가 잠자고 있었다. 땅도 바다도 공기도 한데 혼합돼 있었다. 마침내 신과 자연이 개입해 땅을 바다와 분리하고 하늘을 양자와 분리하여 이 무질서한 상태를 끝나게 했다.

서양에서는 카오스가 천지 창조 이전의 상태, 완전히 질서가 없는 상태를 의미했다. 신이 혼돈에서 천지를 만든 후 질서가 생겨났다지만 혼란은 지금도 나타난다. 자연에는 물건들이 뒤엉킨 상태, 레고 상자를 엎었을 때 레고 블록이 흐트러진 상태처럼 인간이 만든 혼란, 소용돌이치는 파도, 목성 표면의 대적반 같은 혼란 현상이 있다.

가을에 가로수에서 나뭇잎이 하나 떨어지는 것을 보자. 나뭇잎이 떨어지는 방향은 무질서하다. 나뭇잎은 낙하할 때 부는 바람의 영향, 낙하와 회전에 의한 공기의 흐름에 영향을 받으므로 지극히 복잡한 움직임을 보여준다. 그래서 예측하기가 매우 어렵다. 물리학적으로 달이나 인공위성의 운동은 예측할 수 있어도 작은 나뭇잎이 낙하하는 방향 하나를 예측하기가 훨씬 어렵다.

날씨 변화를 예측하는 일기예보는 카오스 현상의 가장 대표적인 사례다. 날씨는 해당 지역에서 나타나는 일조, 구름의 분포, 바람, 기압 배치, 온도, 습도 등에 따라 달라진다. 일기예보는 슈퍼컴퓨터를 동원해 자료를 분석하고 예측하지만 틀리는 경우가 많다. 주가 예측, 부동산 가격 등락 예측도 어렵기는 마찬가지다. 만약 이러한 정보들을 예측하기 쉬웠다면 모두 부자가 됐을 것이다.

하지만 혼돈의 과학은 우리를 둘러싼 수많은 혼란 속에서 다시 질서가 나타날 수 있음을 보여준다. 시냇물이 천천히 흐르고 있을 때는 조용하다. 시냇물 중간에 바위가 하나 솟아 있으면 물결이 빠르게 흐르다 바위에 부딪히고는 주변에 소용돌이가 생긴다. 이때 물이 운동하는 현상은 불규칙하고 카오스적이다. 처음에 조용히 흐르던 질서가 무너져 혼란이 생긴 것이다. 하지만 물살이 더 빨라지고 더 거세지면 작은 소용돌이는 사라지고 대신 큰 소용돌이가 일어난다. 이 큰 소용돌이로 작은 소용돌이가 정리되고 하나의 거대한 질서를 따르는 물결의 흐름 운동이 나타난다. 혼돈의 과학은 이처럼 카오스로부터 질서가 만들어질 수 있다는 것을 보여준다.

동양의 혼돈: 질서의 씨앗

동양에도 혼돈으로부터 질서가 나타날 수 있다는 관점이 존재했다. 중국의 고전《장자》를 보면 제왕으로서 마땅히 지켜야 할 도리를 설명한 〈응제왕〉 편에 혼돈의 끝이 질서의 시작임을 암시하는 대목이 나온다.

> 남해의 임금을 숙儵이라 하고 북해의 임금을 홀忽이라 했고 그 중앙의 임금을 혼돈混沌이라 했다. 숙과 홀은 때때로 혼돈의 땅에서 만났는데 혼돈은 그때마다 그들을 극진히 대접했다. 숙과 홀은 혼돈의 은덕을 갚을 길이 없을까 의논했다. 사람들은 모두 일곱 개의 구멍이 있어서 보고, 듣고, 먹고, 마신다. 오직 혼돈에게만 이런 구멍이 없으니 구멍을 뚫어드리자고 하며 날마다 한 개의 구멍씩 뚫었는데, 일곱째 날이 되자 혼돈은 죽고 말았다.

숙은 남해의 임금으로 밝음, 홀은 북해의 임금으로 어두움을 대표한다. 그 둘은 각각 빨리 나타나는 것과 갑자기 사라지는 것, 즉 만물의 생성과 소멸을 나타낸다. 중앙의 혼돈은 이런 분별이나 경계가 생기기 전의 하나로 엉킨 상태다.

서양에서는 혼돈을 카오스라 부르며 부정적인 의미로 쓴다. 질서가 생기기 이전이나 질서가 무너진 무질서의 상태이기 때문이다. 그러나 동양에서, 특히 도가道家에서는 혼돈이 모든 것의 근원, 즉 모든 가능성이 합쳐진 긍정적인 것으로 해석했다.

《도덕경》 25장에서는 "분화하지 않은 완전한 무엇이 하늘과 땅보다 먼저 있었다有物混成 先天池生"라고 설명한다. 여기서 분화하지 않은 무엇이 바로 혼돈이다. 그 무엇도 나타나기 이전의 미발未發 상태를 말한다. 이런 혼돈을 도道에서는 무극이나 태극으로 여겼다. 그런 미분화의 세계가 분화돼가는 것이 지금 우리가 살고 경험하는 세계다. 《도덕경》 28장에서는 이를 두고 "다듬지 않은 통나무를 쪼개면 그릇이 된다"라고 설명한다. 즉, 원초적인 미발의 통나무가 쪼개져서 그릇이라는 개개의 물건이 생긴다는 말이다. 이런 분화가 진화evolution다. 그리고 분화 이전의 상태로 회복하는 것을 회선involution이라 한다.

그런데 《장자》에서 말한 혼돈에 구멍이 생긴다는 의미는 원초적 비이분법적 의식 상태가 이분법적 의식 상태로 변하는 과정을 말한다. 분화하지 않은 초이분법적 의식이 이원론적으로 분별하는 일상적 의식으로 바뀌면 원초적 전일성全一性이 죽어버리게 된다. 에덴동산의 아담과 이브가 뱀의 유혹에 넘어가 선악과를 먹고 나서 자신들이 벗고 있음을 자각하고 몸을 가린 것이 대표적인 사례다.

여호와가 먹지 말라고 경고한 선악과를 먹고 분별을 하게 됐으나 에덴에서 추방된 것처럼 혼돈 상태를 분화해버리면 모든 것을 포함하던 순수성이 사라져버리게 된다. 혼돈이 결코 나쁜 것이 아니라는 관점이다. 그렇게 죽어버린 것이 본래의 순수성을 회복하는 것을 부활, 귀향, 원시반본, 복귀, 귀일이라 한다. 이로써 예전의 '나'는 진정한 '나'로 다시 태어나는 여정을 완성할 수 있다. 쉽게 말해 동양은 모든 것 속에 우주를 품었고, 혼돈 속에 모든 것의 씨앗이 있으며, 질서도 혼돈에서 나올 수 있다고 보았다.

동서양의 관점에 약간 차이가 있지만 공통적으로 혼돈에서 질서가 나올 수 있다는 점에서 합의에 이른다. 우리도 마음에 혼란이 일면 모든 것이 끝난 듯 보인다. 하지만 그 혼란의 가운데 질서를 만들어낼 씨앗이 분명히 존재한다. 그것을 살려내는 것이 바로 우리의 역할이다.

내가 만난 혼란기

해야 할 일이 너무 많다

내 혼란의 원인: 해야 할 일이 너무 많다

나는 무기력을 극복하고서 또다시 저항이라는 장애물을 만났다. 이후 심리적 저항이라는 장벽을 넘어설 힘을 길렀고 마음 전체를 다스리는 법을 깨달았다. 나는 내가 주인인 사자가 돼 어린아이처럼 내가 하고 싶은 일을 전부 다 하면서 살고자 했다. 무엇보다 어린아이의 호기심, 열정, 자유로움을 기억하며 누구에게도 억압받지 않는 자유로운 프리랜서로서 삶을 예술로 만들고 싶었다. 사람들은 개인 연구소를 운영하는 작가이자 강연가를 1인 기업가라고 부른다. 그렇게 1인 기업가가 되고 보니 할 일이 많았다.

새 책 기획하기, 칼럼 쓰기, 책 읽고 정리하기, 칼럼을 게재할 지면 찾기, 내 브랜드 알리기, SNS 공간에서 독자와 소통할 방법 찾기, 독자 편지에 답장하기, 연구소 사무실 운영하기, 연구소 홈페이지 만들기, 고정적인 수익 구조 만들기, 강의안 만들기, 강의할 기관을 지속적으로 섭외하기, 운동과 건강 관리하기 등등 1인 기업가는 정말 많은 일을 해내야 했다.

이러한 일들 이외에도 수십 가지의 중요한 일들이 내게 에너지와 시간을 달라고 아우성을 쳤다. 급기야 나는 당면한 일들은 물론, 나와 가족의 미래에 대한 걱정에 밤잠도 설치고 낮에도 편하게 지내지 못했다. 고정 수입을 주는 안정적인 직장을 그만뒀으므로 내가 나서서 사냥해 식량을 조달해 먹어야 했다.

내 욕망은 내게 세상에서 살아남으라고 했다. 엄마로서 자녀의 미래도 계속 걱정해야 했다. 두 번째 책이 나온 이후 나는 해야 할 일, 하고 싶은 일이 많아졌다. 코칭 회사의 전무 자리를 얻어 일했지만 내 길이 아니라는 이유로 그만뒀다. 그 이후에도 직장 몇 군데에 들어갔다 나오기를 반복했다.

고정적인 수입이 필요했기에 취업과 사직을 반복했다. 수년이 하루같이 흘러가버렸다. 그러던 어느 날, 나는 확실히 알게 됐다. 모든 게 엉망진창이었다. 나는 완전히 실패한 것이었다. 지금의 결과를 얻기 위해 길을 떠난 게 아니었다. 그러다 마흔두 살에 평생 직장이던 혜전대학에서 사직하고서 연구를 하기 위해 카이스트 초빙 교수로 들어갔을 때를 떠올렸다.

당시 지금보다 젊고 자신만만했던 내가 희미하게 생각났다. 그때는 분명 목적지가 있었다. 하지만 중간에 목적지를 잃어버린 것이다. 나는 항해를 하겠다고 출항했다가 낯선 바다의 아름다움에 취해 지금 타고 있는 배가 유람선인 줄 착각했다. 그리고 목적을 잊고는 엔진을 끈 채 바다를 즐기다 결국 망망대해를 표류하는 난파선 위에 놓여버린 자신을 발견했다.

바다로 나선 이후 배는 몇 차례 폭풍을 만나 부서지고 엔진마저 고장 난 듯했다. 이제 배는 침몰할 일만 남아 있었다. 그렇게 배와 함께 나는 끝날 운명이었다. '정말 이런 결과를 위해 내가 바다로 나온 것일까?' 밤마다 자괴감과 후회가 밀려와 한탄만 하는 날이 이어졌다. 이것이 바로 혼란이었다. 나는 계속 정신을 잃은 상태에 빠져 있었고, 내가 처리하지 못한 일들은 산더미처럼 쌓여 있었다. 그럴수록 아무것도 하지 못하고 있었다.

PART 2

혼란이 생기는 이유
문제는 엔트로피 증가야

'무지(無知)'로 인해 길을 헤매는 경우는 없다.
그저 자신이 안다고 믿다가 길을 잃는다.
-장 자크 루소-

1

자연 법칙이 만드는 무질서

엔트로피 증가와 무질서는 자연의 법칙이다

나는 왜 정신이 없어졌을까?

몇 년 전부터 나는 정신이 없고 뭔가 무질서하며 엉망진창이 돼간다고 자각했다. 무기력이나 저항과는 다른 증상이었다. 《문제는 무기력이다》는 나에게 나타난 증상이 마틴 셀리그먼 교수의 연구 결과인 '학습된 무기력'임을 자각한 후 스스로 치유하기 위해 노력한 결과물이다. 《문제는 저항력이다》는 프로이트가 정신 분석에서 정의한 '저항' 현상을 느끼고 연구를 시작해 완성한 책이다.

무기력과 저항이라는 문제에서 완전히 벗어났다고는 말할 수 없다. 그래도 나는 증상과 해결책을 알고 있다고 믿었다. 그래서 무기력과 저항을 극복한 건강한 사자로서 자유로울 줄 알았다. 어쩌면 사자의 다음 단계인 어린아이가 돼 행복한 하루를 보낼 것이라 믿었다. 그러나 이내

내 삶은 뒤죽박죽되는 듯했다. 또 하고 싶은 것은 많으나 되는 일이 없고 무엇을 할지 어디로 갈지 완전히 잊어버린 상태로 세월을 허송하고 있음을 자각하게 됐다.

그러는 동안 나는 후회로 점철된 나날을 보냈다. '그때 왜 그런 선택을 했을까? 다른 일을 했다면 더 나은 삶이 되지 않을까?' 하는 의심에 휩싸여 이것저것 닥치는 대로 하고 싶은 것을 다 했다. 강의를 의뢰받는 대로 수락했고 직장에 자리가 생기면 들어갔다가 이내 그만두기를 반복했다. 자격증도 열 개가 넘게 땄고 사학 연금을 유지하기 위해 관련 기관이면 어디든 들어가려고 했다. 프로젝트에 참여해 연구도 진행했다.

언뜻 보기에 하는 일은 많아 보였으나 결과적으로 시간을 낭비한 셈이다. 시험을 준비하다가 중간에 마음이 바뀌어 응시조차 하지 않았다. 또 책을 쓰려고 했으나 무엇보다 절박하지 않았고 쓰기도 싫었다. 책을 쓰고 사람을 돕겠다며 학교 밖으로 나온 나는 길을 완전히 잃고 목표도 놓쳐버린 채 그냥 헤매고 있었다.

이번 생은 망했다고 생각한 내게 떠오른 단어는 '혼란'이었다. 혼란이라는 문제를 처리하지 않으면 엉망으로 살다가 죽을 것 같았다. 하지만 처리하는 방법을 알지 못했다. 혼란을 정리해준다는 책을 여럿 살펴봤지만 별로 도움이 되지 않았다. 하지만 그 과정에서 한 가지 확실하게 파악한 것이 있었다. 혼란이 자유에서 찾아온다는 것이었다.

만약 무언가가 나를 제어했다면 이렇까지 혼란스럽지는 않았을 거라는 생각이 들었다. 자유가 만든 혼란은 나를 점점 더 게으르게, 급기야 아무것도 하고 싶지 않게 만들었다. 심지어 우울증까지 겹친 듯했다. 혼란은 나를 쓸모없는 사람으로 만들어가고 있었다. 무엇 하나 재미도 없었고 무엇 하나 원하는 것도 없었다. 나중에는 인터뷰 요청이 들어와도 거절했고 상담 요청도 거절, 원고 청탁이 와도 무기한 연기 혹은 거절해 버렸다. 아무것도 하기 싫었다.

무기력은 무언가를 할 수 있지만 할 수 없다고 느끼는 것이다. 저항은 무언가를 해야 하지만 하지 않는 것이다. 반면 혼란은 무언가를 하기 싫다고 느끼는 것이다. 분명 하고 싶었던 일인데 하기 싫어지는 아이러니가 일어났다. 혼란은 자유로운 어린아이로 살아가려 할 때 만날 수 있는 또 다른 문제였다. 자유가 주는 역설이었다.

혼란이란 삶과 일상이 뒤죽박죽돼 무질서해진 상황이다. 혼란에 빠지면 하나의 목표에 집중하지 못한다. 예술가는 작품을 만들지 못하고 작가는 글을 쓰지 못한다. 간신히 글을 써봤자 횡설수설 수준에 그친다. 머릿속이 뒤죽박죽이라 깊이 생각하지 못하기 때문이다. 글에 논리가 없고 문장도 완성하지 못한 채 짧은 단상만을 메모하는 데 그친다. 주제도 자주 변한다.

내 경우만 봐도 혼란이라는 주제로 글을 쓰려다가 정서 장애로 넘어갔다. 그러다가 컴퓨팅 사고, 뇌과학과 무기력, 마음의 변화, 명리심리 등 여러 주제들 사이에서 방황했다. 시간은 하염없이 흐르고 당연히 책은 나오지 못했다. 급기야 책을 쓰는 것 자체가 싫어졌다. 정말로 글쓰기가 싫었다.

그동안 글쓰기를 참 좋아했고 늘 뭔가를 끄적이던 습관이 있었는데 그건 이미 오래전에 사라지고 없었다. 두 번째 인생은 글을 쓰고 살겠다며 학교를 사직하고 자신만만하게 세상 밖으로 나왔지만 가장 좋아하던 일이 죽어도 하기 싫은 일이 돼 있었다. 출판사와 계약을 맺지 않았다면 어쩌면 글쓰기 따위는 진즉에 때려치웠을 것이다.

심리적 엔트로피

의식이 무질서하고 삶이 혼란스러워지면 목표가 변한다. 인생도 엉망진창인 듯 느껴진다. 왜 이런 혼란이 오는 것일까? 여러 가지 이유가 있다. 혼란이 생기는 이유에 대해서는 2부에서 자세히 설명할 것이다. 그에 앞서 간단히 말하자면 자연 법칙 때문에 우리는 혼란을 만날 수밖에 없다. 자연 법칙이므로 필연적이다. 우리가 늙으면 죽고, 뜨거운 물이 식는 이치를 설명하는 자연 법칙, 즉 엔트로피 증가 법칙 때문이다. 엔트로피 증가라는 열역학熱力學 법칙이 인간의 마음에 영향력을 행사하는 것이다.

혼란은 칙센트미하이가 말한 최적 경험optimal experience 혹은 몰입을 의미하는 플로우flow와 반대 현상이다. 혼란은 니체가 말한 정신의 세 번째 수준인 어린아이의 마음에서 잘 만들어지는 현상이기도 하다. 물론 사자도 사냥 목표가 바뀌면서 혼란에 빠지고 사냥에 실패하기도 한다. 하지만 어린아이는 자신이 가진 자유라는 특성 때문에 혼란을 빚을 수 있다. 자유가 방종으로 변하면 무질서가 나타나고 자유도가 클수록 혼란의 범위도 넓어진다. 낙타의 무기력과 사자의 저항에 이어 어린아이가 조심해야 할 마음의 문제가 바로 혼란이다.

열역학에서 나온 엔트로피는 '무질서의 정도'를 나타내는 말이다. 칙센트미하이는 마음에서 무질서가 나타날 때를 '심리적 엔트로피'라고 정의했다. 의식의 순조로운 흐름을 뭔가가 방해할 때 생기는 내적 무질서, 심리적 무질서가 바로 심리적 엔트로피다. 또 그는 "심리적 무질서 상태가 되면 자아는 현저하게 비효율적으로 변한다"고 설명했다.

이때 우리는 정신없어지고 되는 일도 없으며 능률이 떨어져 급기야 아무것도 하기 싫은 상태가 된다. 또한 자아는 주의를 집중해 완수해야 하는 목표 수행 능력을 상실한다. 매순간 자아는 정보들을 처리하며 '이 정보가 내 목표 성취에 도움이 될까? 아니면 목표 달성을 방해할까? 아니면 그저 그런 건가?'라는 식으로 알게 모르게 평가한다. 따라서 같은 정보라도 자아의 해석 결과에 따라 의식의 무질서를 높일 수도 낮출 수도 있다.

심리적 엔트로피가 낮으면 마음에 질서가 생기고 집중할 수 있다. 반대로 심리적 엔트로피가 높으면 마음은 무질서하게 변하고 정신없고 하나에 집중하지 못하게 된다. 의식의 무질서 수준을 낮추면 정신적 에너지를 하나에 집중해 쉽게 목표 달성을 할 수 있도록 돕는다. 칙센트미하이는 그런 상태를 몰입Flow이라고 정의했다.

자연의 법칙: 엔트로피 증가 법칙

그렇다면 불필요해 보이는 엔트로피는 왜 증가하는 것일까? 다시 말하지만, 자연 법칙 때문이다. 과학에서 말하는 엔트로피는 입자의 배열이나 질서의 정도처럼 물질의 상태를 나타내는 값의 한 종류다. 엔트로피는 에너지energy와 변화를 의미하는 희랍어 트로포스tropos를 합성해 만든 용어로 '에너지 변화'라는 의미를 담고 있다. 즉, 엔트로피는 입자의 배열이나 질서의 정도가 만들어낸 에너지의 변화라는 의미로 해석할 수 있다. 같은 의미로 심리적 엔트로피는 마음의 내부 성분들의 배열과 질서의 정도가 만드는 심적 에너지의 변화라고 생각할 수 있다.

1850년, 독일의 물리학자 루돌프 클라우지우스Rudolf Clausius가 맨 처음 엔트로피라는 용어를 사용했다. 그는 엔트로피가 '높은 곳에서 낮은 곳으로 흘러가는 열 확산의 증가'를 의미한다고 정의했다. 이후 열역학에서 널리 사용되기 시작했다. 그의 설명을 따르면 엔트로피는 입자가 분산하는 무질서의 정도, 무질서의 양을 의미한다.

또 미국의 수학자 클로드 섀넌Claude Shannon이 제기한 정보 이론에서는 엔트로피를 '정보의 불확실성을 야기하는 무조직성無組織性'을 이르는 말로 쓰인다. 즉, 어떤 정보의 불확실성이 높은지 낮은지를 평가하는 지표가 엔트로피이며, 엔트로피 값이 높을수록 불확실성이 높다고 한다.

심리학, 열역학, 정보 이론에서는 모두 엔트로피가 높다는 것은 '무질서함', '불확실함'이 높은 것을 의미한다. 반대로 엔트로피가 낮다는 것은 질서도가 높고 확실함이 크다는 의미다. 우리 마음에도 너무 많은 정보가 저장돼 있거나 들어오면 오히려 결정을 쉽게 못 하고 무질서해진다. 아무것도 없으면 문제지만 너무 많아도 해가 된다. 자신에게 주어진 선택지가 많거나 충동에 이끌려 이것저것 벌려놓을 때 엔트로피를 높이는 중이라고 설명할 수 있을 것이다.

혼란이 일어나는 라자스

마음에서는 여러 가지 생각과 감정이 생기고 행동을 만드는 힘이 일어난다. 그런 마음의 힘을 에너지로 보기도 한다. 프로이트와 융도 마음을 심적 에너지로 봤다. 에너지 흐름에 따라 마음이 움직인다는 생각 중 가장 오래된 이론은 기원전 1500년경에 시작된 인도의 베다Vedas 철학에서 찾을 수 있다.

힌두교의 베다 경전에서는 자연을 이루는 성질과 인간의 본성을 덕 혹은 속성이라는 의미의 구나求那, Guna라고 불렀다. 또한 인간 마음에 존재하는 본성을 타마스tamas, 라자스rajas, 사트바sattva의 세 가지로 구분하고 삼덕三德, 즉 트리구나Tri Guna라 불렀다. 베다 철학에서는 세 가지 속성을 인간 마음뿐만 아니라 세상을 이루는 자연의 상태로 봤다.

사트바는 빛의 성질을 가진 에너지로 증가하는 힘을 가지고 있다. 타마스는 빛과 반대인 어둠의 성질로 감소하려는 에너지다. 둘의 중간에 존재하는 라자스는 활동성이 강해 증가할 수도 감소할 수도 있으며, 혼란스럽지만 강력한 힘을 가진 에너지 상태다. 사트바와 타마스는 라자스라는 활동적인 에너지를 서로 차지하기 위해 아래와 위에서 힘겨루기를 한다. 사트바는 라자스의 움직임을 증가시키려 하고, 타마스는 라자스를 감소시키려고 한다. 둘 사이의 에너지 이동의 싸움 때문에 우리 마음은 전쟁터가 되기도 하고 여러 가지 정서와 복잡한 생각, 혼란과 혼돈에 빠지곤 한다.

타마스에서는 무기력과 게으름, 저항이 만들어진다. 라자스에서는 혼란이 일어난다. 사트바에서는 기쁨, 평화, 행복이 나타난다. 트리구나의 위 가장 높은 곳에는 깨달음의 상태를 상징하는 브라흐만brahman이 지붕처럼 자리하고 있다. 브라흐만은 인도 신화 속 최고의 신이며 비슈누, 시

구나의 특징과 마음의 상태

베다의 구나	성질	세부 특징	마음의 상태
브라흐만 (brahman)	해탈(moksa)	절대자, 초월, 대우주, 우주 본질, 진정한 자아	초월
사트바 (sattva)	빛, 상승력	이성, 선, 명료함, 평안, 만족감, 완전한 행복, 영원한 지복, 평화, 진리, 진실,	행복
라자스 (rajas)	운동성, 상승과 하강 혼합	운동, 적색, 활동성 강한 높은 에너지, 욕망, 욕정, 허세, 비방, 야만, 시기, 질투, 감정 기복	혼란
타마스 (tamas)	어둠, 하강력	비활동성, 흑색, 게으름, 나태함, 저항, 무기력, 우울함, 느림, 소심, 둔함, 침울, 억압, 집착, 탐욕, 공포, 걱정, 우울, 과거 기억 반추, 잘못된 인간관계, 무지, 편견, 비도덕, 비양심, 미혹, 공상, 방탕, 인내심 부족, 자기 통제력 부족, 습관적 탐닉, 소심, 노예근성, 부정적인 자아 개념, 부정적, 의존성	고통

바와 함께 우주 창조의 주역을 맡은 세 주신主神 중 하나다. 원래 브라흐만이라는 말은 '자라나다', '팽창하다', '늘어나다'라는 뜻을 지닌 산스크리트어에서 유래했다. 우주의 근본 원리, 근본 실재, 절대자를 의미하기도 한다.

위의 표에서 이들의 특징을 간략히 살펴보기로 한다. 여기서는 마음의 상태로만 이해하고 넘어가면 된다. 타마스에서는 마음의 고통과 불행이 만들어지고, 사트바에서는 행복이 나타난다. 중간에 위치한 라자스에서는 행복과 불행이 혼합된 혼란과 감정 기복이 나타난다. 그리고 마지막 브라흐만에 이르면 마음조차도 초월하게 된다.

자유가 크면 엔트로피가 높다

앞서 말했듯 열역학이나 정보 이론에서 엔트로피가 높다는 의미는 무질

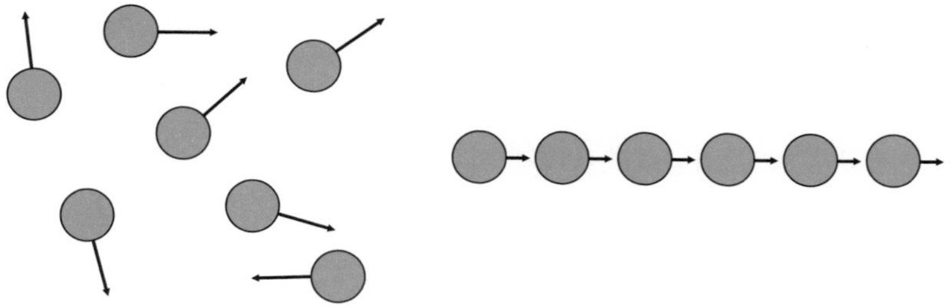

(a) **엔트로피가 높은 상태 (무질서)** (b) **엔트로피가 낮은 상태 (질서)**

서가 높고 자유롭게 움직일 수 있다는 것이다. 반면 엔트로피가 낮다는 의미는 질서도가 높고 움직임이 자유롭지 못하다는 것이다. 즉, 공기 중에 있는 무질서하고 자유로운 탄소 분자는 엔트로피가 매우 높다. 탄소 분자가 모여 결정체인 숯이나 다이아몬드로 바뀌면 질서도가 높아지고 엔트로피는 낮아진다.

자유와 엔트로피는 비례한다. 그림 (a)는 엔트로피가 높은 상태다. 이때 입자들은 어디든지 마음대로 갈 수 있고 매우 자유로운 상태다. 그림 (b)는 엔트로피가 낮은 상태다. 입자들은 규칙적인 배열로 자유가 제한돼 있다. 마음에 자유가 많으면 엔트로피가 증가해 무질서해지고 일할 에너지를 방전시킨다. 이때 만약 자유를 제한하지 않으면 방종이 엔트로피를 계속 증가시킨다.

아무것도 하지 않으면 쓸모없어진다

열역학은 열과 일로 이뤄진 수많은 자연 현상을 오랫동안 관찰하고 연구하는 학문이다. 대표적인 이론이 열역학 법칙인데, 현재 제0법칙부터 제3법칙까지 정리돼 있다. 먼저 열역학 제0법칙은 '열적 교환을 하고 있는 물체의 온도는 같다'이다. 열역학 제1법칙은 에너지 보존 법칙으로 알려져 있으며 '계가 어떠한 열역학적 과정을 거친다 해도 계와 환경의 총 에너지는 항상 보존된다'는 내용이다.

열역학 제2법칙은 '열역학적으로 고립돼 있는 계의 엔트로피는 결코 감소하지 않는다'라는 내용으로 엔트로피 증가 법칙이라 불린다. 열역학 제2법칙에서 비롯한 마음의 원리가 바로 '자극 없이 마음을 가만히 두면 마음 내부에 엔트로피가 증가해 점점 무질서해진다'는 것이다. 그렇게 되면 의식의 질서는 사라지고 전체 의식의 수준도 낮아진다. 엔트로피가 증가하면 에너지 변화를 일으킬 수 없다. 따라서 의식의 질서가 사라지면 할 수 있는 것이 없고 점점 쓸모가 없어질 뿐이다.

열역학 제3법칙은 1913년 독일의 물리학자 막스 플랑크Max Planck가 제안한 법칙으로 '절대 온도 0도(섭씨 -273도)에서 모든 물질의 엔트로피는 0'이라는 것이다. 이 법칙을 의식에 적용해보면 마음의 상태가 절대 온도 0도와 같은 상태로 변할 때 엔트로피가 0이 될 수도 있다는 의미다. 다소 추상적이지만 마음이 깨달음의 상태로 변할 때가 곧 절대 온도 0도의 상태가 아닐까 상상할 수 있다.

열역학 제2법칙인 엔트로피 증가 법칙이 우리의 마음에서 일어나는 과정을 생각해보자. 고립된 계에서는 엔트로피가 감소하지 않는다는 의미는 아무것도 하지 않는 닫힌 마음의 내부에서는 엔트로피가 절대로 줄지 않는다는 말이다. 하지만 마음은 진공 상태가 아니다. 즉, 엔트로피는 고정값이 아니며 시간이 흐르면서 증가한다. 마음은 진공이 아니기 때문에 마음의 엔트로피를 줄이지 않으면 늘어날 수밖에 없다. 즉, 우리 마음이 고립돼 아무것도 하지 않을 때 마음속 무질서는 증가한다. 더불어 엔트로피가 증가하면 마음의 상태를 상징하는 의식 수준의 퇴보를 불러온다. 엔트로피를 줄이려면 마음속에서 뭔가를 해야 하고 마음이 고립되지 않고 외부 정보와 계속 상호작용하고 있어야 한다. 특히 외부로부터 어떤 힘을 받으면 우리는 에너지를 받아 마음의 엔진을 가동하는 속도를 높인다. 이때 외부에서 주는 힘을 메타마인드 값이라 부르자. 메타마인드는 뒤에서 다시 설명하겠다.

어니스트 헤밍웨이의 《킬리만자로의 눈》에는 해리라는 작가가 등장한다. 해리는 엔트로피가 증가하는 모습을 잘 보여주는 인물이다. 헤밍웨이는 해리가 글을 쓰지 않고 재능을 소모하며 지낼 때 삶이 방탕해지고 정신력도 점점 쇠하는 모습을 보여준다. 허구의 이야기지만 인간사에서 일어나는 현상을 상징적이면서도 구체적으로 아주 잘 묘사했다. 우리도 해리와 같이 될 수 있다.

우리도 해야 할 일을 하지 않고 빈둥거리면 점점 더 아무것도 하기 싫어지고 무능해진다. 심지어 외모도 변한다. 살이 찌고 근육이 사라지고 눈빛은 창백해지고 힘을 잃어간다. 서서히 쓸모없어지는 과정이다. 의식 수준도 함께 낮아진다. 열역학 제2법칙은 자신을 방치하고 노력하지 않으면 의식의 수준을 유지하지 못하고 떨어뜨릴 수 있다는 것을 잘 설명해준다. 게으른 인간에게 주어진 저주인지도 모른다.

엔트로피 증가는 운명인가?

노벨 화학상을 수상한 프레더릭 소디Frederick Soddy는 "열역학 법칙들이 궁극적으로 정치 체계의 흥망, 국가의 성쇠, 상공업의 변화, 부와 빈곤의 원천, 그리고 인간 모두의 물질적 복지 등을 좌우한다"라고 말했다. 인간이 행하는 모든 물리적 활동은 열역학 법칙의 형태로 표현된 철칙에 철저히 지배된다는 것이다.

미래학자 제러미 리프킨Jeremy Rifkin은 《엔트로피》에서 기계적 세계관에 바탕을 둔 현대 문명의 몰락을 경고한다. 또한 앞으로 우리 세계에 대재앙이 초래할 수 있음을 언급하며 그 기준점이 되는 것이 바로 엔트로피라고 했다. 아인슈타인도 엔트로피를 모든 과학에서 제1법칙이라고 강조했다. 영국의 천체 물리학자 아서 에딩턴Arthur Edington 경은 엔트로피 증가 법칙이 전 우주를 통틀어 최상의 형이상학적 법칙이라고 했다. 이렇듯 수많은 학자들이 강조할 만큼 엔트로피 증가는 피할 수 없는 현상일지도 모른다.

자연의 일부인 인간에게도 예외일 수 없다. 마음도 에너지의 흐름을 따르는 만큼 엔트로피 증가에서 벗어날 수 없다. 내가 무기력을 겪고 저항을 만나 힘들어한 것을 넘어 혼란이라는 증상을 만난 것은 엔트로피 증가 법칙과 무관하지 않다. 혼란에 휩싸인 자신을 그냥 두면 쓸모없어진다. 어쩌면 우리 마음은 엔트로피 증가 법칙 때문에 의지대로 통제되지 않고, 통제되지 않는 자유가 엔트로피를 한층 더 높여 더욱 심한 혼란을 초래하는지도 모른다. 사도 바울이 말한 것처럼 인간은 원하는 선을 행하지 않고 원하지 않는 악을 행한다. 마음은 원인이로되 행동하지 못하는 우리는 철저히 엔트로피 증가 법칙의 희생양인지 모른다.

이렇듯 열역학 제2법칙은 폐쇄계에서 모든 에너지를 유용한 상태에서 무용한 상태로, 집중도가 높은 상태에서 집중도가 낮은 상태로, 질서 있는 상태에서 무질서한 상태로 변하게 만든다. 따라서 노력하지 않으면 그저 멈춰 있지 않고 추락하거나 힘이 사라지고 무능력해지는 것이다. 아무것도 하지 않을 때 우리는 점점 타락하고 추락한다. 마음을 멈춰버리면 폐쇄계에 머문 채 엔트로피의 증가와 의식의 하락을 경험하게 될 뿐이다. 그리고 그 끝은 죽음이다. 실로 두려운 결말이다.

할 일이 많을 때 엔트로피가 높아지는 이유

이제 엔트로피 값이 변하는 원리에 대해 알아보자. 엔트로피를 계산하는 방정식은 간단히 다음과 같다.

$$S = klogw$$

여기서 S는 엔트로피 값이다. k는 비례계수로서 변할 수 있는 값이다. w는 어떤 계가 취할 수 있는 상태를 의미한다. 엔트로피란 w에 의해 결정되므로 w가 커질수록 엔트로피는 커진다. 즉, 우리가 하나의 상태를 유지할 때보다 다수의 상태를 가질 수 있을 때 엔트로피 값이 커진다. 자신이 할 수 있는 일이 많고 자유도가 높을 때 엔트로피 값은 더 커진다.

예를 들어 내가 글만 쓸 때는 w가 1이지만 직장도 다니고 작가로 활동하고 엄마이면서 주부이기도 하면 w는 4라는 숫자를 갖는다. 만약 w

가 1이라면 log 1 = 0이다. 만약 w가 4라면 log 4 = 0.6으로 증가한다. 이때 비례계수 k에 따라 S값이 달라지므로 정확한 수치는 아니지만 개념만 파악하는 정도로 생각하길 바란다.

그래서 일이 많으면 엔트로피 값이 커져 혼란스럽고 복잡해지는 것이다. 엔트로피를 낮추려면 w의 개수를 줄이면 된다. 쉽게 말해 집중해야 한다. 내가 가진 역할 중 작가라는 역할 하나에만 집중하면 엔트로피가 감소하고 유용한 작가가 될 수 있다. 이처럼 엔트로피를 낮추려면 의도적으로 집중을 해야 한다.

여기서 마음의 엔트로피, 즉 절댓값을 계산하려는 것은 아니다. 마음의 수준에서 상대적 위치만 이해하면 된다. 자신이 어제보다 오늘 나아졌다면 스스로 변한 것을 느낀다. 즉, 엔트로피 절댓값이 줄어들면 스스로 알아챌 수 있다. 반대도 마찬가지다. 엔트로피가 증가해 마음이 추락하면 기분이 나빠진다. 절댓값을 몰라도 상대적 값에 따라 우리는 변화를 감지한다.

물론 절대 온도 0도(섭씨 -273도)에서 모든 물질의 엔트로피가 0이 된다는 원리처럼 우리 마음에서 엔트로피가 0이 되는 과정은 깨달음의 경지에 이르러 세상일과 자신에게 얽매이지 않게 되는 상태로 이해할 수 있다. 과연 그런 경험이 가능할지 궁금하지만 물리적으로는 계산할 수 있다. 하지만 자세한 계산은 접어두고 상대적 위치만 생각하기로 하자.

마음에서 엔트로피가 높다는 의미는 자유도가 높아 집중도는 낮아지고 굉장히 무질서해져 가용한 에너지가 적은 상태를 말한다. 반대로 엔트로피가 낮다는 의미는 질서가 잡혀 있고 집중도가 높으며 유용한 에너지가 많은 상태를 말한다. 결과적으로 제로 엔트로피는 깨달음으로 간 상태다.

엔트로피 양이 의식의 수준을 결정한다

의식 수준은 마음의 상태를 나타내는 상징적 의미다. 엔트로피 값에 따라 마음의 상태는 달라지고 의식 수준도 변한다. 엔트로피와 의식 수준 간의 관계를 한번 생각해보자. 니체가 말한 정신의 단계인 낙타-사자-어린아이-초인과 앞에서 설명한 베다의 트리구나를 호킨스가 제시한 의식의 17단계에 매핑하면 다음 표와 같이 나타낼 수 있다.

호킨스가 제시한 의식 17단계는 니체나 베다 철학에 비해 상당히 구체적인 용어다. 현대 심리학과 철학이 정의하는 마음의 상대적 위치와도 흡사하다. 여기서는 호킨스의 의식 17단계를 의식 수준을 대표하는 구체적 상태로 사용하기로 하겠다. 니체와 베다, 호킨스가 제시한 마음의 상태는 완전히 일치하지 않지만 보편적 특성에 따른 연결이므로 대략 비슷할 것이다.

낮은 의식 수준 – 높은 엔트로피 상태

가장 낮은 의식 수준은 니체가 말한 낙타 상태로 베다의 타마스와 유사하다. 이때 엔트로피는 상대적으로 가장 높고 에너지는 가장 낮다. 엔트로피가 높을 때 마음은 무질서하고 집중력이 낮으며 우리는 타마스라는 어둠의 영향을 받으며 낙타처럼 산다. 이때 우리는 슬프고 불행하며 고통스럽다.

엔트로피와 의식 수준의 상대적 위치

대수치	엔트로피 상태	데이비드 호킨스의 의식 17단계		니체의 정신 4단계		베다의 구나		마음의 상태	도달 방법	마음의 훈련
초 에너지	제로 엔트로피	초월 의식	깨달음	초인		브라흐만		초월	진화 Meta-Cos-MEWCA	훈련 종착점
높은 에너지	낮은 엔트로피	높은 의식	평화	어린아이		사트바		자유 방종 혼란	혼란 극복 Cos-MEWCA	훈련 목적지
			기쁨							
			사랑							
중간 에너지	중간 엔트로피	중간 의식	이성	사자	건강한 사자	도약하는 라자스	라자스	힘 불안 혼란 저항	저항 극복 MEWCA	훈련 격전지
			포용							
			자발성							
			중용							
			용기							
			자존심		병든 사자	추락하는 라자스				
			분노							
			욕망							
낮은 에너지	높은 엔트로피	낮은 의식	두려움	낙타		타마스		고통 무기력	무기력 극복 MECA	훈련 시작점
			슬픔							
			무기력							
			죄의식							
			수치심							

낙타는 타마스 상태인 무기력, 절망, 우울, 회피 등을 나타낸다. 호킨스의 의식 수준 단계에서는 수치심, 죄의식, 무기력, 슬픔, 두려움으로 나타난다. 더 아래로 내려가면 죽음이다. 낙타의 무기력 같은 상태에서 벗어나려면 동기motivation(M), 정서emotion(E), 인지cognition(C), 행동action(A)을 강화하는 MECA 훈련이 필요하다. 낙타는 노예이고 주인의 욕망에 복종해야 한다. 자기 욕망을 따르면 낙타는 사막에 버려진다. 그래서 욕망이

나타나면 낙타에서 사자로 변한다.

중간 의식 수준 – 중간 엔트로피 상태

낙타가 욕망하면서 사자가 되면 마음의 중간 단계에 돌입한다. 사자가 그러하듯 중간 의식 수준에서는 힘이 있다. 중간 에너지 단계로서 에너지가 좀 생긴다. 엔트로피도 상대적으로 중간 수준이다. 트리구나에서는 활동이 강하고 에너지를 지닌 라자스 단계다.

그러나 사자는 의무에 저항하고 라자스의 도약과 추락이 혼란으로 나타난다. 중간 마음 수준에서는 혼란과 전투, 저항이 지속적으로 나타난다. 그 결과 우리 마음은 불안해진다. 사자가 아직 건강하지 못한 것은 의무가 앞을 가로막기 때문이다. 사자는 분노하고 포효한다. 사자에게는 하고 싶은 모든 것을 할 수 있는 힘이 있으므로 위로 올라갈 수도 있으나 자칫 저항, 회피, 미루기, 게으름 등을 나타내며 아래로 추락할 수 있다. 한마디로 혼란 상태다. 혼란이 일어나는 곳은 중간 엔트로피 상태이고 중간 의식이며 중간 에너지 상태다.

욕망, 분노, 자존심에 휘둘리는 사자는 아직 진정으로 건강한 사자가 아니다. 이때는 의무에 휘둘리는 병든 사자다. 나는《문제는 저항력이다》에서 그러한 추락이 도약으로 방향을 전환하려면 MEWCA 훈련을 해야 한다고 말했다. 사자가 나타내는 저항은 의지로 이겨야 하므로 동기motivation(M), 정서emotion(E), 의지will(W), 인지cognition(C), 행동action(A)의 강화가 필요하다. 바로 이때 용기가 만들어진다. 용기를 통해 사자는 진정으로 건강한 사자로 거듭나고 라자스는 사트바로 도약하는 반전을 일으킨다.

그런데 호킨스는 첫 번째 마음의 성장점이 곧 용기라고 했다. 용기를 가지면 진정으로 건강한 사자가 돼 모든 것을 스스로 결정하고 무엇에도 의존하지 않고 행동하는 자유로운 존재가 된다. 개인의 책임과 자유를 존중하는 실존주의 철학에 기반을 둔 성장 원리들도 여기서 작용한다. 롤로 메이Rollo May나 빅터 프랭클Viktor Frankl 같은 심리학자들은 인간이 성장하는 데 자유와 책임이 필수라고 강조한다. 스스로를 책임지지 않는다면 결코 성숙할 수 없다는 의미다. 따라서 용기는 성장을 위한 시작점이다. 용기를 가질 때 스스로를 책임질 수 있다.

호킨스의 의식 17단계로 보면 사자는 MEWCA 훈련을 통해 용기, 중용, 자발성, 포용, 이성이라는 특징을 가질 수 있다. 사자로 건강하게 살아간다는 의미는 무엇이든 할 수 있는 용기를 가지되 흑백 논리에서 벗어나 중용을 확보하고 자발성을 가지는 상태를 말한다. 또한 자신에게 맞지 않는 것조차 포용할 수 있고 사태를 정확히 이해하는 이성의 단계까지 가능할 때라 생각할 수 있다. 그 순간 우리는 병든 사자가 아닌 진정으로 자유롭고 건강한 사자가 될 수 있고 어린아이로 변할 수 있다. 마찬가지로 라자스의 힘이 우리를 사트바로 끌어올려줄 것이다. 이런 사자는 용의 명령인 의무를 초월한 사자다.

사자도 분노하고 열등감에 젖어 있을 수 있다. 하지만 어른이 어른다워야 하듯이 적어도 사자가 사자다워지려면 용기, 중용, 자발성, 포용, 이성이라는 단계를 넘나들 수 있어야 한다. 사자다운 사자야말로 온갖 심리적 저항을 넘을 수 있다. 이 단계가 곧 라자스가 도약하는 활동을 하는 영역이다. 그리고 비로소 이성으로부터 사트바가 나타난다. 다시 말해 이성을 사자의 최고봉으로 볼 수 있으며 이성이 확보되면 사트바, 즉 어린아이로 변화한다.

높은 의식 수준 – 낮은 엔트로피 상태

높은 의식 수준은 니체가 말한 어린아이 단계로 사트바와 매핑할 수 있다. 이때는 엔트로피 값이 상대적으로 매우 낮다. 마음은 질서를 찾고 평화, 기쁨, 사랑이 나타난다. 우리 마음이 집중과 질서를 갖는 훈련을 거쳐 성장해 도달해야 할 목표는 바로 이 지점이다. 그런데 여기서 문제가 생긴다. 어린아이가 갖는 자유가 커질수록 자유도가 높아져서 엔트로피를 증가시켜 의식 수준을 떨어트릴 수도 있다는 점이다. 따라서 어린아이 단계에서는 자유가 방종이 되지 않고 엔트로피가 증가하지 않도록 집중과 질서를 위한 훈련이 필요하다. 질서화된cosmos 뮤카MEWCA(동기, 정서, 의지, 인지, 행동의 영어 단어 앞글자를 딴 용어)인 코스뮤카Cos-MEWCA(Cosmos [질서]를 축약해서 Cos라고 했다)를 통해 마음의 질서를 찾아야 한다. 상세한 것은 뒤에 설명하겠다.

니체는 우리가 자신의 아이를 잉태하는 것은 사랑, 특히 모든 것을 받아들이는 운명애amor fati에서 가능하다고 했다. 그래서 호킨스의 의식 수준인 사랑, 기쁨, 평화의 단계를 니체의 어린아이 상태로 매핑할 수 있다. 여기서 사트바가 나타난다. 어린아이로 산다는 것이 무엇인지 막연하다면 사랑, 기쁨, 평화라는 구체적인 의식 수준을 떠올리면 된다.

아직 세상에 때 묻지 않은 어린아이는 사랑, 기쁨, 평화의 화신이다.

왜곡 없는 순수한 어린아이는 진정한 사랑을 보여주며 기쁨과 평화를 자주 경험할지 모른다. 어른은 분주하나 아이는 평화롭다. 사자를 지나면 우리 안의 어린아이가 자유롭게 튀어나온다. 이때 자아 실현을 이루고 통합이 시작된다. 어린아이는 호기심과 창의성을 유지해야 한다. 어린아이가 된다는 것은 사트바의 밝음이 매일 지속되는 상태이고 엔트로피는 매우 낮은 상태다.

이때 어린아이가 만나는 딜레마가 혼란이다. 아이는 매우 자유로운 상태다. 하지만 자유는 무질서를 만들어 엔트로피를 증가시키고 아이를 다시 추락시킬 수 있다. 그런 이유에서 모든 어린아이가 초인으로 진화하지 못하는 것인지 모른다.

초월 의식 수준 – 제로 엔트로피 상태

베다에서는 트리구나의 위 가장 높은 곳에 브라흐만이 지붕처럼 존재한다고 했다. 그것은 완전한 깨달음의 단계이므로 니체의 초인이고 마음으로부터 초월한 상태다. 이 상태는 신과 같아지므로 엔트로피조차 초월한 초엔트로피로 제로 엔트로피라고 할 수 있다. 마음의 오욕칠정에서 해방된 해탈의 경지이므로 마음을 초월한 수준이다. 호킨스의 의식 17단계에서는 대수치 700~1000인 깨달음 수준으로 인간으로서는 거의 도달하기 힘든 상태다. 부처나 예수의 수준이라고 말한 깨달음은 니체가 말한 초인의 단계이며 브라흐만의 상태다. 어린아이가 성장을 거듭하다가 획기적인 진화를 맞아 초인이 되는 지점이다.

니체는 우리가 자신을 극복할 때마다 초인이 돼간다고 했다. 하지만 그 모든 것을 초월한 깨달음의 단계이자 브라흐만의 상태인 초인은 우리가 달성하기 어려운 수준이다. 다만 우리는 성장을 위해 노력할 뿐이다. 어린아이 수준에서 코스뮤카로 질서를 찾은 후 더 위로 오르는 성장을 하려면 우리 자신을 폐쇄된 계가 아닌 열린 계로 만들어야 한다. 따라서 우리 마음과 외부를 연결해주는 상위 마음인 메타마인드(메타동기, 메타정서, 메타의지, 메타인지, 메타행동을 합쳐서 메타마인드로 부르기로 한다)가 작용하는 메타코스뮤카Meta-Cos-MEWCA를 생각하고 있어야 한다. 그러면 초인으로 갈 수 있을지 모른다. 상세한 것은 3부와 4부에서 설명하겠다. 우리가 어디까지 오를지 누구도 알 수 없다.

3부에서는 낮은 마음 수준에서 중간 단계를 거쳐 높은 단계로 오르기 위해 호킨스의 의식 17단계를 마음의 다섯 가지 성분인 동기, 정서, 의지, 인지, 행동의 순서대로 획득할 수 있는 하나의 방책을 설명할 것이다. 그리고 메타코스뮤카 훈련으로 엔트로피를 줄이며 마음의 수준을 높여가는 현상을 설명할 것이다.

엔트로피가 극대일 때 죽음이다

이 세상에서 사라지지 않는 것은 없다. 결국 우리에게 남는 건 죽음이다. 그리고 우리 몸은 썩고 사라져 무만 남는다. 무질서의 엔트로피가 극도로 증가하면 죽음에 이른다. 쓸모없다는 생각에 죽고 싶은 생각이 들 뿐이다.

나탈리 골드버그Natalie Goldberg는 《구원으로서의 글쓰기》에서 절친인 지닌이 1989년 샌프란시스코 대지진을 겪은 후 이런 말을 했다고 밝혔다. “내가 발 딛고 선 땅 만은 굳건하리라 믿었는데 그 땅이 흔들리고 갈라지다니….” 지닌이 말한 것과 같은 날을 우리도 만날 수 있다. 굳게 믿었던 어떤 것이 흔들렸을 때 우리는 극심한 혼란에 빠져든다. 지진을 겪을 일은 적지만 홍수가 닥쳐 집과 함께 모든 것을 빼앗길 일은 잦다. 비단 자연재해만이 아니다. 살다 보면 삶의 터전이 기초에서부터 흔들리는 재앙을 만나기도 한다. 자신이 가진 현금을 모두 투자한 주식, 펀드, 코인이 박살 나버리고 회복의 기미마저 사라졌을 때, 집 없는 설움에 대출을 받아 집을 매수하고 보니 긴 하락세로 접어들고 금리마저 올라 월급의 상당 부분을 이자로 내야 할 때, 잘살고자 시작한 사업이 헤어나오지 못하는 빚의 수렁에 빠졌을 때, 가족 중 누군가가 불치병에 걸려 회복을 장담할 수 없는 투병생활을 하고 있을 때 우리는 그냥 끝내자고 생각할 수 있다.

우리 주변에서도 생을 마감하는 사례를 심심찮게 목격한다. 2022년 6월 제주 한 달 살이를 한다고 학교에 현장실습계를 제출한 조○○ 양이 등교하지 않고 일가족과 함께 실종돼 안타까움을 산 일이 있었다. 경찰은 대대적인 조사에 들어갔고 국민들은 모두 한마음으로 조○○ 양과 부모가 집으로 돌아오길 기도했다. 하지만 애석하게도 일가족이 탑승한 차량이 완도 앞바다 속에서 발견됐다. 경찰은 루나 코인 투자 실패와 사업 실패에 따른 빚에 시달려 일가족이 자살에 이르렀다고 결론 내렸다.

또 2022년 8월 어느 날, 수원의 한 다세대 주택에서 세 모녀가 동반 자살한 채 발견되는 사건이 있었다. 병원비와 빚을 감당하지 못해 극단적 선택을 한 것이다. 당시 60대의 어머니는 암 투병 중이었고 딸 역시 불치병으로 경제 활동을 할 수 없었다고 한다. 우리 주변에서는 이와 유사한 사건들이 어제도 지금도 얼마나 많이 일어나고 있는지 모른다.

2022년 9월 27일 통계청에서 발표한 자료에 따르면 2021년 사망자는 31만 명이 넘는다고 한다. 그중 자살자는 1만 3,352명으로 2020년에 비해 1.2퍼센트 증가한 수치다. OECD 최고 수준일 뿐만 아니라 지난 15년간 OECD 1위라는 불명예스러운 기록이다. 특히 10대, 20대, 30대 각각의 사망 원인 1위가 자살인 것이 충격을 더한다. 하루에 서른여섯 명이 자살하는 환경에서 우리도 정신을 똑바로 차리지 않으면 언제 어떤 일을 겪을지 모른다.

자칫하면 일상과 정신을 혼란으로 이끌고 가는 수많은 인자가 우리를 우울 수준을 넘어 절망에 빠지게 만들 수 있다. 질서를 상실케 만드는 혼란으로 인해 통제권을 상실했을 때는 정말 죽고 싶은 마음밖에 들지 않는다. 엔트로피가 커져 극에 이르면 소멸로 향하기에 사라지고 싶은 마음이 드는 것이다. 엔트로피는 우리를 죽음으로 이끄는 무서운 독소다. 혼란에 휘둘려 아무것도 하지 않으면 결국 남은 것은 죽음뿐이다.

불교 탐진치와 마음의 세 문제

불교에서는 중생의 정신에 작용해 몸과 마음을 괴롭히는 독을 번뇌라 한다. 대표적으로 탐貪, 진瞋, 치癡, 만慢, 견見, 의疑라는 6번뇌가 있다. 6번뇌가 늘어나 108번뇌가 되고 더 늘어나 8만 4,000번뇌가 된다. 이것을 줄이면 세 가지가 남는데, 불교에서는 인간이 가질 수 있는 세 가지 번뇌를 가리켜 삼독三毒이라 한다.

삼독과 마음의 세 가지 문제

니체의 정신 4단계	낙타	사자	어린아이	초인
마음의 상태	무기력	저항	혼란	깨달음
삼독(탐진치)	치(우치)	진(진에)	탐(탐욕)	열반

삼독은 탐진치貪瞋癡로서 탐욕貪欲, 진에瞋恚, 우치愚癡를 의미한다. 탐욕은 산스크리트어로 '로바lobha'이며 영어로는 '그리드greed', 즉 지나치게 탐하는 욕심을 이른다. 진에는 산스크리트어로 '도사dosa'이며, 자기 뜻에 어긋나는 것에 대해 성을 내는 마음을 이른다. 우치는 산스크리트어로 '모하moha'이며 영어로는 '미스컨셉션misconception', 즉 사상에 현혹돼 진리를 분별하지 못하는 어리석은 마음을 말한다.

불교에서는 삼독이 모두 나我에서 비롯된다고 가르친다. 나 스스로에 대해 미혹한 것이 곧 우치다. 또한 세상을 살아가면서 '나'에게 맞으면 탐욕을 일으키고 '나'에게 맞지 않으면 진에를 일으킨다. 내가 누구인지를 모르는 우치 때문에 사람들은 누군가에게 학습되고 자신의 힘을 잃어버리는 학습된 무기력을 경험한다. 그러다 힘이 생겨 자신에게 맞지 않는 것에 성을 내는 마음인 진에에서 저항이 일어난다. 또한 간절히 원하는 무언가를 욕망하는 탐욕이 생기면 과다한 욕망으로 인해 혼란이 생길 수 있다. 이처럼 낙타의 무기력은 우치에서, 사자의 저항은 진에에서, 어린아이의 혼란은 탐욕에서 생겨난다.

탐(탐욕)에서 혼란이 생긴다

탐욕은 삼학三學 중 계戒로 다스리라고 했다. 불교가 가르치는 계는 악을 행하지 않고 참선을 하는 계율戒律을 말한다.

진(진에)에서 저항을 만든다

진에는 정定으로 다스리라고 했다. 정이란 마음을 차분히 하여 정신을 맑게 하고 마음을 산란하지 않게 만드는 선정禪定이다.

치(우치)에서 무기력이 생긴다

우치는 혜慧로 다스리라고 했다. 혜란 번뇌를 없애고 진리를 얻어가는 지혜智慧를 말한다.

불교에서는 사람이란 본디 청정한 마음을 갖고 태어난다고 했다. 그런데 삼독인 탐진치가 인간의 청정함을 해친다. 8만 4,000번뇌를 압축한 상징이 곧 삼독이다. 따라서 불교에서는 번뇌에 갇혀 고통받는 중생에게 먼저 탐진치를 극복해야 한다고 가르친다.

삼독은 심리적 독소인 무기력, 저항, 혼란과 연결돼 있다. 마음에는 많은 문제가 있지만 무기력, 저항, 혼란을 먼저 처리해야 다른 문제들도 처리할 수 있다. 이는 불교에서 말하듯 삼독이 가장 근본이기 때문이다. 삼독은 중생을 생사의 윤회에 빠뜨리는 근원이자 고통의 원인이다. 삼독을 제거하면 고苦를 떠나 열반의 경지에 오른다. 이것은 무기력, 저항, 혼란이라는 마음의 문제를 각각 해결하고 나면 낙타, 사자, 어린아이, 초인으로 오를 수 있는 이치와 같다. 부처가 오른 열반의 경지는 마음의 훈련으로서 우리가 얻을 깨달음의 단계다. 이 상태가 곧 니체가 말한 초인이며, 베다 철학의 브라흐만이다.

불교에서는 탐진치를 없애기 위해 팔정도八正道를 가르친다. 이는 바른 견해, 바른 생각, 바른말, 바른 행동, 바른 생활, 바른 노력, 바른 인식, 바른 정신이다. 또한 팔정도와 함께 계戒, 정定, 혜慧라는 삼학을 통해 탐진치를 없애라고 가르친다. 계로써 탐욕을, 정으로써 진에를, 혜로써 어리석음을 다스리라고 가르친다.

나는 불교에서 삼독을 팔정도로 다스리라고 한 가르침이 무기력, 저항, 혼란을 동기, 정서, 의지, 인지, 행동 훈련으로 다스리라는 이치와 같다고 본다. 즉, 메타코스뮤카 훈련으로 마음의 근본적인 문제 세 가지를 정리할 수 있다. 인간의 모든 마음 성분이 마음의 기본인 동기, 정서, 의지, 인지, 행동에 포함돼 있다. 이 다섯 가지만 제대로 제어할 수 있다면 우리는 평화를 유지하고 행복의 상태로 나아갈 수 있다.

2

뇌가 만드는 혼란

미친 뇌가 나를 지배한다

혼란을 만드는 하이퍼그라피아

혼란을 일으키는 심리 현상 중에 하이퍼그라피아Hypergraphia라는 증상이 있다. 글 쓰는 것을 멈출 수 없는 현상으로 블록Block과 정반대다. 작가는 글을 쓸 수 없는 블록 상태에서 장벽에 부딪힌다. 반면 하이퍼그라피아는 글 쓰는 행위를 막는 것이 아니라 열어버린다. 그래서 혼란을 만든다.

하이퍼그라피아는 끝없이 글을 쓰는 상태로 심신을 지치게 만들기 때문에 일종의 정신질환으로까지 분류된다. 신경의학자들은 해당 증상이 뇌 특정 부위의 변화와 함께 나타난다는 사실을 발견했다. 현재는 블록과 하이퍼그라피아 두 현상 모두 소통하고자 하는 생물학적 기본 욕구가 복잡하게 뒤얽히면서 발생한다고 보고되고 있다.

하버드 의과대학 교수이자 매사추세츠 종합병원 신경과 의사인 앨리스 플래허티Alice W. Flaherty 교수는 창조적 글쓰기를 하는 작가의 심리 상태를 분석하던 중 하이퍼그라피아 현상을 목격했다. 플래허티는 창조적인 인간의 두뇌 현상 중 일부로서 이 현상이 나타난다고 말한다. 그의 설명에 따르면 하이퍼그라피아는 귀의 뒷부분에 존재하는 측두엽에 이상이 생기면 발생한다. 또한 하이퍼그라피아가 뇌에서 일어나는 간질 때문에 발생한다는 연구 결과도 다수 보고됐다. 뇌전증으로 불리는 간질은 뇌가 외부 충격이나 종양에 의해 발작 또는 경련을 일으키는 증상을 말한다.

뇌전증을 일으킨 대표적 인물이 고흐다. 그는 까마귀가 그림을 그리는 것을 방해한다며 들판으로 나가 자신의 가슴을 향해 총을 쏴 자살했다. 당시 그가 정신질환을 앓았다는 이야기도 많이 알려져 있다. 그의 예술적 천재성과 정신질환과의 관련성에 관한 연구는 현재도 진행 중일 만큼 세계 임상 학술계에서도 논란거리다.

연구자들이 추정한 고흐의 진단은 뇌전증, 조울증, 압생트 중독, 메니에르병 등 서른 가지가 넘는다. 그중 가장 유력한 것이 바로 측두엽 뇌전증이다. 플래허티는 하이퍼그라피아를 보이는 대표적 질환이 측두엽 뇌전증이라고 말한다. 그리고 아마도 고흐가 다작을 한 이유가 측두엽 뇌전증이 만든 결과일지 모른다고 분석한다.

고흐 외에도 오노레 드 발자크, 마르셀 프루스트, 앤서니 트롤럽, 존 업다이크, 정약용 등 많은 인물들이 다작을 했다. SF작가인 아이작 아시모프Issac Asimov는 일주일 내내 하루도 빠짐없이 글을 썼다. 1분에 90타를 쳤다는 아시모프는 글을 못 쓰는 블록 현상을 겪은 적이 한 번도 없었다고 한다. 그는 일흔두 살에 죽기 전까지 무려 477권의 책을 썼다. 반면 프루

스트는 남긴 책은 많지 않지만 대단히 긴 문장을 구사했다. 또 일련의 책들을 하나의 거대한 소설로 제시해 대표적인 다작 작가로 손꼽힌다.

많은 인물 중 예술성까지 높은 작품을 많이 발표한 사람을 꼽자면 단연 고흐다. 대부분의 예술가들이 고흐의 어마어마한 작업량에 먼저 질투를 느낀다고 한다. 그는 목사의 품위를 해쳤다는 이유로 스물일곱 살에 목사직에서 제명됐다. 이후 1880년부터 1890년에 자살하기 전까지 약 10년 동안 2,000점 이상의 그림과 스케치를 그렸다. 특히 1888년부터 1889년까지 남부 프랑스 아를에 머물던 2년 동안 200점의 그림과 200점의 스케치를 쏟아냈다. 이 시기의 작품인 〈해바라기〉, 〈별이 빛나는 밤〉 등은 모두 걸작으로 꼽힌다.

전문가들은 고흐가 매일 16시간씩 그림을 그리고 36시간마다 작품 하나를 완성했을 거라고 추정한다. 심지어 그는 수많은 그림을 그리는 동안에도 매일 밤 동생 테오에게 편지를 썼다. 1888년부터 1889년까지 2년 동안 쓴 편지가 200통이 넘는다. 제일 짧은 편지만 해도 6쪽 분량이고 그가 남긴 서신이 무려 1,700쪽에 달한다. 이를 두고 신경의학자들은 고흐가 뇌전증으로 인해 참을 수 없는 하이퍼그라피아를 보인 것이라고 말한다.

뇌가 만드는 혼란의 극치는 뇌전증인 간질이다. 고흐가 하이퍼그라피아를 보이도록 만들었듯 뇌의 혼란은 인간의 의지로 제어할 수 없다. 또한 뇌의 혼란은 마음의 혼란을 가져온다. 《마음의 혼란》을 쓴 네덜란드 심리학자 다우어 드라이스마Douwe Draaisma는 뇌의 문제가 거의 모든 마음의 문제와 연결돼 있다고 한다. 그래서 아무리 작은 부위일지라도 뇌에 이상이 생기면 고통스런 증세가 우리를 덮친다고 말한다.

과학 이론 중에 카타스트로피 이론Catastrophe Theory이란 것이 있다. 파국 이론이라고 불리는 신과학의 한 분야다. 혼란의 극치가 곧 파국이다. 파국이라는 말을 쓰는 이유는 '어떤 종류든 요인이 약간만 변해도 질적 변화라 할 만한 현저한 변화가 그 뒤에 연속해서 나타나기' 때문이다. 즉, 조금의 변화가 파국이라 할 만한 엄청난 변화를 야기한다는 것이 이론의 핵심이다.

파국 이론은 주식 시장이 갑자기 요동치는 현상, 예측하지 못한 인구의 급격한 변화처럼 설명하기 어려운 혼란을 설명할 때 인용된다. 파국 이론에서는 간질 증상도 뇌에서 일어나는 파국 현상이라고 한다. 다시 말해 간질이란 뇌가 만드는 혼란의 극치, 파국적인 현상이라 할 수 있다.

도스토옙스키 역시 전두엽 간질 환자였다고 추측된다. 실제로 그는 아홉 살 때부터 발작을 시작했다. 가족에게 보낸 편지에서는 자신이 발작을 이용해 글을 쓴다고 고백하기도 했다. 그는 어떤 기억들이 생생하게 나타나 지우려 해도 지워지지 않아 글을 썼다고 한다.《이상한 나라 앨리스》의 작가 루이스 캐럴도 평생 동안 9만 8,721통의 편지를 썼다. 학자들은 이들 외에도 측두엽 간질을 가졌던 대표적인 작가들로 앨프리드 테니슨, 에드워드 리어, 에드거 앨런 포, 앨저넌 스윈번, 바이런 경, 기드 모파상, 몰리에르, 블레즈 파스칼, 프란체스코 페트라르카, 단테 알리기에리 등을 꼽는다.

뇌에 문제가 있었음에도 예술 행위를 멈추지 않은 이들처럼 우리가 알지 못하는 많은 사람이 뇌 문제를 겪고 있을지 모른다. 지금 당신과 나도 예외는 아니다. 우리가 만나는 혼란이 뇌 문제에서 온 것이라면 이젠 뇌에 질서를 부여하는 뭔가를 하지 않으면 안 된다.

천재들의 자살 이유

플래허티는 "하이퍼그라피아와 블록 현상은 인간의 창조성을 밝힐 수 있는 중요한 단서다"라고 강조한다. 또한 하이퍼그라피아나 블록 현상은 창조에 따르는 부작용이라고 했다. 천재들이 겪는 정신적 난관을 흔히 파우스트적 거래라고 한다. 예술적 창조물을 생산한 대가로 자신의 정신이 파괴되는 것을 가리키는 문학적 용어다. 이제 많은 신경의학자나 심리학자들은 하이퍼그라피아나 블록 현상이 뇌의 작동과 관련돼 있고 창조성을 일으키거나 막는 중요한 단서라는 점에 합의하는 추세다.

우리는 자살하거나 미쳐간 수많은 천재들의 이야기를 알고 있다. 앞서 소개한 고흐는 정신질환을 앓다 권총으로 자살을 했다. 폴 고갱도 정신분열증을 앓았고 포는 알콜중독자였다. 버지니아 울프도 심한 우울증을 앓았으며 여러 차례 자살을 시도했고 결국 자살로 생을 마감했다. 남성 무용의 역사를 새로운 쓴 바츨라프 니진스키Vaslav Nijinsky는 정신병원에서 일생을 마쳤고 헤밍웨이도 엽총으로 자살했다. 이 외에도 숱한 화가, 작가, 배우 등이 자살을 시도했다.

개인차가 있지만 수많은 예술 작품을 만들어낸 예술가들은 특정 계기를 기점으로 엔트로피가 증가하는 현상을 겪었다고 볼 수 있다. 그 결과 의식의 하락을 견디지 못해 자살을 시도하거나 죽음에 이르렀다고 분석된다. 한마디로 천재들의 혼란에 빠진 모습은 엔트로피가 증가하고 있을 때 나타나는 결과라 할 수 있다.

천재들의 죽음을 설명할 수 있는 단 하나의 요인은 마음의 문제다. 마음의 문제를 야기하는 것이 뇌의 질환인지 다른 이유인지는 정확히 알 수 없다. 하지만 중요한 것은 엔트로피가 증가하는 현상을 보인다는 점이다. 마음의 수준이 바닥을 칠 때 예술가들은 죽음을 택했다. 낮은 마음의 수준에서는 타마스와 프로이트가 말한 죽음의 본능인 타나토스thanatos가 활동해 죽음으로 몰아넣을 수 있다.

비단 천재가 아니어도 수치심을 만나면 생을 포기하는 경우가 있다. 동물 중에서 가장 하등한 곤충도 유사한 현상을 경험한다는 것이 유잉Ewing L. S.의 실험을 통해 증명됐다. 셀리그먼은 이를 '포기로 인한 죽음'이라고 명명했다. 바퀴벌레는 지배성 서열이 분명한 동물이다. 예를 들어 피지배층 바퀴벌레는 지배층 바퀴벌레에 접근할 때 자신의 더듬이를 늘어뜨린다. 마치 이마에 손을 올려 절하는 자세와 닮았다. 피지배층이 굴복하는 듯한 자세를 취하면 지배층은 대개 공격을 중단한다. 그들 간에 이뤄진 본능적 합의다.

만약 피지배층이 더듬이를 늘어뜨렸는데도 지배층이 계속 공격하면 피지배층은 죽게 된다. 그런데 유잉이 죽은 바퀴를 해부했는데 외상은 전혀 없었고 심지어 바퀴벌레의 죽음을 설명할 명확한 생리적 메커니즘을 전혀 확인하지 못했다고 한다. 이를 두고 셀리그먼은 '계속 패배를 당하면 무기력을 느끼게 되고 깊은 무기력이 죽음을 초래할 수도 있으므로 생긴 현상'이라고 설명했다. 셀리그먼은 무기력만으로 설명하지만 마음의 수준이 무기력보다 더 아래로 떨어지면서 죄책감과 수치심을 느낀다. 그리고 더 깊이 내려가면 죽음을 조우하게 된다. 호킨스도 인간의 의식 17단계 중 가장 하위 단계인 수치심 바로 아래에 죽음이 있다고 설명했다.

누구나 수치심이 심하면 죽고 싶어질 수 있다. 또 피지배층 바퀴벌레처럼 이미 누군가에게 항복을 했어도 계속 공격을 당하면 마음이 수치심까지 급격하게 추락할 수 있다. 인간이든 동물이든 수치심을 느끼면 급격히 위축되기 마련이다. 수많은 예술가들이 그랬듯 더 이상 작업을 할 수 없을 때 예술가들의 정신은 수치심까지 떨어졌을 것이다. 그리고 그 순간에 그들은 자살까지 선택했을 것이다. 무질서, 즉 엔트로피가 증가해 의식의 수준이 아래로 떨어지고 수치심을 만날 때 그냥 죽고 싶어지는 것이다. 자유로운 예술가일수록 높은 자유도가 엔트로피 값을 높인다는 것을 기억하자.

뇌가 변하면 성격도 변한다

뇌에서 마음이 만들어지는 것을 보여주는 유명한 사례가 있다. 뇌과학 연구 역사에서 가장 많이 거론되는 인물 중 한 사람인 피니어스 게이지Phineas Gage다. 그는 버몬트 철도 회사 현장 주임이자 뛰어난 기술과 훌륭한 성품을 가진 폭파 작업 기술자였다. 그는 감각 기능과 운동 기능이 매우 특이한 조합을 이룬 신체를 가지고 있어 끊임없이 주의를 요하는 위험한 폭파 작업에 최적화된 사람이었다고 한다.

1848년 9월 13일, 그날도 게이지는 철도 공사를 위해 산을 폭파하는 작업을 하고 있었다. 그는 직경 3센티미터, 길이 1미터의 쇠막대기를 이용해 바위 구멍에 화약을 다지는 작업 중이었다. 그런데 실수로 예상치 않은 점화가 일어나 폭약이 일찍 터져버렸다. 1미터짜리 쇠막대기는 그의 왼쪽 광대뼈 밑을 찌르고 머리 위를 관통했다. 그 충격으로 그는 100미터 이상 나가떨어지는 대형 사고를 당했다. 주변에서는 모두 그가 죽었다고 생각했다. 그런데 그는 땅바닥에 내동댕이쳐지고 난 후 잠시 혼란스러워하더니 곧 이성을 되찾았다.

그가 근처 호텔로 이송된 후 에드워드 윌리엄스Edward Williams 박사가 그를 진찰했고, 뒤이어 존 핼러John Hallow 박사도 치료팀에 합류했다. 그는 사고 경위를 묻는 질문에 답할 정도로 의식이 또렷했다. 의사들은 부상이 너무 심해 그가 살아나지 못할 거라 예상했다. 하지만 그는 완치됐을 뿐만 아니라 놀랍게도 운동 기능과 언어 기능에 전혀 이상도 없었다. 기억력도 온전했고 육체적으로도 건강했다. 핼러는 그를 행운아라고 생각했다. 그가 다친 뇌 부위인 전두엽이 그다지 중요한 부위가 아니라고 여겨지던 시기였기 때문이다. 그렇게 게이지는 건강을 되찾았다.

하지만 사고 이후 게이지는 전혀 다른 사람으로 변해 있었다. 성격이 완전히 변한 것이다. 재미있고 리더십 있으며 똑똑하고 성실하고 책임감이 있던 그는 사라졌다. 사고 이전에는 모두 게이지를 사위로 삼고 싶어 했었는데 사고 후의 그는 모두가 피하는 골칫거리에 불과했다. 무뚝뚝하고 일에도 요령이 사라지고 충동적이고 상스러운 사람으로 변해 있었다. 그의 마음이 질서에서 무질서로, 조화에서 부조화로 바뀐 것이다. 심지어 그를 아는 사람들이 모두 다 "그는 더 이상 게이지가 아니다"라고 했다.

핼러는 게이지가 인간의 지적 능력과 동물적 본능 사이에서 균형을 잃은 것 같다고 했다. 이전의 정직하고 예의 바르던 게이지는 통제 불가능한 악인으로 변해 있었다. 이기적이고 상스러운 언행을 자주 일삼으며 예측할 수 없는 사회 부적격자의 모습을 자주 보였다. 핼러는 게이지에게 행동을 바꾸지 않으면 직장을 잃을 것이라 경고했지만 게이지는 그 충고를 듣지 않았다. 결국 게이지는 직장에서 해고 통보를 받고서 가족을 떠나 이 직업 저 직업을 전전하게 됐다. 직업적인 능력은 여전했지만 뇌의 손상이 가져온 성격 변화 탓에 직업 적응에 실패한 것이다. 능력이 아닌 마음의 태도, 의식 수준이 인생을 결정해버리는 것을 보여주는 중요한 사례다.

게이지가 겪은 사고와 불운은 그냥 그렇게 묻힐 뻔했다. 그러나 사고 후 20년이 지난 1868년에 핼러는 성격이 완전히 변해버린 게이지에게 숨어 있던 놀라운 사실을 하나 알게 됐다. 뇌과학의 발달과 함께 전두엽이 사람의 성격과 연관된다는 증거들이 계속 나타났던 것이다. 지금은 전두엽이 사고와 이성이 작동하는 뇌 부위이며 의식에 직접적인 영향을 준다는 사실을 모두가 잘 알고 있다. 게이지가 겪은 것처럼 전두엽의 변화가 성격을 변화시킬 수 있다는 점을 다시 한번 상기해야 한다.

성격은 전전두엽이 결정한다

학계에서는 게이지 사건 이후 뇌 속에 존재하는 자아를 탐색하는 연구가 진행됐다. 자아는 기억, 운동, 언어, 동물적 반사 같은 뇌의 기본 기능을 뛰어넘는 중요한 기능을 한다. 과학자들은 자아를 가진 인간의 행동과 충동을 조절하고 복잡한 선택을 하며 미래 계획을 세우는 기능을 뇌의 어느 부위에서 하는 것인지 찾기 시작했다.

게이지가 겪은 불행한 사고 이후 160여 년이 지나서야 과학자들은 성격 변화를 일으킨 뇌 부위를 찾아냈다. 아이오와대학 신경과 교수 한나 다마지오Hanna Damasio는 게이지의 뇌 손상과 사고 이후 뇌에 일어난 변화를 재구성했다. 그는 시뮬레이션을 통해 게이지가 양쪽 전전두엽Prefrontal Cortices 모두에 손상을 입었음을 확인했다. 전전두엽은 전두엽의 앞쪽, 즉 앞이마에 해당하는 부위다. 그리고 다마지오는 전전두엽이 성격에 결정적인 영향을 주는 영역이라는 연구 결과를 발표했다.

전전두엽과 성격에 관한 연구는 이전에도 이미 있었다. 1930년 예일대학에서 실시한 침팬지 실험에서 전전두엽이 성격 변화와 관련 있다는 연구 결과가 발표됐다. 예일대 연구진은 유난히 공격적이고 반항적인 두 침팬지를 관찰했다. 두 침팬지는 쉽게 좌절하고 다른 침팬지들을 공격하는 성향을 갖고 있었다. 연구진은 침팬지의 전두엽에 큰 영향을 주는 수술을 실시했다. 수술 이후 침팬지들은 모두 쉽게 통제에 응하는 협조적인 성격으로 변했다. 침팬지 연구 사례는 1935년 학회에 발표됐다.

게이지와 침팬지의 사례는 뇌와 마음 그리고 성격의 연관성을 잘 설명해준다. 그렇다면 수술이나 물리적 자극 없이 뇌 훈련만으로 성격이나 마음을 변화시킬 수 있을까? 뇌과학계에서는 충분히 가능한 이야기라고 보고 있다. 특히 많은 연구 결과, 앞이마에 해당하는 전전두엽과 관련된 훈련은 성격과 의식 수준을 변화시킬 수 있으며 전전두엽에서 발생하는 뇌파를 통해 사람의 기본 성향을 알 수 있다는 사실을 밝혀냈다.

뇌 교육 분야에서는 뇌를 훈련하면 더 질서 있는 사람으로 거듭난다고 다각도로 보고한다. 교육을 받고 마음을 훈련하면 자신도 모르는 사이 뇌에서 새로운 뉴런이 만들어지고 시냅스가 연결되고 수초화가 진행되면서 뇌가 변한다는 연구 결과는 이미 검증된 사실이다. 마음의 강화나 훈련을 통해 뇌를 변화시키면 성격도 변화시킬 수 있다. 반대로 마음의 변화가 뇌의 변화도 만들어 낸다.

3부에서 살펴볼 마음의 훈련을 통해 우리가 마음을 강화하고 생각을 집중하고 마음의 질서를 찾으면 앞이마에 해당하는 전전두엽 부위도 연동해 변화하고 있다고 생각하면 된다. 뇌과학에서는 명상을 통해서도 뉴런이 풍부해지고 수초화가 많이 발생하는 것을 증명해내고 있다. 즉, 마음의 질서를 찾고 집중을 유지하는 마음 훈련은 명상의 효과처럼 뇌 세포의 구조에 변화를 줄 수 있으며 성격이 변하듯 의식 수준도 달라진다. 뇌가 변한 게이지는 더 이상 이전의 게이지가 아니었듯이 마음을 훈련한 당신은 더 이상 이전의 당신이 아니다. 마음의 변화를 통해 뇌의 변화를 이끌어내고 뇌의 변화는 다시 당신의 의식 수준을 변화시킬 것이기 때문이다.

혼란을 일으키는 뇌: 전두엽

집중이란 마음을 한곳에 쏟아붓는 힘이다. 마음은 동기, 정서, 의지, 인지, 행동의 합이다. 이들이 하나의 목표를 향해 질서정연한 상태를 이룬 것이 곧 집중이다. 그런데 아무리 마음을 다잡아도 집중이 안 될 때가 있다. 마음이 집중을 하려고 할 때 뇌가 모든 것을 총괄한다. 뇌에 문제가 있으면 집중이 되지 않는다. 대표적인 사례가 ADHD(주의력 결핍 과잉행동

장애)다. 대표적인 증상은 집중력 부족이다. 주의가 산만하고 과다행동을 하는 이들의 모습은 바로 혼란이 만드는 결과다. 다시 말해 ADHD는 혼란해진 뇌의 한 상태다.

미국 존스홉킨스 의과대학의 스튜어트 모스토프스키 박사는 ADHD 진단을 받은 스물네 명의 아이들의 뇌를 MRI(자기공명영상)로 관찰했다. 그 결과 아이들의 뇌에서 전두엽 회백질의 부피가 보통 아이들에 비해 8퍼센트 정도 작다는 사실을 발견했다. 뇌는 크게 백질과 회백질로 나뉜다. 회백질gray matter은 회색으로 뇌의 바깥 부분을 말한다. 백질white matter은 흰색을 띄며 회백질 안쪽에 있다. 회백질이 백질을 감싸고 있는 형상을 하고 있다. 회백질에는 신경 세포가 밀집돼 있다.

생각 중추인 전두엽은 사고와 학습 기능을 담당한다. 전두엽이 손상되면 인지 기능이 떨어지고 감정 처리도 미숙할 뿐 아니라 집중력이 떨어진다. 집중력이 부족한, 즉 우리를 혼란으로 빠트릴 수 있는 결정적인 원인은 바로 전두엽의 회백질 부족 때문이다. 마약에 중독돼도 집중력과 판단력에 문제가 생기곤 한다. ADHD를 앓는 아이들의 뇌처럼 마약에 중독된 뇌도 전두엽 회백질이 손상된 경우가 많기 때문이다. 혼란에 가장 직접적인 영향을 주는 뇌 부위인 전두엽을 좀 더 자세히 들여다보자.

명상으로 뇌의 혼란을 잠재운다

매우 심한 혼란에 빠진 사람, 쉽게 집중이 안 되는 사람은 일단 전두엽의 회백질 문제를 생각해봐야 한다. 회백질의 양이 적으면 신경 세포의 양이 현저히 적고 활동성 또한 약하다. 따라서 회백질을 풍성하게 만들어주고 활동력을 높이면 혼란에서 빠져나와 질서를 찾을 수 있다.

뇌 세포를 변화시키는 방법 중 하나가 명상이다. 명상을 하면 회백질의 양이 늘어나고 밀도도 높아진다. 미국 캘리포니아대학 앨런 루더 박사는 명상이 뇌에 미치는 영향을 오래 연구했다. 그는 명상이 뇌의 물리적 구조를 근본적으로 바꿀 수 있는 강력한 정신 운동이라고 강조했다. 그 근거로 명상을 꾸준히 한 사람의 뇌 속 회백질을 사진으로 찍어 일반인의 회백질에 비해 훨씬 풍부하고 신경 세포의 활성도도 높다는 사실을 증명했다.

미국 메사추세츠대학, 매사추세츠 종합병원, 독일 벤데르 신경영상 연구소는 공동으로 좀 더 직접적인 연구를 실시했다. 이들은 명상 경험이 전혀 없는 열여섯 명의 피험자를 뽑아 8주간에 걸쳐 날마다 27분 동안 깊은 명상을 시켰다. 그리고 명상 전후의 뇌 상태를 MRI로 촬영해 분석했다. 그 결과 학습과 기억을 담당하는 해마 영역과 지각과 자비, 자기 반성을 담당하는 부위의 회백질 밀도가 뚜렷하게 늘어난 것을 발견했다.

한국뇌과학연구원에서는 오랜 기간 명상을 해온 사람과 명상을 전혀 하지 않은 사람을 각각 마흔여섯 명씩 선정한 후 MRI와 DTI(확산텐서영상)으로 촬영해 뇌 상태를 비교, 분석했다. 명상을 오래한 집단의 뇌는 전두엽과 측두엽의 피질 두께가 일반인보다 두꺼운 것으로 확인됐다. 또한 연구원은 명상이 전전두피질prefrontal cortex의 회백질을 풍부하게 만든다는 사실도 밝혀냈다. 이렇듯 여러 연구에서 명상을 통해 전두엽과 전전두엽의 피질을 변화시킴으로써 혼란에서 벗어날 수 있다는 것이 증명됐다.

명상은 신경 세포의 시냅스 활성화에도 관여한다. 캘리포니아대학 두

뇌이미징연구소의 아일린 뤼더스Eileen Luders 교수는 명상을 오래한 사람의 두뇌 피질 주름이 일반인에 비해 더 많다는 사실을 발견했다. 시냅스가 활성화될수록 피질의 주름은 많아진다. 두뇌의 가장 바깥층에 있는 피질은 주로 기억력, 집중력, 사고 의식 등에 관여한다. 연구 결과에 따르면 명상을 많이 할수록 피질의 접힘 현상이 많이 생겨 주름이 늘어난다고 한다.

또 뇌 기능은 뇌 세포 자체보다 그들 간의 연결 고리인 시냅스로부터 더 많은 영향을 받는다. 갓 태어난 아기는 1,000억 개 이상의 뇌 세포를 갖고 있지만 시냅스는 어른에 비해 적은 상태다. 시냅스는 교육, 경험, 환경 등을 통해 발달하기 때문에 시냅스가 훨씬 더 발달한 어른이 아이보다 똑똑한 것이다.

과학자들마다 의견이 좀 다르긴 하지만 한 개의 뇌 세포는 적게는 1,000개에서 많게는 20만 개의 가지를 뻗어 다른 뇌 세포와 시냅스를 형성한다. 시냅스는 우리가 살아 있는 동안 계속 끊어지고 이어지기를 반복한다. 뇌가 자극을 받으면 신경 세포와 연결된 시냅스가 활성화되고 여기에 관련된 뇌 세포들이 함께 활성화된다. 누구나 어떤 행위를 처음 할 때는 시냅스 연결이 약해 서툴기 마련이다. 하지만 그 행위를 반복하고 숙달하면 시냅스의 연결이 단단해져 쉽게 해낼 수 있게 된다. 이러한 과정을 습관이라고 부른다. 마찬가지로 기억도 시냅스의 활성화를 통해 떠오르게 된다.

명상과 기도는 마음의 힘을 길러준다

혼란으로부터 질서를 만들어내려면 무엇보다 마음의 힘이 강해야 한다. 마음의 힘도 명상을 통해 강화할 수 있다. 미국 위스콘신대학 심리학 및 정신의학과의 리처드 데이비슨Richard J. Davidson 박사 연구진은 명상 수행을 오래한 티베트의 승려 175명의 뇌를 연구했다. 연구진은 승려들의 왼쪽 전전두피질이 오른쪽 전전두피질보다 더 활성화돼 있다는 것을 발견했다.

왼쪽 전전두피질은 행복, 기쁨, 낙천성, 열정과 관련된 부위이고, 오른쪽 전전두피질은 불행, 고통, 긴장, 불안, 우울 같은 부정적인 감정을 주재하는 부위다. 따라서 왼쪽 전전두피질이 활성화돼 있다는 의미는 의식 수준이 상당히 향상된 것으로 해석할 수 있다. 티베트 승려들이 오랜 시간 명상을 하는 동안 자연스럽게 왼쪽 전전두피질이 오른쪽 전전두피질을 압도한 것이다. 실제로 그들은 감정 조절에 능하고 상처받거나 화내는 일이 적었다고 한다.

또 연구진은 일반인 마흔여덟 명에게 독감 백신을 접종시킨 후 한 집단에게만 8주간의 명상을 하도록 요청했다. 나머지 집단에게는 특별한 지침 없이 일상생활을 하도록 요청했다. 그 결과 명상을 한 집단은 명상을 하지 않은 집단에 비해 긍정적인 감정과 관련된 뇌 부위의 활동이 활발해졌을 뿐만 아니라 독감의 항체도 현저히 많아진 것을 발견했다.

하버드 의과대학의 심리학자 사라 라자르Sara W. Lazar 박사 연구진은 전문 직업을 가진 사람을 대상으로 하루 40분씩 짧게는 두 달에서, 길게는 1년 정도 명상을 하도록 요청했다. 실험 결과 그들의 뇌에서 자비심과 행복감을 담당하는 뇌 부위인 왼쪽 전전두피질이 0.1~0.2밀리미터 더 두꺼워진 것을 발견했다.

명상뿐만 아니라 기도 생활을 오래한 성직자에게서도 뇌의 변화를 발견할 수 있었다. 미국 신경과학자 앤드루 뉴버그Andrew Newberg는 성직자들의 뇌가 일반인의 뇌와 다르다는 것을 밝혀냈다. 성직자들의 뇌는 형태도 달랐고 작동 방식도 달랐으며 일반인들보다 전두엽이 두꺼웠다. 또한 그는 영적 체험을 하는 순간에 두정엽 활동이 현저하게 떨어진다는 사실도 발견했다. 두정엽은 시간과 3차원의 공간 감각, 촉각 등을 처리하는 곳이다. 두정엽 활동이 변화했다는 사실은 기도하는 동안 시간의 흐름에 대한 착각이 일어나고 입신이나 환상 같은 영적 체험이 나타날 수 있다는 의미로, 뇌과학적 증거가 될 수 있다.

또 성직자들은 영적 체험의 순간에 절정의 행복감을 느낀다고 한다. 여기에는 뇌에서 분비되는 신경전달물질 중 하나인 NAAG(N-아세틸아스파틸글루탐산)라는 일종의 환각 물질이 관여한다. NAAG는 아주 깊은 명상에 이르렀을 때도 분비된다. 마라톤 선수들이 극한의 고통을 경험한다고 알려진 35킬로미터 지점에서도 NAAG가 분비된다. 이때 선수들은 최고의 쾌감과 희열, 극도의 행복감을 맛보면서 이대로 영원히 달리고 싶다는 기분을 느낀다고 한다. 이것이 바로 러너스 하이runner's high라 불리는 현상이다.

뉴버그는 명상으로 뇌 상태가 호전될 수 있는지를 알아보기 위해 알츠하이머 환자들을 두 그룹으로 나누어 실험했다. A그룹은 8주 동안 매일 12분씩 명상을 했고, B그룹은 동일한 시간 조건으로 모차르트 교향

곡을 들었다. 매일 12분 동안의 명상을 마치고 나면 뇌 스캔 사진을 찍어 뇌에서 변화가 나타나는지를 확인했다. 실험 결과는 놀라웠다. A그룹 환자들은 대뇌 혈류 수치에 큰 변화가 나타났고 전두엽이 활성화되면서 기억력도 상당히 향상됐다. 반면 B그룹에서는 별다른 변화가 없었다. 이들 연구는 일관되게 하나의 결론을 이야기하고 있다. 즉, 명상이나 기도가 뇌의 물리적 구조를 바꿀 수 있고 나아가 마음의 상태도 바꾼다는 것이다.

뇌와 마음 훈련은 성격을 바꾼다

성격은 기억과 행동, 가치, 신념, 인식, 태도의 집합으로서 겉으로 드러날 수도, 드러나지 않을 수도 있다. 인간은 신경 회로 형태로 특정한 유전적 성향을 타고난다. 부모로부터 어떤 태도나 행동, 성향, 감정 등을 물려받기도 한다. 환경도 끊임없이 우리의 정체성, 즉 우리를 만드는 데 영향을 준다. 대뇌 신피질에서는 연합과 반복을 통해 신경망을 형성하고 한 인간으로서의 정체성을 만들어간다. 다시 말해 정체성은 부모로부터 물려받은 유전자, 신경망, 감각 경험, 삶에서 얻은 지식의 총체로서 개인의 얼굴처럼 독특한 시냅스 연결 회로를 가진 일련의 고유한 형태의 신경망에 의해 형성된다.

우리가 어떤 생각을 자주 하는지에 따라 대응하는 신경망은 반복적으로 활성화된다. 또한 의지를 가지고 어떤 마음 상태를 유지하는지에 따라 뇌의 회로가 바뀌고 그로 인해 신경학적 존재인 '내'가 결정된다. 애틀랜타 라이프대학의 카이로프랙틱 박사 조 디스펜자Joe Dispenza는 "마음은 살아 있는 뉴런의 활동으로 만들어지는 산물이다. 뇌와 마음은 멈춰 있지 않다. 마음과 뇌는 조종자에 의해 끊임없이 변화한다"고 말한다. 나는 3부에서 이 조종자를 메타마인드라는 개념으로 풀이할 것이다.

디스펜자는 의지와 집중력, 좋아하는 기억, 실천으로 옮긴 행동, 생각, 느낌, 기술 같은 것들이 나를 결정하는 회로를 만든다고 강조한다. 그것을 동기, 정서, 의지, 인지, 행동이라는 마음의 성분으로 단순화해 그들 간의 질서를 부여하면 우리 의식이 성장하고 진화할 수 있다.

평생 인간의 성격에 대해 연구한 하버드대학의 심리학자 고든 올포트Gordon Allport는 성격을 '환경에 대한 개인의 독특한 적응을 결정하는 개인 내의 정신적, 신체적 체계들의 역동적 조건'이라고 정의했다. 즉, 뇌와 몸, 마음이 모두 종합해 표출되는 것이 성격이라는 말이다. 올포트는 '정말로 바로 그 사람'을 나타내는 것이 성격이며, 성격이 곧 인간의 핵심이라고 말한다.

럿거스대학의 성격 심리학자 로런스 퍼빈Lawrence A. Pervin은 성격을 '개인의 삶에 방향과 패턴 및 통일성을 부여하는 인지 감정 행동의 복합적 조직'이라고 정의했다. 즉, 그는 인지와 감정과 행동이 종합돼 외부로 나타나는 모습을 성격이라 봤다. 퍼빈의 정의는 동기, 정서, 의지, 인지, 행동을 수정해야 마음이 변할 수 있다고 생각한 내 의견과 흡사하다. 또 다른 심리학자들은 성격을 '개인이 행동을 한 시점으로부터 다른 시점까지 일관성 있게 유지하고 다른 사람들이 유사한 상황에서 보일 행동과 다르게 만드는 상당히 안정적이고 내적인 요인들'이라고 정의했다.

여러 학자들의 정의를 종합해볼 때 성격이란 일상생활에서 개인을 특징짓는 안정적이고 예측 가능한 동기, 정서, 의지, 인지, 행동의 전체적인 경향이라 말할 수 있다. 그리고 올포트가 주장한 정신과 신체의 역동적 활동이 기저에 깔려 있다. 즉, 뇌와 마음이 어떤 정보를 처리해 외부로 일관되게 내놓는 패턴이 곧 성격이다. 따라서 성격은 마음을 진단하는 바로미터로 사용할 수 있다.

마음이 정확히 어떤지는 몰라도 성격이 어떻게 작동하는지는 대체로 알 수 있다. 주로 정신과 의사나 성격 심리학자들이 연구를 통해 제시한 진단지들을 활용하면 비교적 성격을 쉽게 진단할 수 있다. 자기 성격의 특성을 알고 약점을 파악해 고쳐나가는 과정은 마음의 상태를 변화시킬 수 있는 심리 치료의 매우 주효한 방법이다. 뇌와 마음의 결과가 성격으로 나타난다면 뇌와 마음을 훈련해 성격을 고쳐나가는 것도 가능할 것이다.

3
성격이 만드는 혼란

앞서 잠깐 언급했지만 성격 때문에 만성 혼란이 생기는 경우가 있다. 여기서는 혼란을 만들어낼 수 있는 성격적 특성을 알아본다. 당신의 성격에서 혼란을 일으킬 만한 약점이 발견되면 다음에 할 일을 생각할 수 있을 것이다. 당신에게 있는 혼란의 특성을 이해하는 데 초점을 맞추길 바란다.

성격은 마음의 얼굴이다

사람들은 정말 다르다. 미국의 종교 지도자인 존 포웰John Powell 신부는 《왜 나를 말하기를 두려워하는가》에서 다양한 사람들의 모습을 묘사했다. 어떤 사람은 자신이 항상 옳다고 주장하고 논쟁에서 절대로 지지 않으려 한다. 무조건 순종하는 사람, 허풍쟁이, 신체에 과도하게 집착하는 사람, 광대처럼 과장하고 연극하는 사람, 모든 것에 순응하려는 사람도 있다. 실제로는 건강한데 병약하다고 생각하는 사람, 빈정대기 좋아하는 사람, 거물이 되고 싶은 사람, 의지가 강한 사람, 말이 많은 사람, 걱정이 많은 사람 등등 사람의 유형은 다양하다. 얼굴과 체형이 다르듯 모두가 전혀 다른 마음을 지니고 있다. 그것을 일러 성격이라 부른다. 우리는 누군가를 보며 "저 사람은 성격이 이상해" 혹은 "성품 참 좋아"라고 간단히 말한다.

예를 들어 특히 혼란에 잘 빠지는 성격이 있다. 나의 전작에서 말했듯 무기력이나 저항에 잘 빠지는 성격을 가진 사람도 있다. 성격은 외부 상황에 반응하며 보여주는 일관된 마음의 특징, 즉 마음의 얼굴이라 할 수 있다. 서로의 얼굴과 지문이 다르듯이 성격도 유전자와 성장 배경, 교육과 환경 등의 영향 덕분에 모두 다른 모습을 하고 있다. 그렇다고 해서 70억 인구 수만큼 성격 유형이 다양한 것은 아니다. 성격 심리학자들은 사람들에게서 공통적으로 나타나는 성격 유형을 찾아내 분류하고 있다.

성격을 분류한 역사는 깊다. 기원전 370년, 그리스 페리클레스 시대 의사였던 히포크라테스Hippocrates도 사람의 성격을 분류했다. 히포크라테스는 사체액설에 근거해 성격을 명랑sanguine, 화를 잘 내는choleric, 우울한melancholic, 지둔한phlegmatic으로 분류했다. 이에 따라 정신 의학을 집대성한 독일의 정신의학자 에밀 크레펠린Emil Kraepelin은 성격을 우울성 성격, 경조성 성격, 불안정한 성격으로 구분했다. 최근에는 현상학, 특성 이론 등으로 성격을 분류하는 많은 분류법이 생겨났다. 이런 성격 중 혼란에 취약한 성격 특징이 있다.

두 개의 인격이 매일 치열히 싸우던 경계성 인격 장애자 – 히틀러

혼란에 쉽게 빠지는 성격을 알아보기에 앞서, 혼란의 실제 사례를 하나 알아보자. 마음의 혼란으로 본인뿐만 아니라 세상까지 어지럽힌 사람이 있다. 바로 아돌프 히틀러Adolf Hitler다. 악명 높았던 독일 정치가 히틀러는 제2차 세계대전을 일으켰고 수많은 유대인을 학살했지만 패전 직후 자살했다. 그를 분석한 보고서를 보면 전쟁을 일으킨 독재자 히틀러와 패전을 견디지 못하는 나약한 히틀러의 두 자아가 그의 마음속에서 혼란을 일으켰다고 한다. 그는 자아의 충돌이라는 혼란 속에서 내적 전쟁을 벌였다. 히틀러가 겪은 혼란을 두고 정신분석가들은 경계성 인격장애 Borderline Personality Disorder라는 성격 장애 진단을 내렸다.

히틀러는 마음속이 혼란의 전쟁터나 마찬가지였고 자신의 마음에 따라 세상마저 전쟁터로 만들어버렸다. 악이 세상에 미치는 영향, 타마스가 라자스를 끌어내려버리는 현장, 혼란이 질서를 파괴해 전체 엔트로피를 높이는 모습을 히틀러의 인생에서 확인할 수 있다. 그의 정신은 미국의 정신분석가 월터 랑거Walter C. Langer라는 정신분석가가 비밀리에 진행한 프로젝트 보고서에 나타나 있다.

프로이트의 딸인 안나 프로이트로부터 정신분석을 배운 랑거는 제2차 세계대전 중 CIA의 전신인 미국 전략사무국OSS, Office of Strategic Services으로부터 극비리에 히틀러의 정신분석을 의뢰받는다. OSS는 히틀러의 심리를 정확히 파악함으로써 그가 취할 행동을 사전에 예측해 전쟁에 대응하려고 했다. 랑거는 1941년부터 1944년까지 4년간 히틀러와 관계된 방대한 자료를 수집해 검토했다. 또 많은 증인과 면담 후 히틀러의 정신을 분석해 그가 자살할 것이라는 예측이 담긴 비밀 보고서를 작성했다. 그의 예측대로 히틀러는 자살했고 보고서는 극비리에 보관되다 1972년에 출판됐다.

랑거는 히틀러의 행보 추적, 연설문 분석, 지인과의 인터뷰 등 방대한 자료를 분석해 히틀러의 마음을 구성해냈다. 그가 분석한 결론은 히틀러가 정신 분열증에 근접한 신경증 환자라는 것이었다. 요즘의 정신의학 기준으로 보면 경계성 인격장애다. 경계성 인격장애는 정서, 행동, 대인관계가 매우 불안정하고 감정의 기복이 심한 인격장애로, 만성적인 권태감과 공허감을 겪는다. 이 증상을 보이는 사람들은 자제력이 부족하고 안정적이지 못한 인간관계를 맺고 충동적인 행동을 한다. 감정은 정상에서 우울, 분노를 오가며 기복이 심하고 행동은 폭발적이고 예측할 수 없으며 낭비, 도벽, 도박, 자해, 자살 시도, 약물 남용까지 예측되는 성격장애다. 경계성 인격장애가 혼란과 무질서를 겪는 대표적 성격 특성이다.

히틀러는 강력한 독재자였으므로 혼란스러운 자기 마음이 이끄는 대로 판단하고 행동했다. 세렝게티의 미친 사자, 자기 멋대로 장난감을 부수는 어린아이를 상상하면 된다. 그의 마음속 혼란 때문에 제2차 세계대전이 일어났고 수많은 유대인이 학살당했다. 한마디로 그는 자신의 마음속에 있던 혼란을 세상 전체로 확장시켰다. 랑거는 히틀러가 마음의 문제들로 평생 마음속에서 혼란스런 전쟁을 치렀을 것이라고 분석했다. 그 전쟁은 마치 라자스라는 중간 수준의 마음이 아래의 타마스로 추락하거나 위의 사트바로 올라가려는 헤게모니 싸움과 흡사하다.

일반적으로 경계성 인격장애는 두 가지 성격이 공존하면서 교대로 나타나는 특징이 있다. 히틀러에게도 두 개의 인격이 있었다. 마치 지킬 박사와 하이드처럼 그에게는 강인한 총통과 약한 히틀러가 공존했고 교대로 주도권을 잡았다. 이것은 중간 수준의 마음, 중간 엔트로피 상태에서 라자스가 도약과 추락 중 하나를 선택하기 위해 혼란이 일어나고 있는 것으로 생각할 수 있다. 라자스가 사트바로 도약할 때 그는 강인한 총통으로서 뭐든지 할 수 있는 강력한 지도자였다. 반면에 라자스가 타마스라는 어둠으로 추락하려 할 때 그는 나약한 히틀러로서 우유부단하고 우물쭈물한 성격을 보인다.

히틀러가 가진 하나의 인격은 아주 부드럽고 감상적이며 우유부단한 인물로 충동적이지 않고 무엇이나 즐기며 좋아하고 아무것도 추구하지 않는다. 반면 다른 하나는 완전히 반대로 완고하고 잔인하며 매우 정력적이라고 랑거는 설명했다. 그의 이중인격은 교대로 나타났다. 이중적인 히틀러의 성격은 보좌관들조차 예측하기 어려워했다. 성격의 전환이 급격하게 이뤄져 측근들을 늘 긴장하게 만들었다고 한다. 두 개의 성격이 계속 나타났다는 것은 두 개의 힘이 계속 전쟁을 벌인 증거라 할 수 있다. 그것이 혼란과 무질서를 야기한다.

사람들은 오늘은 A를 생각하다가 내일은 B로 급선회하고 다음 날은 C로 생각이 변하기도 한다. 매번 분명한 이유와 명분이 있으므로 본인도 어쩔 수 없이 A에서 B, B에서 C로 마음이 변해가는 것이다. 이것이 마음의 혼란이고 무질서다. 내가 아는 한 사범대 출신 40대 초반 전업 주부는 어느 날 교사 임용 시험을 보겠다고 한국사 능력시험을 보더니 정작 교사는 못 할 것 같다면서 임용고사를 포기했다. 때마침 부동산 상승기임을 직감하고는 공인중개사가 낫겠다면서 그 시험을 준비한다고 했다. 그런데 중개사 보조원 아르바이트를 해보더니 중개사도 진짜 못 하겠다면서 또다시 공무원이 안정적이니 9급 시험을 준비한다고 했다. 지금은 모든 시험을 포기했다고 한다. 건강이 나빠졌다는 게 이유다.

그녀가 처음 시험을 준비할 때 분명한 이유가 있었듯이, 목표가 변했을 때도 확실한 명분이 있었다. 모든 시험을 포기했을 때에도 명백한 이유가 있었다. 그 명분들은 자신뿐만 아니라 그녀의 주변인들도 설득시킬 만한 이유들이어서 모두가 그녀를 이해했다. 하지만 그녀는 그때의 일을 시간 낭비, 돈 낭비였다고 후회한다. 지금은 식당에서 서빙 아르바이트를 하고 있다. 이런 게 혼란이 주는 폐해다.

히틀러가 혼란에 빠진 이유

유전적 기질과 성격이라는 기본 조건에 아동기 양육 방법, 불운한 사건, 질병이나 실업, 사업 실패, 가족의 죽음이나 이혼 등 인생에서 만나는 불행한 사건이 더해져 혼란이 나타날 수 있다. 그때 마음이 단단한 사람은 혼란에 빠지지 않고 빠른 시간 안에 집중하고 질서를 찾는다. 반면 그렇지 못한 사람은 그 혼란 속에서 남은 인생 전체를 탕진하기도 한다.

히틀러를 통해 혼란이 만들어지는 이유를 알아보자. 그를 경계성 인격장애로 만든 원인을 전부 다 알 수는 없지만 몇 가지 단서가 있다. 원래 화가가 되려고 했지만 어쩔 수 없이 군인이 됐다는 그의 과거 이력에서 단서 중 하나를 찾을 수 있다. 그는 그림을 공부하려고 빈 예술원의 입학 시험에 응시했다. 하지만 두 번 낙방하고 린츠 실업학교로 진학했다가 나중에 군인이 된다. 그림을 그리려 했던 욕망은 좌절됐고 군인이 됐다. 자신이 원했던 것과 선택한 것이 달랐다는 말이다. 아동기의 결핍이 성인이 됐을 때 문제를 일으키듯이 좌절된 욕망은 늘 갈증과 배고픔을 남긴다. 그래서 좌절된 욕망을 충족할 수 있을 만한 일이나 사람에게 이끌린다. 그것이 바로 인간의 나약함이다.

그런데 히틀러는 그 둘이 너무 이질적이었다는 데 문제가 있다. 화가를 지망했으니 디자이너나 건축가처럼 미적 재능이 필요한 창조적 일에 종사했다면 그의 욕망은 그럭저럭 만족하고 살았을 것이다. 하지만 군인은 창조가 아닌 파괴라는 성질을 갖고 있다. 화가와 군인, 붓과 총은 공존하기 힘들다. 창조와 파괴의 전형적인 예다.

그림을 그리는 예술 행위는 창조와 생산, 기쁨과 행복을 대표하는 삶의 본능인 에로스eros에서 나오는 작업이다. 그래서 잘 만들어진 예술작품은 만드는 사람뿐만 아니라 작품을 보는 사람도 정신이 고취되는 경험을 제공할 수 있다. 이것은 라자스가 사트바로 도약하는 현장이다. 반면, 총과 칼, 피와 아우성이 난무하는 전쟁은 파괴와 죽음을 대표하는 죽음의 본능인 타나토스가 만들어내는 지옥이다. 바로 라자스가 타마스로 추락하고 있는 곳이다. 절대로 둘은 공존할 수 없다. 라자스를 무대로 전쟁을 치러야만 한다. 창조를 원했던 히틀러가 파괴하는 일만 하고 살아야 할 때, 무의식 속 욕망은 하나의 자아에 만족하지 못하고, 두 개의 자아가 계속 헤게모니 싸움을 벌이게 만든 것일 수 있다. 그 전쟁이 히틀러에게 평생 혼란과 무질서를 만들어줬고, 그 결과 경계성 인격장애라는 모습이 외부로 나타난 것이다.

천사였던 루시퍼가 타락해 사탄이 됐듯이 히틀러도 천국을 꿈꾸다가 좌절해 세상을 지옥으로 만들어버리려 한 것인지 모른다. 예술과 전쟁, 붓과 총이라는 절대로 공존할 수 없는 두 개의 힘이 히틀러 속에서 혼란을 일으키며 세상을 혼란 상태로 이끌고 갔다. 마음의 혼란이 화가가 되고 싶었던 남자로 하여금 전쟁을 일으키게 했고 그를 역사상 가장 잔혹한 사람으로 만들어버린 것이다.

랑거의 분석에 따르면 강인한 총통이 헤게모니를 잡으면 과대망상이 나타났다. 그리고 자기는 신의 뜻에 따라 독일에 보내졌고 수행해야 할 특별한 사명이 있는 전지전능하고 위대한 전쟁 영웅이며 가장 탁월한 판사라고 믿었을 것이라고 한다. 인지의 완전한 왜곡이 나타나고 있지만 그래도 신의 뜻과 사명이라는 믿음이 있을 때 그는 총통의 강인함을 보여줬고 그 힘으로 독일을 이끌었다. 한마디로 조증의 총통이다.

히틀러의 또 다른 면모는 우유부단하고 감정 기복이 심한 신경증 환자 같은 모습이다. 랑거는 이러한 얼굴을 나약한 히틀러라고 불렀다. 그때는 우울증이 나타났다. 라자스가 타마스로 향하고 있을 때다. 이처럼 히틀러의 내면에는 강인한 총통과 유약한 신경증 환자가 공존하며 경계성 인격장애로 나타났다고 랑거는 설명한다.

히틀러의 마음속에서는 삶의 본능과 죽음의 본능, 타마스와 사트바의 전쟁, 낙타와 사자, 때로는 어린아이가 공존하며 충실하게 자기 역할들을 하며 싸우고 있었던 듯하다. 그 결과 그의 마음은 온통 혼란이었을 것이다. 힘이 있는 총통이 장악할 때 그는 세상도 혼란으로 빠트릴 명령을 내렸고, 나약한 신경증 환자가 헤게모니를 잡자 마지막 순간 스스로 죽음을 선택할 수밖에 없었던 것 같다.

히틀러가 겪은 혼란은 우리에게도 나타날 수 있다. 혼란은 내적 전쟁을 치르는 듯한 고통을 준다. 내부에서 전쟁이 일어나면 우리는 정말 초주검이 될 수 있다. 랑거도 인간이라면 이런 혼란스러운 상태를 결코 쉽게 견디지 못한다고 했다. 정말 그 고통은 겪어보지 않으면 설명하기 힘들다. 주말 내내 숙제해야지 하면서 TV를 보고 있을 때 우리는 얼마나 괴롭던가? 독서실에서 공부는 하지 않고 놀다가 녹초가 돼 집에 돌아갈 때 또 우리는 얼마나 힘들던가? 그 순간 우리 내부에서 이런 전투가 치뤄지고 있다고 봐도 된다. 양면성과 혼란, 무질서가 만드는 전쟁은 히틀러뿐만 아니라 우리에게도 있다. 할 일을 하지 못할 때 자기 갈등으로 녹초가 될 때의 감정 소모는 실로 어마어마하다. 그때는 추락 중이기 때문이다. 엔트로피는 계속 증가하고 아무것도 할 수 없는 상태인 무용한 에너지가 우리를 감싸고 있는 듯한 느낌이 그 혼란스러운 심적 전쟁의 결과다.

성격장애 10가지 분류

히틀러가 겪은 혼란은 경계성 성격의 부작용임을 랑거의 분석으로 알 수 있었다. 그렇다면 경계성 성격장애만 혼란을 잘 일으키는 것일까? 다른 성격 중에는 없을지 알아보자.

성격장애를 판정하는 진단법으로 가장 권위 있는 것은 미국 정신의학회가 정리한 DSM-IV-TR(American Psychiatric Association, 2000) 진단이다. DSM-IV-TR 진단은 10개의 성격을 3개 그룹으로 분류하고 있다. 그런데 정신의학자들은 어떤 사람이 하나의 성격장애를 갖고 있을 때 다른 성격장애도 동시에 가질 수 있다고 본다. 다시 말해 우리의 성격은 특정한 하나의 성격이 아니라 10개의 특성이 복합적으로 섞여 있다.

A. A집단cluster A: 괴상하고 별난 경향을 보이는 사람들로 사회적으로 고립돼 있다.

편집성 성격장애PPD, Paranoid Personality Disorder

분열형 성격장애STPD, Schizotypal Personality Disorder

분열성 성격장애SZPD, Schizoid Personality Disorder

B. B집단cluster B: 감정적이고 극단적이며 변덕스러운 사람들이다.

경계성 성격장애BPD, Borderline Personality Disorder

반사회적 성격장애ASPD, Antisocial Personality Disorder

자기애성 성격장애NPD, Narcissistic Personality Disorder

연극성 성격장애HPD, Histrionic Personality Disorder

C. C집단clusterC: 불안, 두려움, 걱정, 근심이 많이 억제돼 있는 사람들이다.

강박성 성격장애OCPD, Obsessive-Compulsive Personality Disorder

의존성 성격장애DPD, Dependent Personality Disorder

회피성 성격장애APD, Avoidant Personality Disorder

DSM-Ⅳ-TR 진단에서 분류한 10가지 성격장애는 극단적인 성격의 장애를 말하는 것으로, 여기에 해당하는 사람은 병원 진료를 받아야 할 사람이다. 하지만 프로이트가 마음은 양의 차이일 뿐, 질의 차이가 아니라고 한 것을 기억하자. 우리 마음도 정도의 차이일 뿐 이런 특징들을 조금씩 다 지니고 있을 수 있다. 이들 중 어떤 특징이 강할 때 타인이 보기에 성격이 유별나고 자신도 그 특성 때문에 괴로워진다. 그럼 이들 성격 중에 혼란에 취약한 성격은 무엇일까? 혼란을 일으키는 주 요소는 자유라고 했다. 따라서 자유로움이 강하거나 호기심이 통제되지 않는 성향이 심할 때 혼란에 빠질 수 있다.

10가지 성격장애 특징 중 혼란에 빠지게 만들 가능성이 큰 특징은 에너지가 크고 자유를 강하게 추구하는 성향인 B집단과 회피성이 대표적이다. B집단 중 특히 경계성, 자기애성은 감정적이고, 극단적이며, 변덕스러운 증상 때문에 혼란에 잘 빠질 수 있다. 회피성의 경우는 모든 것을 하기 싫어하는 성향으로, 하지 않은 일이 누적돼 혼란에 빠질 수 있다. 당신에게 이런 성향이 많다면 당신의 혼란은 자연스러운 것으로 이해하라.

경계성 성격: 내가 누군지 나도 헷갈려

히틀러의 성격으로 분석된 경계성 성격장애는 정서와 행동 및 대인관계가 불안정하고 주체성이 혼란스러워 모든 면에서 변동이 심한 이상 성격을 말한다. 이들은 위기에 놓인 것처럼 잘 놀라고 논쟁하고 요구하기를 좋아하며 자기 문제를 타인에게 전가하려 한다. 평상시에도 기분 변화가 심하고 만성적 공허감과 권태를 호소하기도 한다.

경계성境界性, borderline이라는 성향은 신경증과 정신증 사이 어딘가에 있는 정신적인 문제를 지닌 환자를 설명하기 위해 1930년대에 처음 등장한 성격 용어다. 하지만 정신질환자만 해당하지 않는다. 대인관계, 자기상과 정서의 불안정, 심한 충동성이 경계성 성격의 주요 특징이다. 정서, 행동, 대인관계가 불안정하고 주체성의 혼란으로 기복이 심해 살얼음 위를 걷는 것과 같다.

경계성 성격장애를 겪는 이들은 자기 통제가 어려워 머리로는 이해하지만 감정적으로 폭발하기도 한다. 양극단을 오가는 특징을 가진 이들은 흑백 논리에 익숙해 모든 것을 천사와 악마, 의존과 공격, 천국과 지옥으로 양분하기를 좋아한다. 항상 위기 상태에 있는 듯 보인다.

인지치료의 대가 에런 벡Aaron T. Beck 박사는《성격장애의 인지치료》에서 경계성 성격장애의 사례를 소개한다. 나타샤라는 스물아홉 살의 여성은 1년 넘게 너무 피곤해서 일도 하지 못하고 하루 대부분을 누워서 지낸다고 했다. 이처럼 혼란이 극심할 때 우리는 아무것도 하지 않는다. 정신과 통원 환자 중 10퍼센트 정도가 경계성 성격장애 증상이며 일반적으로 여자에게 더 많다고 한다.

미국 정신의학회의 DSM-IV-TR(American Psychiatric Association, 2000) 진단에서는 다음의 항목 중 5개 이상에 해당하면 경계성 성격장애로 분류한다.

DSM-IV-TR 경계성 진단법

다음 항목 중 자신에게 해당하는 것에 체크 후 개수를 기입하자.

(경계성 성향 체크 개수:　　　　)

① 현실 혹은 상상에서 버림받지 않기 위해 미친 듯 노력한다. (　)

② 자신에 대한 과대망상과 과소평가의 극단 사이를 반복하고, 불안정하고 격렬한 대인관계를 보인다. (　)

③ 자기 이미지 또는 자신에 대한 느낌이 불안정하다. (　)

④ 자신에게 손해를 줄 수 있는 충동이 둘 이상 나타난다(예: 과소비, 물질 남용, 좀도둑, 무모한 난폭운전, 폭식). (　)

⑤ 자살 시도, 위협, 자해 행동을 한다. (　)

⑥ 기분이 자주 변한다(예: 여러 시간 혹은 여러 일 지속되는 격렬한 불쾌감, 과민성 불안). (　)

⑦ 만성적으로 공허함을 느낀다. (　)

⑧ 적절하지 않은 분노가 나타나 심하게 화를 내고 조절하지 못한다. (　)

⑨ 스트레스가 있으면 망상을 하거나 기억이나 판단력이 현저히 떨어진다. (　)

자기애 성격: 나는 아주 아주 특별해

누구나 자기애성自己愛性을 가지고 있다. 단체 사진에서 자기 얼굴부터 찾는 것이 자기애의 한 사례다. 또한 자신을 타인으로부터 보호하기 위해 자아가 강해질 때 자기애성이 작동한다. 그러나 극단적으로 자기애가 강한 사람이 있다. 극단적 자기애에 대해 미국 정신의학회의 DSM-IV-TR (American Psychiatric Association, 2000) 진단에서는 자기애성 성격장애라고 분류했다.

자기애성 성격은 자신의 재능, 성취도, 중요도, 특별함을 과장한다. 비판에 예민하고 공감능력empathy이 결핍돼 있다. 과대한 자아는 불가능한 환상을 꿈꾸고 행동이 거만하며 칭찬받고 싶어 한다. 평소에는 온순하고 유머스럽지만 사소한 지적이라도 받으면 비난을 전혀 수용하지 못하고 반격한다. 작은 고통도 힘들어하고 육체적 통증에 민감하다. 사소한 일에도 쉽게 분노와 패배감, 열등감, 모욕감을 느끼고 우울한 기분에 빠져든다. 언뜻 보아 자신감에 넘치는 것처럼 보이지만 자폐, 우울, 대인기피, 심기증을 감추고 있는 때가 많다.

자기애narcissistic라는 용어는 호수에 비친 자기 모습을 사랑해 결국 물에 빠져 죽었다는 그리스 신화 속 나르시스Narcisse에서 유래했다. 나르시스가 빠져 죽은 곳에 피어난 꽃이라 하여 수선화Narcissus Flower라 이름지었다.

다음은 자기애성에 대한 DSM-IV-TR 진단 기준이다. 다음을 읽고 자신에게 해당되는 것이 있는지 체크해보자. DSM-IV-TR 진단에서는 9개 문항 중 5개 이상이면 자기애성 성격장애로 분류한다.

DSM-IV-TR 자기애성 진단법

다음 항목 중 자신에게 해당하는 것에 체크 후 개수를 기입하자.

(자기애 성향 체크 개수:)

① 나는 재능이 특별하므로 아직은 업적이 없지만 최고로 인정받아야 한다. ( )

② 앞으로 무한한 성공, 권력, 총명함, 아름다움, 이상적인 사랑이 내게 올 것이다. ( )

③ 나는 남보다 특별하고 독특하다. 그래서 특별하거나 높은 지위에 있는 사람들만이 나를 이해할 수 있다. 그래서 그들과만 어울려야 한다. ( )

④ 나는 특별하므로 남들과는 좀 다른 과도한 칭찬을 받아야 한다. ( )

⑤ 나는 특별한 대우를 받아야 하고 남들은 내가 원하는 대로 해줘야 한다. ( )

⑥ 나의 목적을 달성하기 위해 타인을 이용한다. ( )

⑦ 나는 타인의 감정이나 욕구가 인정되지도 않고 잘 느껴지지도 않는다. ( )

⑧ 자주 타인들을 시기한다. 남들도 나를 질투하고 있다고 생각한다. ( )

⑨ 내가 거만하고 오만한 행동이나 태도를 보인다고 사람들이 말한다. ( )

회피성 성격: 아무것도 하기 싫단 말야

회피성 성격장애는 거절과 배척에 대해 극도로 예민한 특징이 있다. 사회생활에서 위축되고 마음으로는 친밀함을 원하지만 부끄러워 사람을 멀리한다. 타인에게 받아들여지기를 원하며 열등감 콤플렉스도 있다. 열등감에 상처받는 것이 두려워 아무것도 시도하지 않으려 한다. 상대의 거절을 지나치게 민감하게 받아들이고 두려워하기 때문에 조건 없이 확고한 보장을 받을 수 있는 대인관계만 가지려 한다.

회피성 성격장애를 가진 이들은 무조건 거절하고 일단 피하고 본다. 직업도 주어진 일만 하는 수동적인 분야가 편하다. 벡은 이들이 '자신은 무가치한 사람이며 거부당할 것 같다'는 신념을 갖고 있다고 말한다. 자신에 대한 부정적인 생각이 두드러져 어차피 안 된다는 신념을 가지고 있으며 '무리야', '안 돼', '어차피', '역시' 같은 단어를 자주 사용한다. 어떤 일을 해도 뒤로 빠질 생각부터 한다. 정신과 치료를 받는 환자 중 10~25퍼센트 정도가 회피성을 갖고 있으며 대부분 우울증이나 불안장애로 병원을 찾는다.

다음은 회피성 성격장애에 대한 DSM-IV-TR 진단 기준인데 다음을 읽고 해당되는 것이 있는지 체크해보자. DSM-IV-TR 진단에서는 7개 문항 중 4개 이상이면 회피성 성격장애로 분류한다.

DSM-IV-TR 회피성 진단법

다음 항목 중 자신에게 해당하는 것에 체크 후 개수를 기입하자.

(회피성 성향 체크 개수:)

① 비판이나 비난, 거절, 인정받지 못한 것에 대한 두려움 때문에 대인 접촉이 필요한 직업을 회피한다. (   )

② 자신을 좋아한다는 확신이 없으면 다른 사람들과 관계하는 것을 피하려 한다. (   )

③ 창피를 당하거나 조롱을 받을까 두려워서 친한 사람이 아니면 접촉을 피하려 한다. (   )

④ 일상생활에서 비판을 받거나 거절당하는 것에 집착한다. (   )

⑤ 새로운 대인관계를 만드는 것을 싫어한다. (   )

⑥ 사회 속에서 자신은 어리석고, 개인적으로는 매력이 없고, 다른 사람에 비해 열등하다고 느낀다. (   )

⑦ 위험을 감수하지 않으려 하고 새로운 활동에 관여하는 것을 꺼린다. (   )

성격별 혼란의 유형

혼란 야기 성격 요소	기본 생각	혼란 원인	혼란의 유형
자기애성 성격	나는 특별해	과장, 충동	자기를 과장하기 위한 여러 전략을 선택하면서 혼란 발생
경계성 성격	내가 누군지 나도 몰라	변덕	변덕이 혼란을 만듦
회피성 성격	나는 상처받을 거야	회피	회피가 누적되면 해결되지 않은 문제로 혼란 야기

출처: 〈성격장애의 인지치료〉의 내용을 혼란과 연관해서 변형

4

마음의 혼란

두 개의 인격이 주기적으로 나타난 혼란 속의 고흐

앞서 고흐의 문제는 측두엽 장애가 만든 뇌전증이라고 했다. 그런데 고흐를 진료했던 주치의는 그의 죽음을 두고 그가 감정의 불길에 타죽었다는 말로 설명했다. 뇌가 만든 감정적 혼란이 고흐의 가장 큰 문제였다는 말이다.

네덜란드 화가 고흐는 렘브란트 이후 가장 위대한 화가로 인정받는다. 모든 것이 살아 꿈틀거리는 것처럼 보이는 그의 화풍은 독일 표현주의 화가들에게 강한 영향을 미쳤다. 현재 고흐의 작품은 최고가에 거래되고 미술사에서 중요한 인정을 받고 있다. 하지만 살아생전 그는 가난에 찌든 이름 없는 화가에 불과했다. 그는 1880년부터 1890년까지 약 10년간 900여 점의 그림과 1,100여 점의 습작을 남겼지만 데생 한 점만 팔았을 뿐이다.

그가 불과 10년 동안 그린 작품들에는 강렬한 색채, 거친 붓놀림, 뚜렷한 윤곽을 지닌 형태가 나타난다. 그를 자살로 몰고 간 뇌질환의 고통이 독특한 기법을 만들어낸 것이라는 분석이 있다. 젊은 시절 사촌 케이 보스에게 실연당한 후 거절의 상처를 입어 평생 여자에게 집착했고, 경제적으로 동생에게 의존하며 여러 정신적 문제와 성격장애를 보였다. 좌절된 욕망은 집착이 됐고, 화가로 성공하지 못한 채 고독하게 살며 자기 예술 세계와 정신 세계 속에서 치열하게 삶과 전쟁을 치른 듯하다.

1872년부터 동생 테오와 친구들에게 쓴 편지들은 그의 꿈과 믿음, 희망과 절망, 수시로 달라지는 건강과 정신 상태를 보여준다. 사후에 출판된《반 고흐, 영혼의 편지》는 위대한 인간 기록이라고 할 수 있는 독특하고 감동적인 전기 자료로 알려져 있다. 고흐가 테오에게 보낸 편지 중에서 그의 성격을 가늠할 수 있는 구절이 있다.

> 나는 끔찍할 정도로 게으르고 우울하고 신경이 곤두서 있다. 사람들과 어울리고 싶지 않아. 주변에 사람들이 많지만 그들과 이야기하는 건 버겁고 난처한 일이야. 이런 내 행동은 노이로제 때문이야. 지난날 너무 비참하게 살아왔기 때문에 신체적 도덕적인 면에서 노이로제에 걸리고 말았어. 차가운 밤거리에서 밤을 보내고 어디서 빵 한 조각을 얻어먹을 수 있을까 하는 초조와 불안감, 끝없는 긴장감, 친구와 가족 때문에 일어나는 짜증스런 일로 내 성격은 별나고 변덕스러워졌어.

네 살 어린 동생 테오에게 보낸 이 편지에서 고흐는 감정의 혼란을 보여주는 숱한 성격 특성을 드러낸다. 그는 측두엽 기능장애와 정신질환 그리고 성격장애로 정신 병원을 들락거렸다. 유일한 희망이던 시엔이 떠나버린 후 상태가 나빠져 동생에게 얹혀살게 되지만 그건 동생에게도 재앙이었다. 그가 동생의 생활까지 엉망으로 만들어버렸기 때문이다. 이를 참지 못한 테오가 누이에게 불평하며 쓴 편지에서는 마치 히틀러가 그랬던 것처럼 두 개의 인격이 전쟁을 치르는 혼란을 볼 수 있다.

> 형을 감당할 수가 없어. 여기를 떠나줬으면 좋겠어. 형한테는 두 가지 본성이 들어 있는 것 같은데 하나는 아주 섬세하고 재능 있고 선한 본성이야. 다른 하나는 안하무인격으로 아주 이기적인 본성이야. 분명한 것은 형이 스스로에게 적처럼 군다는 거야. 다른 사람의 인생을 망치는 데만 그치는 것이 아니라 자기 자신의 삶도 망쳐버리고 있어.

테오의 편지에서 고흐의 두 인격을 볼 수 있다. 두 인격은 삶의 본능과 죽음의 본능에서 에너지를 가져다 쓰고 있었고 둘의 전쟁은 혼란을 만들어냈다. 서로 적대시하는 두 인격은 계속 전쟁을 벌였고 그 싸움은 주변 사람들까지 괴롭혔다. 시엔이 떠난 후 그는 계속 이상해졌다. 결국 매춘부에게 화대로 자신 스스로 왼쪽 귀를 잘라 건네는 유명한 사건이 터진다. 그 사건 후 생 레미의 한 정신병원에 들어갔지만 이미 상태는 절망적이었다.

혈관치매는 말 그대로 혈관이 막히면서 나타난다. 주로 시끄러운 치매와 조용한 치매로 분류된다. 똑같은 치매지만 말이 많아지거나 말이 없어지는 두 종류로 나타난다. 이처럼 정신질환은 양상이 다양하다. 조현병 중에는 즐겁고 행복한 아이 같은 상태도 있지만 고흐는 정반대였다. 여자에게 집착하고 동생에게 경제적으로 의존함으로써 생기는 죄의식, 화가로 성공하지 못한 열등감 등이 빚어낸 마음속 전쟁은 외부 환경까지 엉망으로 만들었다. 내부의 혼란이 외부 혼란까지 만든 것이다.

결국 고흐는 마음의 질병에 완전히 패배해 1890년 7월 27일 자신의 가슴에다 총을 쏜다. 하지만 바로 죽지 않았고 집으로 실려 갔다. 주치의인 가제트 박사가 "제가 당신을 꼭 살려내겠습니다"라고 말하자 고흐는 "그러면 난 다시 자살을 시도할 것입니다"라고 대답한 이야기가 유명하다. 또 동생 테오가 소식을 듣고 왔을 때 "울지 마라. 우리 모두를 위해서 한 일이다"라고 답했다고 전해진다. 마음속에서 전쟁을 치르며 치명적인 정신질환을 보였지만 정상적인 의식 상태로 돌아왔을 때 자신과 주변을 위해 자살을 해야겠다고 선택한 것이다. 고흐는 총을 맞은 후 48시간 동안 버티다 동생이 바라보는 앞에서 서른일곱 살의 나이로 숨을 거둔다. 가제트 박사는 "그는 감정의 불길에 사로잡혀 타 죽었습니다"라고 했다. 혼란의 전쟁터에서 죽음의 본능이 삶의 본능을 이겼고 타마스의 힘이 라자스를 넘어버린 것이다. 서른일곱 살, 너무 빨리 끝난 전쟁이다.

중년의 위기에 나타나는 감정의 혼란

감정적 혼란은 사춘기나 중년에 많이 나타난다. 정신질환이 10대 후반에서 20대 초반에 많이 발병하는 것과 무관하지 않다. 완전히 밝혀지지는 않았지만 신경과학자들은 뇌가 안정을 찾아가기 전에 일어나는 일이라고 말한다. 중년의 위기 역시 호르몬의 변화와 상당한 연관이 있다.

융 학파 정신과 의사인 대릴 샤프Daryl Sharp는《생의 절반에서 융을 만나다》에서 노만이라는 환자를 돌보던 이야기를 전하고 있다. 그는 노만이 보인 증상을 감정적 혼란이라고 말한다. 노만이 샤프의 진료실로 들어왔을 때는 그가 이미 한 시간 넘게 대기실에서 울고 난 후였다. 그는 이미 병원으로 오는 버스를 탔을 때부터 울기 시작했다.

노만은 "눈물이 멈추지 않는데 왜 우는지 이유를 모르겠다"며 "나는 매우 불행합니다. 며칠 전부터 아침마다 울면서 깨어납니다. 일단 울기 시작하면 멈출 수 없어요. 나는 지독히 혼란 상태에 있어요. 아마 내가 미친 것 같습니다. 차라리 죽어버리는 것이 낫다고 생각합니다. 무엇을 해야 할지 모르겠어요"라고 고백했다. 노만의 말은 혼란에 빠진 우리가 흔히 느끼는 그것과 거의 비슷하다.

얼마 전 노만은 아내로부터 이혼하자는 말을 들었다고 한다. 아내는 다른 남자가 생겼다고 했다. 그 말을 들은 후부터 노만은 감정 조절이 되지 않는 감정적 혼란을 겪기 시작했다. 샤프가 보기에 노만은 자신을 태우는 불길 속에 있었고 삶은 이미 파탄 난 듯했다. 그는 우울, 불안, 자기연민, 죄책감 같은 중년의 위기에 나타나는 많은 증후를 보이고 있었다.

먹을 수도 잘 수도 없고 기운조차 없는 그는 모든 것이 혼란스럽다고 했다. 자기를 위해 할 수 있는 유일한 일은 자기에게 문제가 있다는 사실을 깨닫는 것뿐이었다. 그러나 문제가 얼마나 큰지 모르고 있었다. 또 버틸 수 있는 극한까지 간 상태여서 이젠 제 힘으로는 어찌할 수 없게 된

듯 보였다. 협력 관계였던 아내가 자신을 거부한 이후 삶 자체가 혼란에 빠지기 시작했다고 한다.

샤프는 그의 증상이 정신분석학에 나오는 신경증의 전개 과정 중 리비도가 더 이상 외부로 향하지 않는 상태에 이른 것이라고 진단했다. 리비도libido란 프로이트가 제안한 심적 에너지의 하나로, 에로스의 후기 개념이다. 리비도는 삶의 본능에 해당하며 죽음의 본능과 파괴 충동의 근원인 타나토스와 상반되는 개념이다.

리비도가 뭔가를 지향할 때 우리는 노력한다. 그러나 마음이 혼란 상태일 때는 엔트로피가 증가한 상태다. 엔트로피가 증가하면 운동에너지는 최저로 떨어진다. 리비도가 외부로 향하지 못하는 상황인데, 한마디로 말해 일할 힘이 없는 것이다. 공황장애에 시달리는 사람은 바람소리가 자기를 욕하고 층간소음이 자기를 비웃는다고 착각한다. 조금 열린 창문으로 바람소리가 들리거나 윗집에서 쿵 하는 소리가 들려도 자신을 공격한다고 생각하고 분노가 치밀어 오르는 것을 참지 못한다.

심지어 다른 사람들이 착각이라고 일러줘도 그 순간뿐이다. 바람소리, 냉장고의 물 흐르는 소리 하나에도 그들은 무너진다. 불같이 화를 내다가 어느 순간에 이르면 통곡하기도 한다. 그러다 예능 프로그램을 보면서 깔깔대기도 한다. 감정적 혼란은 그렇게 나타난다. 옆에서 보는 가족은 기가 막힐 노릇이다. 그런 상태를 겪고 있는 사람이 공부나 일을 할 수 있을까? 뭔가를 할 수 있는 힘과 에너지를 전부 소진시키고 아무것도 못 하는 채로 침대에 누워 한탄하고 울기만 한다. 체중은 점점 불어난다. 감정적인 혼란이 그런 상태로 만들어버린다.

두려움이 만드는 혼란

혼란을 일으키는 감정 중에 두려움이 있다. 한 여성 화가가 취미로 춤을 배우기 시작했다. 그림만 그리던 그녀가 육체를 활용하는 예술을 처음 접한 것이다. 그녀는 새로운 예술 형태에 깊이 매료됐다. 많은 수업에 참여하고 오래 연습한 결과 뛰어난 춤 실력을 갖추게 됐다. 어느 날, 선생이 그녀에게 예술단 입단을 제안했다. 그런데 제안을 받고 나서부터 갑자기 그녀의 춤은 흐트러지기 시작했다. 얼어붙은 듯 몸이 뻣뻣해지고 둔해진 것이다. 그녀 자신도 자기 춤이 무뎌졌음을 느꼈다.

그녀는 취미로 춤을 시작했고 실력도 그리 뛰어나지 못한 상태에서 예술단 입단 제안을 받으니 너무 부담이 됐던 것이다. 두려움 때문에 춤이 형편없어지고 만 것이다. 그녀는 한참 동안 좌절했고 우울감 속에 시달렸다. 생각을 다잡고 불안정한 마음 상태로 다시 춤을 춰봤지만 이전과는 마음이 달라져 있었다. 한때 너무나 열정적으로 즐겼던 춤이지만 이제 다른 사람들을 위해 힘들게 춰야 하는 상황으로 변해 있었다. 무엇보다 춤을 추는 것 자체가 싫어져 있었다. 두려움이 그녀를 혼란스럽게 만든 것이다. 자신이 하고 싶었고 잘했던 것일지라도 어느 순간 하기 싫게 만드는 것은 혼란이 만드는 증상 중 하나다.

사진예술가 데이비드 베일즈David Bayles는 《예술가여 무엇이 두려운가》에서 그녀가 갑자기 춤을 즐기지 못하게 된 이유를 두려움 때문이라고 설명했다. 또 예술가의 마음에는 항상 두려움이 자리 잡고 있으며 두려움을 보충하고 조정하고 부양하는 욕망 역시 공존하고 있다고 말한다. 두려움과 욕망은 둘 다 동기를 건드리는 마음의 상태다. 아무 난관 없이 작품 활동을 하는 순수한 정열과 용기만 있다면 예술가는 작품을 계속 찍어낼 수 있다. 바로 어린아이가 그러하다.

어린아이는 호기심과 열정, 재미로서 놀이를 계속할 수 있다. 그러나 그런 예술가는 없다. 예술가의 마음속에는 작품에 대한 욕망과 함께 졸작에 대한 두려움이 있다. 두려움이 예술가를 막는다. 그리고 작품을 만들지 못하는 자신에 대해 혼란을 느낀다. 그동안 잘되던 것이 갑자기 안 되는 이유를 찾지 못하고는 무질서하게 이것저것에 손을 대기 시작한다. 나 또한 혼란에 휩싸여 글을 쓰지 못했을 때 주제를 얼마나 많이 바꿨는지 모른다. 결과는 전부 실패였다. 혼란을 해결하지 못하면 어떤 책도 쓸 수 없다는 것을 알고 다시 혼란으로 돌아왔다.

예술적 혼수 상태로 나타나는 무의식의 혼란

예술가들이 겪는 혼란을 예술적 혼수 상태라고 한다. 도러시아 브랜디Dorothea Brande는 《작가 수업》에서 예술적 혼수 상태가 지나야 작품이 나온다고 말한다.

> 진정한 천재는 자신이 어떻게 일하는지 깨닫지 못한 채로 평생을 살아간다. 천재는 꿈꿀 때 앉아서 빈둥댈 때 등 무슨 일이 있어도 혼자 있어야 할 때가 있다는 것만 알 뿐이다.

대다수 천재는 자신의 마음이 백지처럼 텅 비어 있다고 믿는다. 글을 써야 하는데 뭘 써야 할지 아무 생각이 없고, 그림을 그리려는데 아이디어가 떠오르지 않는 느낌이 백지 같은 텅 빈 상태다. 그런 불모의 시기를 지나고 절망의 늪을 빠져나오면 침묵은 사라지고 글을 쓰고 그림을 그릴 수 있는 시점이 도래한다. 천재의 게으름이 일시적인 침묵이라는 사실을 알게 된 관찰자들이 그들의 낯선 고립 시기를 예술적 혼수 상태라 불렀다. 작가의 장벽 같은 시기다. 아무것도 할 수 없게 보이는 기간이고 이때 그들의 감정과 지성은 모두 혼란한 상태에 빠져 있다.

예술적 혼수 상태일 때 혼란은 극치에 이른다. 분명 뭔가가 작용하는 것 같지만 깊숙한 마음속에서 무슨 일이 일어나는지 자신도 주변도 알아채지 못한다. 오로지 자신이 느끼는 것은 글을 쓸 수 없고 그림을 그릴 수 없어서 미치겠다는 생각뿐이다. 그러나 침묵의 기간에도 예술가는 구체화를 위한 무의식의 작업을 기다리고 있다. 기다리고 고통받는 동안 예술가의 상상력은 다채로워지고 직관은 예리해진다. 또 자신의 무의식이 의식을 통합하며 자신을 다른 곳으로 데려간다. 혼란은 마치 도약 직전의 중립 상태 같은 단계로 예술적 혼수 상태를 지나야만 작품이 나온다.

내가 글 쓰는 일을 하지 않았다면 작가의 장벽으로 나타난 저항이라는 심리적 힘을 알지 못했을 것이다. 또한 컴퓨터가 전공이었던 내가 인지과학이라는 학제적 학문으로 박사를 받지 않았다면 많은 학문들을 통합하려고 애쓰지 않았을 것이다. 공학으로 시작한 내가 인문학으로 넘어가는 과정을 거치며 내 두뇌는 융합에 적응하도록 조정되고 있었을 것이다. 그 과정에서 나는 혼란이라는 증상을 겪었는지도 모른다. 나는 단지 정신없다고 말하고 말았을 증상에 집중해 파고들며 글로 쓰고 해결해야 했다. 그래서 더 혼란 속으로 들어갔는지 모른다.

글을 쓰지 못하고 다른 일도 하지 못하고 엉망진창인 상태로 수년의 시간을 보냈다. 우수한 작가들이 한 달 만에 한 권의 책을 써낼 때 나는 1년이 되도록 칼럼 하나 쓰지 못하고 있었다. 그리고 어느 날, 정확히 말하면 시간이 축적돼 무의식이 답을 찾았던 날, 나는 글을 쓰기 시작했다. 그동안 내가 겪은 시간들이 작가의 장벽, 예술적 혼수 상태와 흡사했다는 것을 느꼈다. 세상에 없던 것을 만들려는 사람이라면 누구나 겪는 일이다.

자기 안의 의식과 무의식의 통합, 그것이 길이었다. 그 길을 가기 위해서는 의식이 먼저 질서를 찾아야 한다. 나는 새 책을 구상할 때마다 그 과정을 느낀다. 텅 빈 모니터 앞에 앉아 뭘 쓸지도 모르는 상태로 오래 공상만 할 뿐이다. 수많은 연구 노트에는 너무나 많은 아이디어들이 산재해 있지만 이것들을 엮어낼 강한 콘셉트를 잡지 못하면 한 자도 쓰지 못한다. 그 시간이 몇 달, 몇 년에 이르기도 했다. 이 책은 구상에서 퇴고까지 5년 넘게 걸린 듯하다. 혼란에 대해 생각하며 A5사이즈 몰스킨 연구 노트를 네 권이나 채웠지만 글을 쓰지는 못했다. 혼수 상태였다. 혼란이었다.

푸에르의 방종을 버리고 질서 있는 세넥스가 되라

혼란에 빠진 모습을 푸에르의 심리에서도 볼 수 있다. 라틴어로 푸에르 에터누스puer aeternus는 영원한 젊은이를 의미하는 말이다. 그리스 신화에 나오는 푸에르 에터누스는 이아쿠스Iacchus, 디오니소스Dionysos, 에로스Eros

처럼 영원히 젊은 청년의 모습이다. 피터 팬 같은 사람이다. 그런데 신경증 이론에서는 푸에르가 부정적인 의미로 쓰인다. 나이를 먹었지만 사춘기를 벗어나지 못하는 사람을 일컫는다. 마마보이, 마마걸이 대표적인 사례들이다. 나이가 들어도 사춘기를 벗어나지 못하는 여자는 푸엘라puella라고 한다.

전형적인 푸에르와 푸엘라는 외모가 자기 나이보다 훨씬 어리게 보인다. 본인도 그걸 알고 이를 자랑스럽게 여긴다. 외모가 나이보다 젊다면 행운일 것이다. 하지만 이런 조건이 푸에르로 불릴 때는 심각한 심리적 문제를 나타낼 때다. 푸에르 증상을 가진 사람은 자기 행동에 책임지지 않고 본능적인 충동에 약하다. 엉뚱한 짓을 잘 저지르고 분노를 여과 없이 표출한다. 자신의 진짜 감정을 잘 알지 못해 좋다고 느끼던 것이 갑자기 싫어지기도 한다. 변덕이 심하고 책임지기도 싫어하고 뭔가 오래하는 것은 있을 수 없는 일이다. 조금만 힘들어도 쉽게 포기한다. 본인은 약속에 묶이는 것을 싫어하면서 타인이 자기와 약속한 것을 어기는 것은 절대 용납하지 않는다. 가족에게 헌신하지 못하고 본인의 희생은 억울하게 생각하면서 다른 가족은 자기에게 절대적으로 희생하라고 강요한다.

또 온몸으로 삶에 뛰어들지 않고 적당히 발만 담그거나 그것도 싫어서 아예 피하고 미루다가 사태가 엉망이 되고서야 제정신이 든다. 하지만 그때는 너무 늦다. 푸에르는 잘못된 것을 보고 의지를 갖고 수정하려는 노력을 싫어한다. 타인이 고쳐주거나 아니면 저절로 변하리라 생각한다. 언젠가 절실해지면 행동할 생각이다. 하지만 지금은 아니다. 미래 계획은 늘 계획으로만 끝난다. 이러면 좋겠고, 저러면 행복하겠다는 말을 입에 달고 산다. 늘 환상에 젖어 있지만 자기 인생을 바꿀 행동은 하지 않는다.

이와 같이 행동하지 않는 마음의 기저에 푸에르의 심리가 깔려 있다. 누구에게서나 조금씩 찾아볼 수 있는 모습이다. 그러나 푸에르는 사태를 심각하게 방치한다. 친구들이 공부할 때 자신은 학교 다니는 것을 취미처럼 즐기다가 입시에 실패한다. 혹시 운 좋게 입학해도 학업 유지가 힘들어 휴학이나 자퇴를 한다. 직장에서는 해고당하기 쉽고 이혼 소장을 받고 파산하기도 한다.

자신이 하지 않은 일이 언젠가 칼끝을 돌려 자신의 목에 칼을 겨눈다는 것을 알아야 한다. 삶을 방치하고 미루면 삶은 감옥이 된다. 그래서 정신분석에서는 푸에르의 심리를 가진 사람의 꿈에 창살, 밧줄, 우리, 덫, 감옥, 쇠사슬 등이 많이 등장한다고 설명한다. 푸에르의 심리를 가진 사람은 자기 인생, 즉 실존적인 삶 자체를 감옥이라고 여긴다. 거기서 벗어나고자 하지만 자유를 찾아나설 힘이 없다.

대릴 샤프는 카프카의 다음 수필을 인용하며 카프카가 푸에르 타입이라고 분석했다.

> 그는 감옥 안에 갇혀 사는 것이 자신의 운명이라고 체념해야 했다. 그가 있는 감옥은 창살로 만들어진 것이었다. 창살의 간격이 1미터 이상이었기에 마음만 먹으면 언제든 감옥을 나올 수 있었다. 그는 사실 감옥에 갇혀 있지 않았던 것이다.

샤프는 카프카가 쓴 수수께끼 같은 이 수필이 카프카 자신이 덫에 걸려 감옥 속에 있음을 묘사하는 것이라 했다. 푸에르는 경계나 한계 짓는 것을 싫어하고 제한을 견디지 못하기 때문에 세상을 감옥으로 여긴다. 한계를 정하지 않는 것은 어린아이가 가진 가장 큰 약점이다. 한계가 없을 때 자유가 방종이 되고 혼란이 생긴다. 푸에르 같은 특징이 보이는 사람은 '한계 없음이 주는 부작용'으로 인해 혼란에 빠진다. 강해지기 위해서 사람에게는 의무라는 한계가 주어져야 한다. 그리고 우리는 그 의무를 자발적으로 받아들여야 한다. 자신의 한계를 인정하고 의무를 다할 때 자유가 찾아온다. 그걸 거부하면 자기가 만든 거대한 감옥에 갇히는 것이다. 그 감옥은 늪처럼 벗어나기 힘들다.

한계 없는 어린아이의 자유는 방종이 돼 혼란의 늪으로 스스로를 끌고 들어간다. 직장인은 회사나 상사가 한계를 강제로 만들어준다. 그러나 예술가는 스스로 한계를 만들어야 한다. 자유인은 한계 없는 자유를 누리려 하지만 그게 오히려 그들을 혼란의 감옥에 집어넣고 그 감옥에서 나오지 못하게 만들어버린다. 혼란에서 벗어나기 위해서는 먼저 힘을 빼고 훈련해야 한다. 여기서 힘을 뺀다는 것이 바로 한계를 정하는 것이다. 경작을 하기 위해 밭의 크기를 정하는 것이다. 욕심으로 밭만 계속 키우다가는 힘이 부족해 씨도 뿌리지 못한다. 한계를 정하는 것이 혼란에서 벗어나는 첫 번째 조건이다.

우리에게도 푸에르의 성향이 조금씩 있다. 우리 안의 어린아이는 때때로 모든 것을 엄마에게 의지하고 싶어 한다. 우리가 진짜 어른이 돼 스스로를 책임질 수 있을 때 혼란에서 질서가 만들어질 것이다. 이런 어른을 세넥스라고 한다. 세넥스senex는 라틴어로 '연장자'를 의미한다. 세넥스는 푸에르의 반대다. 세넥스는 훈련되고 통제되고 의식적이고 질서가 잡힌 사람을 말한다. 푸에르는 본능대로 행동하고 무질서하며 쉽게 흥분하고 변덕을 부리는 사람인 반면, 세넥스는 침착하고 이성적이고 책임감이 있다. 푸에르가 디오니소스를 닮았다면 세넥스는 아폴로 신을 닮았다. 신들의 왕 아폴로처럼 모든 것을 통제하려면 상당히 오랫동안 의식적으로 노력해야 한다. 훈련이 매우 중요하다.

하버드대학교 심리학과 하워드 가드너Howard Gardner 교수가 미래를 성공으로 이끌 다섯 가지 마음 능력인 '미래마인드'로 제시한 것 중에도 '훈련마인드'가 있다. 스콧 펙 박사도 건강한 정신을 만드는 중요한 덕목으로 '훈련'을 꼽았다. 혼란에서 질서를 만드는 길에 훈련이 있다. 이 훈련은 정신의 훈련도 되고 육체적인 노력, 즉 하나의 운동을 오랫동안 하는 것도 된다. 심신을 변화시키려는 노력을 하는 동안 우리는 스스로를 훈련시키는 것이고 그 길을 통해 우리는 통제와 한계를 만든다. 그것이 바로 자유가 방종으로 가는 것을 막고 혼란이 일어나지 않게 주기적으로 질서를 만드는 노력이다.

5

어린 시절에 배워버린 혼란의 편안함

푸에르나 푸엘라는 혼란을 잘 만들어내고 경계성 성격이나 자기애, 회피성 성격 등이 혼란에 빠질 소지가 많다고 설명했다. 심리학자들은 성격성향이 유전자와 교육의 영향, 양육 배경의 영향을 받는다고 말한다. 그 중 가장 중요한 것이 아동기의 양육 방식이다. 미국 오하이오주립대학교 의과대학 교수이며 정신과 전문의 휴 미실다인W. Hugh Missildine은 부모나 양육자의 양육 방식으로 인해 우리 안에 왜곡된 어린아이인 내재과거아가 만들어진다고 말했다. 여덟 종류로 분류되는 내재과거아 중에 특히 혼란에 빠질 소지가 있는 것들이 있다. 이는 푸에르와 푸엘라를 만들고 경계성, 자기애, 회피 성격으로 연결될 수 있다. 당신에게 그런 내재과거아가 보인다면 언젠가 혼란에 빠질 수 있다.

과거, 우리는 모두 아이였다

모든 마음의 문제가 그러하듯 혼란 역시 잘 만나는 사람이 있고 그렇지 않은 사람이 있다. 혼란을 만드는 데는 성격이 큰 몫을 하고 교육도 한몫한다. 생물학적 유전자, 사회·문화 환경, 교육 방식 등 많은 원인이 있지만 어린 시절 부모의 영향이 아이의 마음 형성에 가장 중요한 역할을 한다. 미실다인은 부모가 자신을 대할 때 왜곡되게 전달한 것들이 성인이 된 자신의 마음속에 남아 있다는 심리 이론 중 하나로 《몸에 밴 어린 시절》에서 여덟 종류의 내재과거아가 있다고 설명한다.

언제 어디선가 당신은 어린아이였다. 어린 시절 우리를 대하던 부모의 태도는 우리 몸에 익어버렸다. 우리 몸에 밴 어린 시절은 지금도 우리 안에 살아 있으면서 성인인 우리 생활에 영향을 주고 훼방한다. 하지만 사람들은 자기 몸에 배어 있는 어린 시절을 잘 알지 못한다.

어린 시절은 무의식으로 남아 갖가지 동기, 정서, 의지, 인지, 행동이라는 의식 차원의 문제를 초래한다. 하지만 그 문제가 어린 시절 자기를 대하던 부모의 과도한 태도에서 만들어졌다는 점을 자신도 잘 모른다. 이런 문제들이 성격으로 나타나고 왜곡된 마음이 돼 우리를 괴롭힌다. 따라서 '몸에 밴 어린 시절'은 '성격'과 '마음의 문제'를 만들어내는 중요한 무의식적 인자가 된다.

내재과거아는 마음의 진화 과정에서 반드시 만나게 돼 있다. 우리가 낙타에서 사자로, 사자에서 다시 어린아이가 돼가는 과정에서 자유로운 아이가 활동할 때 그 아이는 부모가 만들어준 아이일 가능성이 크다. 니체는 우리가 자신의 아이를 잉태해야 한다고 했다. 우리는 자신만의 아이를 낳고 그 아이를 성장시켜 초인으로 가는 기반을 만들어야 한다. 그러기 위해 우리 마음속 왜곡된 아이를 먼저 달래고 고쳐야 한다. 그래야만 건강한 아이가 돼 초인으로 성장할 수 있기 때문이다.

마음속에 왜곡이 있는 아픈 아이는 크지 못하고 그냥 아픈 채 죽어갈 것이다. 성장에 쓸 에너지를 치유에 쓰고 있기 때문이다. 육체에 질병이 있으면 우리 몸이 병을 치유하는 데 집중하기 때문에 성장이 더디거나 성장하지 않는다. 마음도 마찬가지다. 마음에 문제가 있는 사람은 모든 에너지를 마음의 문제를 처리하는 데 쓴다.

문제에만 집중하면 대인관계나 삶에서 만들어낼 행복, 마음의 성장에 쓸 에너지가 없다. 그래서 성공하지도 꿈을 이루지도 못하는 것이다. 행동을 해야 결과가 나올 텐데 문제에 막혀 행동에 써야 할 에너지를 다른 곳에 탕진하고 있으니 인생이 고통일 수밖에 없다. 무기력, 저항, 혼란 같은 마음의 문제가 치유돼야 내면의 아이가 비로소 성장할 수 있다.

어린 시절 내 부모가 만든 내재과거아

미실다인은 환자들을 진료하는 동안 어린아이들에게서 정서적인 문제를 발견했다. 아이들에게서 나타나는 문제들의 상당수가 자신의 어린 시절을 이해하지 못하고 어떻게 다뤄야 할지 모르는 성인들에게도 그대로 나타났던 것이다.

어린 시절에 형성된 성격이 성인기에도 지속적으로 영향을 미친다는 사실을 발견한 미실다인은 말썽을 일으키는 고질적인 어린 시절을 내재과거아라고 지칭했다. 그는 당시까지 비슷한 문제를 설명할 때 사용되던 프로이트의 무의식 개념이 실제 환자들을 치료할 때 그다지 가치가 없다고 설명하며 내재과거아 개념을 사용했다.

미실다인은 내재과거아를 사용해 무의식을 의식 수준으로 끌어올리려 했다. 무의식은 스스로 알아내기 어려운 반면, 내재과거아는 의식적으로 이해할 수 있다. 나도 내재과거아를 무의식 속에 들어 있는 숱한 요소 중 우리가 인식하고 의식할 수 있는 부분으로 간주하려 한다. 내재과거아를 분석하면 우리의 성격이 왜 그렇게 됐는지, 우리가 왜 그토록 혼란을 일으키는지 알 수 있다.

우리는 성장 과정에서 각자 다양한 교육적, 사회적 경험을 한다. 그리고 부모의 영향을 받아 형성된 내재과거아는 완전주의, 강압, 유약, 과보호, 징벌, 방치, 거부, 심기증의 여덟 종류로 분류된다.

우선 완전주의는 물질적, 지적, 사회적 성취를 향해 몰두하는 유형이다. 당신이 계속 더 잘하고자 노심초사한다면 완전주의라는 내재과거아의 지배를 받고 있다고 볼 수 있다. 강압은 빈둥거리기, 공상, 늑장 부리기, 기타 반항으로 나타난다. 당신이 우물쭈물하는 태도를 버릴 수 없다면 강압이라는 내재과거아의 영향을 받고 있는 것이다.

유약은 충동적 행위, 발끈하는 기질, 다른 사람들의 권리를 존중하지 않는 행태로 나타난다. 당신이 누군가에게 요구만 하는 충동적인 사람이라면 유약이라는 내재과거아를 갖고 있다고 할 수 있다. 과보호는 권태, 끈기 부족, 노력하지 않기 등으로 나타난다. 당신이 따분한 것을 잘 견디지 못하면 과보호라는 내재과거아를 갖고 있다고 볼 수 있다.

방임이나 방치는 불안, 고독, 다른 사람에게 친근함을 느끼기 어려움으로 나타난다. 당신이 어딘가에 소속감이 없고 소속될 수 없다고 생각한다면 방치라는 내재과거아를 갖고 있다고 할 수 있다. 심기증은 건강에 대한 걱정으로 업무에 지장을 가질 정도의 상태를 말한다. 당신이 항상 자신의 건강 문제를 걱정한다면 심기증이라는 내재과거아를 갖고 있다고 볼 수 있다.

징벌이란 보복하고자 하는 원망이 있는 상태를 말한다. 당신이 과거 일로 복수하고자 한다면 징벌이라는 내재과거아의 영향을 받고 있는 것이다. 거부란 다른 사람에게 자신이 받아들여지지 않는다고 느끼는 상태를 말한다. 당신이 애써 자신을 고립시키려 한다면 거부라는 내재과거아의 영향을 받고 있다고 할 수 있다. 특히 여덟 가지의 내재과거아 중 유약, 과보호, 방치가 충동, 변덕, 방임을 만들어 우리를 혼란에 몰아넣을 수 있다.

유약한 부모는 아이를 변덕스럽게 만든다

유약이란 아이의 요구를 모두 들어주는 부모의 태도를 말한다. 부모가 자신의 말을 다 들어준 경험을 가진 아이는 멋대로 하는 데 익숙하다. 화를 버럭 잘 내고, 차를 빨리 몰고, 일을 충동적으로 하고, 별로 의미 없는 일과 활동에 줄기차게 노력하고, 사람들이 자기 뜻을 따라주지 않는 것이 자신을 사랑하지 않는 증거라고 생각한다면 아마도 자신에게 유약하게 대한 부모의 태도에 아직도 영향을 받고 있는 것이라고 미실다인은 말한다.

미국에서는 많은 부모가 강압 다음으로 유약의 태도를 취한다고 한다. 유약의 키워드는 변덕이다. 그리고 변덕이 혼란을 일으킨다. 유약한 부모 밑에서 성장한 사람은 늘 자기 멋대로 해도 되므로 항상 변덕스럽게 굴고 항상 더 좋은 곳을 찾아 헤맨다. 그들은 과음이나 과식을 즐기고 애정 편력이 심하며 돈을 낭비하고 중요한 문제는 무시해버리는 경향이 있다. 자신의 충동적 요구가 채워지지 않을 경우 발끈하며 짜증을 부리고 목표를 향해 꾸준히 나가지 못한다.

이들에게도 장점은 있는데, 대표적인 것이 관대함이다. 이들은 부모로부터 많이 받은 덕분에 풍부하게 가졌다고 느끼며 자신이 가진 것을 남에게 쉽게 내어준다. 그러나 그러한 관용도 충동적이어서 갑자기 냉담과 외면으로 돌아서기도 한다. 결과적으로 충동적 관용이나 변덕이 무질서를 만들어낸다.

방치한 부모는 채워지지 않는 결핍을 낳는다

아이를 방치하려고 낳는 부모는 없다. 하지만 부모가 사망하거나 이혼, 질병으로 입원, 경제적인 이유, 직장 활동, 부모와의 별거 등으로 어쩔 수 없이 혼자 남겨지면 아이에겐 방치 기제가 만들어진다. 이때 아이는 결핍으로 인한 갈증을 느낀다.

장기간에 걸쳐 부모, 특히 어머니와 별거를 한 아이는 다른 사람들에게 친근함을 느끼거나 집단에 소속되는 데 어려움을 겪는다. 다른 사람들을 중요하게 느끼지 않기 때문에 일상적 관계에서 겉도는 경향도 있다. 또한 주체성이 없다고 생각해 불안과 고독으로 심한 고통을 받으면서도 사람들과 거리를 둔다. 하지만 늘 누군가 무엇을 공급해주기를 바라며 이 사람 저 사람을 옮겨 다닌다.

이런 사람들에게 친근함은 내재과거아가 알고 있는 방치에 대한 위협이므로 누군가와 친해지면 속박당한다고 느낀다. 그리고 적당히 거리를 유지하는 대신, 자신의 결핍을 채우고자 사람들을 이용하려 든다. 결핍에 대한 갈증은 타인이 자신을 끝없이 배려하고 사랑해주고 정서적 후원을 해주기만 바라는 성향을 만든다. 방치당한 기억이 오히려 사람들에게 집착하게 만들고 여러 사람 사이를 떠돌게 한다.

바닷물은 마셔도 갈증을 해소해주지 못한다. 마찬가지로 방치가 만든 사랑에 대한 결핍은 끝없는 갈증을 낳고 그것은 계속된 방황을 만들며 혼란으로 이어질 수 있다.

과보호하는 부모는 표류를 만든다

자신이 요구하기도 전에 부모가 전부 충족해주는 과보호를 경험한 이들은 스스로 뭔가를 하는 데 익숙하지 않다. 무엇이든 늘 필요보다 넉넉하게, 미리 채워져 있던 경험을 했기에 자신이 노력해 얻는 과정을 모른다. 이들은 쉽게 싫증 내고 따분해하며 열정이 없고 참여하는 일에 관심을 기울이지 않는 성향을 띤다.

늘 불평하고 목표를 세우기 힘들어하고 목표가 있어도 진득하게 나가지 못하고 정처 없이 표류한다. 솔선수범하는 자세를 찾을 수 없고 자신을 대신할 누군가를 찾으며 늘 다른 사람에게 의존한다. 또한 쉽게 외롭다고 말하고 뭔가에 만족하지도 않는다. 심한 경우에는 자기 인생이 의미 없이 흘러가도 불만만 가질 뿐 무관심하게 방관하며 표류한다. 누구에게도 무엇에도 정착하지 못한 채 계속 뭔가를 기다린다.

과보호는 유약과 다르다. 심하게 유약한 부모는 자녀의 요구나 변덕에 그대로 응하고 굴복한다. 반면 지나치게 과보호적인 부모들은 자녀가 요구할 때까지 기다리지 않고 미리 채워준다. 자녀가 물질이나 서비스를 요청하기 전에 미리 필요를 감지하고 넉넉히 제공해주는 좋은 부모지만 결과적으로 아이를 망치는 부모일 뿐이다.

지나치게 유약한 부모 밑에서 자란 아이는 즉흥적이고 일방적으로 요구하며 적극적으로 원하는 것을 충족하려 한다. 반면 지나치게 과보호하는 부모에게서 성장한 아이는 소극적이고 의존적이다. 이들은 그냥 자신 앞에 무엇이 제공되기를 기대한다. 또 어릴 때 너무 많은 것을 제공받았기 때문에 따분함을 잘 느끼고 부모의 배려에 감사함도 모른다.

과보호와 유약은 다른 결과를 낳지만 둘 다 혼란을 야기한다. 유약은 적극적이면서도 요구만 하는 유아적 성인을 길러내고, 과보호는 무기력하고 의존적이며 소극적이고 불만투성이인 유아적 성인을 길러낸다. 이들이 추구하는 목표는 일상적인 목표가 아니라 인생을 흥미롭게 살아갈 수 있도록 자기를 이끌어줄 어떤 사람이다. 표류는 혼란의 대표적인 증상이다.

내가 만들어준 딸 아이의 혼란

혼란을 만들어내는 유약, 방치, 과보호는 내가 딸아이에게 저지른 실수다. 내가 딱 그렇게 아이를 길렀다. 대학에 있던 나는 한 학기만 휴직을 했고, 8개월 된 딸아이를 놀이방에 맡기고 출근했다. 아파트 옆동 1층에 있던 놀이방에서 우리 딸이 가장 어렸다. 나중에 안 사실인데 놀이방 원장은 가장 어린 우리 딸을 유아차에 태워 다른 방에 따로 분리시켜 돌봤다고 한다.

안전을 위한 조치라고 할 수 있지만 매일같이 아이는 긴 시간 방치됐다. 무려 3년 이상 반복됐다. 나는 딸에게 항상 미안했다. 그래서 아이가 원하는 것이면 무엇이든 해주는 유약한 엄마였고 완전주의인 나는 과보호로 딸의 부족한 부분을 미리 채워주려 했다. 그 결과였을까? 우리 딸은 혼란의 모든 증상을 다 보여주고 있다. 진로도 여러 번 바꿨고, 어떤 일도 끝까지 잘 마무리 짓지 못한다. 그러면서도 늘 어땠으면 좋겠다는 희망사항만 달고 산다.

심지어 딸은 인생은 소풍이라면서 자신은 캠핑카를 사서 캠핑이나 다니며 살고 싶다고 한다. 나는 내가 죽고 없을 때 딸아이가 이 세상을 어찌 살아갈지 항상 걱정이다. 나는 내가 저지른 모든 교육적 실수를 만회하고자 구멍 난 곳을 메우는 작업을 하려고 하지만 참 어렵다. 지금은 딸아이 자신이 먼저 원하지 않으면 제안하지 않고 스스로 노력할 때 약간의 도움만 주면서 스스로 일어서기를 기다리고 있다.

나는 부모의 양육 방식이 아이에게 어떤 영향을 주는지 이미 오래전부터 이론적으로 알고 있었다. 하지만 내 아이를 기르면서 지식을 적용하는 데 실패했다. 결과적으로 나는 좋은 엄마가 아니었다. 나의 혼란과 딸아이의 혼란은 서로 복잡하게 얽혀 서로를 더 힘들게 하고 있었는지 모른다.

6
사회가 만드는 혼란

사회 병리 상태를 의미하는 사회적 무질서와 소외는 마음에 많은 문제를 줄 뿐만 아니라 혼란을 일으키게도 만든다.

사회적 무질서: 아노미

사회적 무질서를 의미하는 아노미anomie는 규칙이 없는 것을 말한다. 아노미는 프랑스의 사회학자 에밀 뒤르켐Emile Durkheim이 주창한 용어로 행동 규범이 혼란한 사회 상태, 개인과 사회의 가치관이 무너지면서 발현되는 불안정 상태, 목적 의식과 이상이 상실될 때 나타나는 혼돈 현상을 지칭한다. 무엇이 허용되고 되지 않는지 분명하지 않을 때, 대중들의 의견 중 어떤 것이 가치가 있는지 불확실할 때, 구성원들의 행동은 혼란스럽고 무의미해진다. 이때 사회 질서에 의존하려는 사람들은 불안해진다.

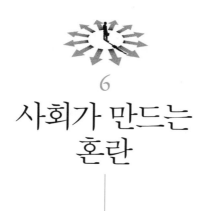

무질서 상태는 경제가 붕괴되거나 한 문화가 다른 문화에 의해 파괴될 때 일어날 수 있다. 정치적 이유로 법이 자주 변할 때도 나타나고 경제가 너무 급속히 발전할 때도 나타난다. 절약과 근면이 더 이상 가치가 없을 만큼 경제 상황이 요동칠 때 인간은 혼란의 도가니에 빠진다.

아노미 상태에서는 심리적 에너지를 쏟아야 할 가치가 있는 대상이 명료하지 않기 때문에 혼란이 일어난다. 사회 행동 규범이 의미가 없으므로 구성원들은 비행을 일삼고 불신과 불법적 경쟁도 나타난다. 따라서 사람들은 신경증, 비행, 범죄, 자살 등의 결과를 보이며 사회에 적응하지 못하게 된다. 뒤르켐은 사회적 무질서가 심지어 자살도 만들어낸다고 말한다.

소외

소외alienation는 사회 체계에 의해 제한을 받는 사람들이 자기 목표에 맞지 않는 행동을 하는 것을 말한다. 칙센트미하이는 사회주의 국가에서 불가피하게 음식과 옷을 배급받거나 공연을 보기 위해, 복잡한 허가 절차를 밟기 위해 줄을 설 때 소외를 겪는다고 말한다. 또한 가족을 부양하기 위해 공장 조립 라인에서 무의미한 일을 계속 반복하는 노동자도 소외를 겪을 수 있다.

소외에는 사회적 고립social isolation과 자기 소외가 있다. 사회적 고립은 동료에게 관심을 끌지 못하거나 그룹 활동에 참여하지 못하는 현상을 말한다. 즉, 사회적 관계에서 느끼는 고독감이나 배척감, 집단의 구성원들 사이에 나타나는 고립감을 말한다. 자기 소외란 자기가 스스로 괴리감을 가지며 사회 구성원에 섞이지 못할 때 나타난다.

소외는 공허감을 준다. 《자아를 잃어버린 현대인》을 쓴 롤로 메이는 오랫동안 정신 요법을 경험해오면서 20세기 중엽의 사람들이 느끼는 불행의 조건 중 텅 빈 느낌, 즉 공허감을 강조한다. 그가 말한 공허감은 사람들이 자신들의 바람을 모른다는 뜻이 아니다. 자신들이 느끼고 있는 것에 대해 뚜렷하게 정의를 내리지 못한다는 의미다.

메이의 주장처럼 현대인은 자기 욕망이나 바라는 바가 무엇인지를 알지 못하는 공허감을 안고 이리저리 방황하고 있다. 이들이 공허함을 느끼는 이유는 전쟁, 병역 의무, 경제적 파동 등 곤란한 일이 언제 닥쳐올지 모르기 때문이다. 그는 이러한 조건이 사람을 우왕좌왕하게 만들 수는 있지만 근본적인 원인은 아니라고 말한다. 그보다는 스스로 주도적으로 살지 못하거나 적극적인 대인관계를 맺지 못한다는 자각으로 인해 절망과 공허감을 주로 느낀다고 설명한다.

세상은 오늘도 혼란을 만들어낸다

세상은 오늘도 우리를 혼란스럽게 만든다. 아니, 세상 그 자체가 혼란이다. 이런 세상에서 살다 보면 질서를 가지고 살고 싶다는 마음이 절로 드는 듯하다.

2019년 말쯤 또 한 번의 유행성 전염병인 코로나19가 전 세계를 덮쳤다. 중국 우한에서 시작됐다는 코로나는 백신도 치료약도 없이 흉흉한 소문만 무성하게 낳았다. 가게는 문을 닫았고 공장은 멈췄으며 학교는 휴교령을 내렸다. 유례없던 일이다. 학생이 학교를 가지 못하는 상황은 전쟁이나 대자연 재해 외에는 별로 없는 일이다. 그런데 휴교령이 떨어졌고 거리에서 사람이 사라졌다. 우리나라만의 일이 아니라 지구 전체에 걸쳐 벌어진 일이기에 비행길도 막혔다. 여행지에서 모국으로 돌아가지 못하고, 출장 갔다가 귀국이 막히는 등 기막힌 일들이 속출했다.

그보다 더 무서운 일은 확진자 수가 매일같이 기하급수적으로 늘어났다는 것이다. 제약 회사들은 백신과 치료약 개발에 총력을 기울였다. 경기 침체 조짐이 보이자 미국을 위시한 모든 국가에서 돈을 찍어냈다. 갑자기 늘어난 화폐 유동성은 투자처로 흘러들어갔고 코인과 주식, 부동산이 폭등했다. 비트코인으로 수백, 수천억을 벌었다는 사람이 나타나고 부동산으로 자산을 수백억으로 불렸다는 사람도 유튜브에 계속 등장했다.

부동산이 폭등하자 정부는 부동산 규제를 강화했다. 종부세를 올리고 취득세를 중과했다. 임대차 3법을 발표해 전월세를 2년이 아닌 4년 동안 연장하라는 법이 만들어졌다. 그러자 임대인은 자기 살길을 찾느라 월세를 올리고 집을 공실로 비워뒀다. 전세가는 더 폭등하고 월세 전환율도 높아지더니 덩달아 전세가 반전세로, 월세로 변해갔다. 그 와중에 코로나의 기세가 조금 수그러드는가 싶더니 다시 확진자가 늘고 있다.

2019년 말에 시작된 코로나가 계속 이어지면서 2022년 9월까지도 마스크를 써야만 외출할 수 있었다. 서울 집값이 1년 만에 5억에서 16억으로 올랐다는 기사가 나고 전국적으로 오르지 않은 곳이 없는 유례없는 부동산 폭등이 이어졌다. 수도권 신축 주택의 상당수가 10억 클럽에 가입했고 지방도 예외가 아니다. 서울부터 제주까지 난리도 이런 난리가 없다.

이쯤 되자 많은 지지를 받던 여당의 민심이 돌아섰고 결국 2022년 대권은 야당 후보에게 넘어갔다. 가장 큰 원인은 부동산 정책 실패라고 평가된다. 시장에 늘어난 화폐가 물가 상승을 부추기는 상황에 설상가상 2022년 2월 24일 러시아가 우크라이나를 침공한 전쟁이 발발했다. 전쟁으로 인해 석유 등 원자재 가격까지 상승해 고물가가 계속되자 유동성을 줄여야 하는 강력한 이유가 생겼다.

미국이 가장 먼저 금리를 올리기 시작했다. 우리나라도 기준 금리를 올리지 않을 수 없었다. 금리를 올리지 않으면 달러가 모두 빠져나갈 것이므로 우리도 기준금리를 0.25퍼센트 혹은 0.5퍼센트씩 계속 올려야 했다. 0.25퍼센트의 베이비스텝, 0.5퍼센트의 빅스텝으로 올리더니 이젠 0.75퍼센트의 자이언트스텝, 1.0퍼센트 울트라스텝으로 올려야 한다는 미국중앙은행 발표에 우리는 가슴 조리고 있다.

금리를 올리고 대출을 막고 규제를 강화하는 흐름이 계속 이어지자 부동산 매수세가 줄어들고 매도 물건이 쌓이기 시작했다. 시장은 얼어갔고 거래는 실종됐으며 매도할 물건만 쌓이고 호가는 내려갔다. 그러자 이번에는 중개소가 영업이 안 된다고 아우성을 쳤다. 이사와 관련된 업체들도 모두 직격탄을 맞았다며 죽겠다고 외친다. 부동산 중개소가 문을 닫고 이삿짐 센터 직원이 해고되고 인테리어 가게는 업종 전환을 고려하기 시작했다.

상황이 심각하게 돌아가자 또다시 규제를 풀라는 목소리가 늘어났다. 20억이던 아파트가 15억에 거래됐다는 속보가 연이어 뜨더니 반값으로 떨어진 아파트도 등장했다. 연일 폭락 기사가 뜨지만 하락을 바라는 무주택자들은 더 떨어져야 한다면서 금리를 더 올리고 종부세를 더 늘리라고 외친다. 무주택자와 다주택자는 서로 다른 길을 가고자 팽팽히 대립했다.

2022년 11월 24일, 한국은행 금융통화위원회는 기준금리를 0.25퍼센트 올리겠다고 발표했다. 2022년 들어 4, 5, 7, 8, 10, 11월까지 여섯 번 연달아 올려 이제 기준금리는 3.25퍼센트 수준이다. 2012년 10월 이후 10년 만에 3.25퍼센트에 돌입했다. 불과 1년 전 1퍼센트 미만이던 정기예금 이자가 4퍼센트대 후반, 5퍼센트대까지 오르고 있고, 주택담보대출 금리도 7~8퍼센트대가 등장했다는 뉴스가 보도됐다. 연일 금리 얘기다.

결국 과도하게 대출을 받았던 사람들에게 불똥이 튀었다. 한 인터뷰에서는 2021년 부동산 가격 꼭지에서 영끌(영혼까지 끌어모으다를 줄인 신조어)로 집을 산 한 30대 부부가 자신들은 맞벌이를 하고 있지만 매달 원금과 이자까지 400만원씩 지불한다는 작금의 현실을 고발했다. 맞벌이를 해도 한 사람의 급여가 모조리 은행으로 들어가는 수준이다. 그러자 너도나도 집을 먼저 팔겠다고 내놓기 시작했다.

1년 만에 3~4억 하락한 급매 실거래가가 여기저기서 떴다. 심지어 2021년 고점 대비 반토막 난 곳도 속출했다. 그러나 집값이 더 내릴 것으로 기대하는 무주택자들은 매수하지 않았다. 비단 부동산만의 문제는 아니다. 비트코인으로 수백억을 번 사람도 있다더니 루나 코인이 휴지조각이 돼 투자금 전부가 녹아 없어졌다는 사람이 나타났다.

도대체 세상이 어찌 돌아가는지 정신이 없다. 혼란의 연속이다. 이 얘기는 2022년 11월 현재 상황을 아주 짧게 쓴 것이지만 이런 일은 3년 후에도 10년 후에도 일어날 것이다. 혼란을 부추기는 세상, 그 속에서 우리는 어떻게 태풍 속에 말려들지 않고 살아낼 수 있을까?

이런 혼란의 시기에는 욕망의 제어가 가장 중요하다. 루나에 모든 재산을 쏟아부은 사람도 욕심에 이끌려 돈을 넣었던 것이고, 20억짜리 아파트를 사기 위해 10억을 대출 받아서 영끌로 투자한 부부도 더 오를 것이라 믿어서 그랬던 것이다. 사람들이 투자의 세계로 빠지게 된 데는 언론의 역할이 컸지만 언론은 원래 그런 존재다. 기자는 자기 기사의 클릭 수를 채우기 위해 자극적인 헤드라인을 뽑아낼 뿐이다. 그럼 누굴 믿어야 한단 말인가. 결국 내 욕망을 절제하지 못한 것은 내 탓이다.

나는 2007년에 주식 펀드가 치고 오를 때 매일 등장하던 '국민 총 자산이 얼마 상승했다'는 식의 기사들에 충격을 받아 금융 자산 전체를 펀드 일곱 개에 골고루 분산투자했었다. 나뿐만 아니라 많은 사람이 정기예금만 붙들고 있으면 자신만 거지가 되는 것 같은 기분을 느꼈을 것이다. 주식 펀드의 상승세에 편승하려고 펀드매니저의 말만 믿고 생판 모르는 펀드를 공부도 하지 않은 채 전부 쏟아부었다.

바로 다음 해인 2008년에 서브프라임 사태가 터졌다. 내가 투자한 일곱 개의 펀드는 철저하게 박살이 났다. 내 펀드는 헝가리, 중국, 인도, 브라질 등 전 세계에 골고루 퍼져 있어 걸리지 않는 곳이 없었다. 쉽게 말해 나는 도망칠 곳이 없었다. 내가 잃은 손실은 당시 수도권 신축 소형 아파트 한 채를 살 수 있는 정도의 금액이었다.

나는 오랫동안 절망했고 영원히 재기불능일 줄 알았다. 하지만 당시의 교훈은 2021년 부동산 상승기에 좋은 버팀목이 돼줬다. 나는 위험 자산에는 투자하지 않고 비교적 안정적인 부동산에만 투자했다. 대출이나 종부세 폭탄의 위험을 절대 떠안지 않고 안전한 방법으로만 지키는 투자를 했기에 부동산 폭등에도 추격 매수를 멀리할 수 있었다. 덕분에 부동산 가격 폭락에도 공포 매도를 하지 않을 수 있었다. 뼈 아픈 경험이 만들어준 내 나름의 내공이다.

누군가처럼 상승장에 백억의 자산은 못 만들었어도 대출 없이 월세 받는 아파트를 하나하나 세팅해나가고 있다. 그게 내가 손실에서 배운 것이다. 유동성과 규제가 만든 지난 혼란에서 그렇게 나를 지켜냈다. 하지만 그뿐일까? 우리를 혼란에 빠트릴 사건은 내일 또 벌어질 것이다. 그럴 때마다 우리는 자신을 지켜야 한다. 욕망을 제어하고 세상이 돌아가는 방식을 공부해야 우리를 지킬 수 있다.

세상이 혼란을 준다고 화내지 말라. 세상은 어차피 그리 돌아간다. 감정이 섞이면 대응을 하지 못한다. 우리가 할 일은 대응이다. 집값이 올랐다고 울지도, 내렸다고 화내지도 말라. 그 파동 속에서 우리가 무엇을 할지 대응책만 생각하라. 그걸 잘하면 하락장에서도 돈을 벌고, 그걸 못 하면 상승장에서도 큰 손실을 본다.

나이가 들어갈수록 배우는 것은 세상이 전쟁터라는 사실이다. 화살이 비처럼 쏟아져도 강철 우산 밑에 들어가 그 비가 지나가길 기다리라. 세상이 주는 혼란에 당황하지 말고 자신을 지킬 수 있어야 한다.

내가 만난 혼란기

불안과 두려움, 그리고 혼란

2019년 8월 11일.

머리는 멍하고 정신을 차릴 수가 없다. 해야 할 일은 태산인데 아무것도 할 수 없다. 에너지가 없다. 내 인생은 이걸로 끝이란 말인가?

공무원 연금을 받고 사시는 아버지는 아흔두 살, 어머니는 여든여섯 살. 여전히 건강하시다. 나는 그 나이까지 무엇으로 버틸 수 있을까?

출판사가 프롤로그를 고쳐달라고 하는데 하기 싫고 에너지가 없어서 그냥 미루고 있다. 무기력과 저항. 나는 그 증상을 지나왔다. 알고 있다. 이건 무기력이나 저항이 아니다.

그럼 뭔가? 일하지 않을 때 공부하지 않을 때 나타나는 증상. 혼란이다. 무질서다. 엔트로피가 증가한 현상이다. 이 문제를 다루라고 이 증상을 또 만나게 하시는 건가? 뇌가 정리되지 않은 느낌이다. 더 혼란이 생기면 정신분열이 될지도 모른다. 경계와 비경계는 종이 한 장 차이일지도 모른다.

새벽에 거실 창문 앞에 둔 보조 책상에 앉아서 스탠드를 켜고 노트북을 열었다. 얼마 만인가? 두 번째 책이 나오고 그 책이 첫 책만큼 잘 팔리지 않으면서 나는 의욕을 완전히 잃어버린 듯했다. 아무것도 하기 싫었다. 의욕상실. 다시 무기력으로 빠져드는 건가? 그렇게 몇 달을 헤맨 듯하다.

시간은 정말 잘도 흘러갔다. '없는 집에 제사 돌아오듯' 고정 수입 없는 내 백수기에도 지출해야 할 공과금과 카드대금 명세서는 꼬박꼬박 날아왔다. 불안과 두려움. 그 두 가지 감정이 매일 내 마음속에서 용트림하고 있었다.

나는 어디로 갈 것인가? 두렵고 막막했다. 이러려고 평생 직장이던 혜전대학을 나온 게 아니었다. 이러려고 성균관대학교를 그만두고 사회로 나온 게 아니었다. 50대 이후에는 새로운 인생을 살고 싶었기에 선택한 자발적인 퇴직이 나를 쓸모없는 인간으로 만들어가는 것 같았다. 길을 완전히 잃어버린 것 같았다. 대혼란. 정말 막막했다. 덩달아 딸아이도 죽고 싶다는 소리를 자주하고 있었다.

글을 쓰지 않은 지 한참 된 듯하다. 짧은 단상을 메모하는 것은 하고 있으나, 내 생각을 제법 길게 정리하는 칼럼이나 원고는 쓸 에너지가 없었다. 이제는 글이 쓰기 싫어진 것 같았다. "글 써봤자 무슨 소용인가?" 싶기도 했다.

1쇄도 다 팔아치우지 못하는 책. 나도 그런 쓸모없는 책을 내고 선인

세를 당겨 쓴 잉여 작가가 아닌가 싶었다. 그래서 쓰기 싫었다. 더불어 책 읽기도 싫어졌다. 생각도 하기 싫었다. 책 읽고, 글 쓰고, 생각하는 것. 나는 이 세 가지를 참 좋아했던 사람이다. 그래서 학교를 나와 책 쓰고 살아가기로 결심했었다. 그런데 세 가지 모두 하기 싫어진 것이다. 아니, 하고 싶지만 할 에너지가 없다는 표현이 더 맞는다.

그럼에도 생각은 많았다. 너무나 많은 생각들이 머릿속을 지나갔다. 그 생각들의 단편을 붙잡아 포스트잇에 적고 책상 앞에 붙여뒀다. 수없이 많은 포스트잇이 붙었다 떼어졌다를 반복했다. 정말 죽을 것 같았지만 그래도 나는 살고 싶었다. 그래서 내 생각과 내 욕망과 내 의지를 적어 눈앞에 붙이는 것이다. 미처 정리되지 않은 생각들이 분화구에서 용암이 끓어오르듯 튀어나와 포스트잇에 자극적인 문구로 새겨진 후 다른 문구가 탄생하는 시점까지 나를 내려다보고 있었다.

포스트잇은 다음 날 다른 문장으로 또 교체됐고 나는 내 생각들이 지나간 흔적을 남기기 위해 메모지들을 버리지 않고 박스에 차곡차곡 모으기 시작했다. 생각은 정리되지 않았고 어디로 갈지도 막막하고 지나온 삶이 처절히 후회됐다. 그러면서도 살아야 한다는 의지는 있었다.

무기력도 저항도 아니었다. 의지가 분명히 있었기에 나는 매일 살고자 하는 의욕을 내면서 정리되지 않은 내 생각을 그나마 정리하려고 애쓰고 애쓴 것이다. 무기력도 저항도 아닌 그것은 혼란이었다. 대혼란. 방금 이사 와서 정리되지 않은 가재도구가 방 안에 엉망진창 놓인 것처럼 머릿속이 뒤죽박죽이었다. 이 상태로 뭘 하겠다는 목표도 없었다. 그냥 내게 주어진 강의만 하고 엄마로서의 역할과 가정을 꾸려나가는 일만 하고 있었다.

혼란. 내가 만난 것은 분명 혼란이었다. 그 혼란 때문에 머리가 터질 듯이 아팠고 눈도 침침했고 몸에서 기력이 전부 빠져나간 느낌이었다. 일하고 싶지만 하지 못할 때, 일이 되지 않을 때 늘 머리가 아팠다. 몸에서 기력이 완전히 소진된 듯 에너지가 하나도 없었다. 그런 상태로 무슨 책을 쓴단 말인가? 원고를 써서 줘야 하건만 나는 시작도 못 하고 미루고 또 미루면서 해야 한다는 강박에 스스로를 짓이기고 있었다. 내 몸이 맷돌에 갈려지고 있는 느낌이었다.

그러다가 어찌어찌 힘을 내어 집중하고 일을 하는 순간, 머릿속이 정리되면서 몸에 에너지가 생겨나는 현상을 수없이 경험하게 됐다. 이 책은 바로 그 현상을 분석하면서 시작됐다.

시리즈 3권은 오랜 세월이 지나서 쓰려고 했다. 그런데 나는 다른 책보다 이 책을 먼저 써야 한다는 생각이 들었다. 그건 나와 딸아이 때문이었다.

우리 둘 다 그 혼란을 분명히 겪고 있었다. 무기력과 저항력을 쓸 때는 딸아이가 그 증상을 보였다. 하지만 아직은 어렸기에 자의적으로 자신의 상태를 말하지는 않았던 것이다. 지금 딸아이는 자신의 상태와 생각을 누구보다도 잘 파악하고 분석하는 힘을 가진 듯하다.

어느 날, 그런 딸이 자주 죽고 싶다는 말을 내게 했다. 그리고 자신이 너무나 혼란스럽고 막막하고 후회된다고 했다. 나와의 싱크로율이 거의 100퍼센트였다. 어쩔 수 없었다. 나도 살아야 했고 딸도 살려야 했다. 혼란에 대해 써야 한다는 생각 하나만 남기고 다 정리하기로 했다.

그렇게 혼란에서 벗어나는 방법을 찾고 그것에 대해 쓰기로 했다. 하지만 또다시 혼란에 빠져 헤매고 헤매다 2021년 1월에 나는 혼란에 대한 진짜 원고를 쓰기 시작했다.《문제는 저항력이다》 출간 이후 5년이라는 시간을 낭비해버린 것이다. 그러나 이후에도 나는 여전히 혼란 속에 있었고 다시 1년 반이 지난 후 2022년 여름이 돼서야 원고를 쓸 수 있었다.

2019년에 시작한 이 글도 2022년 11월에 퇴고를 하고 있다. 생각해보니 참 긴 시간이었다. 그 뒤죽박죽된 혼란 속에서 살아 있었던 것에 감사할 뿐이다. 혼란에서는 질서부터 찾아야 한다. 자신에게 필요한 인자는 이미 알고 있다. 내게는 인자들 간의 질서를 만들어내는 훈련이 필요했던 것이다. 그 훈련에 몇 년이 걸린 것이다.

PART 3

의식의 질서찾기

힘을 빼고 훈련하라

만약 자신이 이룰 수 있는 가능성보다도 적게 노력한다면
당신의 여생은 불행할 수밖에 없다.
–에이브러햄 매슬로–

1

의식의 질서는 집중으로 나타난다

경기를 하랬더니 영화를 찍은 펜싱 선수

2016년 8월 9일 아침, 하계 올림픽이 열린 리우에서 들려온 놀라운 소식 하나가 우리를 열광시켰다. 한국 펜싱팀 막내 스물한 살의 박상영 선수가 에페 종목에서 극적으로 금메달을 따낸 것이다. 그는 팀에서 가장 어린 선수였고 부상의 슬럼프를 극복하고 국가대표로 어렵게 선발돼 결승전에 오른 것만으로도 자기 역할을 충분히 했다고 평가받았다. 게다가 결승전 상대인 헝가리 임레 게저Imre Géza 선수는 마흔두 살로 세계 랭킹 3위였다. 박상영 입장에서는 까마득한 백전노장이었다.

경기는 3라운드까지 진행됐고 14:10으로 박상영이 지고 있었다. 에페는 동시 찌르기가 되므로 단 1점만 내주면 상대 선수가 우승을 눈앞에 둔 상황이었다. 사람들은 곧 은메달 하나가 추가될 것이라고 편하게 생각하며 경기를 관전하고 있었다. 역전하기에 불가능한 점수여서 금메달은 바라지도 않았다. 박상영이 역전하려면 마지막 라운드 3분 동안 수비와 동시에 공격까지 성공시키는 승부를 다섯 번 연거푸 성공시켜야 했다. 반면 게저가 한 번만 공격을 성공하면 게임은 끝난다.

올림픽 결승전, 마흔두 살의 게저에게 1점은 식은 죽 먹기였다. 누구도 박상영의 역전을 기대하지 않았던 그날, 기적 같은 일이 일어났다. 박상영이 완벽한 수비와 공격을 다섯 번 연달아 성공시킨 것이다. 최종 스코어 15:14. 메달의 색깔이 금으로 바뀌었다. 그날 박상영은 스물한 살 나이에 자기 나이의 두 배나 되는 백전노장을 상대로 역전승이라는 기적을 일으켰다. 더욱이 펜싱 에페 종목 첫 금메달을 땀으로써 한국 펜싱 역사에 한 획을 그었다.

그는 어떻게 모두가 불가능하다고 생각한 역전승을 할 수 있었을까? 경기 이후 게저는 "박상영 선수가 전술을 바꾸었다. 나는 아무것도 할 수 없었다"라고 말했다. 기자는 박상영에게 승리로 이끈 전술이 무엇인지 물었다. 특별한 대답을 기대했으나 그의 말은 다소 식상했다. 그는 "다른 전술은 없었습니다. 올림픽은 세계인의 축제잖아요. 그래서 즐기려고 한 것뿐입니다"라고 답했다. 하지만 특별할 것 없어 보이는 그의 말 속에서 우리는 니체의 선언을 느낄 수 있다. 니체가 말한 어린아이가 그 속에서 보이기 때문이다.

특별한 전술이 없었다고 말하며 운동선수들의 최고 로망인 올림픽을 '놀이터'로 만든 간 큰 약관 청년의 패기는 어린아이의 천진함이라고 볼 수 있다. 올림픽을 즐기는 수준은 니체가 말한 어린아이의 정신에서나

가능하다. 사자도 하지 못하는 것을 어린아이가 할 수 있다고 니체가 설파하지 않았던가? 박상영을 만난 마흔두 살의 세계 3위 게저는 자신만만했을 것이다.

둘을 놓고 보면 게저는 사자였고, 박상영은 사자의 먹잇감인 임팔라 정도에 지나지 않는다. 하지만 올림픽을 놀이터로 만든 박상영은 사자의 밥이 아니라 사자를 넘어선 어린아이에 닿아 있었다. 초원의 왕인 사자가 자기 한계에 막혀 해내지 못하는 것을 자유로움과 호기심으로 즐기는 어린아이는 해낼 수 있다.

하지만 그의 '즐긴다'는 말 이면에 숨어 있는 모습 중 눈여겨볼 것이 하나 있다. 그는 경기 중에 계속 "할 수 있다. 할 수 있다. 할 수 있다"라고 독백을 하며 경기에 임했다. 어린아이의 자유로움이 혼란으로 가지 못하도록 그가 스스로 집중하고 한계를 정해 게임에 몰입한 것을 잊어서는 안 된다.

"할 수 있다"는 독백은 어린 선수가 집중력을 흩뜨리지 않고 경기를 치르기 위한 자기 암시 같은 것이었다. 경기 후 박상영에게 쏟아진 숱한 찬사 중 "올림픽을 보냈더니 영화를 찍었다", "영화도 그렇게 찍으면 너무 극적이라 식상하다고 할 것이다"라는 반응이 많았다. 대다수 사람들은 그가 이뤄낸 역전승이 실제 올림픽에서는 도저히 일어날 수 없는 일이라고 입을 모았다. 심지어 그런 불가능한 일을 이뤄낸 박상영은 경기 이후 계속 천진한 웃음을 보여주기까지 했다. 그 웃음은 마치 어린아이의 그것과 너무나 닮았다. 이처럼 집중하는 어린아이의 정신은 사자를 이기고 불가능한 기적까지 만들어낼 수 있다.

오래전 리처드 파인먼Richard Phillips Feynman에게서도 비슷한 일이 일어났다. 프린스턴대학에서 박사 과정을 밟던 중에 파인먼은 1941년 미국 원자 폭탄 개발 프로그램인 맨해튼 프로젝트에 투입됐다. 그때 즈음 그는 아내를 잃고, 그 충격에 상당히 오랫동안 심리적 문제를 겪었다. 코넬대학교 교수가 된 이후에도 마찬가지였다. 그가 쓴《파인먼 씨 농담도 잘하시네》에는 당시 자신의 상태가 잘 드러나 있다.

> 많은 아이디어들이 떠올랐고 하고 싶은 일이 많았다. 하지만 막상 연구를 해야 할 때가 됐을 때 연구를 할 수 없었다. 피로했고 흥미가 사라져 아무것도 할 수가 없었다. 어떤 문제도 시작할 수 없었다. 한두 문장을 쓰고 나면 더 이상 쓸 수가 없었다.

전쟁과 아내의 죽음 이후 우울증으로 인해 일할 수 없었던 당시 그가 택한 전략은 단순했다.

> 그냥 물리학을 즐기고 가르치기로 했다. 때때로 시간이 날 때 〈아라비안나이트〉를 읽었다. 문제가 중요한지 여부는 따지지 않았다. 그저 물리학하고 놀았다.

그저 눈앞의 과제를 즐기기로 했던 것이다. 그러던 어느 날 파인먼은 식당에서 한 남자가 접시를 돌리는 것을 보고 냅킨에 역학 방정식을 갈겨 썼다. 그는 접시의 흔들림이 작을 때는 접시에 담긴 메달이 접시가 흔들리는 속도의 두 배만큼 빠르게 회전한다는 사실을 알아냈다. 이후 연구실로 돌아온 그는 냅킨에 쓴 방정식을 풀면서 양자역학의 다른 방정식을 도출해냈다. 훗날 노벨상을 수상하고서 그는 이렇게 말했다.

> 내가 노벨상을 받을 수 있었던 도표들과 수식, 증명, 그 모든 작업은 그때 그 식당의 흔들거리던 접시에서 시작됐지. 아주 작고 시시한 일에서 놀라운 일이 시작된 거야.

박상영과 파인먼의 공통점이 보이는가? 그들은 자기 일을 즐겼다. 그리고 자기 분야 최고 수준에 도달했다. 어린아이가 돼 자신의 앞에 놓인 일을 즐길 때 영화보다도 극적인 기적을 만들어내고 식당에서 우연히 노벨상을 받을 연구의 단서를 발견해낼 수 있다.

《논어》의 〈옹야〉편에 나오는 말인 "지지자불여호지자, 호지자불여락지자知之者不如好之者, 好之者不如樂之者"와 닮았다. 이 말은 공자가 학문의 경지를 세 단계로 나눠 설명한 것으로 "어떤 사실을 아는 사람은 좋아하는 사람만 못하고 좋아하는 사람은 즐기는 사람만 못하다"라는 의미다. 즐기며 집중할 때 남이 모르는 것을 알아낼 수 있고 최고의 수준에 오를 수 있다.

하지만 즐기며 집중하는 것을 방해하는 것이 있다. 바로 혼란이다. 어린아이의 자유가 방종으로 변할 때 모든 것을 하고 싶어지고, 이것저것 건드리고 싶을 때 어느 순간 통제할 수 없는 상태, 즉 혼란이 찾아온다. 이때 일상은 무질서해지고 의식 상태도 무질서해진다.

버리지 못한 일이 자신을 혼란으로 몰아넣는다

투자의 귀재 워런 버핏은 성공으로 가는 목표 관리에서 집중을 가장 강조했다.

> 모든 것을 동시에 해낼 수 있다는 착각은 버려라. 덜 중요한 일은 잊고 가장 중요한 문제에만 온 힘을 쏟아라.

버핏의 전용기를 10년간 몰았던 조종사 마이클 플린트가 그와 나눈 대화에서 성공의 비결 하나를 엿볼 수 있다. 어느 날 플린트가 버핏에게 어떻게 하면 인생에서 성공할 수 있는지 물었다. 버핏은 일생 동안 이루고 싶은 목표 스물다섯 가지를 작성해보라고 했다. 지금 현실에서는 무리지만 그래도 꼭 이루고 싶은 목표가 있다면 떠오르는 대로 다 적어보라고 했다.

플린트가 작성을 마치자 버핏은 목록을 보면서 스물다섯 가지 목표 중 가장 중요한 다섯 개만 고르라고 했다. 플린트는 고민 끝에 다섯 개를 선택했다. 버핏은 다섯 개의 목표를 A그룹, 나머지 스무 개를 B그룹으로 분류했다. 이후 두 사람은 A그룹 다섯 가지 목표를 이루기 위해 할 일들을 토의했다. 플린트가 "다섯 가지 목표를 이루기 위해 당장 할 일이 뭔지 알겠습니다. 오늘부터 바로 실천하겠습니다"라고 하자 버핏은 "좋아, 마이클. 그럼 나머지 스무 개는 어쩔 건가?"라고 물었다.

플린트는 "목표 A가 중요하지만 나머지도 꼭 이루겠습니다. B는 급하지는 않지만 그래도 제 인생에서 중요합니다. 그래서 A를 실천하는 동안 틈틈이 노력해 B도 다 이루겠습니다"라고 대답했다. 그때 플린트의 말에 답한 버핏의 말이 우리 예상을 뒤엎는다. "아니야 마이클, 틀렸어. 체크하지 않은 스무 개는 어떻게든 피해야 하는 목록일세. A를 이룰 때까지 B는 절대로 쳐다보면 안 되네."

누구에게나 이루고 싶은 꿈은 많다. 그중에는 긴급하고 절박한 것도 있지만 다소 사치스럽고 환상에 가까운 꿈도 있다. 우리에게 혼란이 찾아오는 이유는 덜 중요하지만 좋아 보이는 스무 개의 B 때문이다. 그런 것들이 에너지를 앗아 가고 혼란으로 몰아넣어 A를 이루지 못하게 방해한다.

사람들은 최우선 목표를 실천하는 동안 중요도가 상대적으로 적은 목표도 염두에 둔다. 최대한 많은 꿈을 이루는 것이 좋다고 생각하기 때문이다. 하지만 덜 중요한 목표 B는 오히려 최우선 목표 A에 집중하는 것을 방해할 수 있다. 버핏이 절대 B에는 신경 쓰지 말라고 하는 이유다.

무엇 하나 버릴 수 없다는 욕심을 부려 덜 중요한 목표 스무 개에 신경을 쓰는 순간 혼란에 빠져들기 시작한다. 어떤 목표를 얼마나 이룰 것인지만큼 무엇을 하지 않을 것인지 구분하는 것이 중요하다. 지금 당장 해서는 안 되는 일이 우리의 심리적 에너지를 소모하고 엔트로피를 높여 혼란에 빠지게 만든다. 따라서 지금 당장 해야 할 일만큼 지금 당장 하지 말아야 할 일들도 알고 있어야 한다. 지금 당장 하지 말아야 할 것들이 우리를 소모시키고 있었다는 것을 기억하자. 내가 혼란에 빠진 이유도 할 일이 너무 많은데 아무것도 포기하지 못해서였다. 가장 중요한 것이 아닌 것은 잘라내야 한다. 힘을 뺀다는 의미가 그런 것이다.

집중이란 무엇인가?

의식이 질서를 찾고 하나의 생각에 몰입할 때 우리는 집중하고 있다고 말한다. 칙센트미하이가 심리적 엔트로피의 반대인 최적 경험이라고 말한 몰입을 만들어내는 집중은 다음과 같이 정리할 수 있다.

집중은 마음을 하나로 모으는 능력이다

박상영 선수가 경기에 임하는 순간에 집중한 것처럼 집중은 덜 중요한 다른 일들을 순간적으로 잊어버리는 것을 말한다. 다른 일이 중요하지 않다는 것은 아니다. 다만 지금 우리가 선택한 최우선 순위의 일보다 덜 중요하다는 것이다.

집중은 관심사가 행동으로 나타난 것이다

집중은 일에 몰두해 일과 내가 하나가 되는 순간을 말한다. 온종일 그 생각만 하는 것이다. 내가 책 쓰기에 집중하지 못할 때는 노트북을 닫으면 책을 잊곤 했다. 하지만 주제에 집중할 때는 노트북을 닫아도 주제가 머리를 떠나지 않았다. 심지어 꿈에서 문제 해결책이 떠오르고 글감이 생각나기도 한다.

집중은 복종하는 마음이다

무언가에 완전히 복종할 때 집중이 된다. 반대로 어떤 것에 저항할 때는 절대 집중할 수 없다.

집중은 인내를 동반한다

온전히 집중하면 버틸 수 있다. 작가 브라이스 코트나이Bryce Courtenay는 위대한 작가가 되는 비결을 묻는 작가 지망생들에게 "의자에 엉덩이를 딱 붙이는 겁니다. 제대로 써질 때까지 다른 무엇에도 눈 돌리지 말고 앉아 있어야 합니다"라고 답했다고 한다. 인내 없이 얻을 수 있는 것은 없다는 말이기도 하다.

집중은 마음 전체를 다루어야 한다

집중은 마음의 모든 성분인 동기, 정서, 의지, 인지, 행동을 다뤄야 한다. 그러면 우리 생각과 감정, 행동 등에 절제와 인내심이 생기고 집중할 수 있다.

집중이 주는 장점

우리가 뭔가를 하는 이유는 두 가지다. 그것을 해야 하거나 그것을 하고 싶거나 둘 중 하나다. 우리가 무언가에 집중하게 되면 다음과 같은 장점이 생긴다.

시간이 덜 걸린다

집중하면 한 번에 제대로 할 수 있으므로 시간이 절약된다. 지루한 일에 더 효과적이다.

생산성이 높아진다

집중하면 같은 시간에 더 많은 일을 하고 실수가 줄어들어 일의 생산성이 높아진다.

자신감이 높아진다

일에 몰입해 하나를 끝내고 나면 스스로에게 자부심을 느낄 수 있다. 그 자신감은 다른 일에 또다시 집중하게 만들어 선순환이 일어난다.

마음의 평화가 온다

하루를 잘 살면 잠이 달고, 일생을 잘 보내면 그 죽음이 평화롭다던 윌 듀런트William Durant의 말처럼 자신이 할 일을 제대로 하면 평화롭게 잘 수 있다.

목표가 높아진다

높이뛰기 선수를 떠올려보라. 하나의 일을 집중해서 끝내고 나면 더 높은 목표에 도전할 힘이 생겨난다.

삶의 밀도가 높아진다

삶의 질이나 밀도가 높아진다. 집중하지 못한 삶, 혼란스러운 삶을 살 때는 하루를 그냥 탕진한 듯 아무것도 하지 않고 보내는 날이 누적된다. 그러다 어느 날 공과금을 내는 일 하나에도 뭔가 큰일을 한 듯 뿌듯함을 느낀다. 우리 인생이 공과금 내는 일이나 하려고 태어난 것은 아닌데 그런 사소한 일에서 성취감을 느끼는 자신이 한심하게 보일 수 있다. 하지만 그런 일조차 미루고 하기 싫어하는 경우가 얼마나 많은지 모른다. 할 일에 집중하면 나머지 시간도 헛되이 보내지 않으려 한다. 이런 이유로 열 가지 일을 하는 사람에게 열한 번째 일을 주라고 한 것이다. 일이 하나도 없는 사람에게 하나의 일을 준다 해서 그가 그 일을 곧바로 착수해 끝낼 것이라 생각하지 말라.

집중을 방해하는 것들

소음과 방해 요소

시끄러운 사무실, 텔레비전 소리가 요란한 거실, 공사 중인 도서관 등 물리적인 이유로 집중이 방해되는 것은 당연하다.

계획 문제

혼란은 목표가 없거나 목표가 여러 개이거나 목표들이 충돌할 때 나타난다. 때로는 계획이 없어서 혼란에 빠질 수 있다. 또 불가능한 계획 혹은 너무 많은 계획을 세우거나 모순되는 계획을 세웠을 때 집중이 어렵다.

에너지 부족

엔트로피가 증가하면 일할 에너지가 사라진다. 에너지가 사라지면 아무것도 하기 싫고 엉망진창인 상태로 그냥 뒹굴고 싶어진다. 아무것도 하지 않으면 더 혼란스러운 상태에 빠져 엔트로피가 더 증가하고 엔트로피가 증가하면 더 일하기 싫어지는 악순환이 이어진다.

혼란스러운 마음

마음이 한곳에 모이지 않고 늘 바쁘거나, 이것저것 두리번거리듯이 방황하거나, 마음이 붕 떠 있고 차분히 가라앉지 않거나 할 때가 있다. 모두 혼란의 증상이다. 이런 마음으로는 집중할 수 없다.

인내심 부족

뭔가를 하다 보면 분명 어려운 지점이 있기 마련이다. 그 순간을 뛰어넘지 못하고 포기하는 습관에 익숙해진 사람은 문제가 생길 때마다 도피하고 모른 척한다. 결국 어려움을 극복하고 참지 못하는 사람이 돼 좋은 결과를 도출하기가 어려워진다.

믿음 부족

스스로에게 신뢰가 부족한 경우다. 스스로 할 수 없다고 생각하면 아무것도 할 수 없다.

학습과 훈련 부족

10년째 소파에서 텔레비전만 보던 사람이 어느 날 갑자기 운동을 하러 나간다고 해도 절대로 마라톤 완주를 하지 못한다. 열심히 공부해본 적 없는 학생은 제아무리 공부하겠다고 결심해도 집중하지 못한다. 운동 방법이나 공부 시간에도 학습이 필요하고 훈련이 필요하다. 집중도 훈련

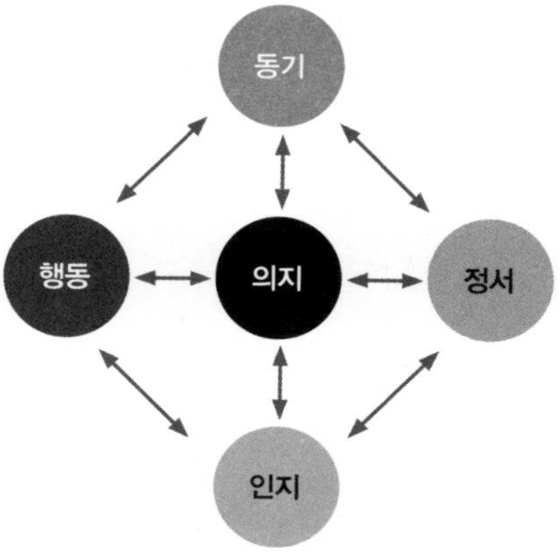

이 필요하다. 피아노를 열심히 쳐본 아이는 수영을 처음 배워도 집중할 수 있다. 집중하는 법을 알기 때문이다.

마음의 엔진으로 질서 유지

마음이 한 방향으로 유지되지 않을 때 복잡한 생각 속에서 질서를 찾는 방법을 알아보자. 마음은 위 그림처럼 동기, 정서, 의지, 인지, 행동으로 구성돼 있다.

마음의 질서는 각 성분들이 자기 역할을 하면서 서로 정당한 정보를 주고받을 때 가능하다. 동기는 내가 할 일의 목적과 삶의 의미를 새기는 것이다. 정서는 불안과 두려움에서 벗어나 긍정의 정서로 인지를 강화시키고 행동에도 영향을 줄 수 있다. 인지는 실행을 이끌어내는 '할 수 있다'는 자신감을 만든다. 행동은 어떤 일을 할 때 실수나 실패를 해도 훈련이라고 생각하고 다시 해보는 힘을 말한다. 의지는 이 모든 것을 끌고 가는 마음의 성분이다. 이처럼 마음의 각 성분에 시동을 걸어 엔진이 제 기능을 하게 만들면 혼란에 빠지지 않는다.

동기: 목적지 정하기

목적지가 없는 열차는 어딘가로 갔다고 할 수 없다. 단순히 '오늘 열심히 살자' 식의 결심은 행동에 추진력을 주지 못하고 생각과 행동을 방황하게 만든다. 차라리 '오늘 30분 자전거를 타고 책 30페이지를 읽자'라고 결심하면 행동할 시간을 만들어낼 수 있다. 그리고 목표를 이루고 나면 성취감과 자신감을 갖게 된다. 막연한 목적만 있고 구체적인 목표가 없으면 미룰 여지가 있다.

정서: 정서에 휘둘리지 말기

마음에서는 늘 복잡한 정서가 올라온다. 이때 마음속에서 빚어낸 정서에 휘둘릴 것이 아니라 정서를 외부에서 바라보고 조절하는 정서 지능을 사용해야 한다. 긍정정서가 강화되면 의지와 인지에 직접적으로 영향을 주고 행동도 강화하고 새로운 동기도 만들어낼 수 있다.

인지: 스스로에게 환기시키기

일하는 도중에도 자기가 제대로 하고 있는지 스스로 확인해야 한다. 바로 메타인지 기능이다. 스스로에게 "경숙아, 오늘 2시간 동안 혼란의 원인에 대해 3장 쓰는 거야"라는 식으로 구체적인 시간과 분량을 제시하면 주의를 환기시킬 수 있다. 이를 기초로 우리는 또다시 일어나 걸을 수 있다.

행동: 실현 가능한 시간 계획 세우기

'오늘 퇴근 후에 설악산을 올라야지' 식으로 계획을 세우는 사람은 없다. 퇴근 후 시간 안에 야간 등반이라는 목표를 달성하기 어렵다는 것을 알기 때문이다. 하지만 우리는 적은 시간에 많은 일을 할 것처럼 거창한 계획을 세우는 경우가 흔하다. '이번 주말에 책 세 권 읽어야지', '글을 50페이지 써야지' 식의 무리한 계획을 세우고는 의기양양해한다. 그러고는 아무것도 하지 못한 채 주말을 다 보내고서 다음 주말에 또 비슷한 계획을 세운다. 실현 불가능한 거창한 계획은 우리에게 실패의 경험만 안겨준다. 실패를 반복하면 미리 포기하는 사람으로 변할 수 있다.

의지: 제대로 하고 있는지 관리하기

의지는 마음의 핵이다. 나머지 성분들이 제 기능을 하는지 모니터링하면서 약해진 부분에는 힘을 주고 너무 강한 마음의 성분은 조절하는 역할을 한다.

마음의 취약점 찾기 테스트

마음의 모든 성분이 제 기능을 할 때 건강하다. 그리고 일이든 사랑이든 삶을 이끌어가는 무언가를 성실하게 따라갈 수 있다. 여기서 마음의 다섯 성분이 제 기능을 하는지 간단히 테스트해보자. 결과에 따라 자신이 취약한 부분을 찾을 수 있을 것이다.

오른쪽 표에서 질문들을 읽고 당신의 사고방식을 바탕으로 '전혀 그렇지 않다', '그런 편이다', '매우 그렇다'에 체크하라. 각 항목의 점수를 마음의 성분별로 합산한다. 각각 합하면 3~9점에 해당될 것이다. 총점이 가장 낮은 영역이 바로 당신이 가장 취약한 부분이다. 또한 모두 합산해 결과를 확인하면 당신의 마음이 만드는 전체적인 특성을 알 수 있다. 몇 개월간 마음의 훈련을 실천한 다음 다시 테스트해 얼마나 변했는지 살펴보라.

오른쪽 질문 표는 나의 사례다. 동기, 정서, 의지, 인지는 6~7점이지만 행동은 4점으로 가장 낮았다. 나는 늘 행동이 따르지 못한다는 것이 단점이다. 늘 생각이나 동기는 풍부하고 의지도 있지만 실천하지 못하는 사람이다. 나는 이제 일을 할 때, 그리고 셀프 코칭을 할 때 행동까지 마무리 짓는 것을 목표로 삼고 있다. 그게 가장 어렵기 때문이다. 이렇게 당신도 셀프 코칭을 할 수 있다.

각 점수대별 특성

40~45점: 당신에겐 일을 잘해내고 그 일에서 성장하고 성공할 만한 자질이 풍부하다. 당신의 마음은 모든 성분이 잘 발달된 상태다. 이제 그것들을 더 유용하게 활용하는 방법을 터득하자.

30~39점: 당신에겐 성장하고 성공할 만한 자질이 있지만 더 발전시킬 여지가 있다. 당신의 마음에서 일부는 무난히 작동하지만 일부는 약간의 조율이 필요하다. 3부에서 제시하는 전략을 사용하면 도움을 받을 수 있다.

질문	전혀 그렇지 않다 (1점)	그런 편이다 (2점)	매우 그렇다 (3점)	항목별 점수
동기 1. 나는 스스로 동기부여를 잘한다.			○	7
2. 나는 결코 일을 미루지 않는다.	○			
3. 나는 꼴지를 하더라도 젖 먹던 힘까지 동원해 일을 마무리한다.			○	
정서 1. 나는 낯설고 어려운 상황이나 일에 처해도 잘 견딘다.		○		6
2. 나는 내가 내린 결정을 두고 결코 후회하지 않는다.	○			
3. 나는 무언가가 의심스럽다고 해도 나를 신뢰한다.			○	
의지 1. 나는 어떤 일이 있더라도 내가 세운 목표에 집중한다.		○		6
2. 나는 무슨 일이 있어도 목표에 도달할 때까지 노력한다.		○		
3. 나는 일을 할 때 처음부터 끝까지 핵심을 꿰뚫는 통찰력이 있다.		○		
인지 1. 나는 무언가가 잘못됐다고 판단되면 개선할 방법을 생각한다.			○	7
2. 나는 나 자신뿐만 아니라 타인이 지닌 잠재력을 정확히 안다.		○		
3. 나는 내가 뭘 모르는지를 잘 안다.		○		
행동 1. 나는 해결책이 전혀 없어 보일 때에도 해결 방법을 잘 찾아낸다.		○		4
2. 나는 일이 잘 안 풀리는 상황도 실패보다는 기회로 여긴다.	○			
3. 나는 일이 원하는 대로 안 되면 다른 방법을 찾아내 꼭 결과를 낸다.	○			

테스트 날짜: 2022년 8월 16일 총 합산(30), 15~45점 사이에 있다

20~29점: 당신은 이제 성장하고 성공할 만한 자질을 갖추기 위한 발걸음을 떼기 시작했다. 곧 그런 자질들을 갖추게 될 것이다. 당신은 자신의 잠재력을 인식하고 있기 때문이다. 3부에서 소개하는 마음의 훈련을 활용한다면 당신은 자신이 바라는 방향으로 일의 능력을 키울 수 있을 것이다.

15~19점: 당신은 일이 힘들고 무기력이나 저항, 혼란에 막혀 절대 성공하지 못할 것이라고 생각하고 있을지 모른다. 하지만 당신도 지금 처한 문제 상황에서 벗어나 성공할 수 있다. 3부의 전략들을 하나하나 연습해간다면 마음은 점점 강해지고 무기력, 저항, 혼돈을 뛰어넘을 수 있을 것이다. 다소 시간이 걸릴 수 있지만 불가능하지 않으니 힘을 내기 바란다.

따라 하기1: 마음의 취약점 찾기

오른쪽 표의 질문을 읽고 당신의 사고방식을 바탕으로 '전혀 그렇지 않다', '그런 편이다', '매우 그렇다'에 체크하라. 질문마다 주어진 점수를 모두 더한 뒤 앞의 점수대별 특성에 따른 조언을 읽어보라. 다음에 나오는 마음 훈련을 몇 개월간 실천한 다음 다시 테스트해 자신이 얼마나 변했는지 확인하길 바란다.

마음의 질서도 알아보기 도형 테스트

마음의 취약점 찾기 점수를 기반으로 다음의 오각형 도형에 각 점수를 체크해보자. 점수를 따라 선을 그으면 오각형 도형이 만들어질 것이다.

	질문	전혀 그렇지 않다 (1점)	그런 편이다 (2점)	매우 그렇다 (3점)	항목별 점수
동기	1. 나는 스스로 동기부여를 잘한다.				
	2. 나는 결코 일을 미루지 않는다.				
	3. 나는 꼴지를 하더라도 젖 먹던 힘까지 동원해 일을 마무리한다.				
정서	1. 나는 낯설고 어려운 상황이나 일에 처해도 잘 견딘다.				
	2. 나는 내가 내린 결정을 두고 결코 후회하지 않는다.				
	3. 나는 무언가가 의심스럽다고 해도 나를 신뢰한다.				
의지	1. 나는 어떤 일이 있더라도 내가 세운 목표에 집중한다.				
	2. 나는 무슨 일이 있어도 목표에 도달할 때까지 노력한다.				
	3. 나는 일을 할 때 처음부터 끝까지 핵심을 꿰뚫는 통찰력이 있다.				
인지	1. 나는 무언가가 잘못됐다고 판단되면 개선할 방법을 생각한다.				
	2. 나는 나 자신뿐만 아니라 타인이 지닌 잠재력을 정확히 안다.				
	3. 나는 내가 뭘 모르는지를 잘 안다.				
행동	1. 나는 해결책이 전혀 없어 보일 때에도 해결 방법을 잘 찾아낸다.				
	2. 나는 일이 잘 안 풀리는 상황도 실패보다는 기회로 여긴다.				
	3. 나는 일이 원하는 대로 안 되면 다른 방법을 찾아내 꼭 결과를 낸다.				

테스트 날짜:　　　년　월　일 총 합산(　), 15~45점 사이에 있다

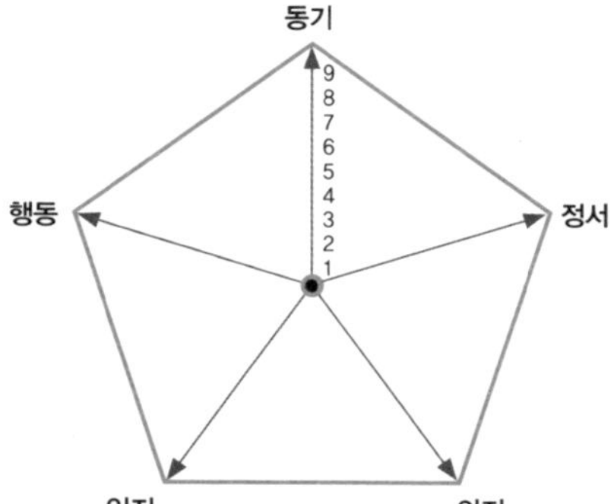

(a) 마음의 성분 발달 확인 도형

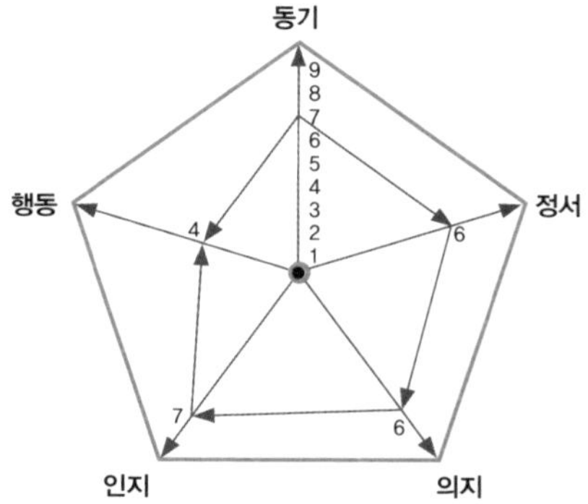

(b) 행동력이 부족한 사례(박경숙 사례)

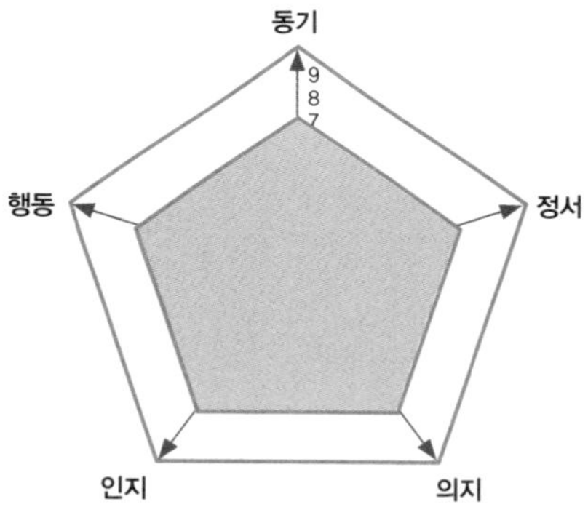

(c) 마음의 힘이 강한 경우

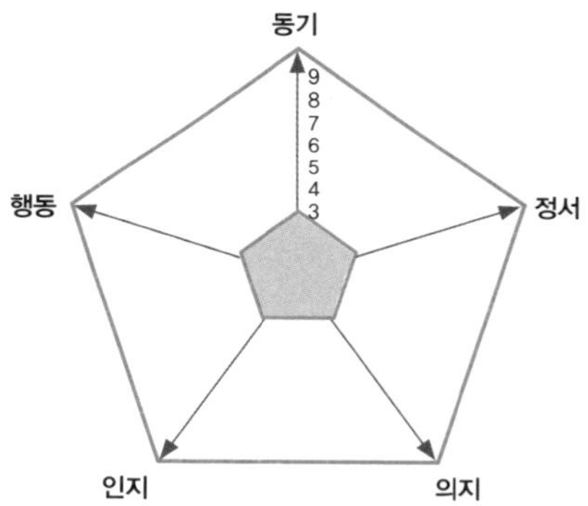

(d) 마음의 힘이 약한 경우

도형에 색깔을 칠해보자. 도형이 정오각형에 가까우면 당신의 마음은 편중 없이 골고루 발달했다는 의미다. 만약 어느 특정 부분이 작다면 그 부분을 발달시켜야 한다.

그림의 (b)는 나와 마찬가지로 다른 요소에 비해 행동력이 약한 사람의 예시다. 다시 말해, 행동 강화가 필요한 경우다. 그림의 (c)처럼 오각형의 크기가 큰 사람은 마음의 힘이 강하다고 보면 된다. (d)처럼 오각형이 작은 사람은 전체적으로 마음의 힘이 부족할 수 있으므로 마음의 훈련을 더 많이 할수록 좋다.

숫자가 높고 질서도가 높다면 엔트로피가 낮아 의식의 질서가 잡힌 사람이라고 생각할 수 있다. 이런 사람들은 일도 제대로 잘해낼 것이다. 일하기 위해 행동 하나만 강화하는 것으로는 부족하다. 마음의 다섯 가지 성분을 전체적으로 높여서 엔트로피를 낮추고 높은 의식 수준으로 성장할 때 일도 탁월하게 해내고 생산성도 높아질 것이다.

따라 하기2: 마음의 질서도 확인 도형 테스트

앞에서 체크한 당신의 점수를 다음 도형에 기입하고 오각형의 모양을 그려보길 바란다. 당신의 취약점이 보일 것이다. 3부에서 의식의 질서를 높이기 위한 마음의 훈련을 하고서 3개월쯤 뒤 다시 한번 더 질문지의 테스트를 실시하고 오각형을 그려보길 바란다. 그 사이 얼마나 달라졌는지 비교가 될 것이다. 여기서는 두 개의 다각형만 제공하지만 당신의 수첩에 늘 오각형을 그려두고 당신이 가장 취약한 마음을 강화하는 훈련을 한다면 확실히 어제보다 강하고 질서 잡힌 사람으로 변해갈 것이다.

의식의 수준

혼란에서 벗어나고 질서를 찾은 마음이란 구체적으로 어떤 상태일까? 니체가 말한 정신으로 보면 혼란을 벗어난 어린아이 수준이라고 보면 된다. 아이는 천진난만, 망각, 새로운 시작, 놀이, 스스로 굴러가는 수레바

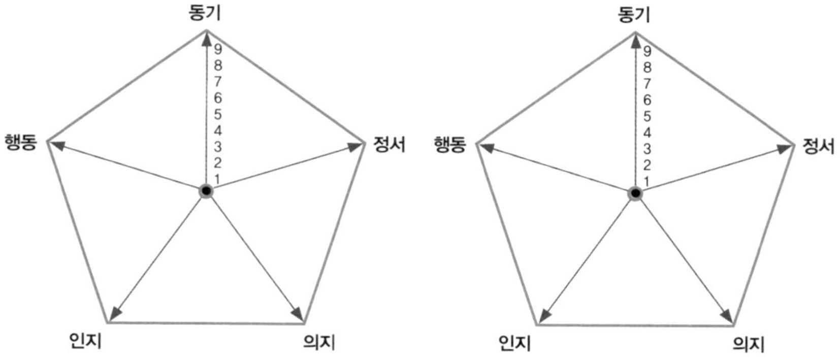

(a) 사전 테스트 결과

(b) 3개월 후 테스트 결과

퀴, 최초의 운동, 거룩한 긍정, 호기심, 유머, 낙관주의라는 특징을 갖는다. 이런 특징들을 종합해 아이의 마음을 대표하는 단어는 무엇일까?

호킨스가 연구한 결과를 소개한 《의식혁명》에서 인간 마음의 상태를 객관적으로 분류할 수 있는 하나의 기준을 살펴볼 수 있다. 그는 운동 역학Kinesiology에서 차용한 기술을 수십 년간 사람들에게 적용해 결과치를 제시했다. 인간의 의식 수준은 오른쪽의 표처럼 17단계로 나눌 수 있다. 각 수준마다 20에서 1,000까지의 수치를 부여할 수 있다. 의식 수준은 수치심에서 깨달음까지 나타난다. 대수치는 신경 쓰지 말고 상대적 위치만 보자.

호킨스는 인간이 태어날 때 유전자에 각인된 정보와 성장하면서 학습된 많은 인자의 영향을 받아 의식 수준이 자연스럽게 특정 단계의 값을 취한다고 말한다. 따라서 모든 사람이 의식 17단계 중 한 곳에 해당하는 기본값을 가지고 있으며 그에 따라 생각하고 행동한다. 물론 한 사람이

의식 17단계

대수치	20	30	50	75	100	125	150	175	200	250	310	350	400	500	540	600	700~1,000
의식 수준	수치심	죄책감	무기력	슬픔	두려움	욕망	분노	자존심	용기	중용	자발성	포용	이성	사랑	기쁨	평화	깨달음

평생 한 단계에 머무르는 것은 아니다. 누구나 의식 수준이 성장하기도 하고 추락하기도 한다. 여러 단계를 동시에 가지고 있을 수도 있다. 특별히 하나의 단계에 깊이 고착될 수도 있다.

호킨스는 현재 인류 전체의 평균치는 대수치 207 정도로, 용기를 넘어선 수준이라고 했다. 당연히 인류 모두가 207 정도라는 말은 아니다. 불행히도 대수치 200대 이하의 값에 해당하는 사람이 78퍼센트 정도라고 한다. 207이라는 평균치가 나오는 이유는 대수치가 높은 몇몇의 각자覺者들이 수십, 수백만 명의 부정 에너지를 상쇄하기 때문이다. 이들이 전체 에너지값을 높이는 역할을 함으로써 인류 전체의 평균치를 높인 셈이다.

각 대수치에 속하는 사람들은 어떤 사람들일까? 대체적으로 노벨상 수상자는 대수치 400대 후반에 해당한다고 한다. 현재 인구 전체 중 0.4퍼센트 정도가 500대 이상이며, 1,000만 명에 한 명 정도가 평화의 단계인 600대의 수준이라고 한다. 가장 높은 수준인 1,000의 위치인 깨달음에 도달한 사람에는 예수와 부처, 크리슈나와 같은 종교 지도자들이 있다.

우리가 아는 역사 속 인물을 살펴보면 대수치 700대에 간디가 있고, 아인슈타인과 뉴턴, 프로이트는 499라고 한다. 그들을 500대 아래에 둔 것은 서양의 환원주의의 한계 때문이라고 설명한다. 호킨스는 대수치 500대에 해당하는 사랑은 통합이 돼야만 가능하다고 봤다. 따라서 학문을 쪼개서 연구하는 환원주의식 사고로는 통합이 일어나지 않으므로 일부 서양 학자들을 499에 둔 것이다.

다시 말해 사랑은 의식 17단계 중 대수치 500대로 매우 높은 단계다. 어쩌면 우리 대부분은 평생 한 번도 맛보지 못하고 사라질 단계일지 모른다. 대수치 200대 수준의 용기를 넘는 것도 어렵지만 499를 넘어 500대 수준의 사랑에 이르는 것은 더더욱 어렵다. 무엇보다 각각 진화가 일어나는 단계이기 때문이다. 호킨스도 대수치 200대 수준의 용기와 500대 수준의 사랑은 의식에 엄청난 진화가 일어나는 분기점이라고 강조했다. 나는 대수치 200대 수준의 용기에서 건강한 사자가 나타나고 500대 수준의 사랑에서 어린아이가 시작된다고 본다.

78퍼센트 정도의 사람이 대수치 200대 수준에 이르지 못한 평균 이하라는 점에 주목할 필요가 있다. 나도 당신도 평균 이하일 수 있다는 말이다. 우리는 호킨스가 말한 의식 17단계 전체를 아우를 수 있어야 한다. 특히 질서를 찾은 어린아이로 산다는 것은 사랑 이상의 수준을 자주 혹은 매일 경험해야 하는 상태다. 그리고 사랑과 기쁨을 넘어 평화로 가면 초인으로 가는 관문에 들어선 것이다.

2

동기의 질서를 찾으려면 쉬지 말고 기도하라

"자신보다 위대하고 영원한 무언가에 속해 있다는 느낌이 들지 않는다면 진정으로 탁월한 삶을 이끌 수 없다."

_미하이 칙센트미하이

당신은 목표와 일치되는 삶을 살고 있는가? 아니면 혼란에 빠질 수 있다. 의식의 질서를 찾으려면 마음의 성분들이 제 기능을 하고 있고, 자신이 원하는 하나의 목표를 향해 일사불란하게 작동하고 있어야 한다. 동기의 질서는 목표에 혼란이 발생하는 것을 막아준다. 동기의 혼란은 다름 아닌 욕망의 과다에서 발생한다.

동기의 종류

흔히 사람들은 "공부할 동기가 없다", "일할 마음이 없다"는 식의 말을 잘한다. 마음을 움직이는 엔진의 첫 번째 성분이 바로 동기motivation다. 동기는 인생을 불태울 연료가 담긴 연료통이다. 연료에 불이 붙으면 그 추진력으로 로켓이 날아가듯 우리는 동기가 자극을 받아야 행동할 수 있다. 동기를 의미하는 영어 단어인 'motive', 'motivation'은 '움직이다'를 의미하는 라틴어 'movere'에서 유래했다. 심리학에서는 동기를 어떤 개체의 행동이 활성화되고 목표를 향해 나아가도록 밀어주는 힘이라고 정의한다. 즉, 어떤 일을 하도록 돕는 추진력이 나오는 마음의 장소라고 생각하면 된다.

심리학자들은 인간의 행동이 저절로 생기는 것이 아니며, 동기가 있어야 행동이 발생한다고 말한다. 동기는 쟁취하고자 하는 대상의 위치에 따라 외재 동기와 내재 동기로 나눌 수 있다. 외재 동기는 원하는 대상이 외부에 있는 상태에서 나타난다. 일반적으로 돈이나 보상, 인센티브 혹은 처벌을 피하는 것 등이 외재 동기에 속한다. 반면 내재 동기는 원하는 대상이 우리 마음속에 있다. 취미나 오락처럼 어떤 행위 자체에서 즐거움이나 보람을 느낄 때는 외부 보상 없이도 자발적으로 참여한다. 그것이 바로 내재 동기에 따른 행동이다.

하버드의 성격학자들personologists은 고차 동기higher order motives의 존재를 규명했다. 헨리 머리Henry Murray를 비롯한 하버드 성격학자들은 배고픔, 목마름 같은 생물학적 욕구와는 다르고, 타액 증가나 위 수축 등의 특유한 생리적 변화도 일으키지 않는 동기를 고차 동기라고 설명한다. 매슬로가 정의한 자아초월 욕구와 같다. 또한 고차 동기는 우리가 가치를 두는 목표나 성과에 대한 소망과 연관된 것으로 외재 동기보다는 내재 동기에 더 깊이 연결돼 있다.

동기를 만들어내는 것들

자기계발서 한 권을 읽고 의욕이 생기거나 유튜브 영상을 하나 보고 나도 성공해야겠다는 생각이 드는 이유는 무엇일까? 뭔가가 우리 동기를 자극했기 때문인데 그게 무엇일까? 심리학자들이 연구한 바에 따르면 동기와 연관된 것으로 욕구need, 추동drive, 유인가valence or incentive가 있다. 이들이 결합돼 동기가 된다.

욕구는 살기 위한 생존 욕망에서 나온다. 간단하게 생리적 욕구와 심리적 욕구로 나뉜다. 생리적 욕구는 생존을 위해 필요한 것으로 공기, 음식, 물, 고통 감소, 적절한 온도, 쾌적한 환경, 의복, 거주지 등 육체적 생존과 관련된 모든 것을 말한다. 심리적 욕구는 고차 동기 같은 것으로 사회적 인정, 타인과 친하게 지내고 싶은 욕망, 집단에 소속되고자 하는 마음, 자기존중, 권력, 성취 등을 말한다. 욕구는 타인이 주는 것보다 나 자신의 생존과 성공을 위해 스스로 만들어내는 힘이다.

추동은 일반적으로 드라이브drive라는 용어를 그대로 사용하는 경우가 많다. 드라이브는 "일을 추진시키기 위해 고무하고 격려하다" 혹은 "물체에 힘을 가해 앞으로 나아가게 하거나 흔들다"라는 의미를 가지고 있다. 심리학적 정의는 "반응하도록 또는 행동을 억제하도록 자극하는 내적인 촉구"다. 다니엘 핑크가 쓴 《드라이브》에서 '드라이브'라는 용어를 그대로 활용한 것도 추동이라는 말 대신 영어를 자주 사용하기 때문이다.

드라이브는 우리를 구체적으로 움직이게 만드는 어떤 힘이다. 예를 들어 우리가 며칠 굶으면 배고픈 드라이브가 생기고 햇볕 아래에서 땀을 흘리면 목마르다는 드라이브가 생긴다. 우리는 배고픔과 목마름이라는 드라이브에 따라 음식을 먹거나 물을 마시는 행동을 하게 된다. 이처럼 드라이브는 어떤 방향으로 사람의 행동을 유발시키는 힘이다.

생리적 필요도 드라이브를 만들지만 인정받기, 소속감, 성취, 돈, 권력, 좋은 물건 등처럼 성장하면서 습득된 심리적 욕구도 드라이브를 유발할 수 있다. 직장 상사가 직원에게 일을 시키고자 성과급이나 승진이라는 자극을 주는 것도 드라이브의 사례가 된다. 상대방이 나에게 드라이브를 걸면 나는 동기를 받아 일을 열심히 해낼 수 있다.

유인가는 인센티브라는 말로 자주 사용된다. 어떤 자극이 우리를 유혹하거나 혹은 반대로 뒤로 물러서게 만드는 것이 유인가다. 흔히 당근과 채찍으로도 알려져 있다. 당근은 긍정적positive 자극, 채찍은 부정적negative 자극을 의미한다. 일반적으로 우리가 살아가는 데 필요한 음식, 돈, 지위, 매력적인 이성, 사회적 인정 등 행동을 일으키도록 유혹하는 대상을 모두 유인가로 구분한다.

욕구는 내면에서 나오는 반면, 유인가는 외부에서 찾아온다. 그리고 욕구와 유인가가 내외부에서 상호작용하며 우리에게 드라이브를 건다. 즉, 욕구와 유인가가 합쳐져서 어떤 일을 하도록 만드는 드라이브의 강도가 결정된다고 생각하면 된다. 또한 도저히 거부할 수 없는 유인가와

강한 욕구가 결합되면 매우 강력한 드라이브를 불러일으켜 어쩔 수 없이 그 일을 하거나 사고를 저지르기도 한다. 이처럼 욕구, 드라이브, 유인가가 결합돼 동기를 만들어낸다.

동기는 계속 변할 수 있다. 욕구와 유인가에 유혹돼 오늘은 A에 드라이브가 걸리고, 내일은 B, 모레는 C로 하고 싶은 일이 달라지기도 한다. 그러다가도 일주일 후에는 역시 A가 최고라고 생각할 수 있는 것이 인간이다. 동기의 혼란에서 비롯된 현상이다. 이런 혼란에 빠지지 않으려면 욕구를 제어하는 것이 가장 중요하다. 또한 유인가에 유혹되지 않아야 하고 그것을 보고 나를 드라이브하려는 충동을 억제할 수 있어야 한다. 그때 동기는 하나로 정렬되고 우리는 목표한 바를 이루어갈 수 있다. 그리고 이러한 모든 과정에서 우리의 동기를 초월한 어떤 강한 것에 목표를 두고 있어야 한다. 그것을 메타동기meta motivation라 부른다.

결핍 욕구와 성장 욕구

동기의 혼란을 정리할 수 있는 더 강한 동기인 메타동기를 이해하기에 앞서 욕구 위계설을 알아보자. 매슬로에 따르면 인간의 행동은 욕구에 바탕을 둔 동기에 의해 유발된다. 또한 욕구에는 몇 가지 종류가 있으며 그들 간에 위계가 있다. 하위 단계의 욕구가 만족돼야 상위 욕구를 추구할 수 있다.

매슬로의 욕구 위계설은 원래 5단계였으나 후에 자아초월 욕구가 더해져 6단계로 나눈다. 여섯 개의 욕구는 다음의 그림처럼 두 가지로 나눌 수 있다. 결핍 욕구deficiency needs와 성장 욕구growth needs다. 결핍 욕구는

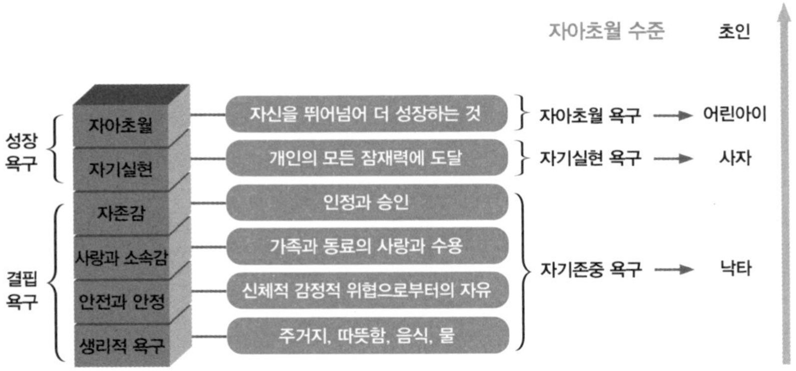

문자 그대로 부족해서 생기는 욕구다. 즉, 충족되지 않았을 때 그것을 충족하고자 본능적으로 노력하게 하는 욕구를 말한다. 예를 들어 어릴 때 가난하게 자란 사람들은 돈에 대한 욕망이 크다. 그 욕망이 유인가로 작용해 기업을 일으키기도 한다. 그만큼 결핍 욕구의 힘은 강하다. 반면 성장 욕구는 부족한 것을 채우기 위한 것이 아니라 자신이 더 성장하기 위해 갖게 되는 욕구다. 즉, 뭔가를 경험하면서 증가한 지적 성취나 심미적 인식에 대한 욕구다.

욕구 위계와 정신의 수준

결핍 욕구는 생리적 욕구physiological needs, 안정과 안전의 욕구safety needs, 사랑과 소속의 욕구belonging and love needs, 자존감의 욕구self-esteem needs가 있다. 매슬로는 결핍 욕구가 충족돼야 자기실현self-actualization을 할 수 있는 성장 욕구가 만들어진다고 했다. 그리고 자기실현을 해야 비로소 자신을 뛰어넘으려는 자아초월 욕구가 만들어질 수 있다.

매슬로가 제시한 욕구들을 크게 세 그룹으로 분류하면 자기존중 욕구esteem needs, 자기실현 욕구self-actualization needs, 자아초월 욕구meta needs로 나눌 수 있다. 동기를 초월한 메타동기는 자아초월 수준에서 일어날 수 있다. 다시 말해 우리의 모든 욕구를 능가하는 초월된 욕망에서 메타동기가 만들어지면 나의 욕구들의 혼란을 잠재우고 나를 이끌어갈 수 있다.

앞의 그림 오른쪽 부분에서 보듯이 무기력한 낙타 단계에서는 열등감이 팽배하다. 그래서 자기를 존중하는 자기존중이 필요하다. 그러다가 건강한 사자가 되면 자기의 상태를 직시하며 자기를 실현하려 한다. 사자는 자기실현이 목표다. 아이는 자기실현을 넘어 자아초월을 하려는 수준이 되고, 그게 성공하여 자아초월이 되면 초인이 된다. 이것이 바로 니체가 말한 자기를 넘어서야 초인이 된다는 말의 의미다.

메타동기가 동기의 혼란을 잠재운다

매슬로는 자아초월 욕구는 인간의 본능에서 오는 것이며 완전한 정신건강에 반드시 필요하다고 했다.

> 초월이란 수단이 아니라 목적이다. 자기 자신이나 중요한 타인, 일반적인 인류, 다른 종의 동물, 자연, 더 나아가서 우주와 관련을 갖는 가장 상위에 있고 가장 포괄적이며 전체적인holistic 수준의 인간 의식과 관계된 것이다.

한마디로 초월이란 어떤 상태나 어떤 단계로 가기 위한 과정이나 수단이 아니다. 초월 자체가 목적이 된다. 삶의 기본 요소가 해결된 후에 인간은 자기를 초월하고 싶어 한다. 그리고 그것이 인간으로서의 우리 동기를 뛰어넘는 메타동기가 될 수 있다. 동기가 만드는 혼란을 없애기 위해서는 강력한 메타동기가 자잘한 동기들을 정리해야 한다.

초월 욕구는 많은 종교에서 가르치는 인간 상위의 초월적 가치와 관계된다. 종교에서는 인류가 이기적인 동물을 넘어서기 위해 상위의 자아초월적 가치를 인식하고 그것을 위해 노력해야 한다고 가르친다. 자아초월적인 가치란 진리, 아름다움, 선함, 성스러움, 사랑, 자비, 정의, 책임감, 통일성, 질서, 완벽성, 완전성, 홍익인간 정신 등으로 설명될 수 있다. 이런 것들이 바로 메타동기가 될 수 있다.

우리는 궁극적으로 자기를 실현하고 자기를 초월하고 싶어 한다. 그것이 심리적 건강의 최고봉이다. 자기초월을 이룸으로써 자신의 한계보다 더 상승하고 성장할 수 있다. 그때 비로소 아이를 넘어 초인으로 진화할 수 있을 것이다.

그런데 여기서 자아초월적 가치들을 잘 살펴보면 무질서를 말하는 엔트로피와 정반대의 의미임을 알 수 있다. 즉, 자아를 초월해 성장한다는 의미는 엔트로피를 감소시키는 행위를 말한다. 이는 곧 엔트로피 증가 법칙에 역행하는 행위다. 따라서 자아초월은 절대 저절로 일어날 수 없다. 엔트로피를 감소시키는 강한 힘이 작용해야 하고 마음 훈련으로 실현 가능하다. 뒤에서 살펴볼 메타코스뮤카 훈련을 매일 할 때 마음의 엔트로피는 감소하고 마음은 성장과 진화를 이루어낼 수 있다.

욕망이 혼란을 만든 레오나르도 다빈치

레오나르도 다빈치Leonardo da Vinci는 르네상스를 대표하는 가장 매혹적인 천재 중 한 명이다. 그는 1452년 4월 15일, 피렌체에서 약 95킬로미터 떨어진 빈치 마을 근처에서 태어났다. 〈모나리자〉와 〈최후의 만찬〉 등 수많은 명작을 남긴 그가 말년에 자기 인생은 실패작이었다고 후회한 것은 너무나도 유명하다. 그는 너무 많은 재능을 타고나 화가, 조각가, 수학자, 저술가, 해부학자, 기술자, 발명가 등 수많은 수식어를 붙여도 손색없는 사람이었다.

르네상스 미술가들의 전기를 쓴 르네상스 역사가인 조르조 바사리Giorgio Vasari의 기록에 따르면 청출어람의 재미있는 일화가 있다. 다빈치는 스승 베로키오Andrea del Verrocchio의 그림 작업을 도왔다고 한다. 베로키오의 작품 〈그리스도의 세례〉에서 예수의 왼편에 있는 천사를 다빈치가 그렸다고 알려져 있다. 그런데 다빈치가 그린 천사의 아름다움에 압도당한 베로키오가 너무 충격을 받은 나머지 그림을 포기해버리고 남은 인생 동안 조각만 했다고 한다.

그림에 천재적인 재능을 가졌던 다빈치는 너무 많은 욕망을 가졌고 또한 너무 많은 것에 이끌렸다. 게다가 그는 검을 다루는 솜씨도 훌륭했고, 말 타기와 말을 다루는 데도 뛰어났다. 심지어 맨손으로 말의 편자를 구부릴 만큼 힘도 셌고, 죽은 말을 해부하는 기술도 있었다고 한다. 그가 남긴 공책에는 수천 페이지에 걸쳐 스케치가 그려져 있었고 온갖 기계도 고안했으며 5,000페이지에 달하는 글도 남겼다.

하지만 너무 많이 끌린 것이 문제였다. 어쩌면 그는 자신의 재능이 너무 탁월한 나머지 모든 것에 관심을 쏟을 수밖에 없었는지도 모른다. 많은 재능과 에너지를 가진 그였지만 그가 그린 스케치는 그림으로 완성되지 않았다. 기계 고안도 대부분 구상으로만 끝나버렸다. 많은 글을 썼지만 단 한 권의 책으로 완성하지도 못했다.

그는 정말 많은 재능을 가졌지만 게을렀다. 그의 게으름 때문에 〈최후의 만찬〉 작업이 너무 더디게 진행된 나머지 1495년부터 1498년까지 4년 동안 공작과 수도사들이 안달복달했다고 한다. 그는 작품 완성을 요구하는 사람들에게 "예술가에게 가장 중요한 일은 실행이 아니라 구상이다"라고 말하며 작업을 미뤘다고 한다.

게으름은 천재의 특징인지도 모른다. 천재는 일을 가장 적게 할 때 가장 많이 일한다는 말이 있다. 천재들이 경험하는 '사고 실험'은 예술가의 혼수 상태 시기에 일어나는 것인지 모른다. 아인슈타인도 사고 실험을 통해 많은 이론을 완성시켰다.

하지만 다빈치가 작업이 느린 이유는 조금 달랐다. 〈최후의 만찬〉을 구상하는 사고 실험을 하느라 더뎠던 것이 아니라 다른 일에 너무 분주해 그림에만 몰두할 수 없었던 것이다. 그는 다른 욕망에 혼이 팔려 할 일을 잊었다. 욕망이 만든 혼란이 일을 못하게 만든 것이다.

욕망은 제어돼야 한다. 자신의 욕망이 이끄는 대로 모두 다 할 수는 없다. 다빈치는 너무 많은 욕망을 가졌고 한 가지 일이나 주제를 제쳐두고 다른 것으로 너무 빨리 너무 쉽게 넘어갔다. 이것은 충동과 변덕이다. 누군가를 욕망으로 이끈 것들은 혼란을 만든 인자다.

다빈치는 많은 일에 관심을 가졌지만 재능과 능력이 특출했기에 그 욕망들을 그럭저럭 만족시킬 수 있었다. 하지만 재능이 독이 되는 대표적인 사례다. 재능이 있는 만큼 어떤 것도 포기하지 못했을 것이고 하나의 목표에 자신을 집중시킬 수도 없었을 것이다. 또한 욕망을 누르고 하나의 통합된 목표를 주도해나갈 이념인 메타동기도 없었을 것이다. 이것이 인간 다빈치의 한계였다. 가장 강인한 사자도 사냥 목표가 변할 때 아무것도 잡을 수 없게 된다. 어린아이의 변덕이 결국 일을 망치게 만든다.

미국의 문명사학자 윌 듀런트가 《역사 속의 영웅들》에서 바사리의 말을 인용해 다빈치에 대해 서술한 것을 보면 그가 남긴 업적이 모두 한 사람이 할 수 있는 수준의 일인가 싶을 정도다. 그만큼 그는 너무나 많은 일을 했다. 그러니 어찌 혼란이 나타나지 않을 수 있었겠는가? 다빈치는 매일 산에 구멍을 내서 터널 설계도를 그리고 지레, 기중기, 항구 청소법, 깊은 곳에서 물 퍼올리는 법, 최초의 기관총, 인쇄를 위한 활판 등을 포함해 셀 수 없을 정도로 많은 업적을 이뤄냈다. 그는 너무 재능이 많았고 삶의 본능이 끌어내는 에너지가 너무 강해 욕망에 이끌렸다. 욕구, 유인가, 드라이브가 만들어내는 동기가 너무도 과한데 그것을 제어할 메타동기가 보이지 않았다.

다빈치가 손대지 않은 분야를 오늘날 찾아볼 수 없을 만큼 천재였지만 그는 자신이 혼신을 집중해 만들어낸 것이 몇 안 된다는 것을 알고 있었다. 많은 분야에 관심을 갖고 열심히 일했지만 아무것도 제대로 하지 못했기에 스스로 실패자라고 말했는지도 모른다.

1591년 세상을 떠나기 몇 개월 전, 다빈치는 오랜 방황을 마치고 밀라노의 산타마리아 교회로 돌아갔다. 그곳에서 그는 자신의 벽화 〈최후의 만찬〉이 습기 때문에 훼손되고 손상되고 있는 것을 발견하고 시름에 빠졌다. 자기 작품이 아직도 미완성인 상태로, 심지어 자기가 살아 있는 당대에 벌써 부패되기 시작해 회생이 불가능해 보였기에 그는 절망하고 절망했다.

그때 그의 나이 예순네 살이었다. 하지만 인생의 질곡에 시달린 나머지 외모는 70대 후반 이상으로 보였다. 그리고 인생의 마감을 앞두고 깊은 우울증에 빠져 있었다. 애석하게도 그는 자신이 가졌던 방대한 지식들이 사용되지도 못하고, 비범한 발명품들은 만들어지지도 않았으며 엄청난 저작들이 출판되지도 못한 채 사장됐다는 현실 앞에 절망할 수밖에 없었던 듯하다.

제아무리 천재라 불리는 다빈치라도 하나하나 완성하면서 나아가야 했다. 자신이 가진 에너지를 발산만 할 것이 아니라 몰입하고 집중해 성취하고, 욕망을 따르다 혼란 속에 죽을 게 아니라 단 하나의 질서라도 만들어야 했다.

결국 그는 우울증에 짓눌려 자기 인생이 대실패라고 결론 내렸다. 그리고 죽기 얼마 전 이상하리만큼 작은 글씨로 공책에 다음과 같이 썼다고 한다.

> 우리는 불가능한 것을 원해서는 안 된다.

다빈치가 남긴 가슴 아픈 유산과도 같은 말이다. 어쩌면 〈최후의 만찬〉보다 더 새겨야 할 유언일지 모른다. 늘 "시간은 너무 적고 할 일은 너무 많다"고 불평한 레오나르도 다빈치의 장엄한 실패에서 우리는 재능과 열정, 욕망을 정리할 메타동기가 반드시 필요하다는 진실을 다시 확인한다.

혼란에서 질서를 찾게 하는 소명이라는 메타동기

다빈치의 진짜 문제는 메타동기의 부재에 있었는지도 모른다. 타의 추종을 불허하는 걸작들을 남긴 다빈치였지만 끝없는 갈증과 재능을 담을 큰 그릇을 찾지 못했기에 말년에 인생무상을 절감했던 것이라 추측된다.

욕망은 변할 수 있다. 인생의 목적도 변한다. 고등학생 때는 대학 입시가 무엇보다 중요하다. 대학 졸업반이 되면 취업이 삶의 목표다. 취업을 하고 나면 결혼, 자녀 계획, 내 집 마련, 승진 등 그때그때 해야 할 숙제처럼 인생의 목표나 삶의 의미가 다가온다. 이때 너무 많은 욕망에 동시에 이끌리면 다빈치처럼 하나에 집중하지 못하고 혼란에 빠질 수 있다.

나 역시 이것저것 하느라 집중하지 못했고 할 일이 너무 많았다. 일을 줄이지 못했고 포기하거나 쉽사리 잊지 못했다. 그 결과 극심한 혼란이 찾아왔다. 아무것도 완성하지 못한 채 시간만 흘렀다. 모든 욕망과 동기, 삶의 의미들을 통합할 중요한 끌개가 필요했다. 그 순간 나에게 필요한 것은 메타동기였다.

메타동기라 부를 수 있는 그것은 우리보다 높은 어떤 존재로부터 부여받은 소명calling 혹은 사명mission과 같은 것으로 생각할 수 있다. 동기를 능가하는 메타동기는 초동기라고도 부른다. 우리 자신의 욕망이 아니라 외부의 어딘가에서 우리에게 제공되는 인생의 목적, 운명의 숙제 같은 것으로 생각할 수 있다.

메타동기가 될 만한 소명은 무엇일까? 소명 혹은 사명은 어떤 일이나 임무를 하도록 부르는 명령, 맡겨진 임무를 의미한다. 사명을 뜻하는 영어 단어 'mission'은 '보내다'라는 의미를 가진 라틴어 'mittre'에서 유래했다. 사명이든 소명이든 누군가가 우리에게 역할을 주었다는 의미다.

《목적이 이끄는 삶》을 쓴 미국의 복음주의 기독교 목사 릭 워런Rick Warren은 그것을 '목적'이라고 했다. 당신도 지금부터 당신의 소명을 찾아내길 바란다. 종교가 있다면 거기서부터 시작하라. 만약 종교가 없다면 역시 거기서부터 시작하라. 신을 믿는 자는 자기의 신으로부터 소명을 받는다고 생각하고, 신을 믿지 않는다면 운명이 당신에게 준 소명이 있다고 생각하라.

어쩌면 당신은 이미 알고 있을지도 모른다. 당신이 살아오는 동안 경험한 모든 것이 소명의 자원이자 힌트가 될 것이다. 우리가 무슨 일을 겪었든 그 속에서 재료를 얻을 수 있기 때문이다. 니체는 자기 운명을 사랑하라고 말했다. 운명애, 즉 아모르 파티amor fati는 바로 당신의 모든 경험이 오늘의 당신을 만들었고 내일의 당신으로 이끌 것이라는 의미다.

소설가 올더스 헉슬리Aldous Huxley의 "경험은 당신에게 일어나는 어떤 일이 아니다. 당신에게 일어난 일들을 가지고 무엇을 했느냐이다"라는 말처럼 당신이 겪은 것을 통해 무엇을 할지 지금부터 생각하라. 그곳에서 소명이 나타날지 모른다. 그러니 당신의 고통을 낭비하지 말라. 당신을 구하고 다른 사람을 돕는데 자원으로 사용하길 바란다.

워런은 대부분의 사람은 인생에서 세 가지 문제로 고민한다고 했다.

첫째, "나는 누구인가?"라는 정체성identity의 문제다. 둘째, "내가 과연 중요한 존재인가?"라는 중요성importance의 문제, 그리고 셋째, "삶에서 나의 위치는 무엇인가?"라는 영향력impact의 문제다. 그는 세 가지 질문에 대한 답은 삶의 목적과 소명으로 찾을 수 있다고 했다.

종교적 색채를 제거하고 말한다면 소명의 핵심은 운명이 기뻐할 사명을 수행하는 것이다. 신이든 운명이든 나 자신의 의지이든 사명이 있다는 생각으로 살아야만 인생의 중요한 세 문제인 정체성, 중요성, 영향력에 대한 답을 찾을 수 있다. 영국의 역사학자 토머스 칼라일Thomas Carlyle은 '목적이 없는 사람'은 키 없는 배와 같아서 아무것도 아니며 한낱 떠돌이로 인간이라 부를 수조차 없는 사람이라고 극단적으로 표현했다.

미국의 철학자 윌리엄 제임스William James는 "삶을 가장 잘 사용하는 방법은 삶보다 오래 남을 수 있는 일에 우리를 사용하는 것이다"라고 말했다. 다시 말해 나 자신보다 오래 남을 수 있는 그 일을 소명이라고 생각하라. 《천로역정》을 쓴 영국의 설교자 존 번연John Bunyan이 "나의 삶이 열매 맺지 못하는 삶이라면, 누가 이 삶에 대해 칭찬을 해도 나와는 상관없는 일이요, 나의 삶이 열매 맺는 삶이라면 누가 이 삶을 놓고 비판하든지 역시 나와는 상관없는 일이다"라고 한 것 역시 같은 의미다. 정말 많은 선각자들이 삶의 의미, 목적, 목표, 꿈, 소명 등의 이름으로 우리의 메타 동기를 따르라고 충고하고 있다.

그것은 곧 과잉 욕망이 만들어낼 동기의 혼란을 이기고 하나의 목적을 위해 삶을 정돈하겠다는 의지를 가지라는 말과도 같다. 우리 모두는 각자 자신의 일을 갖고 있다. 그것이 곧 사명이고 소명이다. 그것을 찾아서 죽을 때까지 해야 한다. 종교가 있고 없는 것은 상관없는 문제다.

강력한 의지나 목표 없이 살면 온갖 유혹이 나타나 우리를 이끈다. 눈에 좋아 보이는 것, 마음을 끌어당기는 많은 것이 우리를 분주하게 만든다. 바로 그때 혼란이 찾아온다. 사자가 두 개의 사냥감을 쫓으면 사냥에 실패하듯 유혹에 끌리고 욕망에 넘어갈 때 정작 깊이 성취한 것은 하나도 없는 상태가 된다. 바로 그 순간에 처한 우리를 통일된 목적인 소명이 이끌어준다. 소명 없이 살 때 우리 인생에는 의미를 모르는 활동과 이유 없는 행사들이 끊임없이 연속적으로 나타나 우리를 소진시킨다.

내가 학교를 나와 글을 쓰고 강연을 하는 두 번째 인생을 살기로 결정하자 지인들은 내가 은퇴했다고 생각했는지 이런저런 일로 나를 유혹했다. 그들이 추천한 일은 정말 다양한 분야를 넘나들었다. 나는 처음 보는 풍광에 시선과 열정을 빼앗겼다. 그러다 내가 해야 할 일을 망각하고 말았다.

그들이 추천한 일에 에너지를 분산하는 동안 나의 일은 정지됐고 퇴보해갔다. 그 일들에 흥미를 가지면서도 정작 그들의 일임을 깨닫지 못했다. 내 삶은 혼란스러웠고 인생은 정체됐다. 내가 그러려고 학교를 나온 게 아닌데 열정을 낭비하고 있었다.

내 의지에 따라 살아야 했지만 강력한 소명이 나를 이끌지 못했기에 나는 표류하는 배처럼 이리저리 휩쓸려 다녔다. 강력한 소명이 메타동기로서 우리 인생의 끌개가 돼줄 때 시시각각 찾아오는 유혹을 뛰어넘을 수 있다. 나처럼 동서남북으로 뛰어다니지 않고 일생의 중요한 일을 하고자 한다면 반드시 소명을 찾아야 한다.

미국의 신화종교학자 조지프 캠벨Joseph Campbell은 역사 속 영웅들을 분석한 책에서 그들이 영웅이 될 수 있었던 이유가 “자신의 존재보다 더 큰 명분에 헌신했기 때문”이라고 했다. 여기서 캠벨이 말한 ‘더 큰 명분’이란 인간의 동기를 넘어선 것으로 메타동기, 즉 신이나 운명이 그에게 준 소명으로 생각할 수 있다. 영웅들은 자신을 위험에 빠뜨리면서까지 소명에 응답하고 그 위험을 견뎌낼 수 있을 때 역사 속 영웅으로 살아남았다. 고든 올포트는 “구원이란 결국은 완전히 달성되지 않은 대상을 추구해 끊임없이 노력하는 사람에게 찾아온다”고 했다. 우리의 한계를 매번 뛰어넘을 때 우리 자신을 구할 수 있다. 그 힘을 소명에서 찾을 수 있다.

소명을 만난 후 질서를 찾은 파스칼 이야기

17세기 유럽은 영적으로나 정신적으로나 황폐하기가 극에 달했던 시대였다. 카톨릭과 개신교 간의 30년에 걸친 종교전쟁 이후 민심은 피폐해졌고 회의주의가 판을 쳤다. 그 시대에 한 천재가 등장한다. 수학자이자 철학자로 알려진《팡세Pensées》의 저자 블레즈 파스칼Blaise Pascal이다.

파스칼은 다재다능한 인물이었다. 수학의 천재였고 컴퓨터 역사에 항상 등장하는 파스칼 머신을 만든 발명가였으며 현대 위험이론의 대부였다. 또한 물리학, 철학, 신학에 정통한 르네상스 사상가이자 프랑스어를 가장 우아하게 구사하는 산문 작가였다. 다빈치가 그러했듯 그도 많은 분야에 정통했다. 하지만 다빈치와 결정적으로 다른 점은 그가 마지막 순간에 소명을 가지고 있었다는 점이다. 그는 욕망에만 끌리지 않은 메타동기를 가졌던 영적인 사람이었다.

파스칼의 훌륭한 업적은 널리 알려져 있지만 그 이면에 불꽃처럼 짧고 강렬하며 고통스러웠던 인생은 잘 알려져 있지 않다. 특히 1654년 11월 23일 월요일 저녁, 서른한 살의 파스칼은 마차 사고를 당하고서 죽음 직전까지 가는 체험을 한다. 다메섹 도상에서 예수를 만나고 바울의 눈이 멀었듯 파스칼도 당시의 체험 이후에 언어 능력을 손실했다.

이후 그는 개신교의 하나님을 만난 체험을 '불'이라는 단 하나의 단어로 이름 붙였다. 그 경험이 너무나 감격스러운 나머지 그는 양피지에 간결하게 기록했다. 그리고 양피지 맨 위에 빛으로 둘러싸인 십자가를 새겨 넣은 후 코트 안쪽 심장과 가까운 곳에 꿰매어 넣었다. 심지어 1662년 뇌척수막염으로 의심되는 병에 걸려 죽을 때까지 8년 동안 새로 구입하는 윗옷마다 '불'을 새겨 넣었다고 한다. 이 사실은 1662년 그가 서른아홉 살에 죽었을 때 여동생이 그의 윗옷 가슴 부분이 두툼한 것을 발견하고 나서야 세상에 알려졌다고 전해진다.

파스칼은 원래 마차 과속광으로 악명이 높았다. 그런 만큼 회의론자 친구들과 귀족들은 사고 소식이 전해질 당시 모두 그를 비웃었다고 한다. 볼테르Voltaire는 마르키 드 콩도르세Marquis de Condorcet에게 "이보게 콩도르세! 마차 사고 이후 파스칼의 뇌가 손상됐다는 이야기는 아무리 반복해 들어도 싫증이 나질 않아!"라는 조롱의 말을 했다고 한다.

파스칼의 수학적 업적은 쉽게 이해하기도 힘들다. 게다가 그의 짧은 인생에 담긴 고통과 괴로움을 경험하는 것은 누구도 하고 싶지 않을 것이다. 그러나 그가 살아생전 마차에 올라 빠른 속도로 달리며 자신의 에너지를 풀었을 거라 짐작할 수는 있다. 또 친구에게조차 심한 조롱을 받았던 괴팍한 성품이 개신교의 하나님을 만난 이후 극적 변화를 맞았을 것이라 생각할 수는 있다.

사고 이듬해 1월 포르루아얄 수도원에 들어간 그는 글을 쓰면서 여생을 보냈다. 《시골 친구에게 보내는 편지Les Provinciales》와 《팡세》라는 저서를 집필한 것도 수도원에 머물던 시기였다. 단, 저서를 발표할 때에는 자신의 이름을 밝히지 않았다고 한다.

그가 사고 이후 어떤 심경의 변화를 겪었는지 문헌만으로는 확실히 알 수 없다. 또 어떤 소명에 이끌려 수도원에 들어갔고 글을 썼는지도 모른다. 하지만 이미 그가 가지고 있었던 숱한 재능과 깊은 잠재력들이 마차 사고 이후 소명 아래에서 하나로 통합됐을 것이라 짐작할 수 있다. 다빈치가 경험하지 못한 일이다. 다빈치가 확대하면서 혼란된 삶을 살았다면 파스칼은 정리하면서 질서 있는 삶을 살았다. 그런 덕분인지 말년에 후회한 다빈치와는 다른 삶을 살았다.

능력은 뛰어나지만 불행한 사람과 사고 이후 자신을 통합하며 질서 속에서 살아간 사람의 차이를 우리는 느낄 수 있다. 그가 새 옷을 살 때마다 은혜 받은 '불'이라는 단어를 새겨넣었다는 사실만으로도 우리는 그가 매일 어떤 마음을 먹었을지 짐작할 수 있다.

영웅을 만들어내는 고난의 스토리

인류 문명에 대해 평생토록 연구한 철학자이자 문명사학자인 윌 듀런트는 숱한 역사 속 영웅들을 분석했다. 신화종교학자인 조지프 캠벨도 신화 속 영웅들의 일생을 조사했다. 두 사람은 영웅들의 일생에서 하나의 공통된 패턴을 발견했다. 영웅의 여행담이라 부르는 패턴이다.

영웅들은 부름-고난-회귀 혹은 출발-입문-귀환이라고 불리는 세 단계의 패턴을 따랐다. 먼저 그들은 부름을 받는다. 처음에는 부름을 거부한다. 하지만 계속되는 부름에 더 이상 거부하지 못하고 자신이 있던 경계를 넘어 새로운 세상으로 들어간다. 바로 고난으로 들어가는 입문이다.

고난의 시기에 영웅은 여러 가지 어려운 도전에 직면하고 혼란의 구덩이에 빠진다. 중립 지대의 혼란을 만나고 강력한 한계도 만난다. 그 한계 앞에 절망하고 부름을 따라 나선 자신의 모습을 한탄하기도 한다. 또 자신의 운명을 저주하며 오랜 시간 방황하기도 한다. 그러나 잊을 수 없던 첫 번째 부름과 포기할 수 없는 열망이 다시 길을 떠나게 만든다.

이제 영웅들은 길을 개척해나가다가 멘토를 만나거나 신성한 물건이나 혹은 남다른 가치를 부여받는다. 성배라는 신성한 무언가를 찾은 후 그들은 귀환을 준비한다. 성배를 만난 이후 모든 것이 정리되고 통합되고 질서를 찾는다. 성배를 찾고서 그들은 혼란을 이길 마음의 힘을 재창조한다. 이처럼 그들은 부름을 포기하지 않고 고난 속에서 계속 길을 갈 때만 성배를 찾을 수 있다. 이제 영웅들은 귀환해 자신이 원래 있었던 세계에 헌신하며 살아간다. 듀런트와 캠벨은 모든 영웅들이 이러한 패턴을 따라 변신한다고 설명한다.

소명을 따라 나서는 순간, 우리도 그들과 비슷한 운명에 처할지 모른다. 상상하지도 못한 고통을 만날지도 모른다. 중간에 포기할 수도 있겠지만, 소명이 이끄는 강력한 메타동기는 그 어떤 사막이나 국경선도 통과하게 도와줄 것이다. 그리하여 길을 떠났던 영웅이 성배를 찾아 고향으로 돌아갈 수 있었던 것처럼 우리도 뭔가를 찾아 어딘가에 닿을 수 있을지 모른다.

모든 영웅의 이야기는 비슷하게 전개된다. 평범하게 살던 존재가 어느 날 부름을 받고 출발한다. 그리고 고난을 겪으며 변신하고 결국 영웅이 돼 고향으로 돌아온다는 이야기는 우리에게 위로를 준다. 어쩌면 우리도 결국 잘될 수 있을지 모르니 말이다.

농촌의 처녀에 불과했던 잔 다르크가 신의 부름을 받고 백년전쟁에 몸을 바쳐 조국 프랑스를 위기에서 구하고 영웅이 되는 이야기가 우리 안에서도 태어날 수 있을지 모른다. 소명을 찾았을 때 그러한 믿음을 갖고 살 수 있다. 소명을 따를 때 우리 인생도 하나의 이야기로 다시 태어난다. 그 이야기를 따라 살아갈 때 자기실현을 이룰 수 있다. 운이 좋으면 자아초월을 할 수 있을지 모른다. 소명이 메타동기가 돼 우리를 이끌어 진화시켜줄지 누가 알겠는가? 그러니 당신의 소명을 찾아내길 바란다. 모든 삶의 의미들을 하나로 통합할 수 있는 소명을 반드시 찾길 바란다.

간혹 당신의 출발이 혼란을 일으키며 고통을 줄지 모른다. 하지만 끝까지 여행을 포기하지 않는다면 우리 역시 역사 속 그들처럼 소명을 찾고 결국 진화해 이전과 다른 사람이 될 수 있을지 모른다. 우리 인생도 영웅들의 그것처럼 될지도 모르지 않는가?

소명 찾기: 따라 하기

다음은 소명을 찾기 위한 하나의 방법이다. 일단 현재 내가 느끼는 것들을 쓴다. 현재까지의 경험과 그것들을 통해 발견한 강점을 분석한다. 거기서부터 자신이 할 수 있고, 하고 싶은 일을 소명이라고 생각한다. 물론 소명은 바뀔 수 있겠지만 아마 방향은 바뀌지 않을 것이다. 당신도 한번 해보길 바란다.

박경숙의 소명 찾기 (사례)

1. 지금껏 살면서 경험해온 것들을 써보자.

(교수 직업) (인지과학) (엄마/아내 역할) (글쓰기) (강의/강연 30여 년) (통합 연구) (포기하지 않는 성격) (무기력/저항/혼란 겪음) (사주명리학 공부) (불교에서 기독교로 개종) (욕망에 이끌리기 쉽다) (투자 실패) (투자 성공) (심리 상담)

2. 이러한 경험들이 만들어준 당신의 강점은 무엇인가?

(통합적 마인드, 동서양 결합, 심리적 문제를 직접 겪음, 글 쓰고 가르치는 강점)

3. 강점에서 찾은 당신이 평생 추구할 소명은 무엇인가?

(책을 쓰고, 아픈 사람을 돕는 상담을 하되, 동서양을 통합한 진리를 추구하고 그것을 실용화해 직접 사람을 도울 수 있는 모델 개발에 헌신한다.)

따라 하기

당신도 위에서 내가 한 것처럼 하나하나 찾아 적고 소명을 찾아보라. 지금 생각나지 않으면 이 책을 다 읽고 나서 시도해보라.

1. 지금껏 살면서 경험해온 것들을 써보자.

( ) ( ) ( ) ( ) ( )

( ) ( ) ( ) ( ) ( )

( ) ( ) ( ) ( ) ( )

2. 이러한 경험들이 만들어준 당신의 강점은 무엇인가?

( )

3. 강점에서 찾은 당신이 평생 추구할 소명은 무엇인가?

( )

내가 만난 혼란기

소명을 대하는 자세

나에게도 소명이 있었다. 오랜 세월 그것을 잊고 살았다. 그리하여 나는 우울했고 슬펐다. 이유 없이 늘 기분이 나빴다. 특히 두 번째 인생으로 들어서겠다며 사직하고서 지금까지 계속 그런 마음이었다. 해야 할 일을 하지 못한 채 화석처럼 출발선에 서 있었으니 그런 마음이 당연했으리라.

메타동기를 만족시키지 못해서 찾아오는 우울이라는 것을 좀 일찍 알았다면 좋았을 것이다. 나는 항상 당하고서 알아채는 어리석은 인간이다. 그리고 내가 겪은 만큼만 말해줄 수 있는 부족한 작가다. 그러니 지금은 여기까지만 얘기할 수 있다.

나는 오래전부터 계속 그런 마음이었던 듯하다. 의식적으로는 알지 못하지만 내가 하고자 하는 어떤 것이 좌절됐을 때 이유도 모른 채 우울해진다. 매슬로는 이러한 우울을 초병리라 했다. 이유를 알 수 없는 나의 우울도 초병리였는지 모른다.

마흔두 살 때 대학 정규 교수직을 사직한 이후 계속 그랬는지 모른다. 아니, 어쩌면 대학을 사직한 이유도 초병리가 주는 우울 때문이었는지 모른다. 내게 소명이 있었지만 그것을 향해 가지 못하고 있었기에 우울했고 무기력했는지 모른다. 지금은 어느 정도 확실해졌지만 당시에는 전혀 알 수 없었다.

인생이란 그런 것인가 보다. 긴 세월을 탕진한 후에야 비로소 깨닫는 것. 다시 한번 살아낸다면 실수 따위는 하지 않으리라 생각하지만 아마도 또 그러하리라. 남은 인생도 여전히 실수의 연속일지 모를 일이다. 그래도 나는 내 몫의 잔을 다 마시기로 했다. 내가 겪은 것을 쓰고, 모르는 것은 알아낼 때까지 고뇌하면서 오래전 신이 내게 가라고 명한 그 길을 가기로 했다. 그게 내가 만든 허상이라 해도 상관없다.

아무것도 하지 않아도 인생은 흐르는 것이니, 내가 소명으로 믿는 일이 사람을 돕는 일이므로 하는 것이 더 나으리라. 나로써 세상 한 귀퉁이라도 아름답게 만들 수 있으면 내 역할은 다한 것이리라. 그래서 나는 이 길을 계속 가기로 했다. 그렇게 생각하자 어느 날 내가 늪에서 빠져나온 듯했다. 하늘이 내려준 동아줄을 잡은 것인가?

당신도 소명을 가졌는가? 아직 소명이 없는가? 그렇다면 지금부터 당신의 메타동기가 돼줄 소명을 찾아내길 바란다. 아직 젊다면 다행이다. 지금부터 시작하길 바란다. 만약 중년 정도의 시기를 지나고 있다면, 이제는 당신의 소명을 확인해야 할 때다. 지금까지 살아오면서 마음에서는 이미 알고 있을지 모른다. 상당한 시간의 생의 여정을 거쳐온 사람이라면 지금이 마지막 기회라고 생각하면 좋겠다. 이제는 반드시 찾아내길 기도한다.

지금 당신이 선 그곳에서 신의 음성과 운명의 속삭임을 들어보라. 혹시 당신이 이미 소명을 알고 있다면 그 길을 달려가기 위해 속도를 내야 할 것이다. 어쩌면 시간이 많이 남아 있지 않을지도 모른다. 나의 스승은 백 세까지 글 쓰고 강의를 하다가 순직하고 싶다고 자주 말씀하셨지만 예순을 채 넘기지 못하고 돌아가셨다. 당신에게도 시간이 별로 없다면 어찌할 것인가? 이대로 죽는다면 너무 억울하지 않은가?

지금 당신의 위치에서 메타동기가 될 소명을 찾아 강력한 끌개에 이끌려 남은 삶을 매일매일 전부 다 연소하길 바란다. 혼란 속에서 헤매지 말라. 집중할 때 당신의 꽃도 피어날지 모른다. 운이 좋으면 곧 열매도 볼 수 있을 것이다. 그러니 운명에 떨지 말고 당신의 소명을 찾길 바란다.

동기의 혼란에서 질서 찾기

두려움을 느끼는 상태에서는 동기가 막힌다. 반면 욕망을 느끼는 상태에서는 동기의 혼란을 훈련해 용기를 만들 수 있다. 과잉된 욕망이 곧 동기의 혼란을 발생시키므로 욕망을 제어할 수 있는 메타동기가 작용하면 동기의 혼란을 상당히 줄일 수 있다. 또한 마음을 잘 제어하면 의식 수준까지 끌어올릴 수 있다. 지금부터 그 이야기를 하려고 한다. 결국 우리는 건강하게 자기 일을 하면서 행복하길 원한다. 마음을 훈련하는 이유도 그 때문이다. 동기 훈련이 마음에 어떤 결과를 가져다줄지 생각해보자.

의식 수준을 나타내는 지표는 앞서 살펴본 호킨스의 의식 17단계를 사용하기로 한다. 호킨스의 17단계가 막연하다고 생각하지 말자. 구체적이고 접근 가능하며 우리가 정복할 수 있는 의식 수준이라 생각하고 어떻게 다룰 수 있을지만 생각하자. 이 방법을 훈련하면 더 강하고 질서 있고 행복한 마음을 가질 수 있다. 의식 17단계 중 동기와 깊은 관련이 있는 수준은 두려움, 욕망, 용기다. 물론 마음의 다섯 성분이 다 관련돼 있지만, 특히 동기가 깊이 관여한다는 의미다. 의식 수준을 올리기 위해 간단화한 것으로 이해하면 좋겠다.

동기가 막히는 의식 수준, 두려움의 메커니즘

동기는 일할 연료가 들어 있는 곳이다. 동기가 막히면 우리는 일하지 않는다. 의식 17단계에서 동기가 막히는 곳은 대수치 100대인 두려움이다.

사전에서는 두려움을 '위협이나 위험을 느껴 마음이 불안하고 조심스러운 느낌'이라고 정의한다. 인간은 영아기 때 양육자가 자신을 떨어뜨리거나 죽일지 모른다는 두려움과 엄마로부터 분리될지 모른다는 분리 불안을 느낀다. 이것이 최초로 두려움을 느끼는 경험이다. 그 두려움이 성인이 된 후에도 삶의 곳곳에서 나타나 우리가 뭔가 시도하려 할 때 가로막는 인자가 된다.

동기를 막는 두려움을 만들어내는 것은 뇌와 마음이다. 우리가 위험한 것을 보면 대뇌피질이 위협을 감지하고 편도체를 자극한다. 그러면 시상하부에서 호르몬이 분비되고 뇌하수체에서는 부신피질자극 호르몬인 ACTH가 방출되고 부신샘은 코르티솔이라는 호르몬을 분비하기 시작한다. 그러면 교감 신경이 작동함으로써 우리가 긴장을 느껴 도망가거나 숨으려는 본능적 행동을 일으킨다.

이렇듯 스트레스나 위협에 대해 반응하는 체계를 HPA Hypothalamus-Pituitary-Adrenal축 체계라 부른다. 이는 원시 인간이 포식자에게 잡아먹히지 않고 살아남고자 만들어놓은 안전 체계이자 진화의 비밀이다. 이 시스템은 현대인의 몸에서도 그대로 나타난다. 스트레스를 받으면 HPA 축이 움직이기 시작하고 코르티솔의 분비에 따라 몸이 반응한다.

적당한 스트레스는 좋다. 하지만 강한 스트레스는 우리 몸을 굳게 만든다. 고양이 앞에 얼어서 꼼짝 못 하는 새끼 쥐처럼 몸이 굳어버리는 것이다. 또한 우리 몸 속에서 HPA축이 움직여 코르티솔이 과분비되면 뇌의 기억중추인 해마 세포를 공격해 기억력을 감퇴시키고 식욕을 자극해 폭식 또는 절식하게 만든다. 우울증이나 충격적인 사건을 경험할 때 기억력이 떨어지고 폭식을 하거나 식욕이 사라지는 경험을 떠올리면 된다.

신경과학자들은 강한 스트레스를 주는 남편, 예를 들어 가정 폭력을 행사하는 남편을 둔 여자들은 매일 호랑이와 한 이불을 덮고 사는 것과 같다고 말한다. 호랑이를 만났을 때 토끼의 몸이 어떻게 반응할지 상상해보라. 매일 그런 두려움을 느끼며 행복하지 않게 살아가는 사람의 성격과 외모가 변하는 이유를 조금 알 수 있지 않은가? 또 신경과학자들은 직장 상사가 스트레스를 주는 상황도 문밖에 호랑이가 서 있는 것에 비유해 설명한다. 저 문을 나서면 우리 몸은 완전 전쟁 체계로 돌변해 긴장하게 될 게 뻔하다.

몸이 굳어버리는 토끼의 반응이 곧 두려움이 만드는 신체 변화를 상징한다. 마음에서는 두려움이 동기를 막거나 스트레스가 적은 다른 동기로 전환하게 만들어 동기의 혼란을 만든다. 행동을 만드는 연료가 곧 동기이므로 두려움이 행위를 막는 셈이다. 물론 두려움이란 정서와 인지 등이 모두 작동해 만들어지는 것이긴 하다. 하지만 두려움이 생기면 마음에서는 뭔가를 시도하려는 동기가 막히는 반응이 가장 크게 나타난다.

다음의 표에서 두려움은 대수치 100대로 하위 다섯 단계 위치에 있다. 동기에 문제가 생기는 두려움에서부터 동기 훈련을 시작할 수 있다. 의식의 변화 관련 연구자들은 인간이 변하기 힘든 가장 중요한 원인으로 변화가 주는 두려움을 반복해 강조한다. 두려움이 동기를 막기 때문에 무엇도 하고 싶지 않고 아무것도 할 이유를 느끼지 못할 뿐만 아니라 하기 싫어지는 것이다. 한마디로 의욕이 없어진 것이다.

두려움은 위험을 감지하면서 시작되지만 어쩌면 위험에 대한 건강한 반응일 수 있다. 토끼는 호랑이를 보면 두려움을 느끼고 도망가야 살아남는다. 겁 없는 토끼는 오래전에 모두 멸종됐을 것이다. 따라서 두

의식 수준과 동기가 만드는 의식의 성장 과정

의식 단계	1	2	3	4	5	6	7	8	9	10	11	12	13	14	15	16	17
대수치	20	30	50	75	100	125	150	175	200	250	310	350	400	500	540	600	1000
마음 요소	수치심	죄책감	무기력	슬픔	두려움	욕망	분노	자존심	용기	중용	자발성	포용	이성	사랑	기쁨	평화	깨달음
동기					1	2			3								

[마음 요소 수치의 의미: 출발점 (1), 훈련장 (2), 목적지 (3)]

려움이라는 인자는 진화의 사슬을 통해 전해져 우리 뇌와 마음속에 남게 됐다.

적당한 두려움은 살기 위해 움직이게 만드는 힘의 원천이 되기도 하지만 강한 두려움은 행동하지 못하게 만든다. 포식자, 천적, 질병, 노화, 죽음, 거절, 실패, 해고 위험 등과 같은 생물학적, 사회적 두려움은 행동의 동기로 작동하기도 하지만, 깊은 두려움에 사로잡히면 세상 모든 것이 전부 두렵게 느껴지고 아무것도 할 수 없게 마비된다. 세상 모든 것이 위험해 보이고 함정과 모략이 가득 차 있다고 느껴질 수 있다.

이러한 두려움이 심해지면 편집증, 신경증, 강박증, 공황장애가 나타날 수 있다. 부모의 두려움은 아이에게도 그대로 전달돼 부모가 세상을 바라보는 방식을 아이가 학습할 수 있다. 내재과거아가 만들어지는 전형적인 방식이다. 또한 의식 수준과 성격, 내재과거아가 연동하는 방식이기도 하다.

사랑하는 사람과의 관계가 끝나는 것에 대한 두려움이 질투를 유발해 오히려 관계를 악화시킬 수도 있다. 또 해고당할까 하는 두려움이 직장

일을 망치게 만들어 진짜 해고 대상자가 될 수 있다. 두려움이 타마스가 돼 억압이 시작되면 성장이 가로막힌다. 그러한 두려움들을 벗어나려면 뚫고 일어설 에너지가 필요하다. 앞서 설명한 동기를 만드는 요소인 욕구, 드라이브, 유인가를 떠올려야 할 시점이다. 다시 말하지만 욕구를 가지기 시작할 때 본격적인 동기가 작용한다.

동기의 혼란을 훈련하는 의식 수준, 욕망해야 움직인다

두려움 때문에 아무것도 할 수 없던 사람에게 강력한 삶의 의미가 생기면 욕망이 만들어지기 시작한다. 인간은 욕망에 따라 움직인다. 무엇인가를 얻기 위해서는 먼저 그것을 원하는 에너지가 있어야 한다. 그러므로 욕망이 강한 사람이 성취하기가 더 쉽다. 자신이 원하지 않았던 것을 우연히 텔레비전에서 보게 되면 우리의 욕망이 그것을 갖기 원한다. 텔레비전이 우리를 드라이브, 즉 추동한 것이다. 쉽게 말해 무언가를 원해야 갖기 위한 행동을 한다.

아무것도 하지 않던 사람이 삶의 의미를 찾게 되면 욕망이 자극되고 행동할 동기가 생긴다. 강한 두려움에 갇혀 아무것도 할 수 없던 사람이 두려움으로부터 벗어나 무언가 원하는 것을 욕망하기 시작할 때 행동이 시작된다.

욕망은 본능과 닿아 있으므로 상당히 많은 에너지가 잠재해 있다. 돈이나 힘을 욕망하는 인간은 그것을 향해 행동하기 시작할 것이다. 하지만 과잉된 욕망은 혼란을 가져온다고 했다. 동기를 넘는 메타동기가 필요한 이유다. 또한 소명과 같은 메타동기가 우리의 동기를 정리하고 끌고 가야 한다. 많은 욕망이 있으나 훈련을 통해 줄여가는 것이 욕망이라는 의식 수준에서 훈련할 일이다.

욕망의 훈련이 동기의 혼란을 줄인다

> "욕망은 우리를 움직여 목표 달성이나 보상을 위해 노력을 쏟아붓게 만든다. 돈과 명성, 힘에 대한 욕망이 삶의 동기로서의 두려움을 극복한 사람의 삶을 지배한다."
>
> _데이비드 호킨스

다빈치가 그랬듯이 욕망이 과하면 통제되지 않는다. 그리고 행동의 일관성을 사라지게 만들어 인생에 재앙을 부를 수 있다. 동기는 욕망에서 시작되지만 욕망은 우리의 동기를 훈련시키는 마음의 훈련장이다. 무언가를 갖고 싶다고 해서 모두 가지려고 하면 파산하거나 교도소로 가야 한다. 눈에 좋은 것만 추구하다가 에너지를 소진할 수도 있고 전리품인 줄 알고 쓰레기만 집 안에 들일 수 있다. 가장 위험한 것은 여러 욕망에 끌리는 것이다. 그럼에도 우리는 너무나 자주 욕망한다.

플로리다주립대학교 사회심리학자 로이 바우마이스터Roy F. Baumeister는 독일에서 빌헬름 호프만Wilhelm Hofmann과 함께 사람들이 얼마나 자주 욕망을 느끼는지에 대해 실험했다. 바우마이스터와 연구자들은 200명 넘는 남녀를 대상으로 자기 욕망을 보고하도록 했다. 그 결과 인간이 얼마나 자주 욕망하는지에 대한 단서를 찾았다.

연구진은 피실험자들에게 하루 일곱 번 수시로 벨이 울리는 자동 발신 장치를 부착했다. 장치가 울릴 때 욕망을 느끼고 있는지, 그것이 어떤 욕망인지, 벨 울리기 직전에는 어떤 욕망을 느꼈는지를 보고하게 했다. 연구진은 아침부터 자정까지 1만 개가 넘는 보고를 받았다. 자동 발신 장치가 울릴 때마다 피실험자의 절반가량은 욕망을 느끼고 있었다. 4분의 1 정도는 바로 몇 분 전에도 욕망을 느꼈다고 답했다. 실험 결과 욕망은 특별한 현상이 아니며 인간은 항상 욕망을 느낀다고 나타났다. 그리고 인간은 깨어 있는 시간 중 적어도 하루 4시간 정도는 욕망과 싸우며 보낸다고 결론지었다. 피실험자들이 주로 싸우는 욕망은 식욕, 성욕, 게임, 인터넷 서핑, 이메일 확인, SNS 확인, 텔레비전 보기 등으로 우리가 일상생활에서 흔히 느끼는 다양한 욕망과 비슷했다.

인간은 욕망 앞에 이러지도 저러지도 못하고 혼란을 느낀다. 그러는 사이 정신은 산만해지고 머리는 아파온다. 시시각각 변하는 욕망은 반드시 절제돼야 한다. 욕망하되 욕망을 적절히 통제할 수 있어야 한다는 말이다. 그러기 위해서는 반드시 우리의 동기보다 더 높은 메타동기의 인도를 받아야 한다. 메타동기 아래에서 모든 욕망을 제어할 수 있다면 동기의 혼란에 빠지지 않을 것이기 때문이다. 욕망은 동기의 혼란을 훈련하는 의식 수준으로 생각하자.

욕망 줄이기 훈련

1. 당신이 가진 것 중 그것이 없어진다면 당신을 불행하고 초라하게 만들 만큼 중요한 것을 세 가지 써보자.

( ) ( ) ( )

2. 그것들이 사라졌을 때 당신이 정말 불행해졌는지 상상해보라.

3. 그것들 없이 살아갈 때 어떤 점이 달라졌을지 생각해보라.

4. 이제 당신이 꼭 갖고 싶은 것 세 가지를 써보자.

( ) ( ) ( )

5. 그것들 중 당신의 소명과 연관이 없는 것은 지우고 하나만 남겨라.

( )

결국 마지막에 남은 한 가지가 당신에게 가장 중요한 것이다. 그것을 중심으로 하루를 재편해보기 바란다.

동기의 질서를 만드는 의식 수준, 동기를 정리하면 용기가 생긴다

두려움을 느끼는 상태에서는 동기가 막히고, 과잉된 욕망은 동기의 혼란을 가져온다. 이를 방지하려면 소명과 같은 메타동기의 안내를 받아 욕망을 정리해야 한다. 그제야 비로소 과도한 욕망을 버릴 수 있는 용기가 생긴다. 대수치 200대의 용기는 의식 수준을 상승시킬 수 있는 첫 번째 성장점이다.

소명과 같은 메타동기는 자신이 무언가를 하고 싶었던 욕망을 줄이고 할 수 없던 것도 하게 만든다. 삶의 의미는 욕망을 만들지만 소명은 욕망들을 통일시켜 과감하게 가지치기할 수 있는 용기를 준다. 결국 욕망이 만들어낸 동기의 혼란을 잠재우고 질서를 찾을 때 용기라는 의식 수준으로 오를 수 있다.

욕망을 버리는 일에 얼마나 많은 용기가 필요한지 모른다. 호킨스의 의식 17단계에서 대수치 200대의 용기 단계는 상당히 중요한 의미를 가진다. 호킨스는 용기를 성장의 첫 번째 분기점이라고 했다. 그는 인류의 78퍼센트가 200 수준 이하에 머물러 있다고 했다. 용기는 상당히 높은 단계다. 용기에서 저항하던 사자는 포효하는 건강한 사자로 변신한다. 또한 용기는 마음의 1차 성장점이다. 낙타나 병든 사자 같던 인류의 78퍼센트 중에서 용기가 생긴 22퍼센트가 건강한 진짜 사자의 삶으로 들어갈 수 있다. 이런 변화의 시작은 두려움을 넘고 욕망을 자르는 용기에서 시작한다.

호킨스에 따르면 용기에 이를 때 우리 내면의 잠재력이 드러나기 시작한다고 한다. 쉽게 말해 용기에서 비로소 무언가를 할 수 있는 진짜 힘이 생긴다. 성취, 인내, 결단이 일어나려면 깊은 용기가 필요하고 매일 작은 선택 하나를 할 때에도 인생을 바꿀 만한 용기가 필요할지 모른다. 심리적 용기는 그런 것이다. 용기가 생겼을 때 비로소 힘이 생긴다. 용기를 확보하면 동기는 막히지도 않고 혼란스럽지도 않다.

원래 용기를 뜻하는 영어 단어 'courage'는 '심장', '가슴'을 뜻하는 프랑스어 'coeur'와 같은 어간에서 나온 것이다. 인간의 심장이 펌프질해 혈액을 팔다리와 뇌로 보내 다른 신체 기관을 움직이게 만드는 것처

의식 수준과 동기가 만드는 의식의 성장 과정

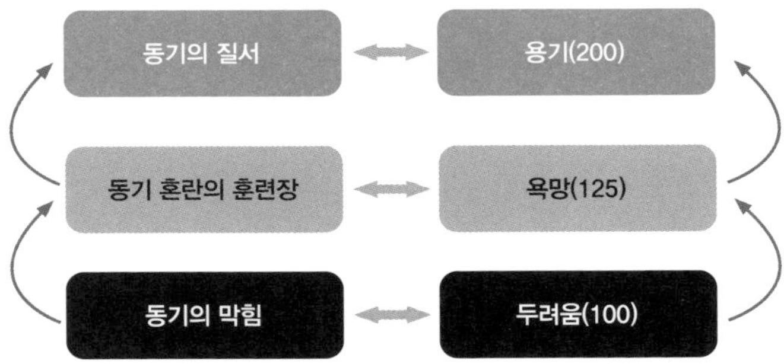

럼 용기라는 정신적인 힘이 다른 정신에 에너지를 준다고 생각하면 된다. 그래서 호킨스가 대수치 200대의 용기를 성장으로 가는 중요한 분기점이라고 했는지 모른다.

용기에 이르지 못하면 억지로 힘을 써야 하지만 대수치 200대의 용기를 넘어서면 내면의 잠재성이 활성화돼 진짜 힘이 발현된다. 당신이 용기의 수준에 이르지 못한 인류의 78퍼센트에 속하지 않는다고 보장할 수 있는가? 다시 말하지만 용기는 다른 정신적인 덕목이 생명을 가질 수 있게 만들어주는 곳이고 성장을 위한 1차 성장점이다. 우리가 건강한 사자, 혼란 없는 어린아이로 제대로 살기 위해 첫 번째 확보해야 하는 지점이다. 호킨스는 용기에서 생산성이 생기기 시작한다고 했다. 용기를 자극할 수만 있다면 동기의 혼란이 사라져 우리는 늘 성장할 수 있을지 모른다.

3

정서의 질서를 찾으려면 늘 기뻐하라

정서와 감정

정서emotion는 슬픔, 기쁨처럼 마음에서 일어나 외부로 표출되는 현상을 말한다. 브리태니커 사전에서는 정서란 '주관적 경험, 표출된 행동, 신경화학적 활동이 종합된 극도로 복잡한 여러 가지 현상'이라고 정의하고 있다. 정서를 나타내는 'emotion'은 '밖으로'를 의미하는 'e'와 '움직이다'라는 뜻의 라틴어 'movere'에서 유래했다. 즉, 어떤 일이 일어났을 때 그것을 지각하고 느낀 것이 외부로 표출되는 현상이다.

정서 연구자들은 '어떤 대상이나 상황을 지각하고 그에 따르는 생리적 변화를 수반하는 복잡한 상태'라고 정의한다. 예를 들어 불안, 분노, 사랑처럼 우리가 어떤 느낌을 갖는 것은 감정feeling이고, 그 감정과 함께 눈물이나 식은땀이 나는 생리적 현상까지 포함한 것이 정서다. 정확한 느낌은 모르지만 얼굴이 화끈거리거나 눈물이 나거나 열이 갑자기 나는 경우도 정서가 발생한 것으로 볼 수 있다. 느낌을 감지하지 못하거나 무시하기 때문에 알지 못할 뿐이다.

어떤 사건이나 자극을 만나면 사람들은 기분이 달라진다. 만약 어떤 행위를 통해 나의 동기가 충족됐을 때는 깊은 만족을 느끼며 유능감을 느낀다. 정서는 마음의 다른 성분인 동기, 의지, 인지, 행동과 결합해 내부에서 만들어져 외부로 드러나는 결과물이다. 이유를 알 수 없는 눈물이 흐르는 경험을 한 적이 있을 것이다. 이유도 없이 계속 콧노래가 나오며 싱글벙글거릴 때도 있다. 그게 곧 정서다.

정서는 인지가 알아채기도 전에 먼저 나타나기도 하고 인지와 함께 나타나기도 하며 인지 평가가 끝난 후에도 나타난다. 마음의 상태를 나타내는 리트머스 시험지와도 같다. 그렇게 우리는 분노, 기쁨, 공포, 슬픔, 수치심, 사랑, 죄책감, 선망, 질투, 긍지, 안도감, 희망, 감사, 동정심 등 무수한 정서를 갖는 것이다.

당신 기분이 왜 그런지 아는가?

대부분 자신이 슬픈 이유를 아는 경우가 많지만 모르는 경우도 있다. 정서가 만들어지는 이유가 워낙 다양해 원인을 모를 수도 있다. 생존을 위해 본능이 만드는 정서가 있고, 생각하고 판단할 때 생기는 인지적 정서도 있으며, 사회적 관계에서 느끼는 정서와 특정한 문화에서만 나타나는 정서도 있다. 숱한 정서 중 인간이 공통적으로 갖는 정서를 기본 정서라고 한다. 모든 정서는 마음속에서 올라온다. 불안하다가도 수치심을 느

정서의 발생 원인

정서 종류	발생 원인
분노	자신과 자기 소유에 위반되는 행위를 만날 때
불안	모호하지만 위협에 직면할 때
놀람	즉각적이고 구체적이며 압도적인 위협에 직면할 때
죄책감	도덕적 명령을 위반했다고 느낄 때
수치심	자아이상(self ideal)에 따라 생활하는 데 실패할 때
슬픔	돌이킬 수 없는 상실을 경험할 때
부러움	타인이 소유한 것을 자신도 원할 때
질투	애정의 상실 또는 위협에 대해 상대를 원망하는 마음이 들 때
혐오	자신이 소화할 수 없는 대상이나 생각을 받아들여야 할 때
행복	자기 목표 실현에 다가갈 발전을 할 때
자만심	자신이나 동일시하는 집단이 가치를 느끼는 것을 성취해 자아정체감이 증대됐을 때
위안	더 나은 것을 위해 뭔가 변화됐거나 도달하기 어려운 목표가 이루어질 수 있는 여건에 직면했을 때
희망	최악의 것은 두려워하면서 최선의 것을 갈망할 때
사랑	일반적으로 보답할 필요가 없는 애정을 원하거나 애정에 빠질 때
연민	다른 사람의 고통에 마음이 움직여서 돕기를 원할 때

출처: Lazarus, R. S., Emotion and Adaption, New York: Oxford University Press, 1991.

끼고, 질투심도 느끼지만 자부심도 느낀다. 기쁨과 슬픔은 늘 삶과 함께하고 성질을 못 이겨 화를 내다가도 다시 화낸 것을 미안해하기도 한다. 왜 이토록 많은 정서가 생기는 것일까? 미국의 심리학자 리처드 래저러스Richard Lazarus는 정서 종류와 발생 원인을 위의 표와 같이 정리했다.

한편 인지행동치료의 권위자 데이비드 번즈David D. Burns 박사는 우리가 어떤 감정을 느끼게 되는 사건과 생각의 사례를 다음 표처럼 설명했다.

감정을 일으키는 사건과 생각 (번즈)

감정	감정이 일어나는 사건	감정을 일으키게 되는 생각
슬픔 우울	실연, 사랑하는 사람의 죽음, 직업 상실, 금전적 문제, 나이 듦, 건강 악화, 목표 달성의 실패 등과 같은 상실과 관계된 사건.	잃어버린 것을 찾지 못하거나 사랑하는 사람 없이는 결코 행복할 수 없다고 생각하고 나는 열등하고 사랑스럽지 않다고 믿게 된다.
죄책감 수치심	다른 사람의 감정을 상하게 했거나 의무를 다하지 못했을 때, 자기가 정한 도덕적 기준에 따라 사는 데 실패했다고 믿을 때 나타나는 자의식 정서.	"그것은 내 잘못이야. 그렇게 하지 말았어야 했어"라고 자신을 나쁜 사람으로 판단한다. 또한 다른 사람들이 자기 정체를 알아차리고 판단할 것이라 걱정한다.
좌절감	자신의 기대만큼 일이 되지 않을 때. 예를 들어 지하철이 빨리 오지 않거나, 폭식을 끊지 못하거나, 친구가 약속을 어기는 등 일상적인 일.	자기가 기대하는 대로 일이 일어나야 한다고 생각한다. 문제는 다른 사람에게 있고, 자기는 희생자라고 생각한다.
분노	다른 사람이 자기를 불공정하게 대하거나 학대, 거부하거나 이용하려고 드는 행위.	다른 사람은 이기적이고 비이성적이며 비난받을 존재이며 자기는 좀 더 좋은 대접을 받아야 한다고 생각한다.
불안 걱정 공포	건강 문제, 직업 문제, 실적 저하, 성적 저하 또는 다른 사람에게 비치는 자신의 모습에 대한 걱정, 고소공포, 전염병, 비행기 사고 등 합리적이지 않은 두려움을 느낌.	위험을 느끼고 좋지 않은 일이 일어날 것이라고 생각한다. "가슴의 통증이 큰 병 때문이면 어떻게 하지?", "남 앞에서 말할 때 말문이 막히면 어떻게 하지?" 등과 같이 생각한다.
고독감	친구가 없거나 좋아하는 사람과 헤어졌을 때, 사람들과 가까워지기 어려워 군중 속에서 외로움을 느낄 때.	다른 사람에게 사랑과 관심을 받지 못하면 불행하다고 생각한다. 무언가 잘못되고 있거나 자신은 기본적으로 다른 사람과 다르다고 생각한다.
절망감 실망감	불행한 결혼생활처럼 대인 관계 문제를 잘 해결하지 못할 때, 직업에서 새로운 기술의 습득이 어려울 때, 우울과 불안이 일어나며 난관에 부딪혔다고 느낄 때.	문제는 호전되지 않을 것이고 영원히 비참할 것이며 일이 잘 풀리지 않을 것이라 생각한다.

번즈는 모든 감정에는 이유가 있다고 말한다. 우리는 실연당했을 때, 사랑하는 사람이 죽었을 때, 직업을 잃게 됐을 때, 돈에 관한 문제가 발생했을 때, 노화를 느끼거나 건강이 악화됐을 때, 목표 달성에 실패했을 때처럼 뭔가를 상실한 사건이 일어났을 때 슬픔과 우울을 느낀다. 또 잃어버린 것을 찾지 않고는 행복할 수 없다고 생각하거나, 사랑하는 사람 없

이는 절대로 행복할 수 없다고 생각하거나, 아니면 자신이 부족하고 사랑스럽지 않다고 생각될 때도 슬프고 우울해진다. 번즈는 죄책감, 수치심, 분노, 걱정, 불안, 두려움, 공포, 절망감 등의 감정이 왼쪽의 표와 같은 사건을 만났을 때 우리 생각의 방향에 따라 생성된다고 설명한다.

정서에는 확실한 이유가 있다. 질투할 때, 분노할 때, 슬퍼할 때 마음의 색은 다르다. 사랑과 열망 같은 긍정정서는 하루를 즐겁게 채워준다. 불안, 우울, 분노, 슬픔 같은 부정정서는 생활을 엉망으로 만든다. 하지만 정작 우리는 정서가 왜 일어나는지 잘 알지 못하고 정서에 휘둘려서 실수를 하기도 하고 사태를 어렵게 만들기도 한다. 심지어 정서의 혼란은 고통으로 느껴진다. 분노를 조절하지 못해 소리를 지르거나 슬픔을 이기지 못해 통곡하는 일이 얼마나 많은가? 이런 것들이 뒤죽박죽된 정서의 혼란은 진짜 고통스럽다.

도저히 피할 수 없는 정서도 있다

정서는 종류도 다양하고 학자들마다 주장도 다르다. 정서 중에서 모든 인간이 공통적으로 갖고 있는 정서가 기본 정서다. 최근에는 미국의 심리학자 폴 에크만Paul Ekman 등이 정의한 분노, 공포, 슬픔, 기쁨, 혐오, 놀람이라는 여섯 가지 정서가 보편적으로 받아들여지고 있다. 문화와 종족에 상관없이 아프리카 원주민에서 뉴욕의 신사까지, 노숙자에서 청와대의 정치인까지 여섯 가지 기본 정서를 모두 다 느낀다는 것이다.

당신도 평소 분노, 공포, 슬픔, 기쁨, 혐오, 놀람과 같은 정서를 자주 느낄지 모른다. 이런 기본 정서 이외에도 경멸, 수치심, 죄책감, 당황, 경외

인간이 피할 수 없는 기본 정서들

학자명	기본 정서 종류
로버트 플루칙(Robert Plutchik)	분노, 공포, 수용, 혐오, 기쁨, 슬픔, 기대, 놀람
폴 에크만(Paul Ekman) 월리스 프리젠(Wallace Friesen) 피비 엘스워스(Phoebe C. Ellsworth)	분노, 혐오, 공포, 기쁨, 슬픔, 놀람
니코 프리자(Nico H. Frijda)	욕망, 행복, 흥미, 놀람, 경이, 비애
마그다 아널드(Magda B. Arnold)	분노, 혐오, 용기, 낙담, 욕망, 절망, 공포, 증오, 희망, 사랑, 슬픔
제프리 그레이(Jeffrey A. Gray)	분노, 공포, 불안, 기쁨
캐럴 아이자드(Carroll E. Izard)	분노, 멸시, 혐오, 고뇌, 공포, 죄책감, 기쁨, 수치, 놀람
윌리엄 제임스(William James)	공포, 비탄, 사랑, 분노
윌리엄 맥두갈(William McDougall)	분노, 혐오, 의기양양, 공포, 복종, 경이
오발 호바트 모러(Orval Hobart Mowrer)	고통, 기쁨
키스 오트리(Keith Oatley) 존슨 레어드(Johnson Laird)	분노, 혐오, 불안, 행복, 슬픔
자크 판크세프(Jaak Panksepp)	기대, 공포, 분노, 공황
실반 톰킨스(Sylvan S. Tomkins)	분노, 흥미, 멸시, 혐오, 고뇌, 공포, 기쁨, 수치심, 놀람
존 왓슨(John B. Watson)	공포, 사랑, 분노
버나드 와이너(Bernard Weiner) 신시아 그레이엄(Cynthia A. Graham)	행복, 슬픔

출처: 'What's basic about emotions?', Ortoney, A., & Turner, T. J., Psychological review, 1997.

감처럼 우리가 사회적인 동물로서 느끼는 자의식적 정서도 있다. 정서 심리학자들이 말하는 기본 정서에는 약간의 차이가 있는데 그 내용을 위의 표에서 확인할 수 있다. 여기에 제시된 정서들을 우리가 보편적으로 가지고 있다고 생각하면 된다.

내가 왜 그런지 다 알고 있는 메타정서

동기를 끌고 가는 메타동기가 있었던 것처럼 정서를 조절하는 상위 정서인 메타정서meta emotion도 있다. 메타정서는 정서를 지능으로 사용하는 정서 지능emotional intelligence으로 보면 된다. 즉, 기뻐하는 나, 슬퍼하는 나에 휘둘리지 않고 정서의 발생 원인을 알아차리고 조절까지 하는 것이 메타정서다.

마음의 각 성분들도 그 기능을 초월하는 고차 개념을 설명할 때 메타동기, 메타정서, 메타인지, 메타행동, 메타의지를 활용한다. 4부에서 설명하겠지만 성장과 진화를 위해 우리 마음을 이끌어줄 마음의 자극제, 촉매 혹은 인도자, 스승이 바로 메타값이다. 마인드도 셀프 멘토인 메타마인드에 의해 자극받는다.

메타정서는 우리에게 나타나는 정서의 원인을 정확히 이해할 수 있는 상위 개념이다. 자신이 화가 났는데 이유도 모를 때가 있다. 하지만 메타정서를 파악하면 이유를 알 수 있다. 그러므로 메타정서를 인지와 함께 파악해야 한다. 마음은 모두 연결돼 있으므로 동기, 정서, 의지, 인지, 행동도 모두 완전히 연결돼 있다. 마음의 성분 하나에 문제가 생기면 나머지도 기능하기 힘들어진다.

메타정서를 갖는다는 것은 정서 지능이 높다는 의미다. 1990년 정서 지능을 처음으로 제시한 미국의 사회심리학자 피터 샐러베이Peter Salovey와 존 메이어John Mayer는 정서 지능에 네 가지 특징이 있다고 말했다. 메타정서는 정서 지능이 가진 정서의 인식과 표현 기능, 정서의 사고 촉진 기능, 정서 지식의 이해 능력, 정서 조절 기능을 활용할 수 있다.

메타정서의 정서 인식과 표현 기능은 자신과 타인의 감정과 기분을 정확히 알아차리고 자기감정을 제대로 표현하도록 이끈다. 이러한 메타정서를 잘 활용하는 사람일수록 자신의 정서를 잘 알고 그것을 세련되고 적절하게 표현한다.

메타정서의 사고 촉진 기능은 정서를 문제 해결과 사고 활동을 위한 연료로 쓸 수 있게 만들어준다. 화가 나서 아무것도 못하는 사람도 있지만, 화를 내는 자신을 바라보며 화가 난 이유를 알아채는 사람도 있다. 자신이 화난 이유가 기대보다 업무 성과가 저조하기 때문임을 알았다면, 그리하여 성과를 높이기 위해 분노를 연료 삼아 더 열심히 일한다면 그는 메타정서를 잘 이용하는 사람이다.

메타정서가 정서를 지식으로 활용하는 과정을 살펴보자. 우선 메타정서는 정서가 발생하는 이유와 흐름을 이해하는 자기 이해 능력이다. 쉽게 말해 친한 친구가 갑자기 싫어지고 혐오스럽게 보일 때, 사랑하는 사람에게 사랑과 증오를 동시에 느낄 때 정서적 혼란에 휘둘리지 않고 그 이유를 알아차리는 능력이다. 이때 만약 그들에게 실망한 이유가 자신의 기대가 너무 컸기 때문임을 알게 된다면 상대방에게 실망할 것이 아니라 자신이 문제임을 알게 되고 정서가 정돈된다.

메타정서의 정서 조절 기능은 감정과 기분을 상황에 따라 적절하게 통제하고 조절하는 역할을 한다. 화나고 짜증이 난다고 해도 바로 폭발시키지 않고, 자기 내부에서 왜 그런 정서가 일어나는지를 객관적으로 바라보는 능력이다. 부정정서가 올라올 때면 정서 조절 기능이 자신을 침범하지 않도록 조절하고 나아가 부정정서를 긍정정서로 변화시킬 수 있다.

우리는 메타정서를 통해 정서를 알아내고 조절, 변화시킬 수 있다. 《영혼의 자리》를 쓴 게리 주커브Gary Zukav는 "자기감정을 모르면 인생을 바꿀 수 없다. 자기감정을 이해할 때 인생에서 무엇을 어떻게 바꿔야 하는지 알 수 있다"라고 말했다. 어떤 감정이 일어날 때 그 감정에 휘둘리지 말고 그 감정이 일어나는 이유를 분석해 그 속에서 자신의 오류를 찾아야 한다. 어떤 감정이 솟아올라올 때 위에서 그 감정을 바라보고 자기의 감정이 생기는 이유를 알아내고, 만약 감정이 발생한 명확한 이유가 있어서 도저히 어쩔 수 없다면 그 감정을 그대로 자신의 것으로 받아들여야 한다.

예를 들어 분노의 원인을 파악해보니 승진 누락이 원인임을 알았다고 하자. 그러면 일단 분노를 조절해 평정심을 찾기 위해 애를 써보는 식이다. 만약 마음이 진정된다면 다행이다. 하지만 진정되지 않을 가능성이 크다. 그런 경우에는 분노를 역이용해 집중해서 일해보면 어떨까? 다음 번 승진에서는 절대로 누락되지 않게 분노를 연료 삼아 공부하고 일하는 것이다. 이렇게 정서 지능을 활용하는 능력이 메타정서다.

메타정서를 가진 사람은 정서에 휘둘리지 않는 중용의 위치를 찾을 수 있을 것이다. 당신은 자신과 타인의 정서를 이해하고 활용하기 위해 메타정서를 사용할 줄 알아야 한다. 그에 앞서 정서가 일어나는 원리를 알고 있어야 한다.

진화의 사슬에서 인간을 살아남게 만들어준 정서

지금부터 정서가 왜 일어나는지 살펴보자. 인간에게는 공통적으로 나타나는 기본 정서가 있다고 했다. 왜 모든 인간은 같은 정서를 보일까? 많은 이유가 있겠지만 일단 두 가지만 알아두자. 우선, 인간도 동물이므로 포식자에게 먹히지 않고 살아남기 위해 어쩔 수 없이 만들어내야 하는 감정이 있다. 그리고 동물이 아닌 인간만이 갖는 인지 정서도 존재한다.

정서는 인간이 진화의 사슬에서 여지껏 살아남을 수 있게 만들어준 강력한 무기다. 정서가 무기라니 어색하게 들릴지 모르겠다. 인간의 기본 정서들을 설명한 246페이지 표에서 가장 먼저 등장한 정서심리학자 로버트 플루칙은 무기로 사용되는 대표적인 정서 여덟 가지를 제시했다. 플루칙은 분노, 공포, 수용, 혐오, 기쁨, 슬픔, 기대, 놀람이라는 여덟 가지 정서가 진화의 사슬을 타고 인간에게 전해진 기본 정서라고 정리했다. 다시 말해 원시인이 느낀 정서를 우리도 느낀다는 말이다.

정서가 진화에 도움을 줬다는 관점을 가진 학자 중에서 키스 오트리와 존슨 레어드는 인간에게 분노, 혐오, 불안, 행복, 슬픔의 다섯 가지 기본 정서가 있다고 제시했다. 이들은 "동물은 다른 구성원과 상호작용하기 위한 통제 기제로서 진화에 근원을 두는 정서를 가진다"고 말한다. 리처드 래저러스는 《감정과 이성》에서 "인간의 정서가 진화해온 것은 그것이 삶을 성공적으로 헤쳐나가는 데 도움을 주었기 때문이다"라고 정리했다.

다윈 이후, 인간이 동물이기 때문에 생존과 진화를 위해 필연적으로 정서가 만들어졌다는 견해를 가진 학자는 많이 등장했다. 인간은 동물일 수밖에 없고 한 번 살다가 죽어야 하는 생명체에 불과하다는 사실을 다시 느끼게 하는 대목이다. 하지만 그럼에도 불구하고 인간은 더 성장할 수 있고 자신을 넘어설 수도 있다. 그러기 위해서 우리는 정서의 메커니즘을 잘 알아야 한다. 먼저 인간이 동물이므로 어쩔 수 없이 느끼는 감정이 진화에서 비롯했다는 플루칙의 여덟 가지 기본 정서에 대해 알아보자.

여덟 개의 정서라는 무기

플루칙은 진화에 근거해 동물일 수밖에 없는 인간이 만들어내는 여덟 개의 기본정서가 있다고 제시했다. 기본 정서는 기본적으로 인간이 위기를 감지할 때 살아남기 위해 작동하는 안전 장치다. 바꿔 말하면 여덟 가지 정서는 마음의 무기라 할 수 있다. 인간과 동물은 살아가면서 여러 가지 위기를 만나고 느낀다. 당연한 이야기 아닌가? 21세기를 살아가는 우리도 매일 위기를 만난다. 길을 가다가 교통사고를 당할 수도 있고, 프로젝트가 실패하면 해고돼 가족이 굶을 수도 있고, 노화를 거치면서 죽음도 절감한다. 이런 모든 것들이 유한한 생명체가 느끼는 위기다.

인간이 위기를 느끼는 순간 살아남기 위해 적절하게 드러내는 여덟 가지 정서는 분노, 공포, 수용, 혐오, 기쁨, 슬픔, 기대, 놀람이다. 다음의 표는 인간이 만나는 위기와 그때 만들어내는 정서를 정리한 것이다.

인간이 만나는 위기의 종류와 위기에서 만들어지는 정서

인생에서 만나는 위기		마음속 평가	판단/인식	대응 방법	정서
위계 (hierarchy) 갑을 관계	나는 어느 위치인가? (독재, 복종, 명예나 부의 추구)	내 지위가 높음	방해	상대 파괴(destruction)	분노
		내 지위가 낮음	위협	자기 보호(protection)	공포
정체성 (identity)	나는 누구이며 존재 가치가 있는가? (친구 사귀기, 사랑에 빠짐, 구애, 결혼, 가족 형성, 사회 일원 되기)	도움 됨	호감이 가는 동성	합병(incorporation)	수용
		도움 안 됨	취향이 다른 사람	거절(rejection)	혐오
유한함 (temporarily)	나는 언젠가 죽을 것이다. (질병, 죽음, 사회 지원, 이타주의, 동정심 표현)	삶의 연장	매력적인 이성	생식(reproduction)	기쁨
		죽음의 체험	가족의 죽음	상실(deprivation)	슬픔
영역 (territoriality)	내 영역은 어디까지인가? (직업 유지, 개인 공간 확보, 물건 소유)	영역 확장	새로운 세계	탐색(exploration)	기대
		영역 축소	모르는 물체	지향(orientation)	놀람

출처: Izard, C. E., The Psychology of Emotion, Plenum Press. & Plutchik, R, 1990. 'Emotions and Psychotheraphy A PsychoevolutionaryPerspective', In R. Pluchik & Kellerman(eds), Emotions: Theory, research and experience(Vol. 5) The Measurement of emotions, San Diego CA: Academic Press.

내가 갑이면 분노, 을이면 공포가 만들어진다

인간과 동물이 만나는 첫 번째 위기는 먹고 먹히는 포식자predator와 피식자prey의 관계에서 만들어진다. 그러한 위기를 위계적인hierarchy 위기라고 한다. 위 표의 첫 행에 설명된 위기다. 모든 동물 사회에는 필연적으로 수직적인 계급이 있다. 종족 간에 먹고 먹히는 관계도 있고, 동일 종족 내에서의 서열 싸움도 존재한다. 인간 사회도 서열 전쟁이 끊임없이 발발하고 갑을 관계가 나타난다.

국가 간, 민족 간, 직장과 사회, 심지어 가정에서조차 주도권 싸움이 벌어지는 것이 인간들의 세상이다. 학창 시절 열심히 공부하거나 기술을 배우고, 더 안정적인 직장을 구하려 노력하고, 돈을 벌고 저축하는 행위들은 사회에서 을로서만 살 수 없으므로 갑은 되지 못해도 최소한의 안전 장치를 만들기 위한 노력인지 모른다.

우리가 사회에서 살아남기 위해 분투하는 행위는 원시인이 사냥에서 죽지 않고 혼자 낙오돼 포식동물에게 잡아먹히지 않으려고 애쓰던 것과 다르지 않다. 원시인이 느끼던 위기를 현대인도 느낀다. 원시인 시절 살아남거나 잡아먹히지 않기 위해 적절한 감정을 만들어내야 했던 동물의 특징을 오늘날의 인간도 갖고 있다.

위계라는 위기에 민감한 우리는 누군가를 만날 때 필연적으로 상대와 자신의 갑을관계를 빠르게 파악한다. 플루칙은 그 노력의 결과가 정서로 나타난다고 주장한다. 만약 자신이 상대보다 더 높은 상위 계층, 갑이라고 느끼면 불안을 느끼지 않는다. 그러나 상대방을 자신의 을로 잡아두려면 포식자가 피식자를 먹어치울 때 보이는 감정인 분노를 드러내야 한다. 상사가 우리를 고분고분하게 만들기 위해 일부러 과도하게 화를 내고 기안서를 던지는 행동이 바로 위계상 감정 표현 방법이다.

상사 밑에서 일하는 직원 역시 윗사람에게는 비굴하게 굴다가도 자신보다 직급이 더 낮은 직원에게는 성과를 내지 못했다며 닦달을 하기도 한다. 심지어 자기보다 약한 아내나 아이 같은 가족에게도 짜증을 내고 명령하듯 행동하기도 한다. 이런 행동들이 원시인부터 유전자를 타고 전해진 인간의 감정에서 비롯했다고 생각하면 인간이 살아남기 위해 별짓을 다한다고 생각할지 모른다. 하지만 그럴 수밖에 없는 것이 유한한 생명의 한계이니 어쩌겠는가?

토끼는 사자를 만나면 공포를 느끼고 살기 위해 얼른 도망간다. 이것이 바로 본능이다. 그래야만 살아남을 수 있기에 자기보다 강한 동물을 만나면 공포를 느끼고 무조건 도망가는 것이 프로그래밍돼 진화의 사슬을 타고 후대에 전해진다. 겁을 먹지 않은 토끼는 사자의 먹이가 될 뿐이다. 그리고 겁 없는 토끼의 인자는 진화의 사슬에서 자연스럽게 도태됐다. 우성 인자는 남고 열성 인자는 사라져가는 것이 진화의 법칙이다.

나하고 맞으면 수용, 안 맞으면 혐오를 만든다

인간이 만나는 두 번째 위기는 "나는 누구인가", "어디에 속해 있는가"라는 의문에서 생기는 위기다. 다시 말해 자신의 정체성identity을 위협받거나 정체성을 확인할 때 생기는 감정이다. 이것 역시 생존에 필요한 절차다.

토끼가 겁 없이 하이에나와 놀자고 했다가는 먹이가 되고 말 것이다. 뱀이 자신과 비슷하게 생긴 고무호스에게 짝짓기를 시도해봐야 시간 낭비다. 정체성은 자기가 누구인지를 아는 것이다. 자기와 맞는 대상을 만나면 수용하고 싶어지지만 도움이 되지 않은 대상을 만나면 혐오가 나타난다.

인간 사회도 마찬가지다. 멋진 사람을 만났을 때 그와 친구가 되면 자신도 우월해질 것 같은 마음에 그와 친해지고자 한다. 여기서 멋지다는 것은 자기기준일 뿐이다. 일반인은 문신을 새긴 조폭을 보고 멋지다고 느끼기보다 가급적 피하고자 한다. 하지만 폭력의 세계에 들어선 10대

아이는 등에 용 문신이 있는 전과 20범의 조폭 두목을 절대적 우상처럼 바라볼 수 있다. 이렇듯 정체성은 자기기준에 따라 결정된다.

따라서 자신의 정체성에 맞을 때는 수용하려고 드는 반면, 어떤 존재가 자기의 정체성을 위협할 때는 상대를 밀어내기 위해 혐오의 자세를 취한다. 나와 수준이 맞지 않는 상대방으로 인해 자신마저 하향평준화될 필요가 없다는 생각 때문이다. 가족 간에도 비슷한 일이 생길 수 있다. 누군가 사업에 실패해 범죄자가 됐을 때 친구들은 물론 가족도 그를 버릴 수 있다. 그의 몰락이 자신의 정체성에 위협을 주기 때문이다. 그리고 주변 사람들은 그에게 혐오를 느끼고 거절이라는 행동을 취한다. 무엇인가를 수용하거나 혐오하는 이유를 깊이 생각해본 적이 있는가? 이제 당신이 싫어하는 그 사람을 싫어하는 근본적인 이유를 발견했길 바란다.

시간이 유한하므로 기쁨과 슬픔을 느낀다

삶과 죽음이라는 문제는 미래를 향해 흘러갈 뿐 과거를 되돌리지 못하는 시간과 관련이 있다. 세 번째 위기는 바로 시간의 유한함temporarily과 관련된 위기다. 인간은 언젠가 죽을 수밖에 없는 존재다. 따라서 인간이 삶의 끝을 느낄 때마다 시간의 유한성이 위기로 작동한다. 그래서 인간은 자신이 죽어도 흔적을 남기기 위해 결혼하고 아이를 낳으며 후대에 남겨줄 유산을 만들고자 하는 것이다. 또 동물과 달리 인간은 죽음 이후의 세계를 생각하면서 종교 활동을 하기도 한다.

플루칙은 인간이 시간을 연장하거나 유산과 자손을 남기는 행위에서 기쁨을 느끼고, 반대일 때 슬픔을 느낀다고 했다. 종족 보존을 위한 생식 활동을 통해 기쁨을 느끼는 것도 그 때문이다. 이렇듯 동물과 인간이 가진 생식 본능과 그 행위에서 즐거움을 느끼는 것은 진화의 사슬을 통해 후대에 고스란히 전해졌다.

반면 죽음이나 노화가 다가올 때는 유한한 시간을 감지해 상실의 느낌으로부터 슬픔을 느낀다. 거울에 비친 자신의 얼굴이 늙었다고 느껴져 슬퍼질 때, 그 근원에는 죽음이 한 발 더 다가왔다는 무의식의 자극이 자리하고 있을 수 있다. 이제 어떤 감정이 올라올 때 그 이유를 생각해보길 바란다. 그러면 앞으로 무엇을 할지 떠오를지 모른다.

내 영역이 확대되면 기대하고, 축소되면 놀란다

마지막으로 영역territoriality과 관련된 상황이 위기를 만들어낼 때 나타나는 정서가 있다. 야생 동물은 자기 영역을 표시하기 위해 소변이나 체취를 바르고 다닌다. 인간 역시 자기 영역을 갖고 싶어 한다. 개인의 방이나 사무실과 같은 공간뿐만 아니라 신분이나 직위도 자기 영역의 일종이다. 예술가가 추구하는 작품도 하나의 영역이다.

자기 영역은 넓어질 수도 있고 누군가가 침범하거나 약탈해 줄어들 수도 있다. 그때 기대와 놀람이라는 정서가 나타난다. 운전을 하는 사람은 혼자 운전할 때 자동차 안 공간이 온전히 자기 것임을 느끼고 안전하다고 생각한다. 청소년이 엄마에게 야단맞고 자기 방에 틀어박혀 나오지 않는 것도 자기 방이라는 영역 내에서 편안함을 느끼기 때문이다. 침대에서 나오지 않는 것, 아이가 텐트 같은 밀폐된 공간을 좋아하는 것도 자기 영역이라는 느낌이 주는 안전함 때문이다.

자기 영역이 넓어질 때와 줄어들 때 느끼는 감정은 다르다. 2021년 부동산 상승기에 집을 가진 사람들은 매일 상승하는 집값을 보며 기대라는 정서를 느꼈을 것이다. 자산의 상승이 자기의 영역을 넓혀주기 때문이다. 반대로 2022년 하락장이 시작되자 꼭지에서 집을 샀던 이들은 매우 놀라고 두려웠을 것이다. 자기 영역이 줄어들 것이라는 두려움 때문이다. 반면에 집을 갖지 않은 이들이나 자신이 가지고 있던 집을 팔아 무주택 포지션을 유지한 이들은 기대라는 정서를 가졌을 것이다. 모두 자기 영역의 확대와 축소를 느끼면서 만들어낸 정서다.

반려동물은 우리에서 나와 주변을 탐색하길 좋아한다. 집에서 기르는 햄스터 같은 동물도 케이지에서 꺼내주면 끊임없이 주변을 탐지하고 살핀다. 고등동물인 인간도 예민한 탐지 능력을 가지고 있어 영역 확장을 위해 끊임없이 노력한다. 새로운 곳을 여행하고 더 좋은 직장을 구하고 집을 사고 새 물건을 사들이고 가정을 편안하게 꾸미려는 행위들이 모두 자기 영역을 지키고 확보하기 위한 본능에서 비롯한 것들이다.

새로운 환경을 탐색하고 호기심을 가지고 새로운 놀이를 하며 자기 영역이 늘어난다고 생각될 때, 호기심을 유발하는 대상을 만났을 때 우리는 기대하게 된다. 반면 직장에서 입지가 흔들릴 때, 가정이 안전하지 못할 때, 누군가가 자기 것을 뺏으려 할 때 우리는 놀람의 정서를 드러낸다. 물론 그 정서가 분화해 공포나 절망 등으로 변하기도 한다. 이제 당신이 기대하고 놀랐던 이유를 알게 됐을 것이다. 당신이 생각하는 영역이 과연 당신의 것인가? 메타정서를 이해하면 당신의 기대와 놀람이 영역과 관련된 것이었다는 사실 또한 이해할 수 있을 것이다.

정서 혼란이 일어나는 이유

인간이 동물이기에 생기는 정서는 오른쪽의 그림과 같이 원으로 나타낼 수 있다. 플루칙이 제시한 여덟 가지 정서는 위기에 따라 원에서의 위치가 결정된다. 그림을 보면 시간의 유한함에서 비롯하는 정서인 기쁨과 슬픔은 원의 정반대 영역에 위치한다. 위계의 위기를 느끼면 나타나는 분노나 공포도 반대편에 있다. 마찬가지로 정체성에 자극을 받을 때 생기는 수용과 혐오도 반대편에 있고 영역에 자극을 받을 때 발생하는 기대나 놀람도 원의 반대편에 있다.

플루칙은 원에 표시한 각각의 정서가 다른 정서와 결합해 2차 정서, 3차 정서가 출현하는 것을 설명한다. 위계에 의한 위기를 살펴보자. 우리는 포식자든 피식자든 둘 중 하나의 역할을 하므로 분노나 공포 둘 중 하나만 느낄 수 있다. 둘은 동시에 나타나지 않는다. 똑같은 원리로 수용과 혐오도 동시에 나타나지 않고, 놀람과 기대도 동시에 나타나지 않으며, 기쁨과 슬픔도 동시에 나타나지 않는다.

그런데 여덟 가지 정서 중 몇 가지 정서가 동시에 나타날 때가 있다. 정서 혼란을 겪는 경우다. 몇 개의 감정이 동시에 나타나면 우리는 정서적으로 혼란을 느낀다. 감정의 혼란을 야기하는 여러 정서가 나타나는 이유는 많겠지만, 일단 여러 위기가 동시에 감지될 때 해당 정서도 다양하게 나타나면서 정서 혼란이 생긴다고 볼 수 있다.

우리가 살면서 만나는 사건들은 하나의 위기만을 초래하지 않는다. 직장에서 프로젝트가 실패해 상사로부터 입사 동기와 비교당하면서 야단맞는 순간을 상상해보자. 이때는 위계와 정체성의 혼란이 동시에 찾아

인간이 동물로서 느끼는 기본 정서

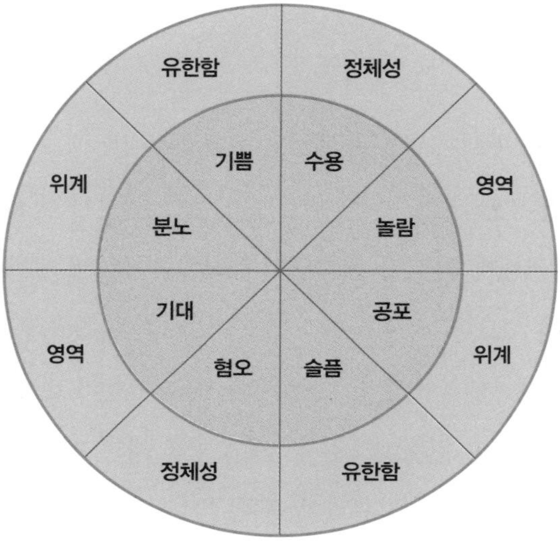

온다. 게다가 해고될지 모르므로 영역의 위기도 느낄 수 있다. 따라서 각각의 위기에 해당되는 감정들이 동시에 발생한다. 이런 식으로 위기는 동시에 나타날 수 있다. 또한 위기들이 섞여 우리의 마음에 혼란을 초래하고 여러 감정이 혼란스럽게 나타날 수 있다.

플루칙은 여러 정서가 결합돼 혼란스러울 때 정서의 질서를 위해 새롭게 만들어지는 정서를 복합 정서라고 부른다. 간단하게 1차 복합 정서, 2차 복합 정서, 3차 복합 정서가 만들어지는 것이다.

메타정서를 알면 자신에게 어떤 정서가 나타난 이유를 정확히 알 수 있다. 여러 정서가 혼란스럽게 만들어지는 이유와 여러 정서들이 합쳐져 다른 정서로 나타나는 과정을 메타정서를 통해 알 수 있다면 우리는 더

이상 정서의 혼란에 고통받지 않고 정서로 인한 오판도 하지 않을 수 있을 것이다.

혼란한 정서들이 변해서 만드는 새로운 정서

플루칙이 말한 복합 정서 세 가지 중 1차 복합 정서에 대해 먼저 생각해 보자. 앞의 그림에서 인접한 위기들이 함께 나타날 때 생기는 정서가 결합돼 만들어진 새로운 정서가 1차 복합 정서다. 예를 들어 유한함과 정체성의 위기가 함께 찾아올 때 기쁨과 수용의 정서가 만들어진다. 두 개의 정서가 나타나면 혼란스러울 수 있다. 플루칙은 이런 정서들이 합쳐져 새로운 정서인 애정이나 우정이 만들어진다고 주장한다.

플루칙의 용어에 완전히 동의할 수는 없지만 개념만 알아두자. 오른쪽 표의 1차 복합 정서는 플루칙의 설명대로 만들어진다. 표의 첫 번째 열은 인접한 위기가 결합돼 만들어지는 1차 복합 정서다. 2차 복합 정서는 앞서 소개한 그림의 원에서 한 칸 너머에 있는 위기들이 합쳐져 만들어지는 새로운 정서다. 즉, 유한함과 영역, 정체성과 위계처럼 한 칸을 건너뛴 정서가 합쳐져 2차 복합 정서가 만들어진다. 같은 원리로 3차 복합 정서는 원에서 두 칸 너머에 있는 정서가 합쳐져 만들어지는 새로운 정서다. 즉, 위계와 영역, 유한함과 위계 등이 합쳐지는 것이다. 이런 식으로 하나하나 결합돼 만들어지는 정서가 오른쪽 표와 같다.

앞의 원에서 세 칸 너머에는 같은 위기가 다시 나타난다. 이때의 정서는 합쳐질 수 없다. 정서는 위기를 해석하는 방식의 차이에서 오는 것이고, 같은 위기에서 정반대의 정서가 동시에 나타나지 않기 때문이다. 즉,

기본 정서가 결합돼 만들어지는 복합 정서

1차 복합 정서	2차 복합 정서	3차 복합 정서
분노 + 기쁨 = 자존심	분노 + 수용 = 우월	분노 + 놀람 = 난폭
기쁨 + 수용 = 애정, 우정	기쁨 + 놀람 = 환희	기쁨 + 공포 = 죄악감
수용 + 놀람 = 호기심	수용 + 공포 = 복종, 겸손	수용 + 슬픔 = 감상
놀람 + 공포 = 경악	놀람 + 슬픔 = 당혹, 실망	놀람 + 혐오 = 적절한 용어 없음
공포 + 슬픔 = 절망, 죄	공포 + 혐오 = 수치, 치욕	공포 + 기대 = 불안, 경계
슬픔 + 혐오 = 불행, 후회	슬픔 + 기대 = 비탄	슬픔 + 분노 = 질투
혐오 + 기대 = 비꼬기, 비난	혐오 + 분노 = 적대, 분개	혐오 + 기쁨 = 불건전
기대 + 분노 = 공격, 복수	기대 + 기쁨 = 낙관, 용기	기대 + 수용 = 운명

위계에 의한 위기를 마주할 때 우리는 분노나 공포 중 하나의 정서만 드러낸다.

복합 정서는 말 그대로 이해하기 복잡할 수 있다. 여기서는 혼란스러운 여러 감정에는 이유가 있고 그것들이 합쳐져 새로운 정서를 만들어낼 수 있다는 사실을 보여주기 위해 설명했다. 메타정서를 통해 정서가 발생하는 이유를 정확히 알면 더 이상 정서의 횡포에 휘둘리지 않을 수 있다.

정서는 분명한 이유가 있다

인간은 동물이긴 하지만 본능만 충실히 따르는 존재가 아니다. 인간은 고차 사고와 판단, 인지 기능을 가진 생각하는 동물이다. 정서도 본능만을 따라 작동하지 않는다. 인간은 복잡한 생각을 통해 복잡한 정서들을 시시각각 만들어낸다. 사실 본능보다 판단에 의해 만들어지는 정서가 더 많을지 모른다.

생각이 만드는 감정은 우리를 죽이기도 하고 살리기도 한다. 인간의 마음에는 사물과 외부 환경, 자기 자신을 인지하는 능력이 있다. 우리는 인지 기능에 의해 상황을 판단하고 행동을 결정한다. 따라서 어떤 사건이 발생할 때 인지가 작동해 만드는 인지 정서가 인간에겐 매우 중요하다. 다시 말해 인간을 인간답게 만드는 것이 바로 인지 정서다.

인지 정서를 설명한 이론 중 OCC Ortony, Clore, Collins 이론은 상당히 체계적이다. OCC라는 명칭은 앤드루 오토니Andrew Ortony, 제럴드 클로어Gerald L. Clore, 앨런 콜린스Allan Collins의 각 성에 첫 글자를 따 만든 것이다. 이 이론은 인간의 생각이 만드는 인지 정서의 종류와 감정이 어떤 절차를 거쳐 만들어지는지를 체계적으로 설명해준다. 또한 로봇이나 인공 지능 연구에서 기계의 인공 정서를 만드는 바탕 이론으로 많이 쓰이고 있다.

OCC 이론에서는 정서를 마음속 평가 결론이라 정의하며 스물두 종류의 정서가 출현한다고 설명한다. 래저러스도 "사람이 인지하는 모든 정서는 뚜렷한 플롯plot을 가지고 있다"라고 지적하며 인지 정서의 존재를 강조했다. 인지 정서를 강조하는 학자들은 정서가 동물적 본능에 의해서만 만들어지는 비합리적인 것이 아니라 그 나름의 발생 논리를 가지고 있다고 한다. 다시 말해 우리가 어떤 사건을 만나면 그 사건에 대해 나름대로 평가appraisal를 내리고 그 결과로서 정서가 만들어진다는 것이다.

물론 동기, 행동, 의지도 정서와 연결돼 있다. 하지만 인지 정서 이론

인지가 만드는 정서(OCC)

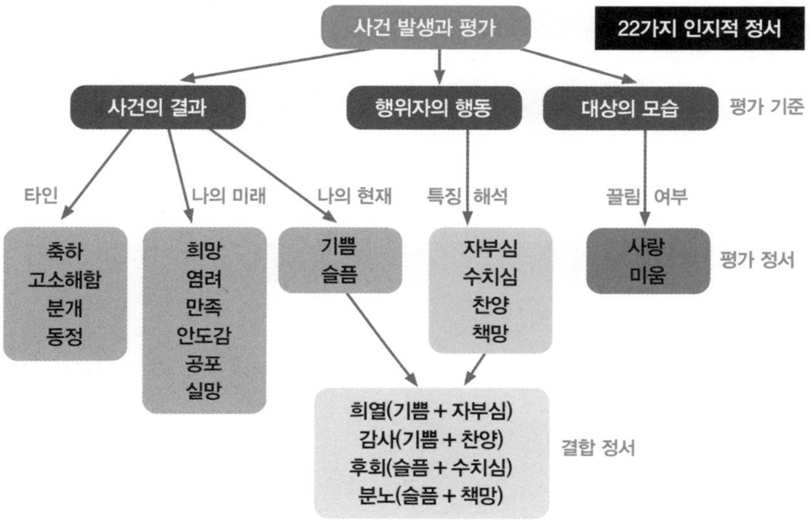

을 주장하는 학자들은 인간의 정신 중 정서에 가장 큰 영향을 주는 것이 인지라는 관점을 내세운다. 모두가 슬픈 장면을 본다고 해서 우는 것은 아니다. 마음속 인지 기능이 슬프다고 판단할 때 슬픔이 나타난다. 똑같은 장면을 오히려 기쁜 일로 판단하면 슬픔이 아닌 기쁨이 나타날 수도 있다.

마찬가지로 이혼을 했을 때 어떤 사람은 슬퍼하지만 어떤 사람은 하늘을 날 것 같은 기쁨을 느낀다. 이는 이혼이라는 사건에 대해 내리는 내부 평가가 다르기 때문이다. 또 국가대표의 경기를 보고 있을 때 우리 팀이 승자냐 패자냐에 따라 느끼는 정서가 판이하게 다른 것이 인지 정서의 대표적인 증거다. 이러한 인지 정서 이론을 위와 같은 그림의 나무 구조 형태로 표현할 수 있다.

어떤 사건이 일어났다고 생각해보자. 예를 들어 집에 도둑이 들거나 옆집에 불이 나거나 아이가 우등상을 받는 특별한 사건이 일어났다. 이때 사람은 해당 사건에서 가장 중요하다고 판단되는 하나의 초점을 찾는다. 그 사건에서 우리를 집중하게 만드는 초점이 평가의 기준이다. 초점이 무엇인지에 따라 상장을 받아온 아이를 보면서 기쁨을 느끼기도 하지만 자부심을 느끼기도 한다. 우리가 집중하는 초점은 인지 정서 이론의 나무 그림에서 보듯 사건의 결과, 행위자의 행동, 대상의 모습, 이렇게 세 가지다.

첫 번째 평가의 초점은 사건이 만들어낼 결과에만 관심을 두는 상황이다. 예를 들어 집에 불이 났을 때 집을 잃고 아이들과 갈 곳이 없어 방황하는 모습을 떠올리는 것이다. 사건의 결과만 생각할 때는 그 결과가 자신에게 영향을 주는지, 타인에게 영향을 주는지에 따라 전혀 다른 정서가 나타난다. 불난 집이 우리 집일 때 느끼는 감정과 강 건너 집에 불이 난 경우에 나타나는 감정은 전혀 다르다. 누구나 비슷한 경험을 해봤을 것이다.

두 번째 평가의 초점은 그 사건을 만든 행위자의 행동이다. 우리의 관심은 오직 사람의 행동에만 있다. 나의 행동일 수도, 타인의 행동일 수도 있다. 훌륭한 가수가 노래하는 것을 볼 때 우리는 오직 그의 열창에 감동하고 찬양한다. 그때의 초점은 그의 가창력과 무대 매너 그리고 그가 전해주는 감동에 있다. 내가 한 일에 자부심과 수치심을 느끼는 것은 평가의 초점이 행동을 한 나에게 있기 때문이다.

물론 초점이 두 개일 수도 있다. 사건의 결과와 행위자의 행동에 모두 관심을 가지고 각각의 감정을 만들어낼 때 복합 정서가 나오기도 한다. 앞의 나무 구조에서 만들어지는 복합 정서인 희열, 감사, 후회, 분노는 그렇게 초점이 두 개일 때 만들어진다.

세 번째 평가의 초점은 대상의 모습에만 관심이 가는 경우다. 젖먹이 아기가 웃고 있는 모습을 보는 엄마는 다른 생각이 없다. 그저 아이가 예쁘고 사랑스러울 뿐이다.

이런 식의 인지적 평가에 의해 만들어지는 인간 고유의 정서는 스물두 가지다. 스물두 가지 정서는 나무 구조에서 보듯이 축하happy-for, 고소해함gloating, 분개resentment, 동정pity, 희망hope, 염려apprehensive, 만족satisfaction, 안도감relief, 공포fear, 실망disappointment, 기쁨joy, 슬픔distress, 자부심pride, 수치심shame, 찬양admiration, 책망reproach, 사랑love, 미움hate, 희열gratification(기쁨+자부심), 감사gratitude(기쁨+찬양), 후회remorse(슬픔+수치심), 분노anger(슬픔+책망)다. 이 중 희열은 기쁨과 자부심, 감사는 기쁨과 찬양, 후회는 슬픔과 수치심, 분노는 슬픔과 책망이 동시에 일어날 때 나타나는 복합 정서들이다. 앞서 말했듯 두 개의 정서가 나타나면 우리 마음속에서 하나로 정리된다.

예를 들어 남자 친구가 30억짜리 로또 1등에 당첨됐다는 소식을 들었을 때 제일 먼저 축하해줬다고 하자. 축하라는 감정이 일어난 과정을 살펴보면 먼저 로또 당첨이라는 사건에 관심이 간다. 당첨이라는 사건은 나의 일이 아니고 남자 친구에게 일어난 타인의 일이다. 그래도 로또 30억이라면 너무 기쁜 일일 것이다. 따라서 내 기분도 매우 좋고 남자 친구도 기반을 잡을 자금이 생겼으므로 바람직한 상황이다. 로또 당첨이라는 사건에서 시작해 차례대로 나무 구조의 해당 변수가 발화돼 축하라는 감정이 나타난다.

그런데 내가 대학생들에게 똑같은 질문을 주고 설문 조사를 했을 때 다수의 학생이 축하가 아닌 다른 정서를 내비쳤다. 이유는 다양했다. 남자 친구가 부자가 되면 자신을 떠날 것 같다는 생각 때문에 슬픔을 느낀다는 학생도 있었고, 돈이 생기면 곧 결혼을 해야 할 것 같다고 생각해 만족을 느낀다는 사람도 있었다. 이렇게 같은 사건을 두고도 마음속 평가가 다르면 전혀 다른 정서가 나타난다. 학생들의 메타정서가 전부 다르기 때문에 차이가 발생하는 것이다. 이처럼 스물두 개의 감정이 나타나는 것은 그 나름의 이유가 있다. 나머지 감정도 같은 식으로 일어난다.

정서가 고통이 되는 의식 수준, 슬픔에 익사하고 분노에 타 죽을 수 있다

정서 역시 강력한 에너지의 원천이다. 에너지에서 행동이 나올 수 있다. 인간은 화를 내거나 무서움을 느낄 때 엄청난 에너지를 발생시킬 수 있다. 강력한 정서에서 어마어마한 에너지가 발생하지만 감정에 사로잡혀 스스로 통제할 수 없을 때 그 정서는 고통이 된다. 주체하기 어려운 감정에는 여러 종류가 있다. 그중 호킨스가 제시한 의식 17단계에서는 슬픔과 분노가 고통이자 독소로 작용하는 대표적인 정서다. 여러 가지 생각에 사로잡히거나 생각이 복잡하고 혼란스러울 때 짜증과 화가 나고 슬퍼지기도 한다. 그때 우리는 고통스럽다. 하지만 감정적 고통을 느낄 때 정서 훈련을 시작할 수 있다.

앞서 정서가 만들어지는 과정을 통해 슬픔이나 분노의 메커니즘을 살펴봤다. 래저러스는 "슬픔은 돌이킬 수 없는 상실을 경험할 때 만들어진다"고 했다. 플루칙은 "슬픔이란 인간이 시간의 유한성을 느끼면서 죽음이나 상실을 느낄 때 만들어지는 정서"라고 했다. OCC 인지 정서 이론에서는 "슬픔은 어떤 사건의 결과가 지금 현재 나의 안위를 위험하게 할 때 만들어지는 정서"라고 설명한다.

정서심리학자마다 약간 다르게 평가하지만 대체로 슬픔에 대한 사전적 의미는 다음과 같다. "슬픔은 부정적인 감정 표현의 하나다. 힘이 빠지고 실망하거나 좌절되는 느낌을 동반하며 가슴이 답답한 신체적 감각과 함께 눈물이 나거나 표정이 굳어지며 의욕, 행동력, 운동력 저하 등이 함께 관찰된다. 또한 눈물을 흘리며 말로 할 수 없는 감정이 소리를 내어 '우는' 행동으로 나타난다." 가장 큰 슬픔의 사례는 가까운 사람의 죽음에서 찾아볼 수 있지만 일반적으로 사랑, 우정, 의존의 대상이 없어졌을 때에도 슬픔을 볼 수 있다. 감정적 혼란이 찾아올 때도 자신을 약하게 만들므로 사람들은 슬픔을 표출하고 고통을 느낀다.

의식 17단계 중 대수치 75 수준의 슬픔은 일시적 사건이 아니라 누군가의 행동 전반에 영향을 줄 만큼 상당히 오래 지속되는 경우에 해당한다. 호킨스는 상실과 낙담에서 나타나는 슬픔에 머무는 사람은 후회와 우울에 빠져 인생을 살아간다고 했다. 비탄, 공허, 후회는 슬픔의 단계를 나타내는 말이다.

비탄에 빠진 사람들은 세상만사를 슬프게 바라본다. 그들에게는 삶 자체가 슬플 뿐이다. 호킨스는 이들이 상실감과 심각한 우울증, 심하면 죽음까지 이를 수 있다고 경고했다. 슬픔이란 삶에서 매우 중요한 정서지만 그로 인해 우리가 죽을 수도 있는 매우 위험한 정서이기도 하다. 결코 눈물에 익사돼서는 안 된다.

분노 역시 치명적인 독이자, 가장 통제하기 힘든 정서다. 하지만 주로 위협당하거나 해를 입을 것이라 판단될 때 나타나는 정상적인 감정이다. 분노를 느낄 때 초조함, 심리적·언어적 공격, 심장 박동과 심폐 운동 증가, 폭력성, 부정적 시각 등의 증상이 나타난다. 분노는 가끔 일어날 수도 있고 지속될 수도 있다. 내적 원인일 수도 외적 원인일 수도 있으며, 강하거나 약할 수도 있다. 의식적일 수도 무의식적일 수도 있다. 직접적 위협의 근원이 없을 때도 분노가 계속될 수 있고 증가할 수도 있다.

힘이 없을 때 슬픔이 나타난다면 분노는 힘이 있을 때 나타난다. 분노를 통제할 수 있는 사람은 자기감정을 이해하고 조절하고 적절히 표현한다. 또한 분노를 동력 삼아 생각과 행동을 만들어낸다. 그러나 이런 관리를 할 수 없으면 분노를 그냥 무시하고 누르기만 할 뿐이다. 그러다 임계치를 넘어 참지 못하는 순간, 분노를 터트려버린다. 온갖 부정적 감정이 연합해 혼란이 생기면 분노 하나로 폭발할 수도 있다.

호킨스는 욕망(125)의 바로 위 단계에 분노(150)를 두었다. 욕구가 좌절될 때도 분노가 나타나기 때문이다. 자신이 원하는 것, 즉 욕망이 있음에도 마음대로 되지 않을 때 분노가 발생한다. 하지만 분노 에너지를 이용해 막힌 것을 뚫고 한계를 넘을 수도 있다. 사람들은 슬픔에서 벗어나 두려움을 극복하는 상태에 이르면 무엇인가를 욕망하기 시작한다. 그러한 욕망이 채워지지 않을 때 좌절하고, 좌절감이 분노를 부른다. 그런 이유로 분노는 억압된 사람들을 해방시키는 분기점이 될 수 있다.

분노를 잘 사용하면 에너지가 되지만 분노가 복수의 단초가 돼 폭발할 때는 위험하다. 사소한 일에 과민해지고 화를 참지 못해 보복하고 싸우거나 소송을 일삼는 사람들은 분노 수준에 머물러 있는 집단이라고 보면 된다. 또한 분노가 심해지면 남뿐만 아니라 자신의 인생까지도 망치게 된다. 다시 말해 자신이 성장할 에너지를 얻기 위해 분노를 사용해야 할 때도 있지만 분노 때문에 다시 쓰러지지 않도록 주의해야 한다.

힘이 없으면 슬픔, 힘이 있으면 분노가 나온다. 낙타는 슬픔이나 우울감을 드러내지만 사자는 분노를 드러낸다. 우리를 끌어내리는 타마스 때문에, 혼란스러운 감정 때문에 인생을 마음대로 관리하지 못하면 슬퍼지거나 화가 난다. 따라서 우리 마음에서 일어나는 온갖 정서 중에서 특히 슬픔과 분노가 발생하면 더욱 주의해 메타정서 훈련을 해야 한다. 둘 다 고통을 주는 정서이기 때문이다.

정서의 혼란을 훈련하는 의식 수준, 중용에서 정서를 정리하라

정서 혼란은 여러 가지 정서가 나타나 우리를 고통스럽게 하는 상태다. 이때는 정서를 통일시키거나 없애서 정서에도 질서를 만들어야 한다. 바로 호킨스가 말하는 대수치 250의 중용이 필요한 순간이다.

중용의 사전적 의미는 '과하거나 부족함 없이 한쪽으로 치우침 없는 상태나 정도'다. 또한 결과에 집착하지 않고 마음대로 하지 못하는 것을 패배나 좌절이라 생각하지 않는 단계다. 패배나 좌절이 아니라면 슬픔이나 분노는 일어나지 않을 것이다.

호킨스는 중용을 용기의 다음 단계인 250 수준의 매우 긍정적인 에너지 상태로 보았다. 그는 중용에 대해 다음과 같이 설명한다.

> 중용에서는 낮은 수준의 사람들이 보여주는 편파적 관점에서 해방돼 치우침이 사라지고 힘이 생기기 시작한다. 250 중용 이하의 수준은 사물을 흑백논리, 즉 이원론적으로 보고 융통성이 없다. 하지만 중용에 이르면 유연함이 생겨 복잡한 세상을 정확히 이해할 수 있다. 세상은 흑과 백으로 양분할 수 없으므로, 양극단에 치우친 편파적인 태도에서 대립이 초래되고, 대립에서 분열과 반대가 나온다는 것을 알아차린다. 구부릴 줄 모르는 완고함은 부러지기 쉽지만, 중용은 구부릴 수 있다. 혼란에서 중용이 생기면 마음은 유연해지고 문제에 대한 현실적인 파악 능력이 생긴다. 중용은 결과를 허심탄회하게 받아들이고, 마음대로 되지 않는다고 해서 화내거나 놀라지 않는다. 중용은 내면의 자신을 신뢰하는 출발점으로, 자신의 잠재력을 느끼므로 쉽게 위협받지 않는다. 무엇인가를 증명하기 위해 안달하는 일도 없다. 인생에는 오르막이 있으면 내리막도 있는 법이므로, 인생이 어찌 굴러가든 근본적인 자세를 잃지 않을 수 있는 사람이 250 중용에 이르렀다고 보아도 된다. 이들은 세상을 잘 살아갈 수 있다는 자기 신뢰를 잃지 않으므로 함께 지내기가 쉽고, 친하게 지내더라도 전혀 위험하지 않다. 타인을 비난하지 않고 남의 행동을 조종하고 싶다는 충동도 느끼지 않으며, 타인과 대립 혹은 경쟁하려는 마음이 없어서 온화하고 정서가 안정돼 있다.

여기서 중요한 것은 정서적 안정이다. 중용에 이르면 정서 혼란이 정리된다. 정서의 중용점은 정서가 어느 한쪽으로 치우치지 않는 천칭의 중심점 같은 곳이다. 중용에서 감정은 고요해진다. 사람들은 극단의 정서 때문에 분노하거나 슬퍼하거나 우울해진다. 정서가 잠잠한 중용점에서는 양극단의 정서를 연결할 수 있고 통합할 수 있다. 내 마음에 슬픔과 분노가 일어나도 담담히 바라볼 수 있는 메타정서가 바로 정서의 중용점을 찾아주는 천칭의 추 역할을 할 것이다. 중용점을 확보하면 정서를 통한 다음 성장을 기대할 수 있다.

슬픔과 분노를 기쁨으로 만들 수 있을까?

큰 슬픔에 막히면 아무것도 할 수 없고 분노에 물들면 아무 행동이나 저지른다. 둘 다 위험하다. 정서 훈련은 슬픔과 분노에서 시작될 수 있다. 또한 메타정서는 슬픔과 분노의 원인을 이해하고 통제함으로써 우리의 의식을 올려준다. 혼란스런 정서의 훈련장으로서 중용을 생각해야 한다. 중용은 인지의 중용, 동기의 중용으로도 사용될 수 있지만 정서의 중용은 부정정서와 긍정정서의 중간 지점을 찾아 정서의 혼란과 고통을 잠재우는 정서의 훈련장을 말한다.

오래전부터 심리서와 자기계발서에서 긍정의 힘이나 긍정정서를 강조하는 긍정심리학이 주축을 이뤄왔다. 그러나 세상에는 긍정만으로 살아남지 못하는 사례가 많이 나타난다. 대표적인 사례가 제임스 스톡데일 James Stockdale 장군의 스톡데일 패러다임이다. 스톡데일 장군은 베트남 전쟁 당시 포로가 돼 7년간 붙잡혀 있었다. 종전 후 포로 생활을 마치고 풀려났을 때 기자들이 그에게 "어떤 사람이 포로 생활에서 살아났습니까?"라고 물었다. 그러자 그는 이렇게 말했다.

> 낙관주의자는 다 죽었습니다. 그들은 쉽게 석방될 것이라 믿고 있다가 석방이 이루어지지 않을 때 실망하여 죽었습니다.

미국의 대표적인 경영 컨설턴트 짐 콜린스James C. Collins는 스톡데일의 증언을《좋은 기업을 넘어 위대한 기업으로》에서 소개했다. 콜린스는 석방되지 않을 수 있다는 현실에 기반을 둔 냉정한 낙관주의자가 살아남았다는 스톡데일 패러다임이 성공의 원칙 중 하나라고 강조했다. 또한 미국의 기업 중 좋은 기업에서 위대한 기업으로 성장한 기업은 대부분 스톡데일 패러다임의 행보를 보였다고 말했다.

미국의 사회비평가 바버라 에런라이크 Barbara Ehrenreich가 쓴《긍정의 배신》이라는 책도 많은 사람의 관심을 받았다. 이 책에서도 긍정만으로는 이뤄지지 않는 숱한 사례를 소개한다. 특히 에런라이크는 부정정서와 현실을 직시하는 냉정한 시각을 함께 지니고 있어야 한다고 강조했다. 정서 지능, 즉 메타정서가 필요하다는 말이다.

자신과 타인의 정서를 명확하게 이해하고 긍정정서뿐만 아니라 부정정서도 우리에게 도움되도록 이용할 수 있는 메타정서를 가진 사람이 성장하고 진화해갈 것이며 결국 살아남는다. 긍정정서만을 추구하다 보면 마음을 응석받이로 만들 수 있어 결코 마음 건강에 도움이 되지 않는다. 그런 면에서는 오히려 부정정서가 우리를 강하게 만들 수 있다.

부정정서가 마음에 도움이 되도록 활용하는 사례로 번지점프가 대표적이다. 번지점프대에 처음 오르면 두려움과 공포에 떨고 심한 경우 울기까지 하는 사람이 있다. 높은 곳에서 내려다볼 때 느끼는 공포가 너무 심해 결국 점프를 포기하는 사람도 많다. 하지만 극도의 두려움을 넘어서 점프를 해낸 사람들은 상상할 수 없는 희열과 자신감을 가질 수 있다. 이처럼 공포와 같은 부정정서를 극복한 경험이 자신감과 유능감을 만들어주면서 공포가 오히려 긍정정서로 변하기도 한다. 또한 마음의 힘이 만들어지면서 긍정정서와 부정정서가 마음 안에서 연결된다.

하나의 사건이 부정정서에서 출발해 긍정정서로 변하는 정서의 변화 과정을 정서 훈련의 방법으로 삼을 수 있다. 동기가 두려움을 극복하고 욕망을 이길 때마다 새로운 용기가 만들어지는 것과 마찬가지다. 그때 우리는 웬만한 정서 혼란에는 꿈쩍도 하지 않는 정서의 중용점을 가질 수 있다.

두려움이 지나면 그 자리에 희열이 채워진다. 산을 오를 때 느낀 고통이 정상을 정복한 뒤의 환희와 연결되면서 희열이 커지듯 상반되는 정서가 연결돼 정서의 질서를 찾을 수 있다면 정서를 통한 의식 성장을 꿈꿀 수 있다. 그러면 긍정정서만으로 되지 않던 일들이 부정정서와 통합되면서 이뤄질지도 모른다. 또한 정서의 변화와 통합 과정을 통해 우리 의식 수준도 성장 진화할 수 있다.

어차피, 모든 정서는 시간 지나면 사라진다

우울한 정서는 대개 시간이 지나면 사라진다. 실험실에서 무기력을 학습한 개가 시간이 지나면 서서히 나아지듯이 불운한 사건이 터져서 생긴 우울증도 시간이 지나면 사라진다. 그런 면에서 망각은 고마운 의식 활동이다.

1953년 미국 매사추세츠주 우스터시에 토네이도가 발생해 도시를 휩쓸고 지나간 재해가 터졌다. 일단의 연구진은 즉시 비행기로 현지를 찾아갔다. 그들이 도착했을 때 이재민들은 재난을 당하고도 심리적으로 잘 견디고 있었다. 그러나 하루이틀 지나자 그들은 정서적 파괴를 경험하기 시작했다. 재난 지역 주민들은 어쩔 줄 모르고 허둥대다 낙망해 폭우가 지나간 폐허 속에 그대로 주저앉아 버렸다고 한다. 며칠이 지나자 증상은 사라지기 시작했다.

일반적으로 재앙이 닥치면 재앙 징후가 나타난다. 너무 놀라 아무것도 할 수 없는 상태다. 눈앞에서 사고가 발생하면 우선 급한 불을 끄느라 정신이 없다. 아직 재앙이 진행 중이므로 벗어나기 위해 버티는 것이다. 그러다 어느 정도 재앙이 확정되고 나면 아무것도 하지 못한 채 멍하게 있는 재앙 징후가 나타난다.

재앙 징후나 우울증은 시간의 경과와 함께 정도가 달라진다. 호르몬 이상처럼 신경 체계에 원인이 있는 내인성 우울증endogenous depression을 경험하면 감정의 고조가 일정한 주기에 따라 바뀐다. 반면 외부 사건으로 인해 우울해지는 반응성 우울증reactive depression은 시간과 함께 감정이 변한다. 자신의 마음을 이해하려면 그러한 주기를 이해해야 한다.

메타정서는 감정의 흐름을 알고 대응할 수 있는 능력이다. 낙타와 사자를 한번 비교해보자. 낙타는 무기력하므로 우울증이 트레이드 마크다. 사자도 우울할 때가 있으나 늘 우울하지는 않다. 그렇다고 사자가 항상 기쁠 것이라고 생각하지 말라. 사자는 분노와 우울, 기쁨을 동시에 가진 동물이다. 그런 점에서 사자는 조울증이라고 보는 게 옳을 듯하다.

만약 늘 기쁜 상태라면 어린아이일 것이다. 기쁨은 의식 17단계에서도 대수치 540으로 아주 높은 단계에 해당한다. 사자는 사냥하지 못할 때, 사냥에 실패할 때 분노할 수 있고 우울할 수도 있다. 사냥 실패 같은 불운한 사건이 만드는 우울은 반응성 우울증이다. 백수의 왕인 사자는 세렝게티에서 무서울 것이 없고 두려움이 없다. 사냥에 성공하면 성공이 주는 유능감과 성취감에 사자의 감정은 고조된다. 그러다가도 사냥에 실패해 배가 고픈 날이면 우울해진다.

타마스에 빠져 있을 때는 우울한 주기에 들어섰다고 생각하길 바란다. 잠잠히 우울이 지나가길 기다려야 한다. 분명 지나갈 것이다. 또 자신을 통제할 수 있다고 기분이 한없이 좋아지는 조증이 찾아온다면 기쁨이 자만이 되지 않게 주의해야 한다. 다시 말해 자신의 감정을 바라보는 객관적 시선을 가지라는 말이다. 결코 감정에 휘둘려 타 죽어버리면 안 된다. 감정을 냉정히 바라보고 그것을 이용할 수 있을지 생각하고 감정이 지나가기를 기다려야 한다.

자신의 우울이 지옥의 골짜기를 지날 때는 잠잠히 기도하는 것이 좋다. 당신의 조증이 히말리야를 오르라고 명령하거든 한번 웃어주면 된다. 종교가 있다면 기도하고 종교가 없다면 명상이나 심호흡이라도 하면서 조증과 우울증의 횡포에 휘둘리지 않는 방법을 찾아야 한다. 사자인 자신에게 우울의 순간이 찾아오면 낙타 시절을 회상하는 것도 좋다. 지금이 그때보다 나을 것이다. 지금 자신이 있는 곳은 사막도 아니고 주인의 매질도 없으니 말이다. 지금의 우울 역시 지나갈 것이다.

그렇게 조증과 우울증이 지나고 중립기가 올 때 자신의 조울을 연결하고 통합하면 된다. 자신의 모든 감정을 직시하고 휘둘리지 않을 힘을 만들어야 한다. 그것이 메타정서다. 메타정서를 가질 때 우리는 성장할 수 있다. 긍정정서와 부정정서를 적절히 연결하고 통합해 전부 다 다룰 수 있다면 누구나 정서 지능을 상당히 높일 수 있다. 정서에 휘둘리지 말고 혼란스러운 정서들이 흘러가는 모습을 외부에서 쳐다보듯이 자신의 마음을 바라보길 바란다. 그때 비로소 스스로 정서의 주인이 될 것이다.

정서의 질서가 만드는 의식 수준,
모든 정서가 기쁨으로 변하게 할 수 있을까?

우리는 분노, 슬픔, 절망 같은 부정정서가 있을 때 아프고 기쁨, 즐거움, 희망 같은 긍정정서가 나타날 때 행복하다. 당연히 부정정서는 나쁜 것이고 긍정정서가 좋은 것이라 생각하기 쉽다. 물론 기쁨과 같은 정서는 매우 좋은 상태다. 또한 의식의 단계에서 기쁨은 정서가 성장해 이르는 목적지가 될 수 있다. 그런데 일반적으로 우리가 알고 있는 기쁨과 호킨스가 말하는 기쁨은 조금 다르다. 그가 말하는 대수치 540의 기쁨은 사랑의 단계가 확보된 후 사랑의 조건이 사라지면서 내면에 충만이 차오르는 상태를 말한다. 호킨스가 말하는 기쁨의 상태는 다음과 같다.

> 사랑에 조건이 없어질수록 내면에 기쁨이 차오른다. 기쁨은 사건의 변화에서 오는 갑작스런 즐거움이 아니라 모든 활동에 동반되는 항구적인 것이다.

기쁨이란 외부의 어딘가에 근원이 있는 것이라기보다 존재의 매 순간마다 솟구치는 것이다. 기쁨에서 치유가 시작되고 이 단계를 넘으면서 성인, 영적 치유자들이 나타나기 시작한다. 기쁨의 단계에서는 역경을 만나도 인내하고, 긍정적인 자세를 잃지 않으며 자비가 나타난다. 그리하여 다른 사람에게 큰 영향을 끼친다. 이들에게는 사랑과 평화를 전파할 수 있는 능력이 있다. 세상 만물은 억지로 이루어진 것이 없으며 서로 조화를 이루고 있다. 이 세상 모든 개개인은 신의 뜻에 따라 생명을 부여받았고 신성 안으로 녹아들어갈 것이다. 이들은 보통 사람의 눈으로 볼 때는 기적이라고 할 수밖에 없는 현상을 일으키기도 한다. 그러나 이것은 그 에너지 장의 잠재력이 발현된 것이지 어느 한 개인의 힘은 아니다. 그들은 자신의 능력을 특정 개인보다는 생명 자체의 유익을 위해 쓰고자 한다. 많은 사람을 동시에 사랑할 수 있는 이런 능력은 사랑하면 할수록 사랑의 능력도 증폭될 수 있음을 확인시켜 준다.

호킨스의 설명을 보면 대수치 540의 기쁨의 단계는 단순한 정서 훈련만으로 도달할 수 있는 지점은 아닌 듯하다. 하지만 정서의 질서 찾기를 통해 기쁨을 만드는 훈련을 할 수는 있다. 동기, 정서, 의지, 인지, 행동을 함께 훈련해 의식 17단계에서 사랑이 만들어지는 500의 수준을 지나야 기쁨에 이를 수 있다. 우리가 만난 사랑에서 조건이 사라지고 모든 인간을 향한 자비심이 만들어질 때가 의식 17단계에서 말하는 기쁨의 단계다. 물론 도달하기 어려운 단계다.

지금 우리는 슬픔과 분노 같은 낮은 수준의 정서 혼란 속에서 매일 전투를 치르는 나약한 생명체에 불과하다. 기쁨의 단계를 확보해 인류 전체를 모두 품으라니 말도 안 되는 소리일지 모른다. 그러나 일단 정서가 도달해야 할 목적지를 기쁨의 단계로 정하는 것은 가능하다.

누구나 산을 바라보지만 아무나 오르지는 못한다. 하지만 산이 거기 있는 것을 안다면 오르려는 노력을 멈추지 않을 것이다. 이처럼 정서 혼란에서 중용이라는 질서를 찾는 메타정서를 훈련할 때 인생의 어느 한 순간에 불현듯 기쁨을 조우할지 누가 알겠는가?

순수한 어린아이 단계가 주는 사랑, 기쁨, 평화 그리고 초인이 만나는 깨달음의 단계는 지금 당장은 어려워도 알아둬야 할 것들이다. 지금은 정서의 목적지가 기쁨이라는 것만 이해하고 넘어가자. 우리가 해야 할 일은 매일 자신의 정서를 확인하고 정서를 통합하고 질서를 찾는 훈련이다.

성경의 가르침 중에 "항상 기뻐하라. 쉬지 말고 기도하라. 범사에 감사하라"라는 말이 있다. 데살로니가전서에 나오는 사도 바울의 가르침이다. 너무 유명한 말이라 기독교인이 아니라도 한 번쯤은 들어봤을 것이다. 사도 바울은 이것이 곧 인간을 향한 하나님의 뜻이라고 가르쳤다.

이 가르침에서도 정서, 동기, 인지가 가야 할 길이 보인다. 정서는 기뻐하고, 동기는 기도함으로써 계속 찾아내고, 인지는 감사하는 마음으로 단련하라는 의미다. 여기서 첫 번째 가르침이 '항상 기뻐하라'라는 것에 주의하자. 기독교를 싫어하는 사람일지라도 '항상 기뻐하라'라는 말은 기억하길 바란다. 기쁨의 단계는 우리의 의식을 매우 강력하게 끌어올려 줄 수 있는 끌개가 된다.

의식 수준과 정서가 만드는 의식의 성장 과정

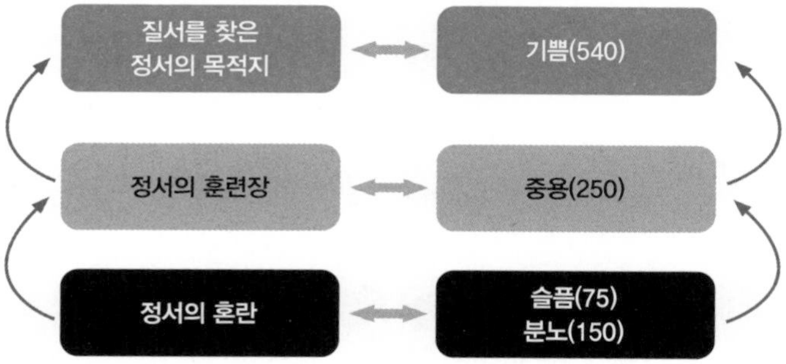

의식 단계	1	2	3	4	5	6	7	8	9	10	11	12	13	14	15	16	17
대수치	20	30	50	75	100	125	150	175	200	250	310	350	400	500	540	600	1000
마음 요소	수치심	죄책감	무기력	슬픔	두려움	욕망	분노	자존심	용기	중용	자발성	포용	이성	사랑	기쁨	평화	깨달음
정서				1			1			2					3		

[마음 요소 수치의 의미: 출발점 (1), 훈련장 (2), 목적지 (3)]

4부에서 만날 진화를 일으키는 메타코스뮤카 모델은 더 높은 수준의 촉매에 의해 자극받는 되먹임feedback의 고리 구조다. 그러니 정서의 가장 높은 단계인 기쁨이 자신의 정서를 위로 끌어당기는 촉매가 될 수 있다고 생각하라. 그때 성장이 일어나고 진화가 발생할지 모른다.

여기서 말하는 기쁨의 수준이 말초적인 즐거움을 말하는 것은 아니지만 그런 것들도 성장의 재료가 될 수 있다. 우리는 정서가 극단으로 치우치는 것을 경계하는 훈련을 통해 정서의 중용점을 찾은 후 최후에는 기쁨의 단계로 올라가야 한다. 그때 만나는 기쁨은 우리가 아이와 함께 즐거워했던 순간과 같을지 누구도 알 수 없다. 다만 우리는 길을 갈 뿐이다.

메타정서 강화법

모든 감정은 내가 나에게 보내는 메시지다. 분노, 슬픔, 기쁨, 시기심, 원망을 강하게 느꼈던 때를 기억하라. 잠시 눈을 감고 그 시절로 돌아가 자신의 몸과 마음이 어떤 느낌이었는지를 기억하라.

- 나는 그 감정을 신체 중 어디에서 느꼈던가? (예를 들어 가슴, 머리, 배, 골반 등)
- 그 감정을 다시 경험하면서 어떤 생각을 했는지 떠올리라. (화가 났다면 비난을 퍼부은 대상이 자신인가 다른 사람인가? 아니면 그 상황인가?)
- 그때 내가 무슨 말을 했었는지 기억해보라. (누군가에게 원한을 품었을 때 나는 무슨 말로 그에게 상처를 주려 했는가?)
- 그때 어떤 행동을 했는지 기억하라. (예를 들어 행복한 기분이 들었을 때 살짝 미소만 지었는가? 박장대소했는가? 일어서서 춤추듯 좋아했는가?)

결국 나를 변하게 하는 것은 나 자신이다. 소리치든, 통곡하든, 복수하든, 침묵을 유지하든, 어떤 방법을 써서라도 자신의 감정을 느끼고 주의를 집중해보라. 그리고 자신의 감정에서 고통이 나타나는 이유를 찾아내야 한다. 자신이 이전에 느낀 감정은 그때의 자신이 스스로에게 준 메시지다. 지금도 같은 상황이라면 그때와 똑같이 느낄 것 같은가? 아니라면 어떻게 할 것 같은가? 지난날 내가 느끼고 보여준 감정은 세월과 함께 변했다. 그렇다면 지금 당신이 느끼는 분노도 시간이 지나면 약해질 것임을 이해하는가?

당시에 만난 상황은 언제든지 얼굴을 달리하고 나타난다. 지금 자신이 감정 흐름을 바꿀 수 있다면 다음에 유사한 상황이 찾아와도 조금 편안해질 것이다. 이처럼 부정정서가 올라올 때 정서를 통제함으로써 긍정정서로 바꾸고, 너무 과도한 낙관적 정서는 통제함으로써 부정의 현실을 직시할 수 있어야 한다.

메타정서가 정서를 조절하고 통제하는 과정은 다음 세 단계를 거친다.

(1) 어떤 상황에서 나타나는 정서를 그대로 받아들인다. 단순히 화가 나는 감정을 폭발시켜 화를 분출하라는 의미는 아니다. 또한 즐겁다고 해서 그 행복 속에 빠져 있으라는 의미도 아니다. 화가 나는 나를 바깥에서 바라보듯 자신이 화가 났다는 사실을 인정하는 것이다. 만약 자신이 행복하다면 바로 그것 때문에 기쁘다는 것을 인정하는 것이다.

(2) 자신이 받아들인 강점과 기분을 객관적으로 생각한다. 여기에 자기직시라는 메타인지 기능이 필요하다. 자신이 화를 낼 만한 일이 었는지, 자신이 왜 화가 났었는지를 생각해보는 것이다. 혹은 자신이 이토록 기뻐 날뛰는 것이 현명한 것인지 자신이 느낀 감정에 대해 객관적이고 차분하게 분석한다. 만약 자신이 화난 원인이 스스

로의 기대를 충족시키기 못했기 때문임을 알아챘다면 이제 자신의 기대를 다시 분석한다. 혹은 자신이 기뻐하는 이유가 프로젝트를 성공시켰기 때문임을 깨닫는다면 그 프로젝트가 과연 자신의 삶의 의미나 소명과 직결된 것인지 다시 생각해본다. 그 일로 상사에게 칭찬받은 사실이 기뻤다면 과연 그 일이 당신의 일인지 상사의 일인지 다시 생각해보라. 혹시 자신이 남의 인생에 더부살이하면서 기뻐하고 있지는 않은지 살펴보라.

(3) 앞에서 분석한 나의 감정을 가라앉히고 통제한다. 인지와 동기를 이용해 자신의 현재 정서가 과하다는 생각이 들면 정서의 중용 지점으로 돌아가도록 노력한다. 심호흡을 하거나 10부터 1까지 거꾸로 세거나 종교가 있다면 기도문을 외는 등의 방법을 동원하면 좋다. 잠시 인지, 정서, 동기를 다 잊고 지금의 감정을 중간 지점으로 보내는 방법들이다. 이런 식으로 자신의 감정을 조절하는 것은 매우 간단하게 보이지만 당신의 메타인지, 메타정서, 메타동기가 모두 동원된 고도의 지적 작업이다. 이런 훈련을 자주 할수록 당신은 더 똑똑해지고 더 지혜로워질 것이다. 또한 마음이 점점 성장해 더 좋은 사람이 돼가는 중이라고 믿어도 된다.

4

인지의 질서를 찾으려면 모든 것에 감사하라

인지의 역할

세 번째 마음의 기능은 인지다. 인지cognition는 외부에서 정보를 받고 생각, 판단, 처리한 후 목적이나 목표에 맞는 행동을 하게 만드는 고차원의 정신 과정이다. 인식과는 다르다. 인식perception은 감각 기관을 통해 들어온 자극을 뇌에서 해석하는 과정이다. 인식은 지각이라 부르기도 한다. 쉽게 말해 무언가를 보고 그것이 무엇인지 알아차리는 것이다.

인지는 인식 혹은 지각보다 높은 상위 개념이다. 지각된 정보를 변형, 축소, 정교화, 저장, 인출하는 과정을 거쳐 대상이 무엇인지 이해하는 과정이다. 예를 들어 어떤 것을 보고 삼각형이라는 사실을 알아차리는 것이 지각이라면, 그 삼각형이 트라이앵글인지, 삼각자인지, 커다란 삼각형의 귀걸이인지, 피라미드를 정면에서 본 모양인지 등으로 정확히 구분하는 것이 인지다.

따라서 인지에는 사고, 기억, 판단력, 형태 인식 능력, 주의집중, 기억 회상, 문제해결, 창의적 사고 등 거의 모든 마음의 과정이 동원된다. 그런 만큼 인지 능력이 뛰어나다는 것은 매우 똑똑하다는 의미다. 하지만 아이러니하게도 인지 과정에서는 실수가 잘 일어난다. 고무호스를 보고 순간 뱀이라 착각하는 것처럼 인지 과정에서 오판하기 쉽다. 이러한 인지 착오는 의식 수준을 낮은 차원에 머물게 만든다.

죄책감, 수치심, 자존심 등은 인지 과정에서 만들어지는 의식 수준이다. 사고를 잘못하면 인지 착오를 일으킬 수 있다. 거의 모든 사람이 잘못된 신념에 따라 자동적으로 판단 착오를 하는 실수를 범한다. 이런 착오를 치유하기 위해 만들어진 심리 치료 방법으로 인지 치료가 대표적이다.

펜실베이니아대학의 에런 벡 교수가 창시한 인지 치료는 인지 오류를 고쳐나가는 방법으로 마음을 교정한다. 인지 오류는 자동적 사고automatic thoughts와 스키마schemas를 통해 만들어진다. 자동적 사고는 어떤 상황에 노출되거나 어떤 사건을 떠올릴 때 마음속에 자동으로 떠오르는 생각을 말한다. 뇌에 이미 만들어진 회로를 따라 노력 없이 발화하는 정보의 모음이라 할 수 있다. 즉, 뇌에 이미 만들어진 길을 따라 생각 없이 걷는 것과 같다.

스키마는 정보 처리의 기본 틀이나 규범을 말하는데 기억된 정보를 포함한다. 벡은 핵심 신념beliefs이라고 설명한다. 자동적 사고와 신념들로 만들어진 스키마는 인지 과정에 중요하게 작용한다. 특히 잘못 만들어진 스키마에 의해 자동적 사고를 할 때 실수를 범하기 쉽다. 우리가 낮은 의식 수준에 머물러 있을 때 인지 과정에서 자기 존재 가치를 비하하기도 한다. 그러면 "나는 뭘 해도 안 된다. 내가 그렇지 뭐"라는 식의 생각이 인지의 기본 틀이 되므로 새로운 일을 시도하려는 노력을 쉽게 포기한다.

이런 경우 먼저 자존감을 만들어 인지 기능을 높여야 한다. 그때 만들어지는 의식 단계가 대수치 175 수준의 자존심에 해당한다. 하지만 자존감이 상승되면 자만심으로 변질될 수 있다. 자만심을 갖는 순간 마음은 거기에 갇히게 된다. 더 이상 성장하지 않고 자신이 최고라 생각하게 만든다. 또한 자만은 욕망을 억제하지 않음으로써 혼란을 만들어낸다. 따라서 자존심이 자만심이 되지 않도록 자신의 인지 기능을 계속 관찰해야 한다. 이러한 문제는 메타인지, 즉 내가 나의 인지를 계속 살펴보는 관찰자가 됨으로써 해결할 수 있다.

메타인지로 인지의 혼란을 정리하라

메타인지meta cognition는 초인지, 상위인지라 불리는 인지에 대한 인지다. 즉, 내가 나의 인지 과정을 계속 살펴보고 있을 때 메타인지가 작동하고 있다고 생각하면 된다. 학문적으로 메타인지는 '아는 것에 대한 앎', '개인의 인지 기술의 특성을 모니터링하고 알아가는 능력'으로 정의한다.

이러한 메타인지를 통해 자신의 인지와 사고 기능을 평가하고 분석할 수 있고 더 나은 판단이나 기억술을 만들어낼 수 있다. 메타인지 능력이 높은 사람은 기억 전략, 문제해결 방법, 창의성 등의 인지 기술을 자신에게 맞게 선택하고 답을 더 잘 찾기 위해 독창적인 추론 방식을 만들어내기도 한다. 자신의 결점을 의식하지 못하는 사람들은 결점 자체를 모를 뿐만 아니라 자신이 그것을 모르고 있다는 사실조차 모른다. 인지가 자기 직시를 하고 자기를 이해하는 것이 메타인지다.

메타인지라는 단어를 처음 사용한 미국의 발달심리학자 존 플라벨J. H. Flavell은 "메타인지는 한 인간 고유의 인지 과정뿐만 아니라 그와 관련된 것들에 대한 지식을 가리킨다. 가령 A를 학습할 때 B를 학습할 때보다 더 어려움을 느낀다는 걸 알아챈다거나 C를 사실로 받아들이기 전에 다시 한번 확인해봐야겠다는 생각이 번뜩 떠오른다면, 바로 그때 메타인지를 맞닥트린 것이다"라고 설명했다.

예를 들어 어떤 결정을 내릴 때 'A를 선택할 것인가, 아니면 B를 선택할 것인가'에 대한 생각이 정리되지 않고 갈등하고 있다면 인지 혼란이 일어났다고 할 수 있다. 그 순간 A나 B 중 어떤 것을 선택해야 인지 함정에 빠지지 않고 이익을 더 높일 수 있는지 모니터링하는 것이 메타인지다. 즉, 한 단계 위의 수준에서 생각하는 것이다.

간혹 A와 B 중에서 답을 찾으려 할 때, 메타인지를 활용하면 의외로 C를 생각해낼 수도 있다. 이렇듯 인지가 사고 기능을 수행하는 마음의 엔진이라면 메타인지는 사고의 방향과 수준까지 조종하고 인지의 작동 여부까지 결정할 수 있는 지능형 마음의 엔진인 셈이다.

내 생각이 나를 혼란스럽게 한다

낮은 수준의 정신인 타마스에 의해 몇 번의 실패를 반복하면 자신감이 저하되고 인지 장애를 초래한다. 실패를 많이 경험한 사람은 "나는 해도 안 된다"는 생각이 팽배해 자존감이 바닥에 떨어진 상태다. 그런 사람에겐 자존감을 확보하는 것이 우선이다. 반면 자존감이 있어도 게으름을 피워 행동이 좌절된 사람이라면 조금 다르다. 그들은 무언가를 할 힘은 있으나 실행하지 않아 실패한 것이므로 자신감이 떨어질 수 있다.

혼란으로 인해 일하기 싫다는 생각마저 들 때는 자기 설득이 가장 중요하다. 그때는 자신감부터 회복해야 한다. 한두 번 생각을 바꾸는 인지 전환으로는 자기 설득이 잘되지 않을 수 있다. 이때는 성공의 경험을 통해 자신감을 만들어야 무언가를 하기 싫다는 생각을 버릴 수 있고 다시 하고 싶어진다. 잘할 수 있는데 왜 하기 싫겠는가? 혹시 자신에게 실패했던 경험이 있다면 성공의 경험으로 덮어야 자신감이 생긴다. 성공에 대한 자신감을 회복하는 것이 자동적 사고와 스키마가 만드는 '하기 싫다'는 인지 왜곡을 극복하는 전략이다. 다시 말해, 자신감 회복은 작은 승리의 경험이 누적될 때 이루어진다.

누구나 매일 자신만의 승리 경험을 만들어야 한다. 작은 승리가 자신감을 만들어줄 때 높은 인지 기능을 확보할 수 있다. 하지만 한 가지 잊지 말아야 할 것이 있다. 자신감이 자만심으로 변질되는 순간, 자만심이 다시 인지 방식의 문제를 만들어낸다는 점이다.

사자와 같은 힘을 가진 사람들은 자신이 하고자 하는 모든 것을 할 수 있다는 자만심을 가질 수 있다. 그런 생각이 사자를 부패시키기 시작하면 스스로 자기를 막는 힘이 올라오는 것을 멈출 수 없게 된다. 어린아이의 자신감이 무모함으로 바뀌어 전후 사정을 생각하지 않을 때 실패가

뒤따른다.

예를 들어 장인이 예술가가 되지 못하는 것은 현재의 수준이라면 충분하다는 자만심 때문일지 모른다. 누구의 방해도 받지 않고 홀로 작업하는 사람이 스스로 멈춰버리는 현상은 이러한 자만심 때문일지 모른다. 따라서 자신감은 갖되 자만심을 늘 조심해야 한다. 메타인지가 자신감과 자만심 사이에서 적절한 위치를 찾도록 도와준다. 따라서 부정적인 스키마와 왜곡된 사고, 비합리적인 믿음들이 인지 왜곡과 인지 혼란을 만들 때, 냉정한 자기 직시로 자신을 이해하는 능력인 메타인지를 통해 매순간 자신을 지켜봐야 한다.

메타인지는 자기이해지능으로

자기 직시는 자신을 정확히 보는 능력이다. 인지를 통해 추구해야 하는 것이 바로 직시다. 인지 왜곡과 인지 혼란에서 벗어나 사태를 정확히 파악할 때 마음은 실수를 범하지 않는다. 자기 직시는 하워드 가드너가 말한 다중지능 중 자기이해 지능으로 가능하다. 가드너가 다중지능 이론을 발표하자 많은 사람이 IQ 이외에 많은 지능이 존재한다는 사실에 관심을 갖기 시작했다. 가드너가 제시한 인간 지능은 언어 지능, 음악 지능, 신체 운동 지능, 논리 수학 지능, 공간 지능, 인간 친화 지능, 자기 이해 지능, 자연 친화 지능, 영성 지능이다. 메타인지를 통한 자기 직시가 가능하려면 다양한 지능 중에서 자기 이해 지능이 필요하다.

자기 이해 지능은 자기 성찰 지능, 자성 지능, 내면 지능 등으로도 불린다. 자기를 알고 느끼는 인지적 능력을 말한다. 이러한 능력을 통해 자신을 분석하고 자기 감정의 범위와 종류를 구별하며 각 감정에 이름도 붙일 수 있고 행동의 길잡이를 삼을 수도 있다.

자기 이해 지능은 메타정서의 기능인 정서 지능과 긴밀하게 연동된다. 나아가 감정을 넘어서 더 깊은 것까지도 알 수 있게 도와준다. '나는 누구인가?', '왜 이렇게 행동하는가?'에 답하고 자신과 관련된 문제를 냉정하게 풀 수 있도록 이끌어준다. 자신의 사고 과정을 알고 자신을 정확하게 판단해 인생을 효과적으로 살게 해준다. 자기 이해가 높으면 자만심에 빠져들 위험도 적다. 자기 이해 지능을 높이는 훈련이 곧 메타인지 증대 훈련이다.

그런데 전두엽에 문제가 생기면 자기 이해 지능인 메타인지 능력이 손상된다. 가드너는 자기 이해 지능이 만들어지는 뇌에 대해《다중지능》에서 다음과 같이 말하고 있다.

> 자기 이해 지능과 관련해 전두엽은 인성 변화에 중요한 역할을 담당한다. 전두엽의 아랫부분이 손상되면 짜증을 잘 내거나 갑자기 감정이 고조되는 '다행증euphoria'을 야기하는 경향이 있다. 반면, 윗부분이 손상되면 무관심, 무기력, 둔함, 무감정이 나타날 가능성이 높다. 전두엽이 손상된 사람의 경우 다른 인지 기능들은 거의 그대로 유지된다.

앞에서 전두엽 손상으로 성격에 변화를 가져왔던 피니어스 게이지 이야기가 기억나는가? 전두엽은 사고의 중추이고 인성과 성격이 발현되는 곳이다. 명상, 운동, 독서, 기도, 깊은 사고 등처럼 전두엽을 자극하는 훈련이 자기 이해 지능을 높여준다.

인지 혼란이 몰락으로 가는 과정

경영학에서는 평범했던 것이 어느 날 위대하게 진화하는 비결에 대해 많은 조사와 연구가 이뤄졌다. 기업의 성공은 이윤과 직결되므로 많은 성공 경영법이 발표됐지만, 인간의 성공은 개인의 문제이므로 자서전이나 인터뷰에 그치는 정도가 대다수다. 하물며 개인의 성공을 체계적으로 연구 발표하는 것은 드물다.

우리는 바닥에서 시작한 사람이 모든 사람이 우러러보는 곳까지 올라간 과정, 꼭대기에서 하루아침에 바닥으로 추락하는 과정을 정확히 알지 못한다. 서울역의 노숙자가 왜 길거리로 나앉게 됐는지 우리도 정확히 모르지만, 노숙자 본인도 자신이 왜 집도 가족도 직장도 없이 노숙을 하게 됐는지 모를 수 있다.

따라서 경영학에서 오랫동안 조사, 분석, 연구한 기업의 성공과 몰락의 공통점을 보면서 자신 역시 그런 길을 가고 있는 것은 아닌지 살펴봐야 한다. 사자를 꿈꿨던 낙타가 사자가 된 이후에도 여전히 슬프다는 것을 느낀다면 그 낭패감을 어떻게 처리할 것인가? 어린아이가 되면 자유롭게 살 수 있을 줄 알았는데 어느 날 아무것도 하지 않는 쓸모없는 사람이 돼 죽음만 기다리고 있다면 어찌할 것인가?

스탠퍼드대 경영대학원 교수를 지낸 짐 콜린스는《성공하는 기업들의 8가지 습관》에서 100년을 넘게 영속하는 최고의 기업들이 가진 성공의 원칙을 여덟 가지로 분류했다. 여덟 가지 원칙은 '시간을 알려주지 말고 시계를 만들어줘라', '이윤 추구를 넘어서라', '핵심을 보존하고 발전을 자극하라', '크고 위험하고 대담한 목표를 가져라', '사교私敎 같은 기업 문화를 가져라', '많은 것을 시도해 잘되는 것에 집중하라', '내부에서 성장한 경영진을 가져라', '끊임없는 개선을 추구하라'이다.

그런데 콜린스는 맥킨지앤컴퍼니의 샌프란시스코 지사장이던 빌 미헌Bill Meehan으로부터 여덟 가지 습관이 쓸모없다는 말을 듣고 충격을 받았다. 또한 좋은 회사이긴 해도 도중에 위대한 회사가 아니라고 판단된 기업들은 어떻게 해야 하느냐는 미헌의 질문에 답하지도 못했다. 그는 미헌의 질문에 대한 답을 찾기 위해 성공한 기업이 위대하게 진화해가는 이유를 조사 분석하기 시작했다.

콜린스는 연구진과 함께 2,000페이지에 달하는 인터뷰, 6,000건의 논문 조사, 3.8억 바이트의 데이터를 조사해 좋은 기업이 위대하게 도약하는 핵심 요인들을 찾아내고자 했다. 그리고 그는《좋은 기업을 넘어 위대한 기업으로》에서 "좋은 것good은 큰 것great, 거대하고 위대한 것의 적이다"라는 대담한 선언을 하며 훌륭한 기업에서 위대한 기업으로 진화한 숱한 기업들이 가진 강점을 제시했다. 대표적으로 '사람이 먼저, 다음에 일이다', '냉혹한 사실을 직시하되 믿음을 잃지 말라', '자신만의 특기가 될 고슴도치 전략을 가져라' 등과 같은 몇 가지의 원칙을 정리했다. 그의 전략을 따르기만 하면 모든 기업은 위대하게 진화할 수 있을 듯했다.

몇 년 뒤 콜린스는 위대하게 진화했다고 선언했던 일부 기업들이 추락해가는 과정을 보며 또다시 충격에 빠졌다. 이번에는 기업들이 몰락하게 된 이유를 분석하기 시작했다. 그는《위대한 기업은 다 어디로 갔을까?》에서 그 이유를 밝혔다. 조사 대상으로 삼은 기업은 뱅크 오브 아메리카, 모토로라, 서킷시티, 에임스할인점, 휴렛팩커드, 머크, 러버 메이드, 스콧 페이퍼, 제니스, A&P, 어드레서 그래프였다. 이들은 크게 흥했다가 쇠퇴한 대표적 기업들이었다.

콜린스가 찾아낸 공통점과 몰락의 과정은 다음과 같았다. 성공으로부터 자만심이 생겼지만, 원칙 없이 더 많은 욕심을 내기 시작한다. 자신 앞에 놓인 위기를 부정하거나 구원을 찾아 헤매다 유명무실해지거나 생명이 끝난다. 콜린스는 몰락한 기업들이 이와 같은 단계를 조용히 혹은 시끄럽게 밟으며 모두 다 파멸해갔다고 정리했다. 이러한 기업의 몰락은 인간의 추락과 흡사하다. 지금부터는 기업이 몰락해가는 과정을 차근차근 살펴보도록 하자.

몰락의 1단계: 혼란의 조짐 – 성공으로부터 자만심이 생겨나기 시작한다

좋은 기업에서 위대한 기업으로 도약한 회사는 자기들이 이룬 성공에 도취해 스스로를 대단하다고 자만하기 시작한다. 자만심에 빠진 리더들은 바른 의사결정을 내리지 못하고 규율을 무시한다. 하지만 그 기업을 위대하게 만들었던 과거의 기술과 축적해둔 저력이 있기에 아직은 탄력을 받아 한동안 앞으로 나갈 수 있다. 그러면 리더들은 성공을 당연한 것으로 여기며 더 거만해진다. 자만심이 전면에 떠오르기 시작한다. 그들은 자신이 성공하게 된 근본 이유를 잊는다. 남들이 하지 않는 어떤 행동을 했기에 성공했었다는 사실을 잊고, 자기는 원래 잘된다는 자만의 싹이 튼다. 또한 자신들만의 기업 철학도 잊기 시작한다. 그 자만과 망각은 이것저것 다른 일을 시도하게 만들며 혼란의 조짐이 보이기 시작한다. 즉, 자만심이 혼란의 시초다.

몰락의 2단계: 혼란의 발생 – 더 많이 욕심을 낸다

자만심은 원칙 없는 큰 욕심을 만든다. 콜린스는 이 욕심이 몰락의 2단계라고 말한다. 앞서 다빈치의 이야기에서 욕망이 원칙 없는 행동을 만드는 사례를 살펴봤다. 욕망은 혼란을 일으키는 인자를 키운다. 자만에 찬 이들은 이전보다 더 큰 규모, 더 높은 성장률, 더 많은 찬사를 원한다. 그리고 성공으로 보일 수 있는 것이라면 무엇이든 하려고 든다. 본격적인 혼란이 시작된다. 이 단계에 들어선 기업들은 자신을 위대한 기업으로 이끌어준 그들만의 창의적 역량에서 벗어나 자기 통제나 규율 없이 이것저것 시도한다. 마치 온갖 욕망에 따라 목적 없이 흔들리는 우리와 흡사하다. 과잉된 욕망은 혼란을 만들고 재앙을 앞당긴다. 욕망에 젖은 이들은 문어발식 확장을 하며 아직 시도해보지 않았던 영역까지 진입한다. 적절한 인재나 기술 개발은 하지 않는다. 사람이 먼저이고 일은 나중이라는 성공의 원칙을 무시한다. 주요 자리를 비전문가들로 채우며 외형 확장만 추구한다. 기술이 자신을 일으켰다는 사실은 잊고 홍보만으로 소비자를 현혹하려 한다. 무엇보다 수많은 인자들이 혼란을 일으키고 있음에도 아직 위험을 모르고 있다.

몰락의 3단계: 혼란의 증가 – 위험과 위기를 부정한다

성공했다는 자만심은 과도한 욕망을 만든다. 또한 욕망이 빚어낸 혼란은 위기의 조짐을 보인다. 하지만 정작 자신은 위기를 인정하지 않고 혼란을 통제할 수 있다고 생각한다. 그럴수록 혼란은 더 커지고 몰락의 조짐이 깊어진다. 내부에서 위기라는 경고 메시지가 새어 나오지만 바깥으로 드러나는 성과는 여전히 견고하므로 내부 우려를 무시한다. 현재의 혼란이 주는 고통과 어려움은 곧 지나갈 것이고 위기가 그다지 나쁘지 않다고 스스로 속이며 위기를 부정한다. 리더들은 나쁜 데이터를 축소하거나 은폐하고 좋아 보이는 데이터는 부풀려 발표한다. 왜곡된 데이터, 모호한 정보를 남발하며 밑돌을 빼서 위로 채워 올리는 비윤리적인 일을 저지른다.

만약 누군가 이와 같은 행위를 하고 있다면 지금 추락 중이라고 보면 된다. 자신을 속이지 말라. 개인이든 국가든 기업이든 데이터를 조작하고 자신들이 보고 싶은 것만 보며 위기를 부정할 때 몰락의 길로 빠르게 달려갈 뿐이다. 만약 리더가 위기의 책임을 전임자나 외부 요인으로 돌린다면 최악의 경우다. 사실을 왜곡하고 실패를 전 정부에 돌릴 때 국가의 추락도 시작된다. 몰락의 3단계에 들어선 기업은 사실에 근거한 활발한 시도가 그동안 높은 성과를 보여줬음에도 불구하고 줄이거나 없애버려 내외부와의 소통조차 사라진 상태에 빠진다. 리더들이 위험을 부정할수록 몰락의 4단계로 점점 나아간다.

몰락의 4단계: 혼란을 지속 – 구원을 찾아 헤맨다

위험과 위기가 점점 누적되면 하락세를 몸으로 느낄 수 있다. 아직도 자만에 빠진 경영진이라면 하락하는 분위기를 반전시키기 위해 단번에 사태를 역전시킬 수 있는 묘안만 찾기 시작한다. 혼란을 일으킨 요인들을 없애지 않고 더 큰 한 방을 터뜨리고자 한다. 그리고 경영진은 구원투수를 찾기 시작한다. 현재까지의 문제를 단번에 혁신시켜줄 새로운 사람, 새 기술, 큰 목표를 찾는 것이다. 하지만 결국 혼란만 더 가중할 뿐이다. 입증되지 않은 전략, 완전한 변화, 드라마틱한 문화적 혁신, 히트 제품, 판을 뒤집을 합병 등등 현재의 하락세를 한 방에 해결할 묘안을 탐색하느라 혼란은 지속된다.

콜린스는 이를 극약 처방에 비유한다. 구원투수 혹은 극약 처방은 처음에는 긍정적 결과를 내는 듯 보이지만 지속되지 못한다. 갈피를 잡지 못하고 이것저것 바꾸며 새로운 프로그램, 충동적인 전략, 새로운 비전이나 돌파구, 구원자를 계속 찾지만 하나의 묘안이 실패하면 또 다른 묘안을 찾을 뿐이다. 결국 몰락하는 기업의 특징은 변화의 의지가 부족한 것이 아니라 일관성이 없는 것이라고 콜린스는 경고한다. 이렇듯 일관성이 없으면 혼란만 가중된다. 여러 가지를 시도해도 딱히 손해 볼 것 없다고 생각하지만 실상은 다르다. 마치 공무원 시험을 공부하다가 전혀 다른 자격증을 준비하는 것처럼 우리는 몰락하는 기업이 처한 혼란의 증후를 여러 사례를 통해 볼 수 있다. 일관된 원칙으로 하나에 집중하지 않고 이것저것 시도하는 행위는 인자를 증가시켜 혼란을 가중하고 우리의 에너지와 시간을 앗아 갈 뿐이다.

몰락의 5단계: 혼란의 극대 – 유명무실해지고 생명이 끝난다

구원투수를 찾아다니는 단계가 오래 지속되면 엔트로피가 계속 증가해 더 이상 혼란을 없앨 방법이 없다. 혼란은 극대화되고 추락 속도는 빨라지는 상태다. 거듭된 실책에 장점은 전부 쓸모없어지고 희망도 사라진다. 개인이 이런 상태에 이르면 더 이상 직장을 구할 의지도 새로운 일을 시작할 의지도 사라져 홀로 길에서 노숙하는 신세로 전락할지도 모른다.

콜린스가 분석한 기업의 몰락 과정은 개인의 추락 과정과 비슷하다. 개인이 발전을 위해 이것저것 시도할 때 언제나 만날 수 있는 위험의 시나리오다. 특히 인지 혼란이 생기면서 위험은 시작된다. 자만심이 악의 뿌리다. 모든 것을 다 할 수 있다는 생각이 이것저것 건드리게 만들어 혼란을 가중시키고 그것을 정리하고 제어하지 않을수록 우리는 점점 쓸모없어진다. 이 모든 것의 시작이 되는 자만심을 경계해야 한다. 만약 자신이 할 수 없다고 생각될 때는 인지 전환을 통해 자존감을 확보해야 한다. 자존감이 강해져 모든 것을 할 수 있다고 믿는 순간 자존감이 자만심으로 변질되는 것을 주의해야 한다. 수치심과 죄의식을 느끼는 인지는 자존심을 회복하고 진실을 직시할 수 있는 이성까지 성장할 수 있다.

인지가 나를 죽이는 의식 수준, 수치심은 인지의 죽음이다

혼란으로 모든 것이 엉망이 되면 수치심을 느낀다. 수치심은 인지, 즉 자의식이 만든다. 심리학에서는 수치심이란 무언가에 실패했거나 도덕적인 잘못을 저지르고 나서 그것을 자신의 잘못으로 느낄 때 나타나는 부끄러운 부정정서라고 정의한다. 정서지만 인지가 깊이 관련돼 있다. 인지를 통해 판단한 후 수치심을 느끼기 때문이다. 한계에 막혀 할 일을 계속 미루고 있을 때, 육체, 정신, 능력, 행동에서 뭔가 잘못됐다는 것을 느낄 때, 해야 할 일을 하지 않고 있을 때, 심각한 실패를 했을 때 우리는 자신이 초라하고 쓸모없다고 생각하고 수치심을 느낀다.

호킨스는 대수치 20의 수치심은 죽음에 가까운 상태라고 말했다. 깊은 수치심에 물든 사람은 더 이상 살고 싶지 않지만 자살을 할 수 없어 마지못해 살아갈 뿐이다. 죽고 싶지만 죽을 수 없기 때문에 사는 것이다. 인간으로서의 가치를 잃었을 때, 심각한 모욕을 당했을 때, 한마디로 사람 취급을 받지 못했을 때, 자신이 가치 없다고 느꼈을 때 수치심을 느낀다.

프로이트는 수치심에서 신경증이 초래돼 노이로제 상태로 넘어간다고 말했다. 수치심은 열등감으로부터 나오고 질병으로 전이된다. 그런데 아이러니하게도 수치심에 휩싸인 사람이 오히려 수치심을 보상하기 위해 무엇에 사로잡힌 것처럼 자신을 몰아간다. 그러다 보면 혼란은 더 심해진다. 또는 자기가 느끼는 수치심을 숨기기 위해 동물이나 약한 사람을 골라 학대하기도 한다. 호킨스는 수치심에 깊이 물든 사람은 비판적이고 피해 망상에 사로잡혀 정신 질환을 보이거나 심하면 엽기적인 범죄를 저지르는 위험한 상태를 보인다고 했다. 수치심은 인지의 최저점이지만 바로 이 지점부터 인지를 성장시킬 수 있다.

과도한 죄책감은 위장된 자만심이다

혼란에서 나타나는 또 다른 인지 왜곡은 죄책감이다. 죄의식이나 죄책감은 자기가 한 일 혹은 지금 하는 행동이 잘못됐다고 느끼거나, 어떤 일을 해야 하는데 하지 못할 때 나타나는 자의식의 정서다. 인지가 죄의식을 만드는 이유는 실패나 잘못을 바로잡고 앞으로 그런 실수를 하지 않으려는 초점 때문이다. 하지만 강한 죄책감이 생기면 실패를 만회하기 위해 노력하는 대신 자기연민, 자기학대, 피해의식 같은 부정정서가 나타난다.

무의식에서 올라오는 죄책감은 사고를 저지르고 정신 이상을 초래하고 자살을 시도하게 만든다. 어떤 사람은 평생 죄의식에서 벗어나지 못하기도 하고, 죄의식이 강한 사람 중에는 이단 종교나 카리스마 강한 교주에게 조종당해 빠져나오지 못하는 경우도 있다. 그런 사람들은 자신이 무가치하고 자격도 없으며 사랑받을 수 없는 존재여서 신에게 미움을 받아 용서받을 수 없다고 생각한다.

하지만 호킨스는 과도한 죄책감과 후회는 위장된 형태의 자만심이라고 말한다. 자신의 실수를 인정하지 않는 자만심이 죄책감을 느끼게 만든다는 것이다. 그는 대수치 30의 죄책감에서 해방되려면 먼저 깊이 숨어 있는 자만심을 버려야 한다고 강조한다.

인지의 왜곡이 의식의 가장 낮은 두 지점인 수치심과 죄책감을 만든다. 따라서 수치심과 죄책감에서부터 인지의 성장을 시작할 수 있다. 자만심을 벗고 자존심이 만들어지는 위치로 인지 능력을 진화시켜야 한다.

인지의 혼란을 훈련하는 의식 수준, 자존심

의식 17단계 중 대수치 175 수준으로 측정되는 자존심은 미국 해병대를 통솔할 만한 에너지 수준이다. 호킨스는 이 단계에 속한 사람이라면 미국 국민 대부분이 동경할 만한 사람이라고 했다. 자존심 단계에 속한 사람은 낮은 에너지를 가진 사람들에 비해 훨씬 긍정적이다.

자존심은 인지 왜곡이 만든 수치심이나 죄의식 같은 낮은 의식 수준에서 경험했던 고통의 진통제가 되고 삶을 계속 이어갈 수 있도록 돕는 버팀목 구실을 한다. 호킨스는 "자존심은 수치심과 죄의식에서 비약한 상태"라고 말한다. 수치심과 죄의식을 벗고 성장해 나타나는 인지 상태가 자존심이므로 자존심 단계는 인지 혼란을 벗어나는 훈련장이 될 수 있다.

호킨스는 미국 빈민가에 사는 절망적인 사람이 미국 해병대의 자존심을 가진다면 상당한 발전이자 변화를 이룬 것이라고 했다. 그만큼 자존심은 좋은 덕목이며 권장할 만한 것이다. 하지만 자존심은 한순간 열등감으로 바뀔 수 있다. 그래서 대수치 200대의 용기보다 아래에 위치한다. 그는 "자존심이 팽만하면 추락한다. 자존심은 외부 조건에 의존해서 생기므로 언제든 추락할 수 있다. 자존심은 아주 쉽게 수치심으로 떨어질 수 있으며 바로 그 때문에 여전히 약한 의식 수준이다"라고 말한다.

자존심의 약점은 오만과 부정이다. 그것이 자만심으로 연결된다. 이런 특성 때문에 자존심이 강한 사람은 의식의 성장을 스스로 막고 혼란에 빠질 수 있다. 자존심이 있는 한 집착으로부터 해방되는 것은 불가능하다. 자존심은 진실한 성장과 참된 내면의 힘을 막는 장애물이다. 자존심은 미국 해병대를 끌고 갈 만큼 강력한 마음의 힘을 만드는 인지 능력이지만, 자칫 타인과 비교하는 과정에서 언제든 열등감을 느끼며 가장 바닥 단계인 수치심으로 떨어질 수 있다. 따라서 자존심이 아닌 자존감과 자신감을 갖는 훈련을 통해 인지 능력을 키워야 한다.

자존감self-esteem이란 어떤 상황에서도 자신은 괜찮다는 느낌, 곧 자기 존중이다. 남과의 비교에서 우월하다는 느낌은 자존심pride에 불과하다. 자존감에 대해 연구한 스탠리 쿠퍼스미스Stanley Coopersmith는 "자존감 강한 아이는 분명하고 명백한 내적 기준을 가지고 있고, 자존감이 약한 아이는 자신의 역량을 측정할 만한 내적 기준을 가지지 못했다"고 말한다. 또한 그는 공짜로 주어지는 것은 소유할 만한 가치가 없을 뿐만 아니라 그 사람의 존엄성dignity에 어떤 기여도 하지 못하므로 자존감은 누군가로부터 부여받는 것이 아니라 본인 스스로 획득해야 한다고 말한다.

인지 능력은 자존심을 넘어 자존감과 자신감을 갖는 훈련을 통해 키워야 한다. 자존감은 남과 비교하지 않고 스스로 존중하는 힘, 자신감은 약한 자기를 설득해 에너지를 만들어내는 내면의 힘이다. 자존심을 지나 자신감을 가질 때 혼란을 정리할 스스로의 명분과 에너지가 생긴다.

인지의 질서가 만드는 의식 수준, 이성

인지와 메타인지는 상황을 정확히 아는 것에서부터 시작된다. 자신 속에 있는 신념, 스키마, 자동적 사고에 따라 자기 편한 대로 해석하는 것이 아니라 사태를 정확히 직시하는 것이다. 또한 자기직시를 할 수 있어야 자존심과 자만심에서 벗어날 수 있다. 자기를 정확히 바라볼 수 있을 때 자신이 왜 우쭐해하는지, 친구의 한마디에 왜 수치스러운지, 자존심이라 믿었던 것이 사실은 오만한 자만일 수 있다는 것을 알 수 있다. 이러한 직시 훈련을 통해 우리의 인지 능력은 호킨스가 말하는 의식 17단계 중 대수치 400대인 이성의 단계로 성장하기 시작한다. 호킨스는 이성에 대해 다음과 같이 말했다.

> 이성의 수준에 이르면 광범위하고 복잡한 자료들을 처리할 능력이 생겨 빠르고 정확한 판단력을 보여준다. 관계의 미묘함, 점진적인 변화와 분명한 차이점에 대한 이해력이 높아지고 추상적인 상징에 대해서도 이해할 수 있게 된다. 따라서 이성에서는 교육과 지식이 가장 중요하다. 이해와 정보가 성취의 가장 중요한 도구가 된다는 점이 400대 이성의 가장 뚜렷한 특성이다. 노벨상 수상자, 탁월한 리더, 대법원의 판사들이 이 수준에 속하는 경우가 많다. 아인슈타인, 프로이트 등 역사적으로 유명한 사람들도 이 수준인 것으로 나타나고 있다.

이성에 이르면 비로소 사실을 깨닫게 된다. 자기직시는 물론 외부 사건에 대한 원인과 결과를 정확하게 파악할 수 있고 직관력도 생긴다. 인지 혼란에서 벗어나기 위해선 이성의 단계에 이르러야 한다.

사실은 알되 진실은 모르는 이성의 한계

호킨스는 이성의 단계에 이른 아인슈타인, 프로이트를 대수치 499로 평가했다. 이들은 서양 환원주의에 지배를 받아 통합적 사고가 되지 않으므로 500대 수준의 사랑으로 성장하지 못한다는 것이다. 이성의 단계가 갖는 한계에 대해서는 다음과 같이 말했다.

> 이성의 결점은 상징과 그 상징이 뜻하는 바를 뚜렷하게 구별하지 못하고, 또

세상사에 대한 이원론 때문에 사물의 인과 관계를 제대로 이해하지 못하는 데 있다. 이 수준에서는 나무에 가려 숲을 보지 못하는 경우가 발생하기 쉽고, 개념과 이론의 탐닉에 의해 본질의 중요성을 찾지 못하고 지식 자체로 그치고 마는 경우가 흔하다. 이성의 수준은 본질이나 복잡한 문제의 핵심에 대한 통찰력을 가지 못함으로써 한계를 갖게 된다. 그래서 이성만으로 진리에 도달한다는 것은 쉬운 일이 아니다.

결국 호킨스는 인지의 한계를 지적하고 있다. 사실은 알지만 진실과 진리는 아직 모르는 상태가 이성이라는 것이다. 호킨스가 이성으로 진리에 도달할 수 없다고 한 이유는 이성이 광범위한 지식과 문헌을 생산해 내기는 하지만 방대한 자료와 결론 사이의 모순점을 해결할 수 있는 능력이 부족하기 때문이다. 지식의 수준에서 더 나아가 성장해야 하는 이유다.

호킨스는 이성의 수준을 초월하는 것은 흔치 않는 일이라 했다. 사실상 대수치 400대의 단계에서 노벨상 수상자의 의식 수준이 나온다고 했으니 평범한 우리가 그 이상의 수준으로 올라가는 것은 무모할지 모른다. 하지만 비록 우리가 진리를 찾아내지 못해 낮은 의식 수준에 머무르고 있을지라도 진리의 일부를 찾아낸 노벨상 수상자들 역시 전체를 아는 것은 아니라는 점을 알고 있어야 한다.

이성에도 한계가 있으므로 노벨상 수상자들도 한계가 있다는 사실을 알고 있는 것만으로도 위로가 될 것이다. 어쩌면 우리는 노벨상을 받지는 못해도 자신이 하는 일로 노벨상 이상의 의식 수준을 만들 수 있을지

의식 수준과 인지가 만드는 의식의 성장 과정

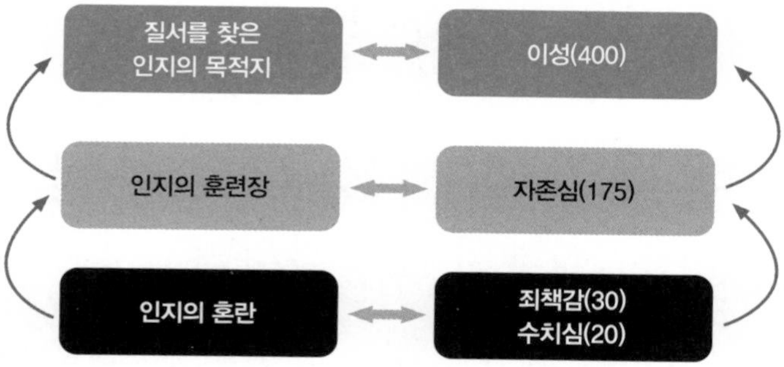

의식 단계	1	2	3	4	5	6	7	8	9	10	11	12	13	14	15	16	17
대수치	20	30	50	75	100	125	150	175	200	250	310	350	400	500	540	600	1000
마음 요소	수치심	죄책감	무기력	슬픔	두려움	욕망	분노	자존심	용기	중용	자발성	포용	이성	사랑	기쁨	평화	깨달음
인지	1	1						2					3				

[마음 요소 수치의 의미: 출발점 (1), 훈련장 (2), 목적지 (3)]

모른다. 그러니 성장을 향한 노력을 멈추지 말기 바란다. 메타인지를 통해 도달할 수 있는 능력이 이성의 확보 정도라면 그것만으로도 인지 능력은 제 역할을 다했다 할 수 있다. 게다가 우리 마음에는 아직 의지와 행동이 남아 있고 그 능력들을 통해 더 올라갈 수 있다.

5

행동의 질서를 찾으려면 실행하고 평화하라

행동 혼란, 아무것도 건지지 못한다

목표를 달성하고 성취하기 위해서는 행동해야 한다. 행동이 자주 변하면 당연히 아무것도 이루지 못한다. 행동의 혼란은 성취를 방해하는 최악의 조건이다. 차라리 아무것도 하지 않는 것이 낫다. 그럼에도 뭔가 해야 마음이 편한 사람들이 많다. 하지만 계속 이것저것 하다 보면 에너지는 소진되고 엔트로피는 증가해 혼란의 도가니 속에서 남는 게 하나도 없게 된다.

독일의 기자이자 연극비평가였던 체람C. W. Ceram이 지은 고고학 분야의 기념비적인《낭만적인 고고학 산책》이라는 책이 있다. 아널드 토인비는 이 책을 두고 "현대 서구 문명이 이룬 가장 큰 업적에 대한 아주 매혹적인 보고서"라고 평가했다. 이 책에는 인간이 남긴 유적과 유물을 통해

과거의 문화와 역사가 소설처럼 재미있게 구사돼 있다. 또한 피라미드를 만든 사람들과 그곳을 도굴한 도적, 선의로 유물을 찾아낸 고고학자들, 바벨탑을 쌓다가 죽어간 사람들, 지금도 역사의 흔적을 찾고 있는 사람들이 무수히 등장한다. 고고학 속 숱한 사람들이 주는 메시지는 단 한 가지다. 바로 행동의 힘이다. 고고학은 선한 일을 했든 악한 일을 했든 뭔가를 이루기 위해 지속적으로 그 일을 반복했을 때 결과물이 남는다는 것을 보여준다.

상인이었던 하인리히 슐리만Heinrich Schliemann은 일곱 살 때 신화의 도시를 발견하겠다는 꿈을 품었다. 39년 후 꿈을 찾아 떠나 마침내 전설 속 트로이를 찾아내 고고학자가 된다. 슐리만의 포기하지 않은 행동이 전설 속 트로이를 현실로 소환했다. 집념과 반복의 힘이 역사를 만들어왔듯 우리가 지금 하는 행동 역시 언젠가 역사 속의 한 부분이 될 것이다.

마음에 문제가 생기면 행동하지 않게 된다. 엔트로피가 증가해 혼란 속에 있을 때는 아무것도 하기 싫어진다. 침대에 누워 하루 종일 뒹굴고 쓰레기봉투 하나 버리고 오는 일마저 버겁게 느껴져서 미루게 된다. 또는 뭔가를 하긴 하지만 쓸모없는 일에 집중한 나머지 오히려 엔트로피를 증가시켜버리기도 한다.

동물의 목적은 행동이다. 뇌는 움직임과 밀접한 연관이 있다. 강장동물인 멍게의 유충은 물에 떠다닌다. 멍게는 성체가 되면 바위에 붙어 움직이지 않고 자란다. 멍게는 유충일 때는 뇌를 가지고 있다. 그런데 성체가 되면 자기 뇌가 가진 영양분을 소화, 흡수해 몸을 키우는 데 쓴다. 뇌의 역할이 끝났다는 뜻이다. 뇌과학에서는 뇌와 움직임 사이에 매우 중요한 연관성이 있다는 근거로 멍게의 사례를 많이 인용한다.

여기서 주목할 것은 행동이 뇌와 직결된다는 사실이다. 인간의 움직임은 근육과 뼈의 운동으로 일어나지만 사실상 모든 것을 뇌에서 제어한다. 뇌의 각 부분이 마음을 제어해 만들어내는 결과가 곧 행동이다. 마찬가지로 마음에서는 동기, 인지, 정서, 의지가 결합해 최종 결과물인 행동을 만들어낸다. 물리적 움직임뿐만 아니라 정신적 결과물도 마찬가지다.

피라미드를 쌓은 노예들은 파라오의 명령에 복종해 매일 돌을 나르고 자르고 올렸다. 노역자들의 한숨과 피를 급여와 맞바꾼 셈이다. 하루의 노동으로 하루 먹을 식량만 얻어내는 것이 전부인 삶, 목숨만이 유일한 자산인 노예와 오늘의 우리가 다를 게 무엇인가? 우리도 직장에서 피 같은 에너지를 쏟아내 일을 하고 대가로 월급을 받는다. 그 돈으로 음식을 사 먹고 아이를 키우고 생필품을 산다. 그렇게 수십 년 살다가 수명이 다해 죽어가는 인생이다. 피라미드를 축조한 노예들이나 다를 게 무엇인가?

우리는 자기 삶의 피라미드가 무엇일지를 생각해야 한다. 쓸모없는 행위로 일상을 채워선 안 된다. 노예들은 돌을 나르다가 죽었지만 피라미드가 남았다. 우리가 하루하루 분투하는 일도 우리 생에 뭔가로 남아야 하지 않겠는가? 똑같이 밥을 먹고 살아도 남겨질 일을 해야 한다. 내가 IT 분야 강의는 하지 않기로 하고 책만 쓰기로 한 이유다. 일하지 않아도 돈이 들어오는 파이프라인을 먼저 만드려는 것은 생활비를 벌기 위해 하기 싫은 일을 하지 않기 위해서다. 나 역시 지금 살기 위해 노력하는 미약한 노예에 불과하나, 내가 남길 것을 위해 오늘도 고뇌한다. 그

고뇌로 내 영혼은 어두워졌지만 나는 노예로만 살지는 않을 생각이다. 당신이 남길 일은 무엇인가? 그게 무엇인지 찾아 그것에 매일을 투입하자. 행동을 해야 모래집이라도 남길 수 있다. 결과물을 만들려면 일관된 하나만 해야 한다.

전쟁이 끝나면 밭을 갈아라

당신은 군인인가, 농부인가? 뜬금없는 소리처럼 들릴 것이다. 군인은 전쟁에 참여해 적과 싸워 영토나 국가를 지켜낸다. 농부는 곡식을 재배해 우리를 먹여 살린다. 당신은 군인처럼 살고 있는가, 농부처럼 살고 있는가? 일생을 군인처럼 살고 있다면 생은 위험하고 팍팍할 것이다. 전리품이 많아도 마음껏 누리지 못한 채 또 다른 전쟁에 투입될 뿐이다. 농부는 경작한다. 하루하루 밭을 갈고 씨를 뿌리고 잡초를 뽑아낸다. 그의 삶에는 생산물이 넘쳐난다.

물론 우리는 때때로 군인이 돼 전투를 해야 한다. 입시를 치르고 직장을 구하고 융자금을 갚기 위해 몇 가지 일을 하면서 내 땅을 확보하는 전투를 한다. 그러고 나면 확보한 땅에 곡식을 심고 가꾸는 농부가 돼야 한다. 위급한 시기에는 살기 위해 전쟁을 해야 하지만 평안한 시기에는 경작해야 한다. 매일 전쟁에만 참여하는 병사는 인생에 남길 것 없이 전쟁터에서 죽어갈 것이다. 전쟁에서 이긴들 그에게 무엇이 남을까? 나폴레옹이나 한니발 같은 장수만 기억될 뿐, 그 많던 병사 중 단 한 명도 이름을 남기지 못했다.

어느 날 내가 돈 몇 푼에 팔려간 용병 같다고 느껴졌다. 나는 미련 없이 25년간 근무한 학교를 버리고 나왔다. 물론 학교 밖도 전쟁터이긴 마찬가지지만 농부가 되기로 했다. 낙타가 사자가 되고, 사자가 다시 어린아이가 되는 장엄한 고통의 서곡과도 같은 전환이었다. 용병으로 전쟁에 참여한 병사의 인생은 빵 한 조각과 목숨을 바꾸는 삶, 종국에는 후회할 수밖에 없을 생이다.

병사는 자신이 전쟁터에서 아무것도 할 수 없음을 곧 알게 될 것이다. 전쟁터에 오래 머물수록 살생 이외의 능력은 도태돼간다. 그런 그가 종전 후에 무엇을 할 수 있을까? 땅을 갈아본 적 없는 그는 전쟁터를 벗어나면 굶어 죽어야 한다. 전쟁터에서 죽거나 전쟁터를 벗어나자마자 굶어 죽거나, 둘 중 하나를 선택해야 하는 순간이 차츰 다가올지 모른다. 비약으로 느껴지는가? 아니다. 지금도 그와 같은 방식으로 사는 사람이 얼마나 많은지 모른다.

나 역시 오랫동안 그렇게 살았다. 그래서 당신에게 이런 말을 할 수 있다. 나는 군인에서 농부가 되기로 했고 그것이 나의 새 인생이 됐다. 무기력의 사막에서 헤매고, 저항의 장벽에 막혔다가, 또다시 혼란의 늪에 빠졌지만 지금은 안다. 처음부터 성실한 농부로서 살아야 했다. 그러한 자각이 너무 늦어 이리 된 것이다.

당신도 이제 전쟁을 멈추고 경작을 시작하라. 언제까지 한 끼 밥을 위해 남의 전쟁에 투입돼 목숨 바쳐 싸우는 용병으로 살 것인가? 황무지에 채소라도 일구는 농부의 삶을 하루빨리 선택하라. 농부로 살기로 했다면 땅을 더 넓히려 하지 말고, 지금 가진 땅에서 시작하길 바란다. 언제까지 땅만 넓힐 수는 없다.

언젠가 책에서 한 장군의 금언을 읽은 적이 있다. 전쟁이 끝난 후 장군은 어린 병사에게 이렇게 말했다. "가서 너희 밭을 갈아라. 스물네 번의 전쟁에서 이기는 것보다 불모의 땅 6에이커를 옥토로 만드는 편이 낫다." 어떤 책에서 봤는지, 누가 말했는지 기억나지 않지만 이 문장만큼은 머릿속에 각인돼 있다. 우리는 남의 인생이 아닌 자신의 인생을 살아야 한다.

전쟁터에서 죽는 병사는 애국자로서 행복할 것이다. 하지만 그가 용병에 불과했다면 죽는 게 억울할 것이다. 자신이 용병으로 느껴진다면 이제 그 전쟁터에서 도망쳐라. 그리고 황무지를 개간하라. 자신의 밭이 만들어질 것이다. 그리고 그 밭을 매일같이 열심히 일궈라. 그 매일이 당신을 충만하게 해줄 것이다. 그러면 진짜 힘을 가지게 될 것이다. 코끼리 등에 타고서 그 코끼리의 덩치가 자신의 몸이라고 착각하지도 않고 빵 한 조각을 얻기 위해 목숨 걸고 전쟁터를 누비지도 않을 것이다. 당신이 가꾸는 수목마다 열매를 맺고, 당신의 인생은 진실해질 것이다. 그 열매야말로 자신에게 주는 최고의 선물이다.

가장 하찮은 것이 때로 우리를 살린다

우리가 매일같이 행하는 하나의 작은 일이 우리를 살린다. 그리스 신화에 생명을 구하는 아주 하찮은 물건이 하나 등장한다. 바로 아리아드네의 실타래다. 아리아드네는 그리스 신화 속 크레타의 왕 미노스와 파시파에의 딸이다. 미노스는 아내 파시파에가 황소와 관계를 맺어 소의 머리와 사람의 몸을 가진 괴물 미노타우로스를 낳자 다이달로스에게 미궁을 짓게 해 미노타우로스를 가둬버린다. 그리고 해마다 젊은 남녀 각각 일곱 명씩 제물로 바치게 한다.

그러던 어느 날, 아테네 왕자 테세우스가 괴물을 죽이고자 제물로 위장해 크레타섬에 들어온다. 아리아드네는 테세우스를 보고 첫눈에 반해 미궁을 탈출할 수 있는 방법을 알려주려고 한다. 아리아드네는 미궁을 만든 다이달로스에게 미궁을 빠져나가는 방법을 물어본다. 다이달로스는 붉은 실 한 타래를 주면서 미궁의 입구에 실의 끝을 매어놓고 들어가면서 실을 풀면 된다고 알려준다.

아리아드네는 테세우스에게 괴물을 없앨 수 있는 칼과 붉은 실타래를 건네준다. 테세우스는 아리아드네가 준 칼로 괴물을 죽이고 실을 따라 미궁을 무사히 빠져나온다. 그리고 괴물에게 잡혀 있던 아테네의 젊은이들은 물론, 아리아드네와 함께 크레타섬을 빠져나온다.

이 신화에서 우리가 관심을 가질 것은 단 하나다. 미궁을 탈출할 수 있는 방법이 대단한 지략도 아니고, 엄청난 무기도 아니라는 점이다. 하찮은 실타래 하나가 해결책이라는 데서 김이 빠질지 모른다. 우리는 평소 성공적으로 인생을 산 사람들에게는 특별한 비결이 있을 것이라 생각한다. 그러나 알고 보면 성공의 비결은 너무나 단순하고 하찮은 것일 수 있다.

우리를 혼란에 빠뜨리는 미궁에서 벗어나기 위한 해결책이 핵폭탄으로 미궁을 폭파시키는 것이 아니라 보잘것없는 실타래를 따라 걸어 나오는 것임을 알아야 한다. 어쩌면 우리는 요란한 소리를 내면서 미로를 무너뜨려야만 그곳을 빠져나올 수 있다고 매일 다짐하는지 모른다. 생각이 혼란스러운 사람은 생각만 할 뿐 행동하지 않는다. 또 거대한 계획을 완벽히 세우고 행동하려고 한다. 하지만 계획은 언제나 계획으로만 끝난다. 생각이 많은 사람은 생산성이 낮다. 반면 단순한 사람이 좋은 성과를 내기도 한다. 생각에 갇혀 있는 사람은 결코 행동하지 않는다. 지금 당장 행동하는 자가 무엇이든 해낸다.

필살기 하나만 남겨라

하나만 끝까지 추구할 때 성공이 찾아올지 모른다. 우리 인생이 평범한 이유는 관심이 너무나 다양하기 때문인지 모른다. 이것저것 손을 대니 제대로 하는 것이 하나도 없다. 짐 콜린스가 말한 기업을 위대하게 만드는 경영 전략 중에 고슴도치 전략이라는 것이 있다. 고슴도치는 몸을 웅크리는 전략밖에 구사할 수 없다. 그러나 재주 많은 여우와의 싸움에서 고슴도치가 늘 이긴다. 고슴도치는 웅크리는 것밖에 할 수 없지만 웅크리는 행위만으로 여우의 온갖 술수를 막아낼 수 있다.

마찬가지로 죽을 때까지 한 분야에서 일하는 사람은 생의 어느 지점에서 반드시 일가를 이룬다. 생활 속의 달인을 찾아가는 프로그램에 출연하는 사람들을 보면 쉽게 이해할 수 있다. 그들은 자신이 종사하고 있는 분야가 무엇이든 자기 일에 대해 유능감을 가지고 자신 있는 표정으로 일하고 있다. 열등감이나 수치심, 무력감 따위는 그들에게서 찾아볼 수 없다.

새로운 인생을 기획할 때에는 하나의 목표를 정해 그것 하나만 끝까지 하겠다는 마음으로 끌고 가야 한다. 가급적 복잡하지 않고 단순한 일을 찾되 자신이 이미 하고 있던 일이나 잘할 수 있는 일을 기반으로 시작하는 게 가장 안전하다. 지금 선 자리에서 한쪽 발을 빼지 않고 나머지 한쪽 발로 주변을 더듬어본 다음, 그쪽 땅이 단단하고 안전하게 느껴져 내가 몸을 옮겨도 꺼지지 않을 것이 확인되면 두 발을 옮기라. 섣불리 새로운 일을 시작하겠다는 생각으로 이직하거나 투자를 하면 위험하다.

여러 가지를 시도하려고 할 때 혼란의 늪에 빠지기 쉽다. 자신이 할 수 있는 일을 찾아 하나에 집중하라. 이것저것 섞지 말라. 한 가지만 하다 보면 거기에서 전혀 새로운 창조성을 찾아낼 수 있을지 모른다. 무용가 트와일라 타프Twyla Tharp도 창의성과 관련해 하나의 일을 추구하라고 말한다.

> 남보다 뛰어난 예술적 재능을 한 가지 이상 갖춘 탓에 자신의 진짜 소명에서 벗어난 사람이 얼마나 많은지 모른다. 재능이 많은 것은 저주다. 한 가지 재능밖에 없다면 잘못된 선택을 할 리가 없다. 재능이 두 가지라면 잘못될 확률이 50퍼센트나 된다.

나 또한 할 일이 너무 많고 하고 싶은 게 너무 많아서 혼란에 빠진 것이었다. 학교에 있을 때는 가르치는 것과 연구만 하면 되니 혼란스럽지 않았다. 물론 내 마음대로 되지 않아 무기력한 적이 있긴 했어도 저항이나 혼란을 겪지 않았다. 하지만 학교 밖으로 나와 1인 기업가로 살아가려 했을 때 저항을 만났다. 또 너무나 많은 할 일을 모두 감당하려 했을 때 혼란의 늪에 빠졌다. 지금은 다 잘라냈다. 고슴도치가 웅크리는 것 하나만 하듯, 딱 하나만 하기로 한 것이다. 작은 밭일지라도 그 안에서 경작하기로 했다. 더 이상 밭을 키우지 않는다. 다시는 혼란의 늪에서 빠져 죽을 뻔한 위기를 자초하고 싶지 않기 때문이다.

연소하듯 살아봤는가?

미국 프로농구 NBA에는 아버지와 아들이 모두 감독을 지낸 사례가 있다. 바로 빌 머슬먼Bill Musselman과 에릭 머슬먼Eric Musselman 부자다. 아버지인 빌은 1980년부터 클리블랜드와 미네소타 감독을 지냈고, 아들인 에릭은 2002년부터 골든스테이트와 새크라멘토를 지휘했다. 2000년, 빌이 예순 살의 나이에 암으로 갑자기 죽자 한 노인이 에릭을 찾아와 아버지에 대한 일화를 이야기해줬다고 한다.

오래전에 노인은 한적한 도로에서 운전을 하고 있었다. 마침 열한 살짜리 남자 아이가 오른손으로 농구공을 드리블하면서 도로를 뛰고 있는 모습을 발견했다. 노인은 차를 세우고 아이에게 어디로 가는지 물었다. 소년은 드리블을 멈추지 않으며 자신은 오빌로 간다고 대답했다. 노인은 아이의 대답에 놀라며 오빌이 15킬로미터나 떨어져 있다는 사실을 알려주었다. 그러자 아이는 자기도 안다고 답했다.

다시 노인은 오빌에 가면 무엇을 할 것인지 아이에게 물었고, 아이의 대답에 놀라고 말았다. 아이는 "거기 도착하면 왼손으로 드리블해서 집으로 다시 돌아와야죠"라고 답했다. 오른손으로 드리블해서 15킬로미터 이상 되는 길을 달리고, 다시 반대로 왼손으로 드리블해서 집으로 돌아오는 열한 살짜리 소년을 떠올려보라.

당신은 살면서 그런 행동을 한 번이라도 해본 적이 있는가? 나는 드리블하는 아이의 이야기를 읽고 경악했다. 내가 평범할 수밖에 없었던 이유를 찾은 듯했다. 나는 한 번도 다이어트에 성공한 적이 없고 내가 바라는 것을 쉽게 이루지도 못했다. 죽기 살기로 하지 않았기 때문일지 모른다. 당신은 어떠한가?

노인은 에릭에게 드리블하는 아이의 이야기를 들려주고는 그 아이가 바로 에릭의 아버지 빌이라는 사실을 일러주었다. 열한 살에 불과한 아이가 농구 선수가 되기 위해 수십 킬로미터를 드리블해 달리는 열정과 노력을 쏟았고 결국 빌을 NBA 감독으로 성장시킨 것이다. 빌 머슬먼은 NBA의 마이너리그격인 CBA를 포함해 프로농구 게임 통산 603승 426패를 기록한 명장으로 기록됐다. 아버지가 사망하고 2년 후, 아들 에릭도 NBA 감독으로 데뷔를 하게 됐다.

일생에 그런 노력을 해본 적이 없다면 이제부터 시작해보자. 생은 아직 남았고 우리가 갈 길은 아직 멀다. 이번 생이 우리에게 가르치는 숙제가 무엇인지는 모를지언정 우리도 한 번쯤 연소하듯이 살아봐야 하지 않겠는가? 생은 아직 길다. 그러니 지금이라도 시작하길 바란다. 매일 도전하고 끝까지 해내는 것이다. 매일 하되 죽을 때까지 할 각오로 당신의 일을 하라.

미국의 유명 칼럼니스트 시드니 해리스Sydney Harris는 다음과 같이 말했다.

이상주의자는 단기 성과를 무시한다. 냉소주의자는 장기 성과를 무시한다.

현실주의자는 단기적으로 무엇을 끝내고 끝내지 못하느냐가 장기적인 성과를 결정한다고 믿는다.

당신은 이상주의자인가, 냉소주의자인가? 아니면 현실주의자인가? 이상주의자는 하루를 충실히 보내지 못하고 냉소주의자는 내일 익을 열매를 믿지 않는다. 이상주의자가 오늘 식탁을 풍성히 만들 채소를 재배했다는 소리도 듣지 못했고, 냉소주의자가 역사에 남을 예술품을 만들었다는 소리도 듣지 못했다. 오늘을 살면서 내일을 바라는 인생, 매일 행동해 숙달되면 내일은 진화해갈 것이다.

행동의 혼란에서 벗어나는 비밀은 매일의 반복이다. 하루를 시스템으로 만들어 반복하는 삶을 살아야 한다. 그게 훈련이다. 나는 이제 더 절실하게 느낀다. 혼란의 늪에서 나오는 길은 하나만 매일 반복적으로 하는 것이다. 하지만 그동안 나는 더 잘하려고, 더 좋은 것을 하기 위해 생각하고 재고 기다리고 있었던 것이다. 그런 탓에 내가 선 땅이 늪으로 변해버린 것이다. 어떤 시스템을 만들든 일관성이 있다면 추진력을 만들 수 있다.

행동이 사라지는 의식 수준, 무기력이 행동을 막는다

혼란이 극심해 아무것도 하기 싫고 할 수 없는 상태가 되면 무기력하다고 느껴진다. 혼란으로 다시 무기력해진 것이다. 무기력은 우리가 행동하지 못하게 만든다. 셀리그먼은 무기력을 학습한 사람이 동기, 정서, 인지에 장애를 보인다고 했다. 동기, 정서, 인지가 합쳐져 행동을 만들어내므로 무기력해지면 행동이 사라진다. 호킨스는 무기력을 의식 17단계 중 대수치 50의 아주 낮은 단계에 두고 있다. 즉, 우리가 행동 훈련을 시작해야 하는 지점은 무기력이다.

무기력한 사람은 자기 힘으로 아무것도 할 수 없다는 생각에서 나타나는 절망, 자포자기 상태에 빠져 있다. 어떤 일을 시도했으나 자기 힘으로 되지 않는 것을 알았을 때 나타나는 증상이다. 무기력이 깊어지면 희망이 사라진다. 현재와 미래가 전부 황폐해지고 인생의 주제는 슬픔으로 가득 찬다. 욕망이 사라진 상태이므로 외부의 도움이 필요하지만 도움조차 그들에게는 쓸모없다. 누군가에 의해 에너지가 조달되지 않는 한 무기력에 의한 죽음이 그들을 기다리고 있다.

살려는 의욕 없이 허공을 응시하거나 자극에 무감각해져 시선이 더 이상 사물을 쫓지 않고 음식도 삼킬 에너지가 없는 상태를 상상해보라. 호킨스는 집도 없이 길을 헤매는 노숙자들과 사회의 낙오자를 대표적인 무기력의 사례로 꼽았다. 체념에 빠진 노인이나 만성질병이나 불치병으로 고생하는 환자가 보여주는 상태와도 같다. 무기력은 행동이 막히는 의식 수준이다.

행동의 혼란을 훈련하는 의식 수준, 스스로 하는 행동

행동 훈련의 목표는 행동이 자연스럽게 일어나는 단계인 자발성spontaneity이다. 자발성은 마음의 성장이 비약적으로 일어날 수 있는 두 번째 성장점이다. 호킨스가 의식 17단계 중 대수치 310으로 설명한 자발성은 긍정적인 에너지가 지속적으로 나타나는 지점이다. 숙달을 통해 무기력에서 벗어나고 행동의 자발성을 이룬다면 우리는 더 이상 행동 때문에 고통받지 않아도 된다. 또한 호킨스는 자발성을 더 높은 단계에 이르기 위한 관문이라고도 했다.

자발성은 남의 지시나 영향에 의지하지 않고, 자기 스스로의 의지에 따라 행동하는 성질이나 특성을 말한다. 자발성 단계에 이른 사람은 인생의 보이지 않는 저항을 극복하고 삶에 기꺼이 참여할 수 있다. 따라서 이들은 스스로 성장한다. 매슬로도 자기실현을 이루는 사람의 특징 중에 자발성이 있다고 했다.

자발성에 이른 사람들은 향상을 위해 태어난 것처럼 보인다. 대수치 200대의 용기 이하에 속한 사람들은 마음이 닫혀 있지만, 대수치 310의 자발성에 이른 사람들은 마음의 문이 열려 있다. 마음의 문이 닫혀 있다는 것은 모든 것이 한계가 될 수 있는 상태인 반면, 마음이 열려 있다는 것은 그 어떤 한계도 넘을 힘이 있는 상태다.

자발성을 가진 이들은 타인에게 친절하고 다른 사람들의 필요에 기꺼이 응한다. 자기 스스로 무엇이든 만들어낼 마음의 힘을 가졌기 때문이다. 당연히 사회적, 경제적 성공이 따라온다. 이들은 실직해도 걱정하지 않는다. 자신이 하고자 마음만 먹으면 무슨 일이든 할 수 있고 일을 만들어낼 수 있기 때문이다. 그들은 밑바닥 일도 부끄러워하지 않는다. 다른 사람을 돕고 사회를 움직이고 자기가 몸담은 곳에 공헌한다. 또한 내면의 문제에 관심이 많아 배움에 장벽을 두지 않는다.

대수치 250의 중용 단계에서는 일이 잘 굴러가는 수준이지만 대수치 310의 자발성 단계에서는 일이 훌륭히 이루어지고 성공의 결실도 맺을 수 있게 된다고 호킨스는 설명한다. 다시 말해, 자발성에 이르면 자긍심이 높아지고 사회적으로 인정받고 존중받으며 보상도 따라온다. 보상은 자긍심을 더욱 강화시키는 선순환을 일으킨다. 또한 곤경으로부터 회복하는 능력이 있고 시련을 통해 배운다. 자발성을 가진 이들은 자존심을 극복하고 자신의 결점을 기꺼이 바라볼 수 있다. 또한 다른 사람들에게 기꺼이 배우려고 한다.

자발성을 가지면 멈추지 않는 수레바퀴가 된다. 자신의 행동을 수레바퀴를 돌리듯 한 바퀴 한 바퀴 돌릴 때 스스로 행동할 수 있는 자발성의 힘이 길러진다. 그 힘은 외부에서 준 것이 아니라 자신의 속에서 만들어지는 것이므로 진정한 힘이다. 행동이 완전히 습관화돼 몸에 익으면 자발성은 몸의 일부가 돼 그냥 흘러나온다.

호킨스는 자발성이란 내적 저항이 사라진 상태라고 말했다. 그는《의식의 수준을 넘어서》에서 "자발성의 수준이 세상에서 효율이 높은 까닭은 그것이 저항의 방해를 받지 않기 때문이다. 자발성이 헌신의 마음을 가지게 될 때는 '난 못 해'라고 저항하던 내적 장벽을 돌파하여 '난 할 수 있다'로 간다"라고 했다.

셀리그먼도 무기력을 자발성이 사라진 상태로 설명했다. 결국 행동하지 못하게 누군가 막는 무기력이나 행동을 스스로 막는 저항, 행동 자체가 사라지게 하는 혼란 극복의 시작점은 자발성이다. 행동이 지속적으로 만들어질 최적의 상태를 자발성으로 생각하라. 당신에게 자발성이 생긴다면 당신은 비로소 무기력, 저항, 혼란, 게으름, 미루기, 회피와 같은 타마스의 낮은 수준을 넘게 될 것이다. 그런 다음 성장이 일어난다. 자발성을 넘어야 어디든 갈 수 있다.

자발성: 스스로 구르는 메타행동

행동하지 않으면 아무 일도 일어나지 않는다. 행동의 어려움은 행동을 만들어내는 에너지의 유지와 행위의 지속성에 있다. 플라톤이 동기, 인지, 정서에서 행동이 나온다고 했듯이 그 일을 왜 해야 하는지 아는 동기가 행동의 첫 번째 연료가 된다.

많은 사람이 인간도 동물처럼 당근과 채찍에 의해 움직인다고 오랫동안 생각해왔다. 최근 동기행동 심리학자, 경제학자들은 인간이 결코 당근이나 채찍에 의해서 움직이는 존재가 아니라는 이론을 속속 발표하고 있다. 그들은 인간이 외부에서 부여하는 외재 동기보다 자신의 내부에서 만들어지는 내재 동기를 더 중요하게 여긴다고 말한다.

보상을 준다거나 인센티브를 준다고 해도 열심히 일하지 않던 사람이 여자 친구와 결혼하기 위해 승진을 결심하고 그때부터 누구도 이루지 못하는 성과를 성취하기도 한다. 승진을 하고서 여자 친구 부모님에게 떳떳하게 딸을 달라고 할 수 있어야 한다는 강한 동기가 생겼으므로 자신의 마음을 따라 노력하는 것이다. 그런 내재 동기가 계속 만들어지려면 강한 목적이 있어야 하고 우리 자신을 평생 끌고 가는 강한 삶의 의미인 소명을 찾아야 한다.

일단 행동을 시작하고 나면 그것을 지속시키는 것은 또 다른 문제다. 행동이 한두 번으로 끝나지 않고 지속적으로 유지돼 목표하는 바를 이루어내려면 어떻게 해야 할까? 행동의 지속성을 위한 첫 단계는 숙달될 때까지 반복하는 것이다. 반복을 통해 일에 자신감이 생기고 잘해나가는 자신에게 만족을 느끼면 유능감이 더해진다.

자신감과 유능감이 숙달 과정에서 생기기 시작하면 그는 더 높은 단계로 올라갈 수 있다. 자발성은 행동이 몸에 완전히 익은 체화 상태에서 생긴다. 또한 자발성은 자동으로 행동하게 만드는 행동 촉매인 메타행동으로 볼 수 있다. 동기, 인지, 정서가 결합돼 나오는 행동이 아니라 자동으로 나오는 것이 바로 메타행동meta action이다. 이것을 습관이라고 한다.

행동의 질서가 만드는 의식 수준, 자기 일을 할 때 우리는 평안하다

행동할 때 평화가 찾아온다. 매슬로는 "인간이 자기 자신과 평화롭게 지내려면 화가는 그림을 그려야 하고 작가는 글을 써야 하고 작곡가는 곡을 써야 한다"라고 말했다. 내가 말하는 평화가 바로 그런 상태다. 영성가가 도달하는 지복의 상태는 꿈꾸지 못해도 평범한 우리가 자기 일에 최선을 다하면서 도달하는 상태를 평화로 본 것이다.

평화의 경지는 일에 몰입할 때 가끔 느끼는 상태다. 나는 내가 해야 할 일을 하고 있을 때가 가장 편안하다. 할 일을 하지 않는 날은 전쟁을 치른 듯 녹초가 되고 머리는 멍하고 아프다. 그러나 다시 일 속으로 몰입하면 아픈 증상과 불안은 사라지고 일하는 나만 느껴진다. 내가 느끼는 일상의 평화다. 이것은 기쁨이나 행복과 조금 다를 수 있다. 이 평화는 자신의 한계를 극복한 뒤에 찾아오는 평화인지 모른다. 마치 전쟁을 치른 후에 느끼는 잠잠한 안정감 같은 것이다. 에크하르트 톨레Eckhart Tolle도 행복과 평화가 다른 것이라 했다.

행복이란 긍정적인 것으로 인식하는 조건들에 따라 만들어지지만 내면의 평화는 그렇지가 않다. 사람들은 한계, 상실, 실패, 질병 등의 고통을 겪고 나서 위대하게 돼간다. 고통이 그들에게 거짓된 자아를 벗고 에고가 지시하는 피상적인 목표와 욕망을 버리도록 가르치기 때문이다. 고통을 주는 일을 겪을 당시에는 모르지만 그 고통을 통해 궁극적으로 중요한 것이 무엇인지 알게 된다. 높은 전망대에 오르면 모든 것이 긍정된다. 부정적인 사건도 높은 곳에서 볼 때 긍정적이 될 수 있다.

즉, 평화에 이르기 위해서는 불행도 겪어봐야 하고 고통을 넘어봐야 한다는 말이다. 실패를 겪어본 사람만이 행동할 때의 느낌을 온전히 자신의 것으로 만들 수 있다. 그때 평화가 찾아온다.

호킨스가 말하는 평화는 대수치 600대로 매우 높은 단계다. 이 수준은 초월이나 자기실현의 상태로 설명될 수 있다. 또한 평화는 천만 명 중 한 명꼴로 나타나는 아주 드문 상태라고 말했다. 자기실현을 해내는 사람이 그렇게 적다는 것일까?

평화의 상태에 도달한 사람에게는 주관과 객관의 차이나 특별한 관점이라는 것이 더 이상 존재하지 않는다고 한다. 이들은 지복의 상태에 잠겨 있어 세상사에 흥미를 갖지 않는다. 따라서 범인 같은 생활을 하지 않는다. 그들은 영적 지도자가 되기도 하고 인류 개선을 위해 드러나지 않게 일하기도 한다. 또한 자기 분야에서 천재성을 발휘해 사회에 커다란 공헌을 하기도 한다.

이들은 성인의 조건을 다 갖추고 있어서 성인으로 추대되는 일도 드

묻지 않다. 기존 종교의 형식을 초월한 수준의 사람들은 모든 종교가 뿌리를 내리고 있는 순수한 영성의 소유자들이다. 평화 이상의 수준에서는 세상 전체가 시간과 공간이 멈춰 서 있는 가운데 슬로 모션으로 움직이고 있는 것처럼 느껴진다고 한다.

그들이 바라보는 세상이 다른 사람들이 보는 세상과 다를 바가 없는데도 불구하고 그들은 세상이 절묘한 조화를 이루며 무한한 가능성과 의미로 가득 찬 진화의 춤을 추고 있는 것이라 생각한다. 이런 놀라운 계시는 이성적인 사고에서 나오는 것이 아니므로 그들의 마음은 그 무엇도 개념화하는 일 없이 절대적 침묵에 잠겨 있다. 보는 자와 보여지는 자의 구분이 사라지고, 바라보는 사람이 풍경 속으로 녹아 들어가 풍경과 하나가 된다. 모든 것은 다른 모든 것과 연결돼 있고 끝없이 온화하고 바위처럼 견고하다.

평화의 수준에 이르면 우리는 이미 어린아이 단계를 넘어섰을지도 모른다. 어린아이가 만들어내는 충동과 호기심으로 온갖 것에 눈길을 주면서 만난 혼란이라는 고통의 늪을 벗어나 자기 일 속에서 평화를 찾은 사람은 이제 타인도 도울 수 있다. 드디어 초인으로 갈 수 있게 된 것이다.

마음에 혼란이 생길수록 그냥 일상의 일을 하라

일을 할 때 평화가 찾아오지만 일하지 못하면 마음은 정말 혼란스럽다. 그러나 그럴 때일수록 행동을 지속해야 한다. 윌 듀런트는 "역사는 예를 통해 가르치는 철학"이라고 했다. 그는 역사 속의 영웅들이 살아간 행태를 분석한 후 "역사는 시간 속의 사건들을 탐구함으로써 철학적 전망을 얻으려는 시도다"라고 말했다. 또한 "국가가 무질서해졌을 때 해야 할 일은 국가를 개혁하는 것이 아니다. 오히려 사람들의 삶을 원래의 정상적인 의무로 되돌리는 일이다. 전쟁을 하는 것이 아니다. 조용히 물러나서 굴복하고 참음으로써 마침내 이기게 된다"라고 말하고 있다.

역사는 우리에게 하나의 가르침을 전하고 있다. 국가에 혼란이 찾아올 때 혼란을 잠재우려면 그냥 원래 하던 일을 계속하게 만드는 것이라고 말한다. 역사의 교훈 속에서 마음의 혼란을 잠재우는 길을 하나 배울 수 있다. 그냥 하던 것을 하는 것이다. 행동이 평화를 가져올 수 있다. 복잡하고 혼란스러운 마음을 내려놓고 그냥 할 일을 하는 것이 그 혼란을 잠재우는 길이다.

아리스토텔레스는 소크라테스나 플라톤처럼 최상의 삶을 사는 방법에 대해 고민한 철학자였다. 그는 "좋은 것을 좋아할 줄 알고 나쁜 것을 싫어할 줄 아는 사람으로 자라 마침내 자신이 해야 할 일을 즐기면서 할 수 있는 자율적인 사람이 되는 것"이 곧 궁극의 삶이라 말했다. 그가 말한 최종 목적은 에우다이모니아eudaimonia다.

일반적으로 에우다이모니아는 행복으로 번역되고 있지만 영어 단어의 행복happiness은 아리스토텔레스가 말하는 궁극적 행복을 설명하는 데 좀 약하다고 철학자들은 말한다. 에우다이모니아를 궁극적 행복으로 설명하기도 하는데 단순한 행복이 아니라 기쁨을 포함한 평화의 상태가 맞는 듯하다.

아리스토텔레스는 에우다이모니아를 상태가 아닌 행동으로 설명했다. 즉, 인간의 고유한 기능이 덕에 따라 탁월하게 발휘되는 영혼의 활동

의식 수준과 행동이 만드는 의식의 성장 과정

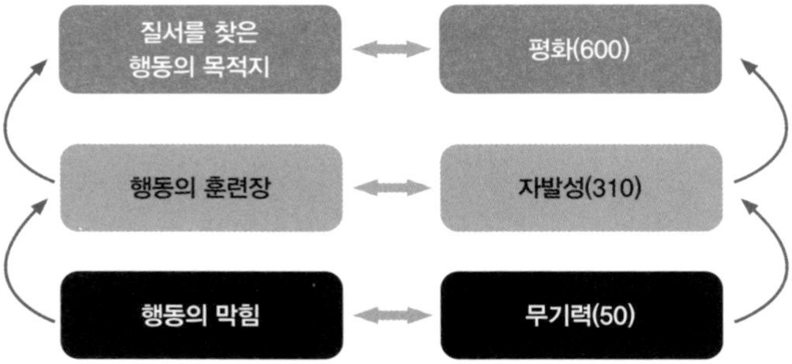

의식 단계	1	2	3	4	5	6	7	8	9	10	11	12	13	14	15	16	17
대수치	20	30	50	75	100	125	150	175	200	250	310	350	400	500	540	600	1000
마음 요소	수치심	죄책감	무기력	슬픔	두려움	욕망	분노	자존심	용기	중용	자발성	포용	이성	사랑	기쁨	평화	깨달음
행동			1								2					3	

[마음 요소 수치의 의미: 출발점 (1), 훈련장 (2), 목적지 (3)]

으로 봤다. 또한 영혼의 상태가 아닌 영혼의 활동이라는 움직임으로 설명했다. 매슬로가 말한 것처럼, 우리가 행동해 만들어내는 평화와 비슷한 상태로 생각할 수 있다. 아리스토텔레스와 매슬로의 설명에서 찾을 수 있는 공통점은 우리가 할 일을 제대로 하면서 만들어내는 기쁨, 행복, 평화가 결국 우리가 추구할 궁극의 삶이라는 점이다.

아리스토텔레스가 가장 잘하는 것에 최선을 다하는 것이 에우다이모니아라고 했다는 점이 매우 중요하다. 가장 잘하는 것에 헌신할 때 최고의 삶이 만들어진다. 건강한 어린아이가 된다는 의미와도 같다. 자기가 가진 것을 즐기며 놀고 있는 아이가 사실상 정신의 가장 높은 경지라는 말이다.

그러므로 가장 잘하는 것 하나를 잡고 그것이 숙달될 때까지 반복해 내 것으로 체화시키고 그 속에서 탁월함을 만들어내 평화를 찾는 것이 인생을 최고 상태로 만드는 길이다. 우리는 이토록 단순한 것을 하지 못해 고통스러운 것이다. 이제부터라도 에우다이모니아를 추구하는 삶을 살아보자. 행동에서 기쁨과 행복, 평화가 만들어져 우리를 성장시킬 것이다.

6

의지의 질서를 찾으려면
사랑하고 또 사랑하라

의지란 무엇인가?

마음의 다섯 번째 성분은 의지다. 사전적으로 의지will는 '특정한 목표를 달성하려는 인간의 의식적 노력'이라고 정의한다. 목표 달성을 위해 노력할 때 필요한 자기절제self control나 자기조절self regulation이 바로 의지가 하는 일이다. 의지에 대한 조금 더 상세한 정의는 다음과 같다.

> 의지는 지성과 감정의 복합체이며, 항상 목표를 지향하기 때문에 목표에 대한 인식을 전제한다. 의지는 행위를 통해 실현되며 인간의 사회적, 자연적 환경으로 인한 저항을 극복해야 실현된다.

의지에 대한 설명을 잘 살펴보면 의지란 지성이 만들어지는 인지, 감정이 나오는 정서, 목표를 지향하게 만드는 동기, 행위를 관장하는 행동이 모두 연합해 만드는 통합된 마음의 힘이라는 것을 알 수 있다. 즉, 의지는 동기, 정서, 인지, 행동을 관장하는 중심이 된다.

의지는 영성과도 맞닿아 있다. 호킨스는《의식의 수준을 넘어서》에서 "의식의 수준을 초월해갈 때 '의지'가 중요한 것은 그것이 영적 작업에서 가장 결정적인 기능을 가졌기 때문이다. 의지는 매우 중요하지만 거의 주목을 받지 못했다"라고 말하고 있다. 의지가 영적인 역할을 하고 있다고 말한 것을 주의해 생각해봐야 한다. 의지는 자유의지라는 영적인 어떤 힘과 연결돼 있다.

로이 바우마이스터 교수는《의지력의 재발견》이라는 책에서 "인생에서 긍정적인 결과를 불러오는 개인적 특성 두 가지가 지적 능력과 자기절제다"라고 말하고 있다. 그는 지적 능력을 영구적으로 향상시켜주는 비결은 찾지 못했지만 자기절제를 향상하는 방법은 발견했다고 정리했다.

자기절제력을 높이는 법이 있다는 것은 보편적 인간의 노력으로 의지나 마음의 힘을 높이는 것이 가능하다는 말로 이해할 수 있다. 또한 지적 능력과 자기절제 두 가지가 인생에서 긍정적 결과를 만든다고 하므로 마음의 힘이나 의지를 강화하는 것이 인생을 좋은 방향으로 이끌어준다고 믿어도 된다. 결국 학습과 훈련이 인생에서 성공하기 위한 필수 요소다.

하지만 무엇보다 자기절제라는 의지가 중요하다. 특히 정신을 차릴 수 없는 혼란이라는 문제에 봉착하면 의지적으로 뭔가를 잘라낼 수 있어야 한다. 욕망을 차단하고 복잡한 생각들을 멈추고 혼란스러운 감정의 소용돌이에서 자기를 건져내 방향 없이 뛰어다니던 자신을 하나의 일에 집중하도록 끌고 가야 한다. 그게 의지의 역할이다.

새뮤얼 스마일즈Samuel Smiles는 《자조론》에서 "천재는 곧 인내다"라고 말했다. 그는 뉴턴 같은 인물을 분석해 그들의 성공 비결이 자기부정과 끝없는 인내라고 정리했다. 자기부정과 인내는 의지가 만드는 결과다. 자기부정을 통해 그동안 좋은 것으로 생각했던 것조차 버릴 수 있어야 한다. 인내는 욕망을 눌러주고 감정의 폭발도 막아준다. 바로 의지가 할 일이다.

의지는 마음의 엔진 중심에 있다. 그런데 문제는 의지가 소진된다는 데 있다. 우리가 계속 하나에 집중하지 못하는 것은 체력적으로도 힘들지만 마음의 힘도 약해지기 때문이다. 의지가 지친다는 것은 마음을 자각할 수 있는 중요한 지점이다. 무엇이 약해진 의지에 힘을 넣어주는 것일까? 우리는 기도나 명상, 운동, 독서 등을 통해 약해진 의지를 단단하게 만든다. 바로 그 힘을 메타의지meta will라고 부르자. 신의 은총이든 나의 기도든 명상이든 상관없다. 분명 나의 의지는 아니지만 내가 할 수 있도록 이끌어주는 알 수 없는 힘이고, 약해진 나의 의지를 강화시켜주는 힘이라고 생각하자. 즉, 의지는 영적인 힘과 닿아 있다고 볼 수 있다.

바우마이스터와 동료 연구자들은 의지력이 근육과 같아서 한꺼번에 사용해버리면 지친다고 설명한다. 하지만 장기간에 걸친 훈련으로 의지력을 강화할 수 있다는 점도 함께 덧붙였다. 바우마이스터는 의지력 향상이 더 나은 삶을 위한 가장 확실한 방법이라고 강조한다. 자기절제를 하지 못할 때 개인과 사회를 통틀어 가장 심각한 문제가 발생한다고도 한다. 무절제한 소비, 무계획적 대출, 충동적 폭력, 학업 포기로 인한 성적 부진, 직장에서의 게으름, 술과 마약, 건강하지 못한 식습관, 운동 부족, 만성 불안, 폭발적인 분노 등이 자기절제의 부족에서 나오는 심각한 문제들이다. 이로 인해 인생은 망가지게 된다.

인간은 자신의 절제력에 대해 다소 오해하는 경향이 있다. 바우마이스터가 사람들에게 자신의 가장 큰 성격적 강점을 물어보자 대부분 정직, 친절, 유머, 창의성, 용기, 겸손 등으로 대답했다고 한다. 자기절제가 장점이라고 거론하는 사람은 별로 없었다. 전 세계 100만 명가량의 사람에게 조사한 결과에서 자기절제는 가장 순위가 낮았다. 사람들은 결코 자기절제가 장점이라고 생각하지 않는 듯하다. 하지만 실패의 원인을 물으면 상황이 달라진다. 사람들은 자기절제 부족이 실패의 가장 큰 요인이라고 대답했다.

자기절제는 인생을 성공시키는 중요한 인자다. 하지만 사람들은 자기절제 부족 때문에 실패했다고 생각할 뿐이다. 우리도 스스로 의지가 약해서 실패했다고 생각하지 않았던가? 많은 사람이 자조적인 목소리로 "나는 작심삼일이야", "의지박약이야"라는 말을 자주 한다. 나 역시 자주 그런 말을 한다. 훈련을 통해 의지력을 강화할 수 있다는 바우마이스터의 연구 결과는 자기절제를 훈련으로 강화할 수 있다는 말로 이해하면 된다. 다시 한번 말하지만 자기절제는 훈련으로 강화할 수 있다. 자기절제는 우리를 성공으로 보내기도 하고 실패로 보내기도 한다는 것을 기억하자. 의지가 자기절제를 만든다.

마음의 5가지 성분과 의지의 4가지 기능

의지는 마음에서 어떤 위치를 차지할까? 많은 철학자들이 의지가 인지와 관련이 깊다고 생각했다. 철학의 역사에서 '의지가 무엇인가?'라는 물음은 사유와 인식 등 지성과 인지의 관계라는 문제와 밀접하게 결부돼 있다. 의지가 지성과 인지에 의해 생겨난다고 주장한 인물은 플라톤, 아리스토텔레스, 스토아학파, 토마스 아퀴나스, 데카르트, 스피노자, 라이프니츠, 칸트, 헤겔 등이다.

하지만 쇼펜하우어와 니체는 의지가 존재를 규정하는 근거이자 원동력이며 마음의 모든 부분을 총괄한다고 봤다. 쇼펜하우어는《의지와 표상으로서의 세계》에서 의지를 식물이 성장하는 힘이나 광물이 결정을 만드는 힘, 자석이 북극으로 향하는 힘과 같은 것으로 봤다. 동식물이나 사물, 세계조차도 내면에 근본적인 힘이 있으며 그 힘은 인간의 의지와 같은 성질이라 했다. 의지가 만물의 근원이고 모든 것이 통합되는 장소, 즉 충동, 동기, 인식, 행동의 힘이 나오는 장소이자 본질을 깨닫게 해주는 곳이라는 것이다. 따라서 의지에 어긋났을 때는 고통스럽고 의지를 따랐을 때는 쾌감을 느낀다고 했다. 결국 육체와 의지는 하나이고, 나의 몸은 나의 의지라고 말하고 있다. 모든 것이 의지에서 나온다는 관점이다.

플라톤은 행동이 동기, 정서, 인지의 결합이고, 마음은 각 성분이 모두 다 연동한다고 했지만 의지만은 인지에 속하므로 상대적으로 덜 중요하다고 봤다. 이처럼 의지를 중요치 않게 생각한 철학자의 영향으로 지금까지 심리학이나 철학에서는 의지에 대한 연구가 많이 이뤄지지 않았다. 간혹 사회심리학 등에서 마시멜로 실험 같은 자기절제 실험을 통해 성공의 인자를 찾는 연구를 실시하긴 했다. 심리학에서는 인내나 의지를 자기절제라고 묘사한다. 피험자의 삶을 추적한 종단 실험들의 결과도 자기절제, 즉 의지나 인내가 강한 사람이 더 성공적인 삶을 살고 있음을 보여준다.

나는 플라톤과 아리스토텔레스의 관점보다 니체나 쇼펜하우어의 주장처럼 의지가 마음의 중심에서 전체를 총괄한다고 보는 입장이다. 의지를 인지에만 작용하는 마음의 성분으로 보기에는 그 역할이 너무 많기 때문이다. 의지에 따라 동기, 정서, 인지, 행동 모두 영향을 받을 수밖에 없다. 바우마이스터의 이론에서도 의지가 마음의 네 성분을 총괄한다는 주장을 볼 수 있다. 그는《의지력의 재발견》에서 의지력의 역할을 네 가지로 분류했다.

첫 번째, 생각 조절

자신을 심각하게 괴롭히는 생각에 시달리거나 아니면 귓가에 들려오는 말을 지우려 해도 그 노력이 부질없을 때가 있다. 하지만 의지 훈련을 통해 인지의 혼란을 억제할 수 있다.

두 번째, 감정 조절

심리학자들은 기분에 집중하는 것을 정서 조절이라 부른다. 우리는 대부분 기분 좋지 않은 상태나 불쾌한 생각에서 벗어나고 싶어 한다. 이때 의지가 감정을 조절할 수 있다. 의지로 감정 조절이 된다면 혼란스러운 감정을 정리하는 것도 가능하다.

세 번째, 충동 조절

충동 조절은 의지와 가장 많이 작용하는 부분이다. 혼란은 더 좋은 것, 더 아름다운 것, 더 큰 욕망을 위해 절제하지 못할 때 발생한다. 충동 조절의 역할은 욕망을 조절해 동기의 혼란을 막아주는 것이다.

네 번째, 수행 조절

의지는 현재의 일에 에너지를 집중해 속도와 정확성을 기하고 시간 관리를 하며 그만두고 싶을 때도 인내심을 발휘하도록 돕는다. 방향 없이 여기저기 뛰어다니는 행위는 혼란을 야기할 뿐이다. 이러한 모든 행동을 조절해 하나의 일관된 방향으로 향하게 만드는 것이 의지의 역할이다.

바우마이스터가 말하는 의지력의 네 가지 역할은 의지가 동기, 정서, 인지, 행동의 핵이 된다는 의미로 이해할 수 있다. 즉, 혼란 통제는 의지를 통해 가능하다. 의지의 첫 번째 기능인 생각 조절은 복잡한 인지를 정리하고, 두 번째 기능인 감정 조절은 혼란스러운 감정을 의지로 통합한다는 의미다. 세 번째 기능인 충동 조절은 의지가 욕망을 조절하고 동기를 관리하며, 네 번째 기능인 수행 조절은 의지가 향방 없는 행동을 관장한다는 의미로 생각하면 된다.

행동이 동기, 정서, 인지가 결합돼 나온다는 플라톤의 사상과 모든 것을 의지가 관장한다는 쇼펜하우어의 사상을 결합한 마음 엔진의 개념도가 다음 그림 (a)와 같다. 마음은 동기, 정서, 의지, 인지, 행동으로 구성되

마음의 성분 간의 관계

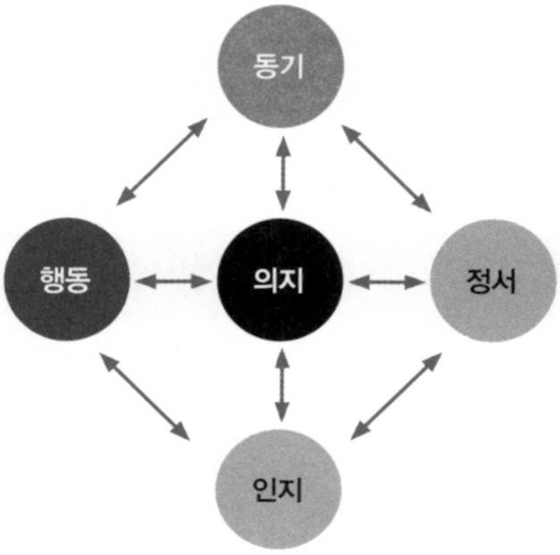

(a) 의지가 마음의 중심(MEWCA모델)

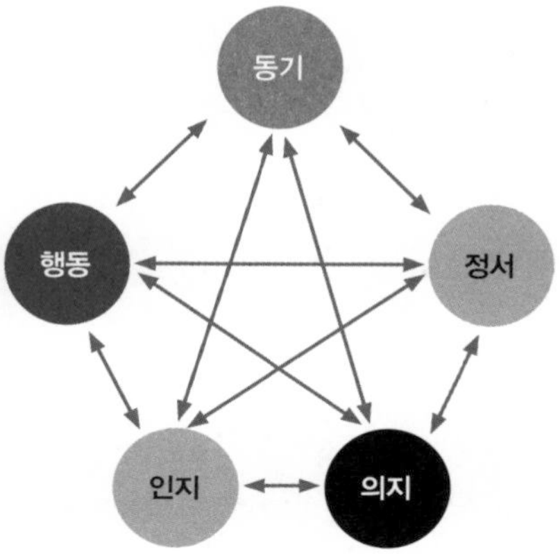

(b) 완전히 연결된 질서의 마음(Cos-MEWCA)

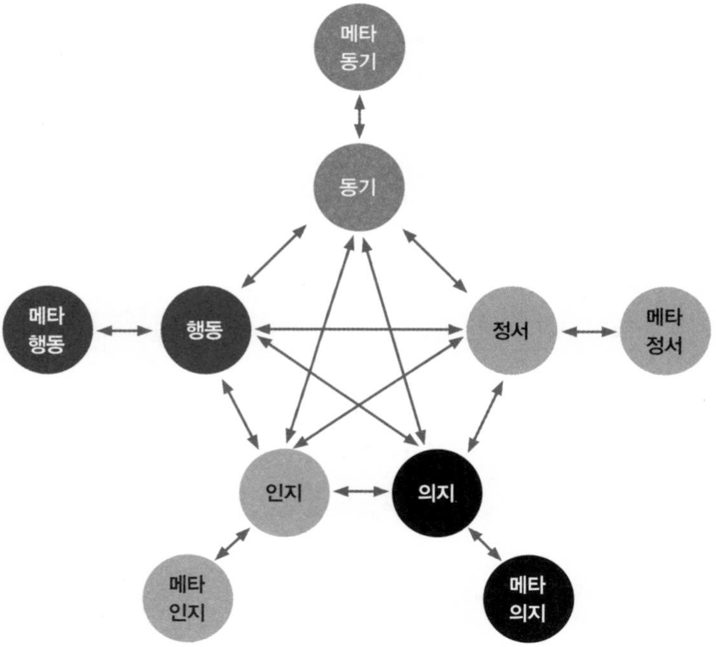

(c) 마인드와 메타마인드

고 의지가 중심에 있다. 물론 다섯 가지 성분은 서로 완전히 연결돼 있고 의지를 통해 더 강화되거나 약화될 수 있다.

마음의 질서는 다섯 가지 성분들이 제 역할을 할 때 나타난다. 그림 (a)처럼 의지가 중앙에서 동기, 정서, 인지, 행동을 총괄하고 있을 때 목표하는 바를 이룰 수 있다. 하지만 그림 (b)처럼 마음의 다섯 가지 성분은 전체가 서로 영향을 주고 있다. 그리고 각 성분들이 단단히 연결돼 있고 차례를 지킬 때 질서 있는 마음이라고 볼 수 있다. 이를 질서의 마음이라는 의미로 코스뮤카Cos-MEWCA라고 부르기로 한다.

마인드를 구성하는 동기, 정서, 의지, 인지, 행동에는 각각 상위의 메타마인드는 그림 (c)처럼 연결돼 있다. 앞에서 설명한 메타동기, 메타정서, 메타의지, 메타인지, 메타행동이 메타마인드이다. 마인드와 메타마인드는 일차적으로 연결돼 있다. 그림 (c)의 구조는 뒤에서 설명할 메타코스뮤카Meta-Cos-MEWCA 엔진의 뼈대가 된다.

소진되는 의지를 도와주는 메타의지

의지의 약점은 소진된다는 것이다. 훈련을 통해 소진된 의지에 힘을 만들어주는 것도 가능하지만 외부의 알 수 없는 힘이 에너지를 주는 경우도 생각할 수 있다. 기도나 명상, 영적 자각을 통해서 새로운 의지가 생길 수 있다. 나는 외부에서 부여되는 의지를 메타의지라고 제안하고자 한다.

자유의지自由意志, free will라는 것도 있다. 자유의지는 '여러 대안 가운데서 하나를 선택하거나 어떤 상황에서 자연, 사회, 신의 구속에서 벗어나

의지와 자유의지, 메타의지 계층

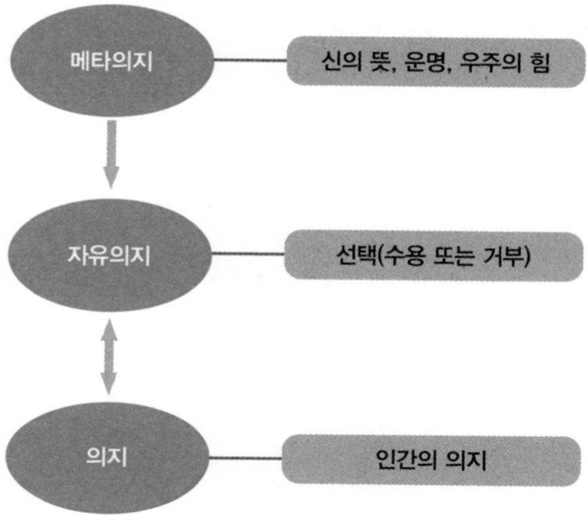

행동할 수 있는 사람의 힘이나 능력'이라고 정의된다. 일부 종교에서는 신이 인간에게 자유의지를 주었다고 가르친다.

자유의지는 인간이 자신의 행동과 결정을 스스로 조절하고 통제하는 능력이다. 종교, 철학, 심리학에서는 인간이 자유의지를 완전히 갖고 있는지에 대해 논란을 벌이곤 한다. 하지만 공통적으로 자유의지에 대해 어떤 행동을 할 것인지 결정하는 인간만의 독특한 정신적 기능이라 설명한다.

인간은 자기 판단에 따라 행동하는데 그때 작동하는 것이 자유의지다. 즉, 자유의지는 인간이 운명에만 의존하는 존재가 아니라 자신의 자유로운 의사에 따라 결정할 수 있다는 의미로 사용된다. 실존주의 철학에 근거한 롤로 메이나 에리히 프롬Erich Pinchas Fromm, 프리츠 펄스Fritz Perls

등과 같은 심리학자들은 인간이 자유롭고 스스로 책임을 져야 하는 존재라고 본다. 즉, 외부의 메타의지가 우리 의지에 에너지를 줄 때 그것을 받거나 거부하는 역할을 자유의지가 한다고 생각할 수 있다.

인간이 완벽한 의지를 실현하는 존재라는 관점과 자유의지를 가지고 운명에 이끌리는 존재라는 주장, 인간에게 자유의지라는 것은 아예 없다는 주장은 지금도 팽팽하게 논쟁 중이어서 쉽게 정의 내릴 수 없는 영역이다. 하지만 나는 앞의 그림처럼 메타의지를 신의 뜻이나 운명으로 보고 자유의지가 메타의지를 내 의지로 수용할지 거부할지를 선택하는 역할을 한다고 생각하기로 했다.

여기서 메타의지는 인간의 의지를 능가하는 모든 힘, 즉 신의 의지뿐만 아니라 자연의 필연적 법칙, 운명, 우주의 힘 등 모든 것이 될 수 있다. 인간의 의지는 자유의지를 통해 변화될 수 있고, 운명이나 우주, 신의 뜻과 같은 인간의 의지를 벗어난 힘인 메타의지가 우리 의지를 상승시킬 수 있다. 즉, 소진돼가는 우리 의지에 힘을 주는 알 수 없는 에너지를 모두 메타의지라 생각하자.

메타의지의 존재는 여전히 미궁이지만 일단 그런 힘이 있다고 생각하고 인정하자. 살다 보면 내가 아닌 어떤 힘이 분명 나를 돕는다는 생각을 많이 하게 된다. 내 인생이 무기력, 저항, 혼란 속으로 들어선 것 역시 25년 전에 만난 나의 신에 의해 계획됐던 것이 아닌가 하고 지금은 생각한다. 그 일이 없었다면 나는 대중서는 쓰지 않았을 것이다.

무엇보다 중요한 것은 그 과정에서 내가 다듬어졌다는 사실이다. 이기심 덩어리로 살았을 내가 이웃의 아픔에 공명할 수 있게 된 것은 내 의지가 아니다. 강제로 끌어올려진 메타의지가 있었고, 그것을 수용하거나 거부하는 의사는 내 자유의지의 선택이었다. 나의 자유의지는 한동안 메타의지에 끌려가지 않으려고 버텼고 그래서 무기력, 저항, 혼란이 차례로 생긴 것임을 이제는 안다.

자유의지에 관한 문제는 종교, 윤리, 과학 분야에서 여전히 많은 문제를 안고 있고 논란도 많다. 종교에서 자유의지를 주장하는 것은 전능한 신조차 인간에게 영향력을 완전히 행사할 수 없음을 의미한다. 윤리에서 자유의지는 우리의 행동에 책임을 지울 수 있는 근거가 되므로 범죄자를 무작정 선처하면 안 되는 것으로 이어진다. 과학에서 자유의지를 인정하면 뉴턴식 자연 법칙을 전면 부정하게 돼 물리적 인과 관계만으로 모든 것이 결정되는 결정론이 힘을 잃는다. 과학에 결정론만 존재하지 않는다는 것은 하이델베르크의 불확정성 원리 등이 등장하면서 현재 신과학 주제로 활발히 연구되고 있다. 이처럼 자유의지는 판단하기 어려운 주제지만 나는 자유의지를 메타의지와 내 의지의 연결고리라고 생각하기로 했다.

우리가 하지 못하는 것을 하게 만드는 기적 같은 힘을 주는 무엇, 그것을 설명하기 위해 메타의지를 열어두자. 메타의지는 신의 의지, 운명, 우주의 뜻 같은 것으로 이해하고 우리가 그것을 받아들이는 자유의지 훈련이 혼란스럽고 약해진 내 의지를 정리하고 강화하는 하나의 길이라고 생각해두자. 니체가 말한, 운명을 사랑하라는 아모르 파티가 바로 그 훈련이다. 자기절제를 지나 받아들임이라는 것이 자유의지 훈련의 핵심이다.

의지의 갈등이 생기는 의식 수준, 포용과 거부가 의지에 혼란을 만든다

정서의 혼란은 중용에서 훈련하는 것처럼 의지는 포용에서 훈련된다. 포용에서는 거부가 일어난다. 의지가 포용하려 해도 본능이 거부하므로 의지에 혼란이 발생할 수 있다. 즉, 포용은 의지의 갈등이 생기는 지점이다. 때로는 원치 않는 길을 가야 할 때 메타의지가 강제로 수용하라고 해도 자유의지는 그걸 거부하기도 한다. 양쪽이 팽팽하게 대립하면서 갈등과 혼란이 일어날 수 있다.

나의 의지가 메타의지를 수용해 이전까지 혐오하던 것을 받아들일 수 있는 단계가 바로 호킨스가 제시한 대수치 350대의 포용 단계다. 행동을 훈련하는 대수치 310대의 자발성 단계를 넘어선 것이다. 중용은 치우침을 포기해야 하는 것이지만 포용은 나와 다른 것을 내 속으로 집어넣어야 한다. 나와 다른 것을 내 안으로 집어넣기 위해서는 거부와 혐오가 주는 갈등과 혼란을 이기고 내 의지가 메타의지를 따라야만 한다.

포용은 중용과 다르다. 중용은 둘 다 옳을 수 있다는 태도의 문제다. 판단을 멈추고 감정의 치우침을 피한다는 의미다. 반면 포용은 모든 것을 받아들여야 하는 단계, 나와 다른 것도 내 안으로 받아들이는 것이다. 비평만 멈춘 단계가 아니다. 나와 다른 이질적인 것을 내 안으로 받아들여야 하니 의지의 인내가 필요하다. 따라서 포용에서 용서가 나온다. 용서는 감정으로 처리하는 것이 아니다. 용서하기 위해서는 의지가 작동해야 한다. 즉, 포용은 용서를 동반해야 하는 어려운 단계다. 의지의 인내와 노력 없이는 도저히 불가능한 위치다.

호킨스는 모든 것을 받아들일 수 있는 대수치 350대의 포용 단계에 이르면 우리 자신이 모든 경험의 원천이라는 사실을 이해하기 시작한다고 했다. 모든 책임이 나한테 있고 내가 원인이자 결과임을 이해하기 시작한다는 의미다. 나를 온전히 책임질 수 있는 단계다. 이때 나의 자유의지는 메타의지를 거절하지 않고 나의 의지가 돼 나를 끌고 간다. 이러한 인생의 책임감은 삶의 어려움을 극복하면서도 모든 것과 조화롭게 살 수 있는 능력을 갖추게 한다. 포용에서 조화가 생기고 긍정 관계도 포용이 작동해야 가능하므로 타인과의 긍정적인 관계는 의지가 만들어낸다고 볼 수 있다.

타마스에 갇힌 낮은 수준의 사람은 자신을 운명의 피해자로 바라보는 경향이 있다. 문제가 늘 밖에 있다고 믿기 때문이다. 그러나 포용의 마음을 가지기 시작하면 모든 것이 자기 안에 있음을 자각하게 된다. 행복도 불행도 자기 안에 존재한다는 것을 깨닫고 커다란 도약을 이뤄낸다. 이들은 외부의 어떤 것도 자신을 행복하게 만들 수 없다는 것을 안다. 행복은 남에게서 오거나 남에게 빼앗길 수 있는 것이 아니고 자기 안에서 만들어지는 것임을 비로소 알게 되는 경지를 호킨스는 포용의 수준이라고 말했다.

포용을 포기나 체념과 혼동하지 말라. 겉으로 보기엔 비슷하지만 포기나 체념, 무저항과는 전혀 다른 단계다. 힘이 없어서 못하는 게 아니고 힘이 있어도 하지 않는 것이 포용이다. 심리적 힘이 있다고 마음껏 미워하고 저주하지 않는다. 힘이 있으나 거절하지 않고 받아들인다. 포용에 이르면 인생사를 그대로 다 받아들일 수 있는 막강한 힘을 갖게 된다. 삶을 자기가 원하는 방향으로 억지로 끌고 가려 하지 않는다. 보고 느끼는 능력이 넓어져 사건과 사람을 오해하지 않고 바라볼 수 있고 자신의 감정에 휘둘려 사태를 왜곡하는 실수를 하지 않는다. 사물이나 사건 전체를 이해할 수 있다. 포용을 통한 용서를 할 수 있을 때 우리는 사랑으로 진입할 기반을 가지게 된다.

포용에서 시작된 용서가 사랑의 시작점이다

포용에 이르면 진실이 무엇인지 염려하지 않으므로 모든 것을 안고 갈 수 있다. 진실을 염려하지 않는 것은 무엇이 진실이든 내가 다 받아들일 수 있기 때문이다. 좋고 싫음이 만드는 갈등과 혼란에서 벗어나고 흘러가는 강물처럼 모든 것을 바라볼 수 있는 단계다. 다만 이 상태에서는 직면한 문제를 어떻게 처리하고 해결할지에만 열정을 쏟는다. 앞에 닥친 문제를 피하지 않고 해결한다. 어려운 과제나 일을 만나도 곤혹스러워하지 않는다.

또한 의지가 관장하는 마음 전체의 통제가 가능하고 통합적 사고를 할 수 있다. 눈앞의 목표보다는 장기적인 목표를 더 중요하게 여기고 자기훈련과 일의 숙달이 가장 중요함을 알게 된다. 따라서 포용에 이른 사람들은 행동을 멈추지 않는다.

자기에게 이익이 되지 않으면 회피하던 것들이 포용에서는 사라진다. 혼란도 사라진다. 낮은 수준의 사람들이 융통성 없이 경직된 사고에 사로잡히기 쉬운 반면, 이 수준의 사람들은 문제 해결 과정에서 생겨나는 다양한 형태의 답을 전부 다 받아들일 수 있다. 그래서 눈앞의 문제를 피하지 않는다.

포용은 회피하지 않는 데서 끝나지 않는다. 포용에서 용서가 일어난다. 회피는 그것이 위험하거나 우리에게 손해를 끼칠지 모른다는 판단에서 일어나는 혼란의 한 종류였다. 그러나 포용의 단계로 나아가면 우리에게 손해를 끼치는 것도 용납하는 용서가 되므로 회피 같은 것은 없어진다.

쉽게 말하는 것 같지만 사실 포용의 단계는 매우 어렵다. 의지가 내 마음을 완전히 장악하고 있어야 하고 정서나 인지가 방해하지 않아야 한다. 이건 천성의 선악을 구분하는 문제가 아니다. 우리가 악한 마음으로 태어났다 해도 의지를 훈련해 상승할 수 있다.

착한 사람이 용서를 잘하는 것처럼 보이지만 진짜 용서가 아닐 수 있다. 힘이 없어서 회피하고 미움을 포기한 것에 불과할 수 있다. 오히려 의지가 강한 다소 악한 사람이 포용을 할 수 있게 될 때 진짜 용서를 할 수 있다. 착한 사람은 용서하고 악한 사람은 보복한다는 흑백 사고에서 벗어나길 바란다. 대자연 아래 선악은 없다. 상대적 위치가 그런 판단을 하게 한다.

용서가 과거에 일어난 일에만 해당된다고 생각하기 쉽다. 포용이 만드는 용서는 현재 일어나는 사건을 바로 용서할 수 있는 단계를 말한다. 지금 누가 나를 찔러도 바로 용서할 수 있는 단계가 포용이 만드는 용서다. 그러니 얼마나 어려운 위치인가? 당신은 지금 이 순간 누군가를 용서할 수 있는가?

현재 용서하고 포용할 수 있다면 지금 당신에게 일어나는 모든 부정적인 사건이나 행위도 즉각 용서할 수 있다. 그런 상태에서 혼란은 일어날 수 없다. 지난 일을 용서하기보다 현재 용서를 계속해나가는 것이 훨씬 어렵다. 그런 만큼 우리는 의지를 통합하는 훈련을 해야 한다.

인지는 직시해야 하고 행동은 거침없되 지속적이어야 하며 이 모든 것을 끌고 가는 소명이 있어야 한다. 이 모든 것이 이뤄질 때 당신은 당신 인생의 순교자가 될 수 있다. 특정 종교를 믿고 그것을 지키기 위해 목숨을 버리는 순교를 말하는 것이 아니다. 당신이 믿고 생각하는 당신 인생의 목적을 위해 매 순간 순교할 수 있을 때 당신은 어린아이의 단계를 벗어나 초인으로 변하고 있는 것인지 모른다.

매 순간 용서하기 위해서는 의지가 모든 것을 관장하고 당신의 생각과 반대되는 것이 당신을 찌를 때 바로 죽을 수 있는 상태가 돼야 한다. 그것이 순교다. 모든 것을 자신 안으로 받아들여 자신에게 일어나는 모든 일에 초연할 때, 그것이 자신을 죽일 때마다 매번 자신의 목숨을 내놓을 수 있을 때 비로소 당신은 어른이 되고 어린아이가 되고 초인이 될지 모른다. 기억하자. 매 순간 죽을 수 있는 것이, 곧 포용이 우리에게 전하는 가르침이다.

의지의 혼란을 훈련하는 의식 수준, 사랑은 감정이 아니라 의지다

호킨스가 제시하는 대수치 500대의 사랑은 우리가 흔히 묘사하는 그런 사랑이 아니다. 일반적으로 말하는 사랑은 격렬한 감정과 혼재돼 있어서 무너지기 쉽고 조건에 따라 쉽게 변한다. 사랑이 좌절되면 숨겨져 있던 분노가 드러나 미움으로 변할 수 있다. 이런 사랑은 감정의 소산에 불과하다. 자존심에서 비롯된 사랑도 진정한 사랑이 아니며, 그런 관계 속에서는 사랑이 오래 머무르지 않는다.

사랑은 상대의 영적 성장을 돕는 의지의 작용이라는 스콧 펙의 말처럼 사랑은 의지가 작동해야 가능하다. 호킨스가 말한 대수치 500대의 에너지인 사랑은 조건에 좌우되지 않는다. 우리 마음속에 사랑의 근원지가 있으므로 감정에 따라 오르내리는 파동이 없다. 사랑 자체가 목적이 된다. 이런 사랑은 의지가 만들어낸다. 그가 나를 미워하고 내게 피해를 주는데 어찌 사랑할 수 있을까? 의지가 작동하지 않으면 안 된다. 의지가 만드는 사랑은 용서와 보살핌을 주고 다른 이의 생명을 고양시키고 성취를 돕는다.

호킨스가 말하는 500대의 사랑은 사물을 전체적이고 통합적으로 볼 수 있게 한다. 사태의 본질을 분별할 수 있는 역량이 있고 문제의 핵심을 꿰뚫을 수 있다. 문제 전체를 이해하고 사건의 전후 과정을 섬세히 알아차린다. 400대의 이성은 문제를 일일이 따지지만, 500대의 사랑은 전체를 다룬다. 따라서 직관력이 높아져 즉각 알아차린다. 그리고 이 사랑은 신분이나 입장을 초월한다.

500대의 사랑에는 어떠한 장애물도 있을 수 없기에 적과의 공존도 가능하다. 사랑이란 모든 것을 감싸 안고 자아를 확장시킨다. 사랑은 삶의 아름다움에 눈뜨게 하고 삶을 긍정하게 하며 삶의 부정적인 면을 공격하지도 비난하지도 않는다. 대신 전체적인 관점에서 오점을 바라보므로 부정이 그 속에서 녹아버린다. 이 수준이야말로 진정한 행복으로 이르는 단계다. 세상 사람들이 그렇게도 열심히 사랑이라는 주제에 매혹당하고 현존하는 모든 종교가 사랑을 추구하지만 세계 인구의 0.4퍼센트만이 이 수준에 도달했다고 호킨스가 말한 것을 깊이 생각해야 한다.

포용은 모든 것을 받아들인다. 그리고 자신에게 주어진 불행조차 운명으로 받아들일 수 있는 마음을 가질 때 우리는 니체가 말한 아모르 파티에 이른다. 나의 자유의지가 거부하려 하지만 그것이 내 운명이라면 어찌할 것인가? 자유의지가 아무리 거절해도 메타의지가 끝없이 당신에게 어떤 길을 가라고 한다면 우리는 절대로 벗어날 수 없을지 모른다. 죽을 때 비로소 알 수 있을 것이다.

나는 메타의지를 25년 정도 거절했다. 때로는 그게 초라해 보여서 거절했고 어떤 때는 몰라서 가질 못했다. 무지와 욕심과 내 성질머리가 모두 결합돼 내 운명을 거절했었다. 앞에서 말한 탐진치는 그렇게 내게 활화산이 됐고 그건 무기력, 저항, 혼란으로 나타났다. 진즉에 받아들였더라면 내 인생이 달라졌을까? 묻지만 모른다. 지금도 거절 중인지 모른다.

우리는 눈앞에 올 죽음조차도 받아들여야 한다. 자신에게 다가온 죽음이라는 운명을 거부한다고 아무리 전쟁을 벌여본들 결국 죽을 수밖에 없다면 빨리 운명을 받아들이는 것이 낫다. 나의 자유의지는 메타의지에 의해 성장하고 나는 편안히 운명을 받아들이게 되는 것이다.

2천 년 전 마르쿠스 아우렐리우스는 "운명의 무늬가 어떻게 엮이든 다가오는 것은 모두 받아들여라. 이 세상에 당신의 욕심을 완전하게 채워주는 것이 어디 있겠는가?"라고 말했다. 즉, 의지가 모든 것을 받아들일 수 있을 때 포용하고 용서가 되며, 이후 자신의 운명을 받아들이면서 우리는 성장해간다.

우리의 낡은 생각과 사상이 매 순간 죽을 때마다 우리는 재탄생하고 성장한다. 니체는 우리를 죽이지 않는 모든 것은 우리를 강하게 만들어 준다고 했다. 모든 것을 의지가 관장하고 운명조차 의지가 포용할 수 있는 사람은 드디어 자기의지를 넘어 신의 메타의지인 운명에 합하는 사람으로 변해간다. 성장과 진화를 위해서는 메타마인드에 이끌려 끝없이 자신을 부인하고 자기를 죽일 수 있어야 한다.

예수가 인간의 몸으로 우리에게 와서 시험을 받을 때 "이 잔을 내게서 옮겨달라"고 기도한 것이 인간의 의지다. 그러나 그 기도는 받아들여지지 않았고 결국 그가 십자가에 못 박혀 물과 피를 다 흘리고 죽어가던 마지막 순간에 "다 이루었다"라고 고백한 것은 메타의지를 받아들인 결과다. 메타의지에 자유의지를 굴복시키고 모든 것을 포용하고 사랑하는 인간의 의지를 우리에게 보여준 것이다. 예수는 죽어야 하는 가혹한 운명을 거부했지만 신은 그의 기도를 듣지 않았고 결국 운명이 예정한 대로 그는 죽게 됐다. 그때 그는 "다 이루었다"고 했다. 이것이 메타의지가 우리의 의지를 위로 이끌어주는 힘이다. 니체의 아모르 파티가 바로 그것이다.

메타의지를 받아들이는 단계는 도달하기 어렵겠지만 그 노력이 분명 점점 자신을 넘게 이끌어 초인으로 가게 할지 모를 일이다.

의지는 사랑을 가르쳐주고 메타의지는 운명을 알게 한다

인간에게 사랑은 생존의 이유이고 삶의 목적일지 모른다. 우리는 부모님의 사랑으로 태어나 평생 누군가에게 사랑받으려 하고 또 누구를 사랑하다가 늙어간다. 마지막 순간 사랑하는 사람들의 눈물을 마시며 죽어간다. 사랑은 이렇게 인간의 생을 관통하는 가장 중요한 주제일 수 있다. 그래서 사랑에 대해서는 너무 많은 이야기가 있다. 고대 그리스에서는 사랑을 아가페, 에로스, 스토르게, 필리아로 나누었다. 이것을 한 줄로 "인간은 에로스에 의해 태어나고 스토르게에 의해서 양육받으며 필리아에 의해서 다듬어지고 아가페에 의해서 완성된다"라고 말한다.

에로스(eros)

일반적으로 성애를 동반한 남녀 간의 사랑을 의미한다. 철학에서는 이상적 상태를 추구하는 사랑을 에로스라고 한다. 플라톤은 사물에는 이데아라는 이상적 상태가 있고 그 이상적 상태를 추구하려는 열망을 에로스라 했다. 플라톤은 사랑이 그런 성질이므로 남녀의 사랑도 서로의 부족한 부분을 채워 완전한 존재인 이데아가 되고자 하는 열망이라 했다. 거기서 플라토닉platonic 사랑이라는 말이 나왔다. 플라토닉 사랑이란 '플라톤의 사랑'이라는 말로 정신적 쾌락을 추구하는 이상적이고 관념적인 사랑을 의미한다.

스토르게(storge)

고대 그리스어인 'strogay'에서 유래한 말로 친구 사이처럼 오래 사귀면서 무르익는 우애 같은 것을 말한다. 열정은 많지 않으나 자기도 모르게 빠져드는 깊은 우정이 스토르게다. 우정인지 애정인지 잘 모르고 극한 감정도 아니지만 오래 지속되는 결속력이 있다. 오랜 친구가 연인이 되는 사랑 같은 것이다.

필리아(philia)

아리스토텔레스가 사용하던 용어로 우애, 동료애를 뜻한다. 필리아는 자기 자신과 대등하게 남을 사랑하는 것을 말한다. 즉, 친구를 자기 자신처럼 아끼고 사랑한다는 뜻이다. 필리아는 에로스처럼 열정적으로 추구하지도 않고, 아가페처럼 일방적으로 사랑을 베풀지도 않는다. 아리스토텔레스는 공동체 윤리를 논하면서 필리아, 즉 동료애를 가장 중요한 윤리로 여겼다.

아가페(agape)

무조건적인 사랑이다. 종교에서 말하는 무조건적인 사랑, 즉 신이 인간에게 주는 아낌없는 사랑을 말한다. 신은 부족함이 없는 완벽한 존재다. 따라서 아무것도 원하지 않고 일방적으로 사랑을 베풀 수 있다. 이런 사랑으로는 부모가 자식에게 베푸는 가족애가 있겠다. 그래서 신이 인간을 전부 다 돌보지 못하므로 그 역할을 대신하라고 어머니를 주었다는 말이 있다. 부성애나 모성애는 신의 무한한 사랑인 아가페를 닮았다.

물론 사랑에는 카사노바나 돈 후안이 행하는 유희 같은 사랑인 루두스ludus라는 것도 있고, 광적인 사랑을 의미하는 격정적인 마니아mania, 또한 상대를 요모조모 따지는 실용적인 사랑을 뜻하는 프라그마pragma도 있다.

이런 사랑 중에서 에로스는 상대보다 자신을 더 사랑하는 것이고, 필리아와 스토르게는 상대를 자신만큼 아끼고 사랑하는 것이며, 아가페는 상대를 자신보다 더 사랑하는 것이다. 그렇다면 호킨스가 말하는 대수치 500대의 사랑의 단계가 의미하는 바를 눈치챘을 것이다. 자신의 유익을 구하지 않는 아가페 같은 사랑이 500대의 사랑인 것은 당연하다. 하지만 에로스, 스토르게, 필리아도 그 사랑에 조건이 없다면 높은 사랑의 단계라 볼 수 있다.

사랑의 종류가 문제가 아니라 그 사랑의 수준이 의식 수준을 결정한다. 이런 사랑은 의지가 만들어낸다. 500대의 사랑에서는 조건이 사라진다. 상대의 행위와 무관하게 내 의지로 만들어내는 사랑이다. 그런 사랑은 상대의 반응에 따라 변질되지 않는다. 의지가 개입해야 이런 사랑이 가능해진다.

메타의지가 내 의지가 되는 초의식 수준, 인간의 의지를 버리고 신의 의지를 알 때 깨달음이 오는가?

호킨스가 말하는 깨달음은 영적 완성의 단계다. 그가 말하는 깨달음에 이른 사람은 신의 성품을 닮았고 자비와 사랑이 이미 차고 넘친다. 그래서 그들은 신적인 존재로 비춰져 군중들이 그를 추종한다. 호킨스는 부처와 예수, 크리슈나와 같은 성인으로 불리는 사람을 깨달음 단계에 도달했다고 했고 간디를 깨달음의 관문인 700대에 도달했다고 했다. 우리는 천 번을 다시 태어나도 깨달음에 도달하지 못할지 모르지만, 어쩌면 전설처럼 현생에서 한 번쯤 맛볼지도 모른다. 그냥 길을 갈 뿐이다.

우리가 자기 마음대로 살던 인생을 멈추고 운명을 받아들이는 단계가 되면 깨달음으로 가는 길로 들어설 수 있을지 모른다. 지금 어디에 있든

의식 수준과 의지가 만드는 의식의 성장 과정

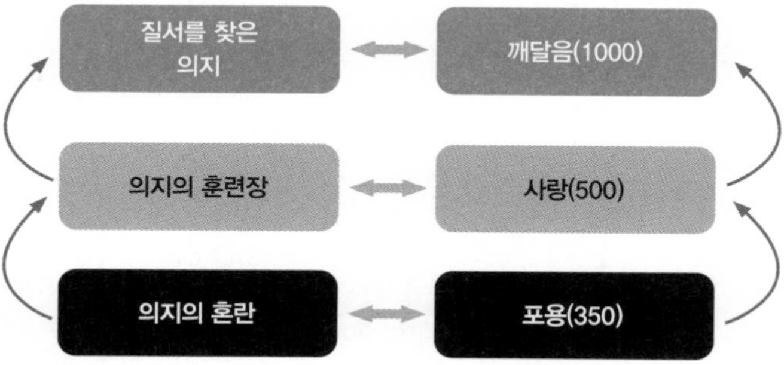

의식 단계	1	2	3	4	5	6	7	8	9	10	11	12	13	14	15	16	17
대수치	20	30	50	75	100	125	150	175	200	250	310	350	400	500	540	600	1000
마음 요소	수치심	죄책감	무기력	슬픔	두려움	욕망	분노	자존심	용기	중용	자발성	포용	이성	사랑	기쁨	평화	깨달음
의지												1		2			3

[마음 요소 수치의 의미: 출발점 (1), 훈련장 (2), 목적지 (3)]

지 자신에게 주어지는 운명을 다 받아들이고, 마음이 가르쳐주는 것을 전부 실천하면서, 어제의 나를 넘어서 나아가고자 노력할 때 우리는 낙타를 벗고 사자를 지나 어린아이가 된 다음 마지막 초인이 되기 위한 성장 활동을 하고 있는 것인지 모른다. 어디까지 갈 수 있을지는 모르지만 우리는 죽는 날까지 성장하고 변할 수 있다는 것만큼은 사실일 것이다. 그 실천은 각자가 견뎌야 할 몫이다. 모두가 자기 인생에서 초인의 탄생을 볼 수 있기를 기도할 따름이다.

PART 4

혼란에서 질서로

성장과 진화를 꿈꾸며

코스모스(질서)는 카오스(혼란)의
극히 미세한 일부분이다.
-일리아 프리고진-

1

대가들에게서 배운 의식의 성장 모델

질서를 만드는 마음의 모델

이제 우리 마음에서 질서를 찾을 수 있는 방법을 생각해보기로 하자. 마음을 이루는 성분은 동기, 정서, 의지, 인지, 행동이고 이들 중에서 의지가 핵심이다. 이들을 마인드라고 부른다. 마인드의 다섯 가지 성분은 다음의 그림 (1a)처럼 완전히 연결돼 있다.

역경을 극복한 누군가의 성공 스토리를 들으면 우리의 동기도 강화되고 열정이 샘솟는다. 강화된 열정은 우리의 의지를 굳게 만들고 힘이 생긴 의지는 자신감을 올려주며 인지 왜곡이 주는 실망을 견디게 돕는다. 그러면 실행할 수 있게 되고 성과가 나온다. 하나의 목표를 이루면 다음 목표를 갖게 돼 다시 동기가 강화된다.

이처럼 동기, 정서, 의지, 인지, 행동이라는 마음의 성분들은 서로 맞

물려 돌아가는 톱니처럼 우리를 일으키는 엔진 역할을 한다. 나는 전작에서 뮤카MEWCA 엔진이라 불렀다. 외부 자극이 찾아오고 마음의 성장점이 자극을 받으면 우리는 성장을 위한 노력을 한다. 그 자극들이 우리의 마음 위에서 찾아오는 일종의 끌어올림이라고 볼 수 있다. 또한 그러한 성장을 위해 우리를 끌어올리는 마음의 자극제들에 '초'라는 의미의 메타meta라는 이름을 붙이자고 했다. 바로 메타동기, 메타정서, 메타의지, 메타인지, 메타행동이다. 그것을 메타마인드라고 부르기로 한다. 메타마인드는 마인드의 상위 개념으로 위에서 마인드를 끌어주고 있다고 생각하면 된다. 다시 말해, 메타마인드는 마인드의 성장 자극제다. (1b)와 같은 구조라고 생각하면 된다.

인간은 폐쇄된 존재가 아니다. 우리는 끊임없이 외부와 상호작용을 하며 성장의 자극과 추락의 유혹을 받는다. 우리가 혼란에 빠질 때 마인드 내의 질서는 사라지고 (2a)처럼 마인드 내의 성분들이 얽히고설키게 된다. 그러나 그 속에서 질서를 찾으면 마음은 다시 단단하게 연결돼 (2b)처럼 안정적인 구조가 된다.

마인드를 끌어올려주는 메타마인드는 (3a)처럼 고리 구조를 만들어 낼 수 있다. 즉, 메타동기는 동기를 강화해 정서에 영향을 준다. 정서를 제어하는 메타정서는 의지에 영향을 주고 다시 메타의지는 나의 인지 방식에 작용을 한다. 인지에 대한 인지인 메타인지는 행동에 영향을 주고 행동의 자발성이 만드는 메타행동은 다음 동기를 일으키게 하는 고리 구조가 될 수 있다. 이때도 마인드 내에서 혼란이 찾아와 (3b)처럼 바뀔 수 있지만 마음의 훈련을 하면서 질서를 다시 찾을 때 완전히 안정적인 질

마음의 엔진: 마인드와 메타마인드

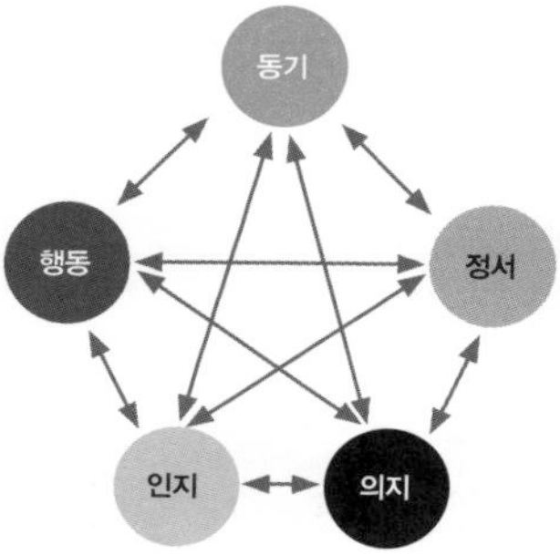

(1a) 완전 연결된 마음 엔진

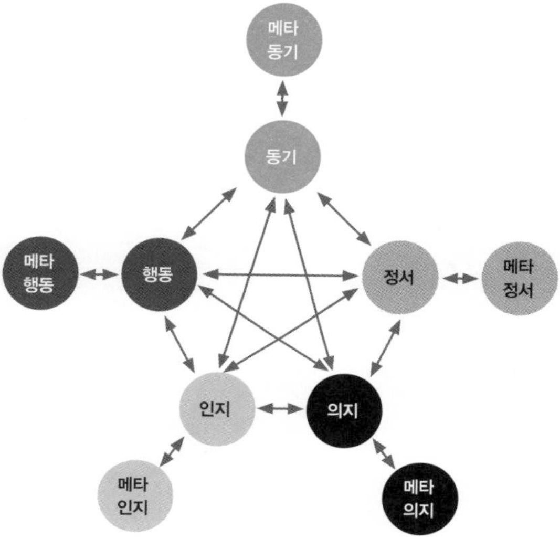

(1b) 마인드와 메타마인드

마인드 모델

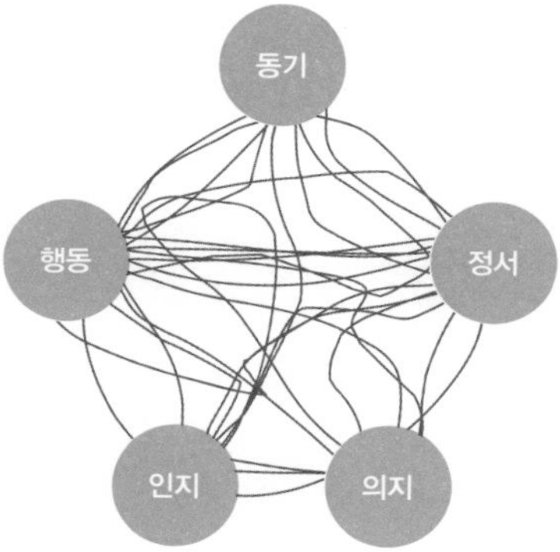

(2a) 마음의 혼란

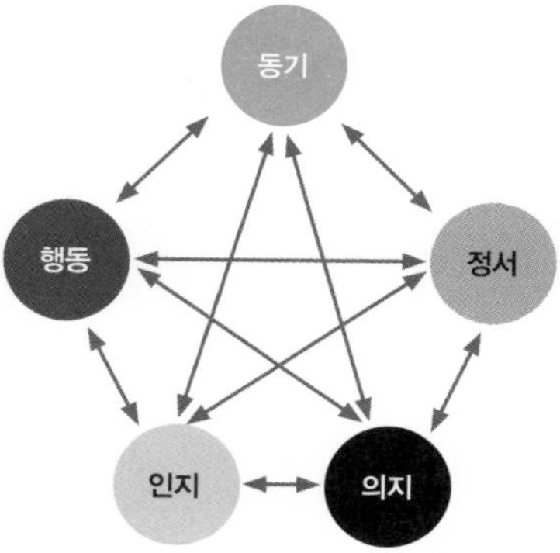

(2b) 질서를 찾은 마인드

메타코스뮤카 모델

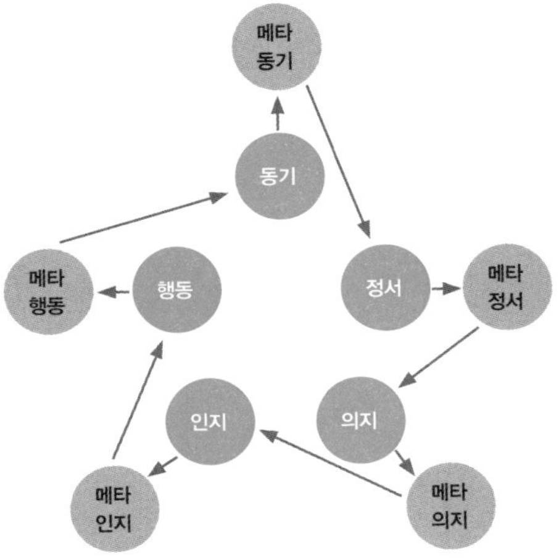

(3a) 메타마인드의 개입

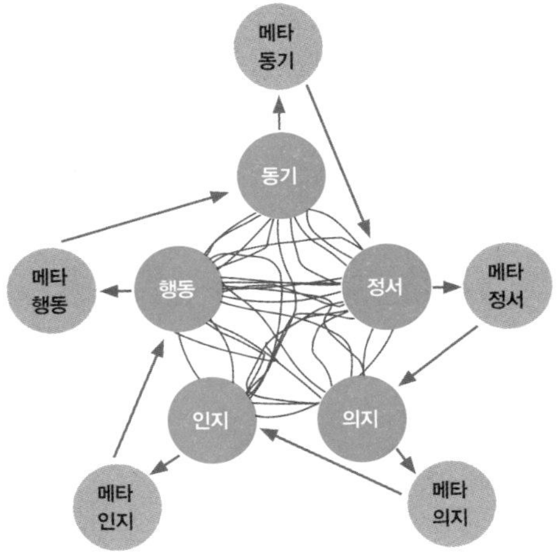

(3b) 마음의 혼란

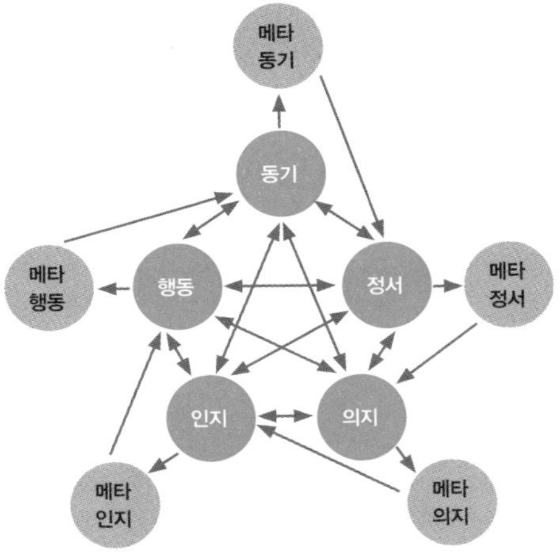

(3c) 완전 연결 마음 성장 모델

서를 찾은 연결된 마음 엔진인 (3c)의 구조로 바뀔 수 있다.

완전한 형태의 마음 구조는 늘 외부와 작용하며 지속적으로 자극을

외부와 상호작용하는 마음의 엔진

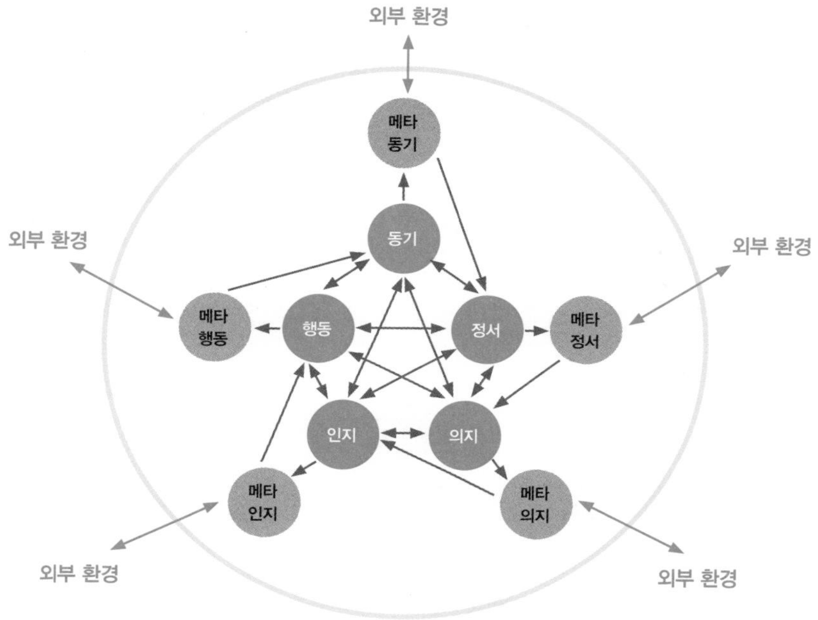

받는다. 그러므로 마음은 혼란에 빠질 소지가 있지만 다르게 생각하면 성장의 기회가 있다고도 할 수 있다. 마음이 외부에서 자극을 받는 것은 위의 그림처럼 생각할 수 있다. 외부와 상호작용하는 질서를 찾은 마음의 엔진은 우리의 의식을 성장시킬 수 있다. 지금부터 의식의 성장 모델이라는 발상을 이끈 진화 모델에 대해 이야기를 하려고 한다.

생명체 진화의 비밀

1967년 노벨 화학상을 받은 독일의 생물리학자 만프레드 아이겐은 단백질과 뉴클레오티드의 공진화에 관한 모델을 내놓았다. 에리히 얀치Erich Jantsch는 《자기조직하는 우주》에 아이겐이 제시한 오른쪽 그림과 같은 모델을 소개하며 천재의 일격이라고 극찬했다. 아이겐은 자기 생식적 촉매 초주기self-reproducing catalytic hypercycle라 부르며 생명체가 진화를 일으키는 하나의 원인이라고 설명했다. 앞서 설명한 메타코스뮤카 모델의 기본 구조는 아이겐의 모델에서 차용한 것이다.

생명체는 물, 유기물, 핵산, 무기염류 등으로 구성돼 있다. 유기물이란 단백질, 탄수화물, 지질을 말하고, 핵산은 RNA(리보핵산Ribonucleic acid)와 DNA(디옥시리보핵산Deoxyribonucleic acid)를, 무기염류란 칼슘, 인, 칼륨, 나트륨 같은 원소들을 말한다. 생명 요소 중 핵산인 RNA, DNA와 단백질 사이의 정보 전달에 의해 진화가 일어난다.

단백질은 신체 내 모든 세포에서 발견되는 조직의 성장과 유지에 필수적인 요소다. 단백질이 부족하면 성장 속도가 느려지고, 심한 경우 성장이 멈출 수도 있다. 단백질을 이루는 아미노산 사슬을 폴리펩타이드polypeptide라고 한다.

핵산nucleic acid은 1869년 스위스 생물학자 프레더릭 미셔Frederick Miescher에 의해 처음 발견됐다. 세포핵 속에 있는 물질 중 단백질을 제외한 부분으로, 모든 생명체의 세포 안에 들어 있는 본질적인 성분이다. 또한 단백질의 합성 경로를 조종하고 모든 세포의 활동을 조절한다.

생명체는 긴 사슬 형태로 연결돼 있는 DNA와 RNA를 통해 유전 정보를 전달한다. DNA와 RNA의 기본 구성 단위가 뉴클레오티드다. 뉴클레오티드들이 결합해 만든 고분자 물질을 폴리뉴클레오티드polynucleotide라

만프레드 아이겐의 자기 생식적 촉매 초주기 모델

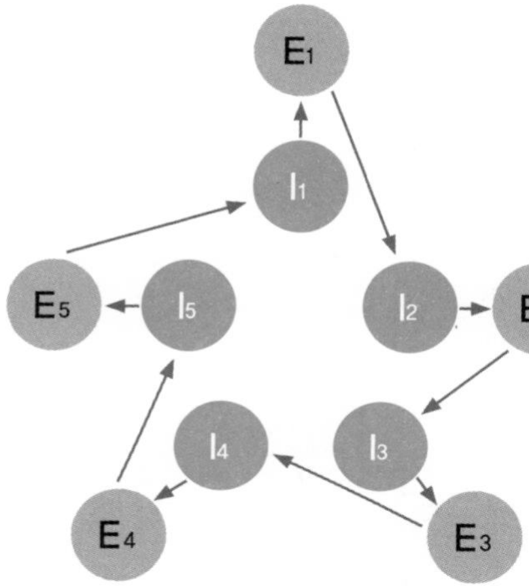

출처: 《자기조직하는 우주》

고 부른다.

아이겐은 폴리펩타이드와 폴리뉴클레오티드로 만들어지는 단백질의 구성 원리로부터 자기 생식적 촉매 초주기 모델을 만들었다. 여기서 I는 DNA 같은 폴리뉴클레오티드이고, E는 아미노산의 결합체인 폴리펩타이드를 말한다. 쉽게 말해 I는 DNA 또는 RNA, E는 단백질이라고 생각하면 된다.

위 그림에서 보듯이 DNA I_i는 그에 앞선 단백질 E_{i-1}를 촉매로 이용해 다음에 오는 단백질 E_i를 만들어낸다. 다시 말해 이전 단계의 아미노산으로부터 정보를 받은 DNA와 RNA가 다음 단계의 아미노산에게 정보를 넘겨주는 체계다.

이 모델에 대한 아이겐의 설명이 흥미롭다. 이 모델이 닫혀 있고, 마지막 효소인 아미노산 E_n이 최초의 DNA I_1을 만드는 촉매로 입력되면 이 체계는 자기촉매적 성격을 가진다는 것이다. 그림처럼 I와 E들이 차례로 정보를 주고받다가 마지막 E의 정보가 최초의 I 속으로 들어가는 되먹임의 고리 구조가 될 때 이 체계는 자기촉매적 기능을 한다. 즉, 이 구조는 자기촉매 고리다.

또한 아이겐은 자기촉매 고리 구조가 세포의 진화에서 결정적인 역할을 했을 것이라 했다. 그는 "고리 형태의 폐쇄적인 초주기 구조가 생명체의 자기 생식 과정에서 고도의 과오 수정 능력을 지니며, 그에 따라 복잡한 정보의 보전과 전달이 가능했을 것이므로 진화의 원리가 된다"고 말한다. 즉, 마지막 출력값이 최초의 입력값으로 들어가는 되먹임 구조를 띠는 자기촉매 고리 구조가 생명체를 성장, 진화시킬 수 있다는 것이다.

의식 성장 모델: 메타코스뮤카

자, 그러면 이 구조를 마음에 도입해보자. 오른쪽 두 개의 그림은 구조적으로 동일하다. 어떻게 이런 매핑을 할 수 있는지 생각해보자. 아이겐은 자기촉매 고리 구조가 진화를 일으킨다고 했다. 아이겐의 모델처럼 마음의 성분들이 연결될 수 있으면 마음도 되먹임, 정보 전달, 과오 수정 등을 통해 점점 진화해갈 수 있을 것이다.

마음의 성분은 동기, 정서, 의지, 인지, 행동이다. 이 다섯 가지 기본 성분을 I로 사용하고 이 성분을 촉매하는 E를 찾으면 이중 구조로 만들 수 있다. DNA인 I의 촉매가 되는 아미노산 E의 관계처럼 E는 I보다는 높은

자기 생식적 촉매 초주기 모델과 메타코스뮤카 모델

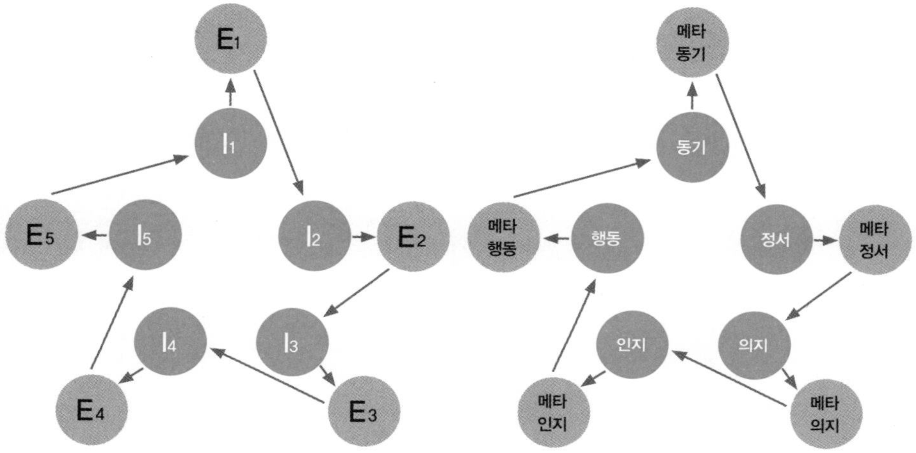

단계이면서 더 종합적인 마음의 성분이어야 했다. 나는 그것을 메타마인드인 메타동기, 메타정서, 메타의지, 메타인지, 메타행동으로 봤다.

3부에서 설명했듯이 동기를 넘어서는 것이 메타동기다. 같은 방법으로 메타인지, 메타정서, 메타의지, 메타행동은 각각 인지, 정서, 의지, 행동을 자극하는 촉매 역할을 할 수 있다. 메타마인드는 기본적인 마인드보다 포괄적이고 상위 개념이다. 따라서 촉매의 역할을 할 수 있다. 나는 그것을 마음을 성장시키는 자극제라고 부른다.

위의 그림에서 보듯이 마음의 엔진을 구성하는 다섯 가지 성분인 동기, 정서, 의지, 인지, 행동은 모두 연결돼 있다. 모두 긴밀하게 연동하고 있어 편의상 동기, 정서, 의지, 인지, 행동의 순서로 쓰기는 했으나 반드시 순서대로 작동되지도 않고 특별히 어떤 것이 가장 먼저 발생하는지 정하는 것도 쉽지 않다. 하지만 아이젠의 모델로 구성하면 위의 그림처럼 생각할 수 있다.

대표적으로 동기보다 상위에 있는 메타동기가 마음의 엔진 내부에서 정서의 촉매로 작용할 수 있다. 쉽게 말해 동기가 열정을 만들어내는 역할을 한다. 동기가 나의 동기가 아닌 대의를 따를 때나 소명을 따를 때 열정은 커진다. 메타동기가 정서를 강화하는 촉매 역할을 하기 때문이다.

동일한 원리로 정서의 상위 개념인 메타정서는 의지를 강화시켜주는 촉매 작용을 한다. 또 의지의 상위 개념인 메타의지는 인지의 촉매가 된다. 인지의 상위 개념인 메타인지는 행동을 강화하는 촉매가 되고, 행동은 또다시 메타행동에 의해 다음 일을 할 동기에 영향을 주는 촉매가 되는 되먹임 고리 구조를 만들 수 있다.

메타동기, 메타인지, 그리고 메타정서인 정서 지능은 현재 심리학에서 상당히 연구가 진행 중인 분야다. 내가 이책에서 처음 제안하는 메타의지는 우리의 의지가 아니라 외부에서 주어지는 힘, 즉 신의 의지, 운명, 우주의 법칙 등으로 볼 수 있다고 했다. 주로 우리의 자유의지를 자극하는 촉매가 된다. 메타의지의 수용 여부는 내 의지에 달려 있다. 수용도 거부도 할 수 있는 것이 곧 자유의지다. 메타의지가 나의 자유의지를 계속 자극해 나의 의지를 끌어올리면 인지 방식에 변화가 찾아온다. 어제까지 내게 의미 없던 일이 메타의지에 의해 나의 인지의 촉매가 되면 오늘부터 그 문제를 매우 중요한 것으로 인지하는 식이다.

마찬가지로 행동의 상위 개념인 메타행동은 자발성이 체화된 것이라고 볼 수 있다. 습관이 돼버린 행위가 내 몸에 체화된 자발성이 메타행동이다. 메타행동은 그냥 하게 함으로써 성취를 만든다. 성취를 통해 자아는 다른 더 높은 것을 추구하는 동기의 촉매가 돼 되먹임 고리 구조를 만들어낸다. 이와 같은 방식으로 스키마의 확장이 일어난다.

이처럼 마인드를 이루는 동기, 정서, 의지, 인지, 행동은 메타마인드에 의해 끌어올려지고 다음 마인드의 촉매로 작용하는 구조를 앞의 그림에서 보여주고 있다. 촉매가 있다면 마인드는 자극이 되고 우리는 뭔가를 하면서 엔트로피를 줄이는 행위를 한다. 그때 혼란은 잦아들고 하나의 질서가 그 속에서 나올 수 있다.

생명은 음의 엔트로피를 먹고 산다

고립된 시스템에서 엔트로피가 계속 증가하는 것이 열역학 제2법칙에 의한 자연 법칙이다. 가만히 있으면 자연의 법칙에 따라 엔트로피가 증가하고 무질서가 나타난다. 그 결과 우리는 점점 더 쓸모없는 인간이 돼간다. 그런데 촉매가 있으면 자극을 받아 뭔가를 하게 되고, 우리의 행동으로 질서가 생기면 엔트로피가 오히려 줄어든다. 엔트로피는 적을수록 좋고, 엔트로피를 줄여야 성장할 수 있다. 이러한 주장은 슈뢰딩거부터 제기됐다.

1933년 파동역학으로 노벨 물리학상을 받은 오스트리아 물리학자 에르빈 슈뢰딩거는《생명이란 무엇인가?》에서 생명체는 음의 엔트로피인 네겐트로피negentropy를 먹고 산다고 했다. 슈뢰딩거는 죽은 생명체는 평형으로 가고, 살아 있는 생명체는 평형으로 가는 것을 피한다고 했다.

만약 일정하게 유지되는 환경에 죽은 시스템을 놓아두면 여러 종류의 마찰 때문에 대개는 그 시스템에서 나타나던 모든 운동이 곧 멈춘다. 따라서 죽은 것은 평형으로 간다. 평형으로 간다는 것은 시스템 내 전기나 화학 포텐셜의 차이가 없어지는 것을 말한다. 화합물을 만드는 물질은 화학 반응을 일으켜 화합물을 만들고, 온도는 열전도에 의해 균등해져버린다. 이후 시스템은 변화가 없는 불활성 물질 덩어리로 변하고, 당연히 관찰 가능한 사건이 아무것도 생기지 않는 영원의 상태에 도달한다. 물리학자들은 이런 상태를 열역학적 평형 상태 혹은 최대 엔트로피 상태라 부른다. 죽은 생명체가 썩어서 사라져버린 상태다. 그때 엔트로피는 최대다.

그런데 슈뢰딩거는 생명이 성장하는 이유가 평형이라고 불리는 상태로 가는 자연 현상을 벗어나기 때문이라 했다. 다시 말해 생명체는 알 수 없는 어떤 이유로 인해 엔트로피가 증가하는 평형 상태로 가지 않는다. 오히려 생명체는 반대 현상을 보인다. 슈뢰딩거는 살아 있는 유기체가 평형에서 벗어나는 이유는 생명체가 먹고 마시고 숨 쉬고 활동하기 때문이고 식물의 경우는 광합성 작용 때문이라고 말한다.

사실 자연에서 진행되는 모든 일은 그 일이 진행되고 있는 세계에 엔트로피를 증가시키는 현상을 동반한다. 그래서 살아 있는 유기체도 계속해서 자체 내의 엔트로피를 증가시켜 죽음을 뜻하는 최대 엔트로피 상태로 다가가야 맞는다. 그런데 생명체는 반대의 모습을 보인다.

슈뢰딩거는 생명이 자연 법칙을 거스르며 엔트로피를 낮출 수 있는 것은 음의 엔트로피를 먹기 때문이라고 말했다. 즉, 인간도 음의 엔트로피를 흡수하지 않을 때 죽어갈 것이다. 음의 엔트로피란 엔트로피를 낮추는 모든 행위를 말한다. 질서를 찾는 행위는 전부 해당된다. 공부하고 일하고 운동하고 명상하고 기도하는 모든 행위가 음의 엔트로피를 먹는 것이라 할 수 있다.

혼란이 생기는 이유는 엔트로피가 증가하기 때문이라고 수차례 말했다. 인간이 환경으로부터 계속해 음의 엔트로피를 얻는다는 것은 메타마인드가 마인드를 계속 자극하는 촉매 역할을 해 마인드가 움직이면서 뭔가를 얻기 위한 훈련과 노력을 하고 있다는 것으로 보면 된다.

그런데 음의 엔트로피를 먹을 때 죽지 않을 뿐만 아니라 성장까지 이뤄낸다고 말한 사람이 있다. 비타민 C를 발견해 1937년 노벨 생리학 의학상을 수상한 헝가리 생화학자 알베르트 센트죄르지다. 그는《통합: In Synthesis》에서 슈뢰딩거가 말한 네겐트로피라는 용어 대신 신트로피 syntropy를 제안했다. 센트죄르지는 이 신트로피가 생물이 자신을 완성하기 위해서 갖고 있는 생물적 동인이라 했다. 또한 신트로피를 심리학적으로 표현해 성장, 통합, 전체성, 자기완성 등에 사용되는 어떤 힘을 의미한다고 했다. 즉, 센트죄르지는 네겐트로피나 신트로피가 심리적 성장을 일으키는 힘이라고 했다. 네겐트로피와 신트로피는 같은 뜻으로, 둘다 음의 엔트로피를 의미한다.

센트죄르지의 주장을 인정한다면 마음의 질서를 찾는 행위를 할 때 마음의 성장도 일어날 수 있다고 생각할 수 있다. 마음의 성장은 엔트로피를 줄이고, 마음의 질서를 높이는 것으로 가능하다는 말이다.

생명은 스스로 엔트로피를 줄이는 행동을 하고 있고 그것을 하지 않을 때 죽음으로 간다고 했다. 우리가 쏟는 모든 노력이 엔트로피를 줄이는 모든 행위, 즉 네겐트로피 혹은 신트로피에 속한다. 운동, 공부, 기도, 명상, 글쓰기, 뜨개질 등 우리가 일관되게 행동함으로써 우리 삶과 마음에 질서를 갖게 하는 모든 것이 음의 엔트로피다.

살다 보면 어느 순간 혼란에 휩싸여 있는 자신을 발견한다. 잘하려고 한 것이 모두 엉망이 됐고, 많은 것을 하려다가 오히려 아무것도 할 수 없는 지경까지 와버렸다. 엉망진창이 됐고, 엔트로피 증가로 혼란이 생겼다. 하지만 이런 혼란이 발생했을 때 다시 질서를 찾으려는 노력을 한다면 유기체는 또 한 번의 성장을 할 수 있다. 혼란을 극복하고 질서를 찾는 과정에서 더 큰 성장을 할 수 있다는 통찰을 또 다른 노벨상 수상자 일리야 프리고진이 제시하고 있다.

비평형 열역학 연구로 산일함수를 체계화한 공로로 1977년 노벨 화학상을 받은 화학자 일리야 프리고진은 엘빈 토플러Alvin Toffler가 우수하고 벅차고 현란한 책이라고 극찬한《혼돈으로부터 질서》에서 성장과 진화에 대한 화학적 단서를 하나 설명하고 있다. 혼란에서 질서가 만들어지는 산일 구조dissipative structure다.

산일 구조를 이해하려면 베나르 세포Benard Cell라는 것을 알아야 한다. 베나르 세포는 물리학자 앙리 베나르Henri Venard가 1900년에 실험을 통해 얻은 육각형의 세포 모양 소용돌이를 말한다. 베나르 세포는 물질의 진화를 보여주는 하나의 사례다.

밑면이 평평한 냄비에 물을 넣고 균일하게 가열하면 규칙적인 육각형의 베나르 세포 모양의 소용돌이가 냄비 속에 나타난다. 가열하기 전 물의 온도는 균일하다. 열역학적으로 균등이라고 일컫는 상태다. 가열을 시작하면 냄비 바닥에서 올라오는 열이 열 전도를 통해 퍼져나가기 시작한다. 열 전도란 분자들이 열 진동 상태에 들어가 제자리에서 움직이지 않은 채 이웃 분자들과 충돌해 열 에너지의 일부를 전달하는 메커니즘을 말한다.

열을 계속 가하면 냄비 바닥이 뜨거워지고 물의 온도 차가 점점 커져서 기울기가 가팔라지면 열적 비평형 상태로 들어가기 시작한다. 온도 차가 어느 기울기 값에 이르게 되면 냄비 속에서는 이전과 전혀 다른 양상이 나타난다. 물 분자가 움직이지 않고 열 진동으로만 열을 전달하던 열 전도가 돌연 대류convection 현상으로 바뀌어버리는 것이다.

처음에는 작은 요동이 일어나고 환경에 의해 억제된다. 그러나 임계 온도 기울기 값을 넘어서면 요동은 억압되지 않고 더 활발해진다. 이 요동이 곧 혼란이다. 냄비 속 역학 체계는 요동이 강해지다 돌연 전도에서 대류로 움직임이 변해버리는 것이다. 혼란에서 진화가 일어난 것이다.

베나르 세포에 대해 프리고진은 다음과 같이 찬탄하고 있다.

> 베나르의 불안정성은 자발적인 자기 조직화 현상을 나타내는 정상 상태의 불안정에 관한 놀라운 사례다. 이 불안정성은 수평의 액체층에 형성된 수직의 온도 기울기로 인한 것이다. 베나르 불안정에서 발생된 대류 현상은 실제로 계의 복잡한 공간적인 조직화로 구성돼 있어 수백만 개의 분자들이 협

동적으로 움직이며 특성적인 크기를 지닌 육각형의 대류 세포를 형성하는 것이다. 베나르의 불안정성은 참으로 장관을 이루는 자연 현상의 하나다.

프리고진은 베나르 세포가 평형 상태에서는 절대로 불가능한 진화라고 설명한다. 평형 상태란 혼란이 없는 상태, 즉 가열하기 전 냄비 속 상태 같은 것을 말한다. 냄비를 가열하기 전에는 아무 일도 일어나지 않는다. 일정 임계치를 넘어서는 순간 전도가 대류로 변한다. 평형으로부터 멀리 떨어진 불안정한 상태에서 요동과 혼란이 일어나고, 혼란스러운 시스템 안에서 발생하는 작은 요동의 효과가 증폭돼 시스템은 더 불안정해진다.

이 불안정이 임계치를 넘으면 새로운 산일 구조가 나타나는 자기조직화의 과정이 나타난다고 프리고진을 말했다. 산일 구조를 안정하게 유지하기 위해서는 계속해서 물질과 에너지가 시스템에 공급돼 평형에서 멀리 떨어진 혼란스러운 상태를 유지해야 한다. 미시적 규모의 무질서를 대변하는 요동이 거시적 규모의 질서 있는 산일 구조로 변신하는 과정이 바로 프리고진이 말하는 혼돈으로부터의 질서다.

이러한 자기조직화가 되는 산일 구조가 나타나려면 다음 세 가지가 필요하다.

① 시스템이 열려 있어야 한다.

② 비선형 동역학적 메커니즘이 존재해야 한다.

③ 자체 촉매 과정 혹은 되먹임 고리가 존재해야 한다.

여기서 시스템이 열려 있다는 의미는 시스템이 고립된 것이 아니어야 한다는 말이다. 홀로 고립돼서는 아무 일도 일어나지 않는다. 다시 말해, 외부로부터 에너지와 정보를 계속적으로 받아들이는 구조여야 한다. 메타코스뮤카 모델이 외부 환경과 끝없이 상호작용하던 357페이지 그림을 떠올려보라. 마찬가지로 사람은 고립돼 있으면 죽는다. 먹어야 하고 사람과 함께 어울려야 하고 생각하고 운동하고 뭔가를 하면서 외부와 상호작용을 하고 있어야 산다. 다시 말해 사람은 열려 있는 시스템이다.

두 번째, 비선형nonlinear 동역학이란 무엇인가? 선형linear이라는 의미는 어떤 힘을 가할 때 반드시 정해진 형태로 변화가 일어나는 1차 함수인 선의 구조를 말한다. 선과 같은 구조라 해서 선형이라 부른다. 반면 선의 구조가 아닌 것이 비선형이다. 2차 함수 이상일 때를 말한다. 다시 말해, 변화가 단일하지 않다는 의미다.

자연계와 생명체는 거의 대부분 비선형의 양상을 띤다. 개미들이 선형적으로 협동할 때는 개미의 숫자와 비례해 먹이를 운반할 수 있다. 만약 개미가 비선형적 협력을 할 줄 안다면 이전보다 더 적은 수의 개미로 더 많은 먹이를 운반할 수 있다. 이처럼 비선형은 우리가 예상하지 못했던 훨씬 높은 차원의 현상을 일으킨다. 사람도 비선형적으로 움직인다. 우리는 언제 변화할지 언제 정체될지 모른다. 마음이 어디로 튈지도 모른다. 즉, 마음은 비선형이다.

마지막으로 자기촉매 과정인 되먹임 고리 구조는 아이겐의 모델에서 본 고리의 구조처럼 마지막 값이 계의 처음 값 속으로 되먹임돼 들어가는 구조를 말한다. 마음의 엔진을 자기촉매 고리 구조로 추상화할 수 있는 것을 보았다. 우리 행동이 동기로 다시 되먹임되는 고리 구조다. 고리 구조일 때 산일 구조가 만들어진다는 프리고진의 이론에 따르면, 마음의 엔진이 고리 구조일 때 산일 구조가 만들어질 수 있다. 즉, 고리 구조일 때 마음속에서 진화가 일어날 수 있다는 말이다. 메타코스뮤카 모델은 그 자체로 혼돈에서 질서를 찾고, 그로 인해 진화를 일으킬 수 있는 상징적인 모형이 된다.

생명이 죽지 않고 발전해갈 수 있듯 우리 마음도 진화해갈 수 있다. 프리고진은 산일 구조가 화학반응, 유체역학, 천문학, 생태학, 교통 문제, 촌락의 자연 발생 과정 등 많은 곳에서 나타난다고 했다. 인간이라는 유기체의 마음속에서도 산일 구조가 나타날 수 있다고 나는 생각한다.

혼란이 있는 곳에 혁명이 있다. 혁명은 혼란 속에서 일어나고 혁신을 일으키는 곳은 요동이 있는 곳이라는 점을 오랜 사회 현상에서도 볼 수 있다. 노예든 황제든 자신의 현재에 만족할 때는 아무 일도 만들어내지 않는다. 하지만 자신의 현 상황에 불만을 갖고 변화를 위한 혼란을 감당할 때 변화와 성장, 진화가 일어난다.

역사에서 숱한 서자들이 혁명을 시도한 것을 기억하는가? 현실에 만족한 양반 계층이나, 운명을 체념하고 살던 노비층보다 오히려 서자 계층에서 운명을 타파하려던 시도가 많았다. 환경과 마음의 요동이 극심한 위치에 있었기에 그들은 어쩔 수 없이 그리된 것이다.

2

우리는 어디까지 갈 수 있을까?

조지프 캠벨은 다음과 같이 말했다. "인생의 전반기에 우리는 사회에 봉사한다. 이것은 종속이다. 인생의 후반기에 우리는 내면으로 돌아선다. 이것은 해방이다."

질서를 찾은 의식의 상태

지금까지 내가 한 이야기들을 하나의 그림으로 표현하면 다음 그림과 같다. 우리의 마음은 메타코스뮤카라는 그림 (a)의 기본 틀을 가지고 있고, 그 속의 성분들이 추구하는 의식의 상태는 그림 (b)처럼 질서를 찾을 수 있다.

동기는 삶의 의미를 계속 추구한다. 메타동기는 그보다 높은 소명으로 나의 동기를 계속 키운다. 메타동기인 소명에 끌려갈 때 나는 슬픔이

의식이 추구하는 목표

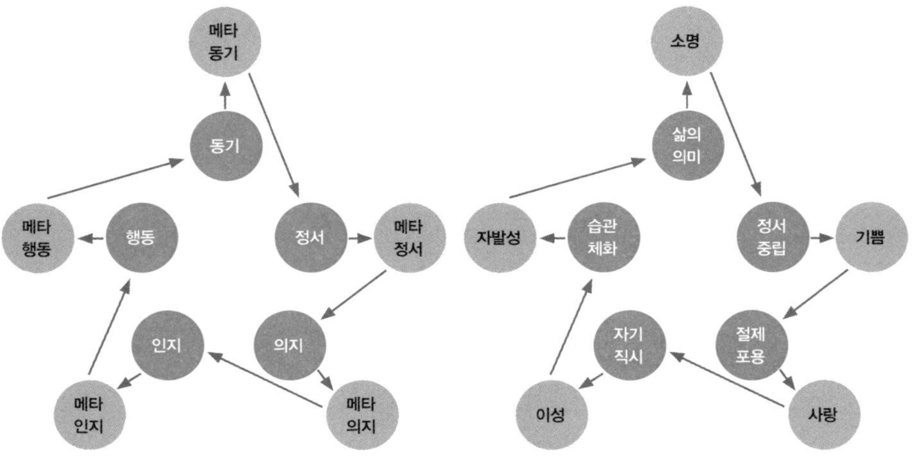

(a) **메타코스뮤카 구조**　　(b) **메타코스뮤카의 목표**

나 분노에 휘둘리지 않고 정서의 중용을 만들어낼 수 있다. 정서의 중용이므로 정서 중립이라 하자. 그러나 메타정서는 정서 중립이 아니라 지복의 상태, 즉 기쁨을 계속 만들 수 있도록 자극한다. 그렇게 기쁨을 위해 정서를 제어할 수 있으면 의지는 절제와 포용이 된다.

하지만 메타의지는 우리에게 의지의 최고 상태인 절대 사랑을 요구한다. 사랑을 향해 우리가 계속 노력하면 인지는 자기를 정확히 보는 직시가 된다. 하지만 그건 나의 인지 능력이다. 한계가 분명히 있다. 더 높은 곳의 메타인지는 사실을 이해하는 이성의 단계를 요구하고 우리는 그곳을 향해 노력한다. 그러면 행동은 습관을 통한 체화라는 과정을 거친다. 그렇게 우리 할 일을 하는 자발성이 나타난다. 행동이 하나의 목표를 성취하면 다시 다음 목표를 추구하는 동기의 촉매가 되면서 자기촉매 고리 구조는 빙글빙글 돌아가는 바퀴가 될 수 있다.

3부에서 말했듯이 동기, 정서, 의지, 인지, 행동을 훈련해 우리는 호킨스가 말하는 의식 17단계에 전부 도달할 수 있다. 다음 표에서 말하는 집중 훈련은 마음의 다섯 가지 성분 중에 특별히 역할을 많이 하는 성분이다.

사실 마음의 모든 성분이 각 의식 수준마다 역할을 하고 있지만 마음이라는 블랙박스를 규명하기는 어렵다. 따라서 집중 훈련이라는 중요한 성분을 통해 의식적으로 노력해야 한다. 알 수 없는 것을 알아가기 위한 방편이라고 생각하면 좋겠다.

대수치 600대의 평화는 어린아이가 갈 수 있는 최상의 경지다. 여기서부터 초인의 길이 열린다. 인간으로서 도달할 수 있는 최상의 단계다. 깨달음은 생각하지 말자. 호킨스가 부처나 예수, 크리슈나가 이 단계에 도달했다고 했을 만큼 우리의 노력으로 도달할 수 있을지 없을지 알 수 없는 단계다. 다만 대수치 600대의 평화에 이르면 깨달음으로 가는 관문에 닿았다고만 이해하자.

내가 말하는 것은 인간의 노력으로 마음을 훈련해 의식 수준을 높일 수 있는 인지과학적 방법이다. 당신의 노력이 당신을 어디로 데려갈지는 모른다. 신이나 운명의 개입이 있어야 하겠지만 우리는 매일 성장을 위한 움직임을 지속할 수 있다.

그런데 과연 우리가 노력한다고 의식 수준이 성장할 수 있을까? 평생 무기력한 낙타로 살다가 가는 것은 아닐까? 혼란 속에 빠져 죽어버리는

의식 수준	대수치	집중 훈련		정신 수준
깨달음	700~1000	메타코스뮤카		초인 (질서)
평화	600	행동	코스뮤카	어린아이 (혼란)
기쁨	540	정서		
사랑	500	의지		
이성	400	인지	뮤카	사자 (저항)
포용	350	정서		
자발성	310	행동		
중용	250	정서		
용기	200	동기		
자존심	175	인지		
분노	150	정서		
욕망	125	동기		
두려움	100	정서	메카	낙타 (무기력)
슬픔	75	정서		
무기력	50	행동		
죄의식	30	인지		
수치심	20	인지		

것이 아닐까? 이러한 의심이 드는 것도 사실이다. 나도 그랬다. 나는 지금 내가 어디 있는지 잘 모른다. 낙타는 아닌 것 같지만 어떤 때는 여전히 낙타 시절을 그리워하는 듯하다. 사자로 살고 싶지만 사냥이 힘들어 개의 밥그릇을 탐내기도 한다. 어린아이는 되지 못할 것 같지만 또 어느 날 새벽에 글을 쓰고 있으면 어린아이의 기쁨을 누린다.

초인은 내 인생의 꿈이지만 도달할지 여부는 모른다. 열 번을 거듭 살아도 도달하지 못할 수 있지만, 내가 아픈 이웃에게 위로를 줬을 때 그 순간만큼은 원래의 나를 초월한 상태로 초인의 흉내를 낸 것이 아닐까도 생각한다. 그러므로 우리는 어디로 갈지 어떻게 갈지 전혀 모른 채 인간의 삶을 살아갈 뿐이다.

니체의 정신 4단계: 낙타–사자–어린아이–초인

이제 우리의 노력이 성장을 가져올지에 대해 이야기해보려고 한다. 첫 책《문제는 무기력이다》에서부터 니체가 말한 정신의 수준을 계속 얘기했다. 왼쪽 표에서 보듯이 무기력은 낙타가 만나는 마음의 독소였다. 무기력을 극복한 사자가 강력한 힘을 자기를 막는 데 쓸 수 있음을 두 번째 책《문제는 저항력이다》에서 말했다. 저항을 넘어서 어린아이가 되면 예술가처럼 마냥 기쁘게 할 일을 할 줄 알았으나 혼란을 만날 수 있다. 엔트로피가 만드는 혼란을 통해 사자도 만날 수 있지만 그건 생각하지 말자. 어린아이의 혼란에서 코스뮤카 훈련을 하고 질서를 찾으면 우리는 평화를 만날 수 있다. 깨달음의 단계는 말할 수 없으므로 블랙박스로 두자. 다만 메타코스뮤카를 쉬지 않고 훈련할 때 어느 날 도달할지도 모른다. 니체는《차라투스트라는 이렇게 말했다》에서 지금까지의 과정을 상징하는 인간의 정신을 4단계로 분류했다.

낙타: 평생 사막을 건너야 하는 노예

낙타는 주인의 짐을 싣고 사막을 건넌다. 늙거나 병약한 낙타가 쓰러지면 대상 행렬은 그를 버리고 젊고 건강한 다른 낙타에게 짐을 옮겨 실은 후 자신이 목적하던 곳, 깊은 사막 속으로 계속 들어갈 것이다. 낙타

니체가 정의한 인간 정신의 4단계

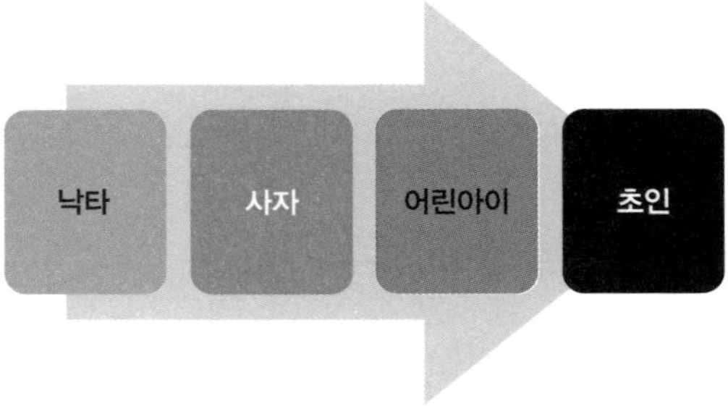

로 산다는 것은 그런 노예 같은 삶이다.

낙타의 특징은 무기력이다. 낙타는 죽을 때까지 주인을 위해 일한다. 인생이 낙타와 같을 때 우리는 늘 언제나 누군가와 무엇의 노예가 된다. 우리를 다스리는 주인이란 직업이나 직장이 될 수도 있고 부모나 배우자 혹은 자녀가 될 수도 있으며 명예나 재산, 반드시 지켜야 한다고 믿는 사상이나 종교가 될 수도 있다. 내가 나를 다스리지 않고 다른 사람, 직장 또는 직업, 돈이나 명예가 우리를 다스린다면 우리는 결국 그것의 노예다. 주인에게서 벗어나지 못한 낙타는 제대로 기능하지 못하는 무기력한 모습이다.

낙타에게는 무기력이 한계다. 낙타의 무기력에서 벗어나기 위해서 마음의 성분들을 훈련해야 한다. 마음은 동기, 정서, 의지, 인지, 행동으로 구성돼 있다. 동기가 사라져 무엇을 해야 할지, 왜 해야 할지 모르는 무기력한 낙타는 삶의 의미를 찾아 동기를 강화해야 한다. 해도 해도 안 될 것 같은 인지의 왜곡이 생기면 자존감을 확보하기 위해 기존에 갖고 있던 인지 방식을 전환해야 한다. 늘 기분 나쁜 상태가 계속되는 정서의 장애가 올 때는 모든 것을 수용하고 용서해 부정정서를 떨쳐야 한다. 조금 하다가 중지해버리는 행동의 장애를 겪고 있다면 숙달될 때까지 반복해 유능감을 배운 후 그 유능감이 행동을 다시 일으키게 만들어야 한다.

무기력한 낙타는 아직 의지를 만들어낼 힘이 없다. 그래서 낙타 시절에는 의지를 제외한 동기, 인지, 정서, 행동의 훈련으로 낙타를 벗고 자신이 주인인 사자가 될 수 있다. 사자가 된 이후에는 의지가 우리 자신을 통제하게 해야 한다. 낙타를 벗고 사자가 될 수도 있지만 평생 낙타로 살다가 죽을 수도 있다. 무서운 얘기다.

사자: 왕이지만 하지 못하는 것도 있다

운 좋은 일부 낙타가 사자로 재탄생한다. 사자의 삶, 얼마나 황홀한가! 사자는 강하고 자유롭다. 원할 때 사냥하고 자기가 모든 것을 결정할 수 있으며 어디든 갈 수 있다. 세렝게티 초원에서 사자를 건드릴 수 있는 동물은 없다. 사자는 무엇이든 할 수 있다.

그러나 사자에게도 치명적인 한계가 있다. 사자 스스로 사냥을 회피하거나 거부하거나 미룰 수가 있다. 그것을 전작에서 심리적 저항(내적 저항)이라고 불렀다. 심리적 저항은 강한 힘을 스스로를 막는 데 사용하는 마음의 독소다. 낙타의 무기력은 '하지 못함', '할 수 없음'이지만, 사자의 저항은 '하지 않음'이다. 결국 둘 다 실행하지 않는다. 원인도 활동하는 패턴도 전혀 다르지만 생산성이 바닥이라는 점은 같다. 스스로 막는 심리적 저항은 생각보다 힘이 강해 사자를 절망하게 만든다. 심리적 저항은 "너는 ~해야 한다"라는 의무로 나타나는데 니체는 그것을 상징적 의미로 '용의 명령'이라고 불렀다.

사자는 너무나 말을 안 듣는 동물이다. 너무 말을 안 들어 신의 화신인 용의 명령도 강하게 거부한다. 자기 자신도 거부하고 운명도 거부하려 든다. 이 모든 것이 심리적 저항이다. 신의 화신인 용의 명령 "너는 반드시 무엇을 해야 한다"라는 의무와 당위도 거부한다. 니체는 사자가 사자답게 살기 위해서는 자신의 욕망에 따라야 한다고 말한다. 니체가 말하는 사자 같은 사람은 "나는 원한다"라는 자신의 말에 따라 움직인다. 의무에 얽매이지 않고 자신의 삶을 사는 사람이 사자다.

요즈음 회사를 나와 1인 기업가가 돼 자유롭게 사는 사람이 늘고 있는 추세다. 그들은 낙타를 던지고 사자가 되기로 결정한 사람들이다. 그런데 이런 사자가 한계를 만날 수 있는 것은 그들이 용의 명령을 거부하듯 모든 것에 반하는 '심리적 저항'을 보일 수 있기 때문이다. 저항은 게으름, 미루기, 회피와 같은 내적 저항으로 나타나기도 하고, 타인에 대해 저항하거나 변명 등의 외적 저항으로 드러나기도 한다. 저항을 넘지 못하는 한 우리는 진짜 사자가 되지도 못하고 어린아이로 변화할 수도 없다. 사자는 의지를 잘 써야 한다. 진짜 힘을 가진 건강한 사자가 되기 위해서는 의지를 자신에 대한 저항이 아닌 상승과 성취의 힘으로 바꿔야 한다.

어린아이: 사자가 못하는 것을 웃으며 한다

사자를 막는 저항을 이기고 한계를 벗을 때 어린아이가 된다. 어린아이는 호기심과 기쁨에 충만하다. 아이는 저항이 없다. 아이는 모든 것을 쉽게 시작하고 지칠 때까지 계속할 수 있다. 아이에게는 의무가 없다. 노는 것이 일상이다. 그리고 아이는 성장해간다. 아이가 성장을 목표로 삼는 것은 아니지만 하루하루 잘 놀면 키가 자라고 몸이 커진다.

아이가 놀이에 몰입할 때 진정한 자유와 기쁨이 온다. 니체가 정신의 세 번째 단계를 어른이라 말하지 않고 아이라고 한 것은 아이가 성장할 수 있기 때문인지 모른다. 자라지 않는 아이는 없다. 생명이 자라지 않을 때는 죽어가는 순간이다. 그래서 성장과 퇴화는 삶과 죽음을 의미하는 것이다. 아이는 자라야 하고 그것이 어린아이 단계에서 할 일이다.

니체는 정신의 세 번째 단계를 어른이 아닌 아이라 했다. 그리고 사자가 하지 못하는 것을 아이는 해낼 수 있다고 했다. 어린아이의 특징은 천진난만, 망각, 새로운 시작, 놀이, 스스로의 힘으로 굴러가는 수레바퀴, 최초의 운동, 거룩한 긍정이다.

아이의 무기는 포효가 아니라 웃음이다. 그래서 사자에게 힘든 전투였던 것이 아이에게는 재미있는 놀이가 된다. 아이는 자신의 욕망에 따라 굴러가는 바퀴인 것이다. 하지만 우리는 이미 어린아이가 아니다. 어떤 어른도 다시 어린아이로 돌아갈 수 없다. 니체는 차라투스트라의 말을 통해 말한다. "우리 안에는 어린아이가 있다. 또한 우리 안에는 낙타도 있고 사자도 있다. 중요한 것은 어린아이가 그 모든 것을 제압해야 한다는 사실이다. "

니체는 우리가 변신해 자신의 아이를 직접 찾아야 하며, 그도 역시 자기 아이를 찾고 있다고 말했다. 우리는 자기 아이를 위해 자신을 완성해야 한다. 우리가 자신을 위대한 방식으로 사랑할 때 사랑의 결실인 임신을 할 수 있다. 잉태해야 아이를 낳는다. 아이를 낳기 위해서는 먼저 사랑해야 한다. 우리 자신을 사랑해야 아이가 나온다. 그것이 곧 아모르 파티다.

니체가 말한 어린아이는 우리가 원래 가지고 태어난 자신의 본성을 찾는 것을 말한다. 어떠한 의무나 당위에 매이지 않은 순수하고 행복한 상태가 어린아이의 수준이다. 어린아이처럼 살아가는 사람은 예술가 부류에 많다. 예술가는 자유롭다. 하지만 예술인의 자유가 방종으로 흐를 때 혼란이 나타난다.

물론 사자에게도 혼란은 있다. 사자는 저항과 혼란을 함께 느끼지만 저항 없는 아이는 자유와 충동이 주는 혼란이 문제다. 혼란으로 인해 자신이 하고 싶었던 일이 하기 싫어진다. 그러면 정신은 추락한다. 다시 낙타로 추락할지 모른다. 예술인의 삶이 힘들어 다시 돈을 벌기 위해 누군가의 노예가 되는 삶을 선택한다.

혼란을 극복하고 질서를 찾으면 다음 단계로 갈지 모른다. 가장 잘하는 것을 하나 선택해 매일 그 일에 집중하면 우리의 아이가 낙타와 사자를 제압한다. 그때 더러운 진흙탕에서 연꽃이 피듯 우리 인생의 가장 화려한 꽃이 한 송이쯤 필 수 있을지 모른다. 이후 언젠가 초인의 경지에도 오를 수 있을지 모를 일이다.

초인: 자기를 극복할 때 초인이 태어난다

니체가 말한 초인은 어린아이 다음에 오는 정신의 가장 높은 단계인 최상위 마음을 말한다. 니체는 초인超人을 위버멘쉬Übermensch라고 했다. 위버멘쉬라는 말은 '인간을 넘어섬', '인간을 극복함'이라는 뜻이다. 호킨스의 의식 17단계에서는 깨달음의 단계로 볼 수 있다.

호킨스는 깨달음에 도달하는 사람이 드물다고 했다. 하지만 니체는 우리도 자신을 넘어서면 초인이 된다고 했다. 우리도 우리를 넘으면 초인이 된다. 아이는 호기심, 기쁨, 자유, 창의성을 가졌고 그 특징에 의해 자란다. 그런데 니체는 이 아이가 자라 인간을 극복한 초인이 된다고 말했다. 차라투스트라가 바로 초인의 화신이다. 차라투스트라는 산속에 홀로 들어가 10년이라는 세월 동안 고독 속에 살다가 심경의 변화를 일으켜 산에서 내려온다. 그때 그는 전과 다른 사람, 초인이 돼 있었고 모든 의무를 넘어선 상태로 사람들을 가르친다.

니체는《인간적인 너무나도 인간적인》에서 "초인이란 끊임없이 기존의 삶을 뛰어넘는 사람으로, 고정적인 이념으로 만들어진 것이 아니다. 초인은 기존의 자기를 극복하는 자기초월 과정과 향상으로 가는 실천 이념이다. 따라서 초인 이념의 인도를 받고 살려는 사람은 끊임없이 다양한 입장을 스스로 타개하고 뛰어넘지 않으면 안 된다"라고 했다.

초인은 자신이 가졌던 이념과 방법, 사고와 행동을 계속 넘을 수 있는 사람이다. 자신을 뛰어넘는 초인은 사실 쉽지 않다. 초인은 새로운 종족이다. 단순히 성장해서 이뤄지는 차원이 아니다. 성장이 아닌 진화가 일어나야 한다. 다른 종이 돼야 한다는 말이다. 마음이 만드는 수많은 문제들을 다 극복하고 의식의 수준이 평화를 넘어 깨달음에 도달해야 한다. 초인이 되는 길은 어렵지만 초인이 된 선각자들도 있다.

그들은 어떻게 자신을 극복하고 초인이 될 수 있었을까? 윌 듀런트의 이야기에서 길을 하나 찾을 수 있다. 듀런트는 《철학이야기》에서 니체의 초인에 대한 자신의 견해를 밝힌다. 그는 초인에 대해 다음과 같이 말했다.

> 에너지, 지성, 긍지가 초인을 만들지만 그것들이 조화를 이뤄야 한다. 욕망의 혼란이 위대한 목적에 의해 통일될 때 위력을 발휘한다. 충동을 좇아가는 자는 약자다. 약자는 '아니요'라고 말할 용기가 없다. 그래서 자기 자신을 단련하는 것만이 최고의 일인 것이다. 평범한 군중이 되기 싫은 사람은 자신에게 관대하면 안 된다. 자신에 대해 엄격하고 친구를 배신하는 일을 제외한 거의 모든 일을 못할 것이 없다고 생각함이 초인의 특징이다.

듀런트는 혼란과 충동을 이기고 단련을 통해 통일이 될 때 초인이 탄생한다고 했다. 훈련이 핵심이다. 내가 이 책에서 전하고자 하는 것도 "혼란과 충동에서 마음을 훈련해 질서와 통일이 생겼을 때, 우리 정신은 아이를 넘어 초인으로 진화된다"는 것이다. 듀런트가 말한 '에너지, 지성, 긍지, 욕망, 자기 충동, 위대한 목적 등을 조화하고 통제하는 것이 초인이 되는 길'이라는 의미는 동기, 정서, 의지, 인지, 행동을 통제해야 초인이 된다는 의미의 다른 표현이다. 또한 그가 말하는 조화는 모든 것을 통합한 사람이 자기실현을 할 수 있다는 현대 심리학의 관점과 일치한다. 듀런트가 자신을 단련하라고 말한 것을 쉽게 설명하면 마음을 강화하고 질서를 찾는 훈련으로 볼 수 있다. 핵심은 훈련이다.

또한 듀런트는 선택과 집중이 우리를 초인으로 만들어준다고 했다. 좋아하는 일을 하나 선택해 죽을 때까지 하는 동안 우리는 자신을 넘게 되고 초인이 될 수 있다는 의미다. 듀런트가 "초인은 인위도태人爲淘汰, artificial selection에 의해 만들어진다. 교육과 훈육으로 초인은 생명을 유지할 수 있다"라고 한 것이 그 근거다.

인위도태는 인위선발이라는 말로 자연도태에 상대되는 용어다. 자연적으로 도태돼가는 것이 아니라 인공적으로 도태시킨다는 것이다. 자연도태는 생물이 외부 환경에 적응하지 못하고 저절로 사라져가는 것을 말한다. 반면 다윈이 처음 주장한 인위도태는 가축이나 작물의 육종에 있어서 희망하는 개체를 선택해 신품종을 육성하는 방법을 말한다. 즉, 인위도태는 의도적으로 도태시키고 사라지게 만들어 개체 가운데 우수한 종을 선발한 후 사육, 재배해 품종을 육성하고 개량할 수 있는 진화의 한 개념이다. 인위도태를 할 때 진화가 일어난다. 인위도태를 할 수만 있다면 우리도 진화할 수 있다.

우리에게서 인위도태란 무엇일까? 가장 중요한 하나만 남기고 나머지는 전부 잘라버리는 것, 가지치기다. 나는 책 쓰는 것 하나만 남기기로 했다. 내 소식을 들은 은사님이 얼마 전 모 대학의 연구 교수 자리를 제안했다. 그 기관 책임자와 3인 통화도 했다. 하지만 나는 정중히 거절했다. 당장의 생활비를 위해 그런 제안들을 다 받아들였다가 내가 혼란에 빠졌고 에너지는 소진됐고 시간은 낭비됐기 때문이다. 이번에는 거절했다. 나의 인위도태다. 나는 분명 이전과 달라져 있었다.

할 수 있다고 다 한다면 언젠간 아무것도 남지 않으리라. 약한 것은 잘

라버리고 가장 좋은 것 하나를 골라 거기에 모든 에너지를 집중할 때 인위도태가 된다. 자신의 일부를 인위도태할 때 우리의 초인이 나타날 수 있을지 모른다. 인위도태는 선택과 집중이다. 가장 잘하는 것을 선택해 집중 훈련할 때 비로소 탁월함이 나온다. 이것을 듀런트는 "그대들 속에서 하나의 선민은 태어나고 그 선민 속에서 초인은 태어나리라"라는 멋진 언어로 표현했다.

결국 평범한 우리가 탁월해지는 길은 자신 속에 있는 무언가를 찾아서 집중 훈련하는 것뿐이다. 듀런트는 우리에게 탁월해지라고 충고하면서 "위대해지려는가? 위대한 자의 하인이 되려는가?"라고 묻고 있다. 당신은 어떠한가? 탁월해질 것인가? 아니면 탁월한 자의 부품으로 만족할 것인가?

니체가 자기를 극복하는 초인을 새 인종이라고 했듯이 우리도 매일 매 순간 자기를 극복할 때 새로운 인종인 초인이 될 수 있다. 이게 진화다. 메타코스뮤카 훈련이 진화의 길로 안내할 것이다.

낙타를 벗고 사자가 된 다음, 자신의 운명을 사랑할 때 어린아이가 태어나고, 아이의 자유로움을 이기고 잘하는 것 하나를 골라 집중 훈련하며 자신을 넘을 때 우리도 초인으로 진화한다. 마음의 성장, 의식의 진화는 그렇게 이뤄진다.

3

어떻게 성장이 일어나는가?

자기를 자각할 때 2차 성장이 일어난다

의식의 성장은 언제나 일어날 수 있을까? 몇 번이나 가능할까? 이미 성장기는 지나버린 것이 아닐까? 일반적인 성장은 무조건 직선으로만 상승하지 않는다. 성장 후 추락, 혹은 하강 후 상승이라는 2차 곡선을 따르지도 않는다. 일부 구간은 계단식일 수도 있지만, 계속 계단식으로만 올라가지도 않는다. 마음과 의식 수준은 성장과 추락을 여러 차례 할 수 있다. 3차 이상의 곡선이다. n차 곡선이라는 것이 맞는다. 추락하다가도 상승 기류를 탈 수 있고, 잘 나가다가도 어느 날 추락할 수 있다.

하지만 당신은 의심할지 모른다. "이미 젊음은 지났는데 더 이상 무슨 성장이란 말인가?", "뭘 한다고 이제 와서 변할 수 있을까?", "이리 살다 죽겠지" 등의 의혹이 생길지 모른다. 하지만 우리가 자신을 사랑하면 다시 아이를 잉태할 수 있다고 니체가 말한 것처럼 현실에서 또 한 번의 성장을 하는 사람은 많다.

성장 심리학자들도 나이와 무관하게 인간은 계속 성장이 가능하다고 한다. 조지프 캠벨과 칼 융은 "누구나 생의 중간에 성장할 수 있다"면서 2차 성장이라는 구체적인 이름까지 붙였다. 캠벨은 우리 인생을 전반기와 후반기로 나누고, 전반기는 종속된 인생, 후반기는 해방된 인생이라고 구분했다. 둘을 나누는 기준은 '개인의 자각'이다. 즉, 무엇에 종속돼 있다가 그것으로부터 해방되는 자각을 기준으로 전반기와 후반기로 나눴다. 그 기준은 노예가 주인으로 변하는 혁명, 처절한 자기 자각을 의미한다.

종속은 낙타, 사자, 어린아이가 가진 한계인 무기력, 저항, 혼란에 지배를 받을 때다. 자신의 문제를 벗는 순간 해방이 일어난다. 무기력을 벗을 때 우리는 낙타에서 사자가 되고, 저항을 극복할 때 사자에서 어린아이가 된다. 혼란을 정리하면 어린아이에서 초인으로 갈 준비를 마친다. 이처럼 자신의 문제를 해결할 때마다 우리는 2차 성장을 한다. 따라서 2차 성장은 한 번이 아니라 여러 번 일어날 수 있고 성장 곡선은 3차 이상의 곡선이 된다.

문제를 해결하기 위해 가져야 하는 공통점이 있다. 자각이다. 자신에 대한 자각 없이는 문제 해결이 일어나지 않는다. 융은 "진정한 치유는 자기 자신이 되는 것"이라고 했다. 니체가 자기를 사랑할 때 자기 아이가 잉태된다고 한 것과 같은 맥락이다. 자각은 새로운 우리를 만든다. 융은 "인간의 일생은 반으로 나눌 수 있다. 전반부는 관계의 시간, 후반부는 자기 안에 있는 삶의 감각을 발견하는 시간이다"라고 했다. 캠벨은《신화와 인생》에서 "인생의 전반기에 우리는 사회에 봉사한다. 이것은 종속이다. 하지만 인생의 후반기에 우리는 내면으로 돌아선다. 이것은 해방이다"라고 했다. 자각이 기준점이다.

이들이 공통적으로 말한 전반부에 사람들은 세상 속에서 자신의 위치를 찾고 외부와의 관계에 시간을 쓴다. 하지만 후반부에는 자기 안으로 눈을 돌린다. 외부로 향했던 눈을 자신에게로 돌려 자기 내부에 집중하는 것이다. 가치를 밖이 아닌 자기 안에서 찾는 변화를 가져오는 혁명은 아주 조용히 일어날 수도 있고 인생을 뒤흔드는 폭풍과 함께 일어날 수도 있다.

내가 은사님의 연구교수 제안을 거절한 것이 바로 그런 혁명이다. 나는 이제 세상의 기준이 아니라 나의 기준에 따라 살기로 했다. 이전 삶을 버리는 단절이다. 쉽지 않았지만 순간적으로 선택을 했다. 길을 잃었을 때 나는 모든 이가 부러웠다. 자기 일을 하는 사람은 모두 부러웠다. 나는 길 위에 있었고 아직 내 길을 온전히 걷지 못하고 있었기에 내가 떠난 전 직장에 그대로 남아 있던 동료들의 안전함이 부러웠고, 동네 부동산 중개사의 선택도 부러웠으며, 고등학교 동창의 영양사 일도 부러웠다. 내 동문 중에는 대학 총장이 된 선배도 몇 분 계신다. 내 은사님도 은퇴 후 경기도 한 대학의 총장이 되셨다. 나는 차마 그들을 부러워하지도 못하고 한없이 경외했다.

그런데 어느 날 나는 더 이상 누구도 부럽지가 않았다. 내 길을 찾았으므로, 확고한 기준이 생겼으므로 그런 듯했다. 그건 내게 혁명이었다. 나는 더 이상 사자도 아니고, 혼란을 많이 정리해낸 어린아이의 즐거움을 누리고 있다. 좋은 책을 쓰고 싶다는 것 하나만 남고 다 제거됐다. 나는 캠벨과 융이 말한 후반부로 확실히 들어선 듯했다.

두 번째 인생

융은 "건강한 사람은 반드시 두 개의 인생을 살아야 한다"고 했다. 또한 모든 사람이 후반부를 다 경험하는 것은 아니나 많은 사람이 중년쯤에 전환을 한다고 했다. 이런 전환은 대부분 서서히 찾아오지만 어떤 사람은 큰 병에 걸리거나 사고를 당하면서 인생철학이 갑자기 변해 후반부로 바로 들어가기도 한다.

억세게 운 좋은 이들은 이미 스무 살도 안 되는 나이에 혁명을 시작해 자기 삶을 전설로 만들어버리기도 한다. 젊은 날에 자기 길을 선택한 사람은 이미 20대 초반에 헨리 데이비드 소로가 말한 "자기 내면에서 울리는 북소리만 따라가" 이른 성공을 이룬다. 이들의 인생은 낙타의 단계는 거치지 않았거나 그곳에는 짧게 머물고 바로 사자와 어린아이로 변한 후 세상 속에서 빛을 내며 초인이 되기도 한다.

자기 길을 가는 삶이 융과 캠벨이 말한 후반부의 모습이다. 혁명을 겪고 자신이 주인이 돼 살겠다고 결정했을 때 우리는 외부가 아닌 자기 내면에 집중하고 자신의 기준과 가치에 따른다. 그리고 자기 일을 하며 자신만의 길을 갈 수 있다. 이런 후반부 인생을 힌두인들은 마르가marga를 따라가며 자신 속으로 향하는 삶이라 했다. 마르가란 인간이 겪는 경험의 발자취나 길을 의미한다. 즉, 자신의 경험에 따라 자기 일을 하고 길을 간다는 의미다. 결국 건강한 두 번째 인생은 자기가 경험한 것, 자기 속에 있던 것을 다시 찾아내 그것에 헌신할 때 나타난다는 것을 기억하자. 융도 인생 후반부는 반드시 자기 내부로 향해야 하고 그래야만 완전한 해방이 찾아온다고 했다.

인생의 4계

2차 성장이 현실에서 어떻게 일어날 수 있을지 생각해보자. 캠벨과 융의 주장처럼 인생에는 전반기와 후반기가 있고, 심리적으로 두 번 성장할 수 있다는 이론이 최근에 많이 부각되고 있다. 그중 인생이 네 개의 과정을 거친다는 4단계 생애 주기 이론은 니체의 정신 4단계를 닮았다.

하버드대 성인발달연구소에서 중년을 대상으로 '마흔 이후의 새로운 성장과 발달'이라는 주제의 연구를 한 윌리엄 새들러William Sadler는 중년에 두 번째 성장을 한다고 말했다. 새들러는 40~50대 성인 200여 명을 인터뷰하고 그중 50여 명을 12년간 추적 연구해 삶의 변화를 조사했다. 중년에 접어든 이들은 청년기 때의 1차 성장과는 다른, 새로운 모습의 2차 성장을 하고 있었다.

연구 결과를 바탕으로 새들러는 《서드에이지, 마흔 이후 30년》과 《핫에이지, 마흔 이후 30년》에서 인간의 생애 네 단계 과정을 소개했다. 특히 제3연령기에 해당하는 서드 에이지, 즉 중년기에 성장을 이루는 사람이 건강하고 생산성이 높으며 자기실현을 이룬다고 했다. 그리고 청년기와 비교해 2차 성장기라고 불렀다. 니체의 어린아이 수준과 흡사하다. 다음의 그림이 새들러가 말한 생애 4단계다. 네 개의 S자형 곡선은 우리

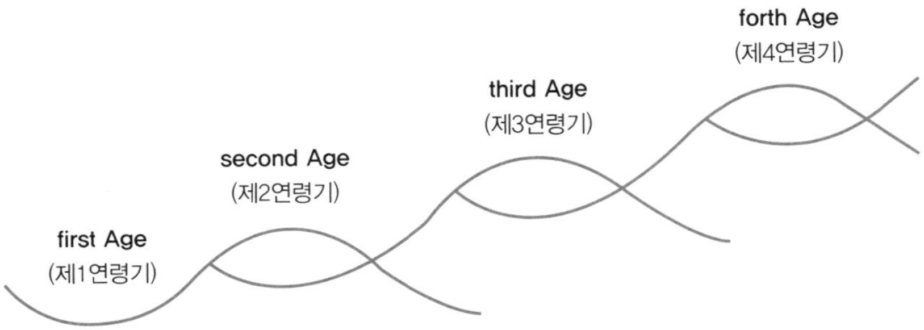

출처: 《서드 에이지, 마흔 이후 30년》

가 인생을 살아가면서 겪는 4단계의 연령기와 해당 시기에 표출되는 가능성을 의미한다.

퍼스트 에이지(first age)

제1연령기는 배움을 위한 단계로, 태어나서 학창 시절까지의 시기다. 10대 후반에서 20대 초반까지가 이 시기에 해당되며 이때 주로 학습을 통해 기본적인 1차 성장이 이뤄진다. 낙타의 단계, 인생의 봄이다.

세컨드 에이지(second age)

제2연령기는 일과 가정을 이루는 단계로, 20~30대가 이 시기에 해당된다. 제1연령기에 획득한 1차 성장을 바탕으로 자신만의 직업을 갖고 경제 활동을 하는 등 생산성을 발휘하고 사회적으로 정착하고 결혼해 가정을 이루고 조직체 생활을 하며 지역 사회를 위한 봉사 등의 활동을 하는 시기다. 이때는 사자로 살아야 한다. 여름이다.

서드 에이지(third age)

네 단계 중 가장 긴 기간인 제3연령기는 생활을 위한 단계다. 청년기인 제1연령기 때 학습을 통해 이루어진 1차 성장과는 달리 확연히 업그레이드된 2차 성장을 이루는 시기다. 성장 심리학자들이 말하는 자기실현 추구 단계다. 현재 학자들은 일반적으로 서드 에이지에 해당되는 시기를 우리 생애 중간쯤인 40대에서 70대 중후반까지라고 말한다. 하지만 이 시기를 앞으로 당길 수도 있다. 20대에도 2차 성장을 시작할 수 있고, 아주 늦게 이 시기로 들어갈 수도 있다. 이때는 어린아이의 정신이 돼야 한다. 가을이고, 열매를 맺을 시기다.

포스 에이지(forth age)

새들러가 말하는 제4연령기인 포스 에이지는 노화가 진행되며 늙었다는 징후를 피할 수 없어 죽음을 기다리는 하강기를 말한다. 지금껏 잘 살아온 사람은 이 시기에 평화로운 죽음을 기다린다. 하지만 치매나 질병, 경제적 어려움을 겪어 폐지를 줍는 삶을 살게 될까 두렵기도 하다. 《하프타임》의 저자 밥 버포드Bob Bufford는 2차 성장기인 서드 에이지를 어떻게 보냈는지에 따라 포스 에이지가 달라진다고 했다. 서드 에이지 동안 2차 성장을 한 사람은 포스 에이지에 자기를 뛰어넘는 초인으로 거듭나 스스로 만족할 수 있다. 하지만 실패할 경우 죽음 앞에서 삶이 허무해진다. 이 기간에는 죽어가는 것이 아니라 완성되고 통합돼간다고 생각

인생 4계와 마음의 문제

인생 4계	두 개의 인생	새들러의 4단계 생애주기		니체	마음의 문제	칼 융	조지프 캠벨
봄	첫 번째 인생	퍼스트 에이지	1차 성장	낙타	무기력 극복	외부로 향함	종속
여름		세컨드 에이지	생산과 정착	사자	저항 극복		
가을	두 번째 인생	서드 에이지	2차 성장	어린아이	혼란 극복	내부로 향함	해방
겨울		포스 에이지	성공적인 노화	초인	질서와 진화		

해야 한다. 어느 날 우리에게 죽음이 닥쳤을 때 "소풍 같은 한 세상 잘 살았다"라고 말할 수 있으려면 2차 성장기에 자신의 일을 하며 자기 길을 걸어야 한다. 이 책에서 하고 싶은 얘기를 담은 한 문장이다. 어린아이로 자기 것을 찾아 열심히 살았던 사람이 마지막에 빛을 발하는 초인으로 마감할 수 있다. 겨울이다.

새들러가 말한 2차 성장기는 융이 말한 "죽음을 자각한 인간이 외부로 향하던 시선을 거둬 자기 내면으로 향한다는 시기"이자 캠벨이 말한 "종속이 아닌 해방이 일어나는 시간"이며 니체가 말한 "어린아이와 초인이 돼 자신의 본성대로 이루어가는 기간"이다. 이때 우리는 무기력, 저항을 지나고 다시 도약과 추락, 혼란과 질서를 동시에 겪으며 점점 엔트로피를 줄이고 높은 의식으로 올라갈 수 있다.

당신은 지금 어디쯤 있는가? 아직도 누군가의 노예인 낙타에 불과한가? 아니면 자신의 욕망에 휘둘리며 울부짖는 사자인가? 그렇다면 이제 당신에게로 들어가서 당신의 본모습인 어린아이를 회복하고 시시때때로 일어나는 욕망과 충동이 만드는 혼란으로부터 질서를 찾아가며 언젠가는 당신의 초인으로 나아가겠다는 생각을 하자. 그리할 때 당신 인생에도 구원이 찾아올 것이고 삶은 어느 날 탁월해져 있을 것이다.

먼저 어른이 돼야 다시 어린아이가 될 수 있다

니체가 말한 어린아이는 사자를 뛰어넘은 단계다. 다른 말로 하면 어른이 된 후에 다시 어린아이가 된다는 뜻이다. 여기서 말하는 어린아이란 피터팬 증후군과 같이 아동기에 고착돼 있는 상태가 아님을 이제는 알 것이다.

어린아이란 우리 안의 진짜 자기 모습, 순수함과 호기심, 자율성과 자발성을 찾은 어른을 말한다. 어린아이가 된다는 것은 성장해가면서 점점 젊어진다는 의미다. 매일 성장하지만 젊어지고, 매일 모르는 것투성이지만 점점 탁월해지는 패러독스를 실현하는 것이다. 그리고 궁극에는 초인으로 갈 수 있는 길을 스스로 찾는 것이다. 그것이 다시 어린아이가 된다는 의미다.

하버드대학의 조지 베일런트George E. Vaillant 박사는 장수에 관한 연구에서 피터팬 증후군과 같은 미성숙한 상태의 성인을 가리켜 영원한 소년perpetual boys이라고 명명했다. 앞서 말한 푸에르와 푸엘라를 기억하는가? 새들러도 자기 나이에 맞지 않는 생각을 하는 사람, 적응력이 최악인 중년기의 사람을 나이를 부인하는 사람이라고 했다.

이들은 자신의 상황을 받아들이지 못하고 거기서 벗어나지 못한다. 젊어진다는 의미는 자기가 살아온 세월을 부인하거나 퇴행하는 것이 아니다. 나이를 받아들이고 노화를 인정하지만 그 상태에서 다시 성장을 할 수 있는 상태를 말한다. 반면 푸에르, 푸엘라, 피터팬 증후군에 빠지면 어린아이의 혼란을 만날 수 있다.

인류학자 애슐리 몬태규Ashley Montague는 인간의 성공적인 진화를 설명하는 데 도움이 되는 사실을 발견했다. 인간은 동물들과 달리 혼자 힘으로 살 수 있는 완전한 상태가 아닌 미발달된 태아 상태로 태어난다. 대부분의 동물들은 탄생 직후부터 독립적으로 살 수 있는 반면, 인간은 모체에 전적으로 의존해야 생명을 유지할 수 있다. 게다가 인간은 머리 모양, 몸 크기, 상대적으로 적은 털 등 유아기 고유의 특성을 발달 과정 내내 가지고 있다. 성인이 돼도 어렸을 때의 특성을 여전히 갖고 있는 것을 유형幼形성숙이라 한다.

예를 들어 학습과 놀이에 충실한 유아기의 특성을 성인이 된 이후에도 그대로 지니고 있어 지식을 갈구하고 놀이에 빠지는 것이 대표적이다. 그런 덕분에 인간은 어린아이로 살아갈 수 있다. 나이를 부인해서가 아니라 우리 안의 본성인 유형성숙에 따라 아이의 모습을 지닐 수 있다.

몬태규는 유형성숙이 건강한 발달로 연결된다고 말한다. 유형성숙 때문에 잘 늙어갈 수 있다는 의미다. 그는 어린아이가 가지는 개방적인 마음, 호기심, 새로운 아이디어에 대한 시험, 독창성 등과 같은 젊음의 특징이 인간의 성공적인 적응과 발달에 기여를 해왔다고 말한다. 또한 평생토록 매일 젊음을 유지할 때 성인기에 대혁명을 가져올 수 있다고 했다.

이처럼 즐거움, 흥분, 웃음, 장난기, 호기심 등을 계속 지니고 있는 성인만이 성년기의 진화를 이룰 수 있다. 니체의 사상과도 일치한다. 다시 어린아이가 돼야 초인으로 갈 수 있는 이유이기도 하다.

융은 "모든 성인들의 삶에는 어린아이가 한 명씩 숨어 있다. 영원한 어린이, 늘 뭔가가 돼가고 있고 그러나 결코 완성되지는 않으며 끝없이 보살펴주고 관심을 가져주고 교육을 시켜줄 것을 요구하는 어린아이가 있다"고 말했다. 이를 통해 성장을 넘어 자기실현으로 가는 것이 융이 말한 개성화다. 개성화는 자기를 실현하고 자기를 초월하는 길이다. 자기 내면의 어린아이를 다시 깨워서 자기 길을 가는 것이고, 그때 비로소 궁극적인 성공과 함께 초인으로 가는 길도 찾을 수 있을지 모른다.

미국의 심리학자 에밀리 핸콕Emily Hancock은 성인 남성을 대상으로 한 조사를 통해 후반기 남성의 성장은 사춘기 이전에 발견한 것을 재발견하고 재확인한 결과라는 것을 알아냈다. 남들의 기대와 타인의 욕구로 살기 이전에 품었던 자신의 순수한 열정을 다시 찾았을 때 2차 성장이 일어났다는 말이다. 바로 우리 안에 있는 어린아이를 발견한 것이다. 오직 당신의 것으로만 새 인생을 살 때 당신을 가장 탁월하게 만들어줄 것이다. 핸콕은 "자신 안의 어린아이를 재발견하는 것이 2차 성장의 필수적인 한 과정"이라고 말했다. 앞으로 나아가기 위해 뒤를 돌아봐야 한다. 성장을 위해 반드시 어린아이 시절의 모습을 되찾아야 한다. 자기 내면으로 들어가서 진짜 자기 모습을 확인하는 것이 2차 성장의 핵심이다.

니체의 정신 4단계와 호킨스의 의식 수준

니체가 상징적으로 말한 정신의 4단계인 낙타-사자-어린아이-초인을 수치적으로 나타낸 호킨스의 의식 17단계와 연결지어볼 수 있을까? 나는 전작들에 이어 니체의 주장을 근거로 오른쪽의 표와 같이 연결시켰다. 개인적인 의견이므로 완전히 일치하지 않을 수는 있다. 그러나 인간이 가진 보편적인 특성에 따른 연결이다.

낙타는 의식 수준의 가장 밑바닥인 수치심부터 죄의식, 무기력, 슬픔, 두려움까지 해당될 수 있다. 욕망이 나타나기 직전까지 우리는 아직 낙타다. 욕망과 분노, 자존심은 사자에 해당하지만 저항에 막히는 건강하지 못한 사자다. 용기에서부터 건강한 사자가 나타난다.

호킨스는 용기가 첫 번째 분기점이라고 했다. 용기가 허락되면서 우리는 건강한 사자로 살 수 있다. 건강한 사자는 흑백을 벗어나 중용을 확보하고 스스로 모든 것을 결정하는 자발성을 가지며 살아갈 수 있다. 나에게 맞지 않은 것조차 포용할 수 있고 사태를 정확히 이해하는 이성의 단계까지 가능하다.

이런 능력을 갖춘 사자는 용의 명령인 의무를 초월한 사자다. 사자도 분노하고 열등감에 젖어 있을 수 있지만 적어도 사자가 사자다워지려면 용기, 중용, 자발성, 포용, 이성이라는 단계를 넘나들어야 한다. 그런 건강한 사자가 용의 명령인 심리적 저항을 넘을 수 있다.

어린아이의 단계는 표에서 보듯 호킨스가 제시한 의식 17단계 중 대수치 500대의 진정한 사랑에 이를 때 도달할 수 있다. 왜곡 없는 순수한 아이는 500대의 진짜 사랑을 보여주며 540대인 기쁨과 600대의 평화를

의식의 단계: 데이비드 호킨스 / 니체 / 베다의 구나

데이비드 호킨스			니체	매슬로 욕구 이론	인도 베다철학의 구나	각 단계에서 우리가 해결해야 할 문제들
단계	대수치	의식 수준				
1	700~1000	깨달음	초인	자아초월 결과	브라흐만	진화
2	600	평화	어린아이	자아초월	사트바	질서와 성장 혼란 정리
3	540	기쁨				
4	500	사랑				
5	400	이성	사자	자기실현	라자스	저항 극복
6	350	포용				
7	310	자발성				
8	250	중용				
9	200	용기				
10	175	자존심				
11	150	분노				
12	125	욕망				
13	100	두려움	낙타	자기존중	타마스	무기력 극복
14	75	슬픔				
15	50	무기력				
16	30	죄의식				
17	20	수치심				

자주 경험할 수 있을지 모른다. 600대의 평화로 접어들면 초인으로 가는 길에 들어선다.

미실다인은 내재과거아와 현재의 자아가 투쟁하는 것을 멈출 때 평화가 찾아온다고 했다. 사자가 어린아이로 변하면 우리 안의 아이가 자유롭게 튀어나온다. 그때 아직 치유되지 못한 내재과거아라는 병든 아이가 혼란을 만들면 우리는 성장하지 못한다. 우리 안의 혼란에 빠진 아이를 치유하고 질서를 찾은 건강한 아이가 돼야 비로소 우리는 니체가 말한 어린아이 단계를 살아가고 2차 성장을 할 수 있다. 이제 초인으로 가는 길이다.

다시 한번 말하지만 아이의 목표는 2차 성장이다. 초인이 된다는 것은 호킨스의 깨달음을 의미하지만 평화가 관문일지 모른다.

앞의 표에서 볼 수 있듯 나는 호킨스의 의식 17단계 중 사랑, 기쁨, 평화를 니체의 어린아이와 연결시켰다. 어린아이로 산다는 것이 무엇인지 막연하다면 사랑, 기쁨, 평화라는 구체적인 정신의 수준을 생각하기 바란다. 아직 세상에서 때 묻지 않은 아이는 사랑과 기쁨 그리고 평화의 화신이다.

평화가 찾아올 때 우리는 초인의 삶으로 들어갈 수 있다. 깨달음의 경지까지 갈 수 있는 사람도 생길 것이다. 700~1000대의 단계인 깨달음의 수준은 인간의 경지로 거의 도달하기 힘든 상태다. 호킨스가 부처나 예수의 수준이라고 말한 깨달음의 단계가 바로 니체가 말한 초인의 단계다.

초인에 대해서는 지금 당장 할 말이 없다. 당신 스스로 찾아가길 바란다. 다만 우리가 낙타에서 사자, 그리고 어린아이가 된 후 성장을 계속한다면 초인으로 넘어갈 수 있을지도 모른다. 이제 우리가 할 일은 기적을 바라는 기도가 아니라 일상을 훈련해 2차 성장을 하는 것이다. 그리고 성장을 통해 진화가 일어나도록 우리를 스스로 돕는 일이다. 그리할 때 우리도 죽는 날 잘 살았다고 말할 수 있다. 또한 혹자들이 우리를 초인이라 부를지도 모른다.

초인이란 자기실현을 넘어 자기초월을 이룬 사람, 베다 철학에서 말하는 사트바의 평화를 넘어선 브라흐만의 단계다. 나는 그 단계가 어떠하다고 당신에게 확신을 주며 말하지는 못한다. 하지만 자신의 한계를 뛰어넘은 이들이 초인으로 불릴 수 있었다는 것만은 분명하다. 우리 자신을 뛰어넘어 매일 진화해갈 때 우리도 초인이 될지 모른다.

4

마음의 진화를 꿈꾸며

절처봉생: 길이 끊어진 곳에 새 길이 생기다

에리히 얀치는 《자기조직하는 우주》에서 진화의 실제 사례로 발레 무용수 바츨라프 니진스키의 일기인 《영혼의 절규》 중에 나오는 일화를 소개한다.

> 내 어린 시절에 아버지가 수영을 가르치겠다고 나를 물속에 던졌는데, 나는 밑바닥까지 가라앉고 말았다. 나는 헤엄을 칠 수 없었고 숨이 막혔다. 어떻게 그랬는지 모르겠는데, 나는 물밑을 걸어가다가 갑자기 빛을 보았다. 내가 얕은 물 쪽으로 걸어가고 있음을 깨닫고 걸음을 재촉했는데 나는 깎아지른 벽에 부딪쳤다. 내 머리 위로는 물만 보였다. 그때 돌연 힘이 불끈 솟아났고 나는 껑충 뛰었다. 그리고 줄이 보이기에 잡고 늘어져 구출됐다.

나는 오래전에 얀치가 인용한 니진스키의 이야기를 읽으면서 처음에는 우리의 마음도 이런 진화를 할 수 있는 상태가 될 수 있을지 모른다는 생각을 했었다. 그러나 마음의 복잡한 구조와 엄청난 메커니즘을 알고 있었기에 그런 모델을 만든다는 생각은 포기하고 살았다. 그러던 중 예기치 않은 인생의 고난을 통과하며 나는 마음의 성분 중 동기, 정서, 의지, 인지가 문제를 일으켜 행동하지 않는다는 것을 이론과 나의 실제 사례를 보며 확인할 수 있었다. 마음은 한두 가지 성분이 변한다고 해서 완전히 변하지 않는 것도 오랜 문제들을 겪으며 확인했다. 결국 마음은 모두 함께 움직여야 변한다.

이후 나는 다섯 가지 마음의 엔진이 어떻게 작동할 때 우리가 변화하고 성장하며 나아가 진화할 수 있을지 연구하기 시작했다. 오랜 시간 동안 나는 글 쓰지 못하는 고통을 겪으며 마음의 진화 모델을 무의식 속에서 계속 만들어가고 있었는지 모른다. 연구를 이어가던 중 아이겐의 자기촉매 고리 구조를 마음의 진화 모델로 융합하면 되겠다는 생각이 들었다. 그리고 마음의 엔진인 동기, 정서, 의지, 인지, 행동을 마인드로 만든 후 이들이 각각 자신보다 높은 수준의 메타마인드에 의해 끌려가면서 자기촉매가 되는 고리 구조를 만들 수 있다면 우리 마음도 생명체의 진화 원리에 따라 성장이 가능할 수 있겠다는 확신이 들었다.

과학 철학자인 벅민스터 풀러Buckminster Fuller는 전진이론Theory of the Precession을 주장했다. 우리는 새로운 목표를 정할 때 자신이 해야 할 일과 나아가야 할 방향에 대해 대략적인 지식을 갖고 있다. 목표를 향해 계속 나아가다 보면 예기치 않은 장애물에 부닥치곤 한다. 전진이론은 장애물인 막다른 벽에 몰렸을 때 어떤 기적에 의해 성공의 복도를 따라 또 다른 기회의 문이 열린다고 설명한다. 그런가 하면 뱁슨칼리지의 로버트 론스태드Robert Ronstadt 박사는 전진이론을 복도를 지나는 과정에서 장애물을 만나는 상황으로 비유하며 통로원리Corridor Principle로 명명했다.

니진스키의 일기에서 보여준 죽음에서 살아난 이야기도 전진이론으로 설명할 수 있다. 내가 무기력, 저항, 혼란을 겪으며 오래전에 생각했던 마음의 성장 모델을 고안한 것도 마찬가지다. 절처봉생絕處逢生, 길이 끊어진 곳에서 살길이 생기고 삶이 꽉 막힐 때 우리는 극적으로 변할 수 있다. 당신도 막히면 변할 것이다. 아니 막혀야 변한다. 그러니 막힘을 억울해 말라. 다만 그 막힘이 고통스럽다는 것만 미리 알고 있길 바란다.

마음의 수레바퀴

어떻게 하면 전진이론이 우리 삶과 마음에 지속적으로 일어날 수 있을까? 흐르는 물은 썩지 않는다. 움직일 수 있는 생명체는 살아남는다. 고로 움직여야 한다. 마찬가지로 움직이는 마음이 성장하고 진화할 것이다. 우리가 매일 할 일을 하면서 자기 길을 갈 때 성장과 진화가 일어날 수 있다. 그래서 마음은 수레바퀴가 돼야 한다.

우리 마음을 수레바퀴처럼 움직이려면 메타마인드의 자극이 있어야 한다. 메타동기, 메타정서, 메타의지, 메타인지, 메타행동은 우리의 마인드인 동기, 정서, 의지, 인지, 행동이 현재의 자리에 머물러 있지 않게 하는 촉매 역할을 한다. 촉매에 의해 우리는 또 전진할 수 있다. 그렇게 전진하다 보면 수영하지 못하는 어린 니진스키가 물 위로 떠오른 것처럼

의식 수준과 마음의 엔진이 만드는 의식의 성장 과정

의식 단계 / 마음 요소	1	2	3	4	5	6	7	8	9	10	11	12	13	14	15	16	17
	20	30	50	75	100	125	150	175	200	250	310	350	400	500	540	600	1000
	수치심	죄책감	무기력	슬픔	두려움	욕망	분노	자존심	용기	중용	자발성	포용	이성	사랑	기쁨	평화	깨달음
동기					1	2			3								
정서				1			1			2					3		
인지	1	1						2					3				
행동			1								2					3	
의지												1		2			3

[마음 요소 수치의 의미: 출발점 (1), 훈련장 (2), 목적지 (3)]

우리의 마음과 삶도 변화가 발생할지 모른다. 그게 성장이고 진화다.

그렇게 메타마인드를 끌개로 매일 자신의 마인드를 훈련한다면 우리의 마음은 점점 성장해갈 것이다. 나는 그 단계를 구체적으로 설명하기 위해 호킨스의 의식 17단계를 사용했다. 그가 말한 대수치는 신경 쓰지 않아도 된다. 다만 그가 말하는 마음의 17단계가 심리학이나 철학에서 말하는 인간 마음의 수준과 거의 유사하다는 것만 받아들이길 바란다.

호킨스가 제시한 의식 17단계를 마음의 엔진이 성장시켜가는 과정을 위와 같은 표로 정리했다. 3부에서 설명한 것을 정리한 표에서 마음 요소의 수치 1은 각 마음의 수준이 출발하는 곳이다. 2는 마인드인 동기, 정서, 의지, 인지, 행동이 각각 훈련되는 곳이자 메타마인드에 의해 끌어올려져 성장이 일어나는 가장 치열한 마음 훈련의 격전지다. 그리고 3으로 표기된 수준은 우리의 마인드와 메타마인드가 도달할 목적지다.

동기의 목적지가 대수치 200대인 용기라서 너무 낮다고 생각되는가? 앞에서도 말했지만 용기는 성장이 시작되는 최초 분기점이고 인류의 78퍼센트가 용기 이하의 수준에 머무르고 있다. 그러므로 용기의 수준을 낮게 보지 말라. 그리고 400대 이성의 단계에서 노벨 수상자가 나온다고 해서 그 단계를 포기하지도 말라. 우리는 우리가 가진 것으로 끝까지 올라가는 시도를 해볼 수 있다. 마음의 엔진인 다섯 가지 성분을 통제하고 훈련한다면 우리 의식 수준은 수치심부터 차례로 성장해 최고의 경지인 깨달음까지 올라갈 수 있을지 모른다.

당신의 마음을 움직이는 엔진의 성능을 믿어보길 바란다. 우리는 매일 할 일을 하면서 그냥 앞으로 갈 뿐이다. 내가 제안하는 방법이기도 하다. 월트 디즈니도 "일을 시작하는 가장 좋은 방법은 아무 말 하지 않고 묵묵히 하는 것이다"라고 했다. 단순하지 않은가? 아이겐의 자기촉매 고리 구조가 진화를 일으키는 원리도 지극히 단순했기에 나는 그를 믿기로 했다. 당신도 그를 믿어주면 좋겠다.

마음의 엔진인 다섯 가지의 마인드와 17단계의 의식 수준이 탄탄하게 결합된 수레바퀴가 매일 당신을 끌고 갈 수 있도록 하라. 내가 제안하는 마음의 수레바퀴는 오른쪽 그림과 같다. 매일같이 수레바퀴를 돌리는 작업을 하길 바란다. 훈련이 계속될수록 당신도 진화할지 모른다. 나는 이 훈련을 통해 어디로 갈지는 모르지만 나는 매일 그 일을 할 것이다.

마음의 수레바퀴

우주 변화의 원리에서 배우는 마음의 질서 유지법

이 모든 것이 자연의 원리일지 모른다. 성장도 추락도 자연 법칙이라면 우리는 순응해야 한다. 동양에서는 오래전부터 우주가 다섯 가지 원소에 의해 움직인다고 했다. 오행이라고 부르는 것이다. 나무木, 불火, 흙土, 쇠金, 물水이 다섯 가지 원소다. 동양에서는 마음을 소우주로 보고 있다. 마음의 성분인 동기, 정서, 의지, 인지, 행동은 다음 그림처럼 목화토금수와 연결될 수 있다.

목(木)

오행의 첫 번째 성분인 목의 성질을 이해하려면 나무를 생각하면 된

마음과 오행

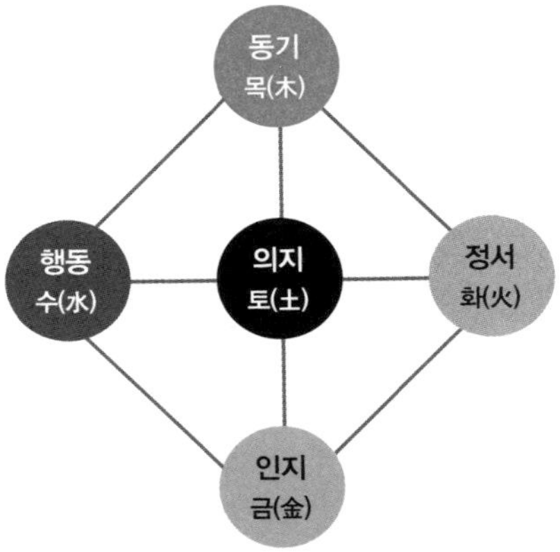

다. 나무는 성장하려는 특징이 있다. 특히 위로 성장하거나 옆으로 퍼져 나가는 이중적인 성질을 가지고 있다. 목은 성장하려는 욕심으로서, 인내심이 부족하지만 자신의 뜻을 관철하려는 순수성을 갖고 있기도 하다. 또한 자신이 목표하는 한 방향으로만 뻗어나가려 하므로 희망이 있다. 나무의 성질이 바로 양성 굴광성이다. 빛을 향해 굽어가며 자라는 성질이다.

목이 반드시 나무만을 의미하지는 않는다. 성장하려는 기운은 전부 목이다. 마음에서는 동기가 목의 기운과 같다. 무엇인가를 하려는 생각이 나오는 동기가 바로 목의 역할을 할 수 있다. 나무는 또 한 번, 갑목甲木과 을목乙木으로 나뉜다. 갑甲은 양의 성질을 가진 나무로서 큰 소나무나 큰 기운을 생각하면 된다. 을乙은 음의 성질을 가진 나무로서 덩굴이나 잡초, 잔디 같은 작은 나무라고 보면 된다. 갑목은 위로 성장하려 하지만 을목은 옆으로 퍼지거나 갑목을 타고 오르는 성질을 가지고 있다.

여기서 우리는 중요한 교훈을 얻을 수 있다. 다빈치의 실패 원인은 욕망을 따르기만 하고 주변을 돌아보지 못한 것이라고 했다. 욕망에는 적절한 절제가 필요하다. 나무의 성질에서 바로 그것을 배울 수 있다. 위로 성장하는 갑목뿐만 아니라 주변을 돌아보고 내실을 기하는 을목도 가져야 한다.

나무가 위로 자라기만 한다면 열매를 맺지 못한다. 주변을 돌아보고 실속을 차릴 수 있어야 수확을 할 수 있다. 우리는 나무의 특징을 통해 욕망만 따르다가는 남길 것이 없다는 교훈을 배울 수 있다. 우리의 동기 훈련은 나무를 보고 따라 할 수 있다.

화(火)

불이란 밝음과 정열, 빛을 말한다. 단, 불은 앞뒤 생각이 없고 활활 타오르는 것만 생각한다. 폭발하려는 성질도 있다. 이런 특징으로 볼 때 마음의 정서가 화의 성분을 갖고 있다. 화는 병화丙火와 정화丁火로 나눌 수 있다. 병丙은 큰 불을 말한다. 산불이나 화산에서 나오는 큰불이나 태양과 같은 빛을 생각하면 된다. 정丁은 음의 불이다. 촛불이나 호롱불, 라이터불, 가스불 등 작은 불과 열을 생각할 수 있겠다.

큰불은 모든 것을 태우고 강한 빛을 얻을 수 있지만, 작은 불은 일상에 도움이 되는 작은 빛을 만들거나 몸을 따뜻하게 하고 요리에도 쓸 수 있다. 큰불은 유용하나 위험하지만 작은 불은 꺼지기 쉬우나 쓸모가 많다. 정서도 그렇게 활용할 수 있어야 한다. 불이 조절돼야 쓸모 있듯이 정서 역시 통제돼야 유용하다. 불은 타버리면 남는 것이 없으므로 타지 않는 흙 속에 불씨를 간직하면서 따뜻하게 하는 것이 좋다. 정서가 배워야 할 자세다. 분노에 타죽지 않으려면 큰불을 조심하듯 자신의 정서를 통제하고 그 정서를 역이용할 수 있어야 한다. 정서는 불에서 배워야 한다.

토(土)

흙이란 모든 것을 덮어주고 나무의 뿌리가 내릴 수 있게 자신을 내어주는 곳이다. 또한 모든 생명체가 죽으면 돌아가는 곳이 흙이다. 따라서 마음에서 모든 것을 통제하고 모든 것의 힘을 주는 곳이 흙의 기운이다. 의지가 토의 기운을 갖고 있다. 흙은 움직이지 않고 거짓말을 하지 않는다. 의지도 그리해야 한다. 토는 모든 것을 포함하지만 지나치면 고독하고 폐쇄적으로 변한다. 의지도 그러하다. 고집이 너무 세면 외로워진다. 오행 중 나머지 네 가지는 서로 대립을 하지만 토는 화평을 유지한다.

흙에는 무토戊土와 기토己土가 있다. 무戊는 양의 흙으로서 큰 산과 같은 것을 말한다. 어마어마한 흙더미다. 기己는 음의 기운을 가진 흙으로서 촉촉하고 영양분이 많은 화분의 흙이나 정원의 흙, 농토를 생각하면 된다. 큰 흙더미인 마른 흙은 우리의 굳은 의지가 갖는 통제 기능을 생각할 수 있는 반면, 촉촉하고 영양가 많은 흙인 기토는 받아들임과 조화를 이루는 의지의 기능으로 볼 수 있다. 따라서 의지는 흙에서 배워야 한다.

흙은 많은 기능을 가지고 있다. 흙은 불을 끄기도 하고 불기운을 담아둘 수도 있지만 기본적으로 나무가 자라게 뿌리를 내리도록 돕는 곳이다. 또한 흙 속에서 보석이 나오기도 하고 깊은 흙 속에는 물이 흐르기도 하며 흙 제방으로 물길을 제어할 수도 있다. 결국 흙이 모든 것을 관리할 수 있다는 뜻이다. 의지가 나머지 마음인 동기, 정서, 인지, 행동을 관리하는 것과 같은 이치가 보이지 않는가? 그런 이치로 의지가 만드는 자기 절제와 수용, 통제로 관계와 조화를 이룰 수 있는 것이다. 마음과 오행의 그림에서 토와 의지가 중앙에 위치하면서 목화금수 전체를 통제하고 조화하고 관리하는 것을 의미한다. 의지는 흙을 통해 배울 수 있다.

금(金)

바위나 쇠를 생각하면 된다. 금의 특징인 단단한 특성을 떠올려보면 마음을 단단하게 만드는 인지가 그 기능을 할 수 있다. 금에는 경금庚金과 신금辛金이 있다. 경庚은 양의 금으로서 큰 바위나 날카로운 칼과 같은 병기를 생각할 수 있다. 칼의 특징은 예리함, 변혁, 새로운 도전 등이다. 인지가 전환할 때마다 우리는 자신을 변혁한다. 그리고 자기쇄신과 자기구속을 이루는 인지의 특징이 곧 무서운 칼날 같은 경금의 특징이라 할 수 있다.

신辛은 음의 성질을 가진 쇠나 돌멩이로서 보석으로 생각하면 좋다. 신금의 특징은 고통이나 집중, 억압을 견디고 나서 갖는 아름다움이다. 작고 단단한 다이아몬드가 가지는 힘을 떠올리면 된다. 이것은 자존감, 자존심으로도 볼 수 있다. 따라서 경금으로 자만심을 쇄신하되 신금으로 자존감과 자신감을 가질 수 있어야 한다.

인지는 금에서 배울 수 있다. 인지는 변혁도 해야 하지만 자기존중도 할 수 있어야 한다. 자기구속과 자기해방을 이루는 앙가주망engagement인 인지의 원리다. 또한 인지는 단단해져야 한다. 쇠를 통해 우리의 인지를 날선 칼날처럼 예리하게 갈아두고 있어야 한다.

수(水)

물은 쉼 없이 흐르고 어디든 담길 수 있다는 특징이 있다. 조용히 흐르는 시냇물이나 처마에 떨어지는 빗물을 보면 꾸준하고 끊임없다는 공통점이 있다. 하지만 홍수가 날 때 강물을 보면 거침없다는 것을 알 수 있다. 끊임없음과 거침없음이 물의 특징이다.

물에도 두 종류가 있다. 임수壬水와 계수癸水다. 임壬은 양의 물로서 큰 물이다. 바다, 큰 호수, 큰 강물을 말한다. 계癸는 음의 물로서 산속에 나는 옹달샘, 수도꼭지에서 흐르는 물처럼 작은 물을 말한다. 큰물인 임수는 거침없지만 작은 물인 계수는 끊임이 없다.

우리의 행동은 물에서 배울 수 있다. 거침이 없어야 하되 끊임이 없어야 한다. 행동은 물처럼 해야 한다. 꾸준함은 기본이고 멈추지 않아야 한다. 그러면 결국에 우리는 성취할 수 있다. 마치 흐르는 물이 언젠가는 바다로 들어가듯 행동하면 언젠가는 성취가 가능하다.

이처럼 마음의 성분들은 오행의 원리와 닮았다. 베다 철학에서는 브라흐만이 우주를 관통하는 '대아大我'라는 진리로 봤다. 또한 인간의 마음속에는 우주를 축소한 소우주가 있고 그것을 아트만ātman, 즉 '소아小我'라고 한다. 세상을 이루는 우주의 성분이 우리 마음속에 소우주로 존재한다는 동양 철학에 따라 마음의 구조를 오행으로 생각한 구조가 오른쪽 그림과 같다.

음양의 자기촉매 구조

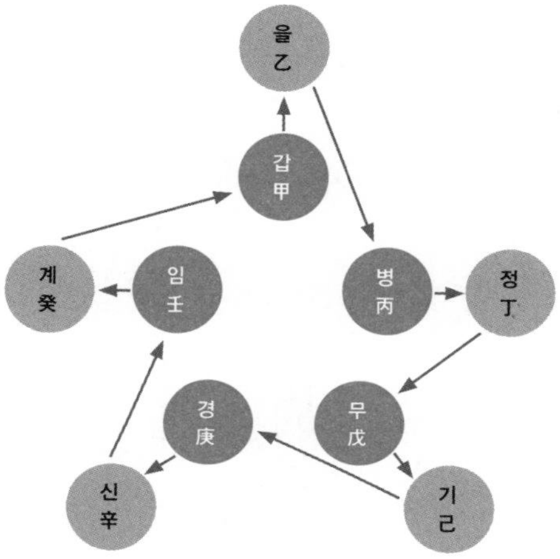

목화토금수라는 다섯 가지 성분 속에 들어 있는 음양의 성분인 갑을병정무기경신임계는 앞에서 살펴봤던 자기촉매 고리 구조로 확대해 생각할 수 있다. 앞에서도 설명했지만 음양이 서로 다른 특성을 가지고 있기에 가능한 구조다.

음과 양은 서로 전혀 반대의 성질을 가졌으나 서로 끌어당기는 성질이 있다. 그래서 성장도 가능하지만 촉매 역할도 할 수 있다. 마음의 촉매 구조로 볼 때 같은 목의 성분에서도 갑목과 을목은 성질이 전혀 반대다. 다음 표에서 볼 수 있듯 갑목은 이상주의자들이 보이는 특성으로서 위로 올라가려는 성질이고 성취 지향의 사람들이 가지는 특성이다. 반면, 을목은 현실주의자들이 가지는 안정 지향의 특성이다. 두 가지 성질은 공존하기 어렵다. 따라서 한 사람이 두 가지를 다 가지기 어렵다.

알렉산드로스나 다빈치 같은 사람은 갑목이 강해 위로 오르려는 욕망

오행과 마음의 연관성

오행	목		화		토		금		수	
10간	갑(甲)	을(乙)	병(丙)	정(丁)	무(戊)	기(己)	경(庚)	신(辛)	임(壬)	계(癸)
양/음	양+	음-	양+	음-	양+	음-	양+	음-	양+	음-
	소나무	잔디	산불	촛불	지리산	농토	바위	보석	바다, 큰강	옹달샘
마음	동기		정서		의지		인지		행동	
뇌 영역	대상회		변연계		전두엽 축두엽		전전두엽		기저핵 소뇌	
특징	성장 성취지향	안정 안정지향	빛 긍정정서	열 부정정서	통제 고독	받아들임 기다림	변혁 고집	인내	거침없음	끊임없음

만 가지고 있었고 주변을 돌아보지 않았기에 분산됐고 혼란을 겪었다. 갑목이 강한 사람들은 자신의 이상만 쫓아가므로 현실을 무시하다가 오히려 현실이 어려워지기도 한다. 따라서 음양의 자기촉매 구조 그림처럼 갑목과 을목은 서로 동기 군에서 둘로 나누어 하나를 다른 하나의 끌개로 쓸 수 있다. 갑목의 성장하려는 특징을 을목의 안정 지향성이 잡아줄 수 있다.

한편 을목은 다음 성분인 화의 촉매가 된다. 나무로 불을 태우는 자연의 원리다. 동기가 생기면 긍정정서가 강화되는 원리와 같다. 이렇게 목은 화의 촉매가 된다. 갑은 양의 목으로 성장하려는 특징이 있다. 을목은 음의 목으로 불기운을 북돋우는 불쏘시개가 된다. 그래서 목이 화의 촉매가 될 수 있다. 우리가 뜻이 있을 때 감정에 기쁨이나 흥분이 생기는 현상과 같다.

화의 성질에도 병화와 정화가 있다고 했다. 병화는 긍정정서로서 열정을 다 태우고 만다. 반면, 정화는 부정정서의 냉정함이다. 정화는 불이긴 하지만 안으로 숨길 수 있다. 따라서 병화와 정화도 함께 공존하기는 어렵다. 병화가 불타오르다가 정화의 냉정함을 만나면 불을 조심성 있게 다뤄야 한다. 정서가 중립을 찾아가는 과정이다.

절제된 정서는 의지의 촉매가 된다. 불이 타고 나면 흙이 되는 재가 남는 것과 같은 이치다. 정서가 받쳐주는 일에 우리의 의지가 작동할 수 있다. 즉, 뭔가를 할 때 즐거움이 동반되면 하고자 하는 의지가 더 강해지는 이치다. 물론 의지는 모든 성분들 사이에 다 들어갈 수 있다.

토라는 의지는 통제와 수용을 한다. 둘을 합쳐서 자기절제라고 하지만, 통제와 수용 중 특별히 어느 하나를 잘하는 경우가 많다. 둘 다 함께 가지기는 어렵다. 음과 양이기 때문이다. 그래서 양인 무토는 통제하려고 하고 음의 기토는 수용하려고 한다. 둘은 서로 상반되지만 서로 보완해가면서 마음 전체의 절제를 이루어낸다.

흙 속에서 바위나 돌멩이, 보석이 나오듯이 의지에서 인지가 나온다. 즉, 의지가 인지의 촉매가 될 수 있다는 뜻이다. 인지는 자기직시와 자기해방을 통해 자신의 원래 모습을 벗어던지는 날카로운 변혁과 단단함, 그러나 자기존중을 이루어낸다. 경금과 신금 또한 서로 다른 특징이 있다. 경금은 자기구속, 신금은 자기해방이다.

금에서는 물이 솟아난다. 바위 틈에서 물이 나오거나 땅속 암반을 뚫고 물이 솟구치는 현상이다. 금이 수의 촉매가 된 것이다. 자기존중이라는 인지가 자신감을 만들면서 행동을 일으키는 원리가 여기서 만들어진다. 물은 다시 임수와 계수로 나뉜다. 큰물인 임수와 작은 물인 계수 역시 정반대의 성질이다.

작은 물인 계수는 수분이 돼 나무뿌리 속으로 스며든다. 물은 다시 나무뿌리를 통해 흡수되고, 물이 나무를 자라게 하는 촉매가 된다. 물의 기운을 받은 나무는 더 성장하거나 옆으로 퍼져나갈 수 있다. 행동의 성취가 다시 우리에게 새로운 뜻과 목표를 주면서 동기를 강화하는 원리가 이렇게 만들어진다.

이렇게 마음의 다섯 가지 성분은 음양의 자기촉매 구조 그림처럼 열 가지의 오행 성분으로 나누어 촉매가 되는 고리 구조로 그릴 수 있다. 마음을 이와 같은 구조의 움직이는 엔진으로 만들어둔다면 마음은 질서를 유지할 수 있고 성장이 가능한 진화의 뼈대를 가질 수 있을지 모른다.

우리는 마음이 소우주라는 동양철학에서 마음의 질서를 찾을 하나의 방법을 보았다. 동기, 정서, 의지, 인지, 행동이 목화토금수의 성질을 가졌지만 그 속에서 다시 음과 양으로 나뉘어 서로 촉매가 돼 우리를 변화, 성장시킬 수 있다는 것도 알았다. 아이겐이 말한 자기촉매 고리 구조가 생명체의 성장뿐만 아니라 우리 마음속에서 우리를 성장시키는 원리로 작용할 수 있음을 이해하면 좋겠다.

아나그노리시스: 모든 불행이 행복으로 변하는 순간

아리스토텔레스는 《시학》에서 페리페테이아peripeteia와 아나그노리시스anagnorisis라는 개념을 언급했다. 우리 삶을 한 편의 연극으로 비유할 때 페리페테이아는 우리가 선택한 일에서 불행하다고 느끼는 것이다. 반면 아나그노리시스는 자신이 어떤 사람인지 깨닫고 자신이 원하는 것을 찾아나서는 순간을 말한다.

융과 캠벨이 말한 자각이 일어날 때 아나그노리시스가 가능하다. 연극에서 주인공의 눈이 열려 사물의 진상이 명백해지는 순간이 아나그노리시스다. 우리가 무기력, 저항, 혼란을 만났을 때는 페리페테이아 상태다. 당신이 행복하지 못하다면 페리페테이아의 단계에 있다고 보면 된다. 그때 자신의 마음과 의식을 깨닫고 훈련해 자기 길을 가면 아나그노리시스의 상태가 된다. 아리스토텔레스는 아나그노리시스가 빨리 일어날수록 주인공이 행복한 종말을 맞지만, 때가 늦으면 파국을 맞는다고 했다. 현실도 같다. 우리 자신을 찾는 아나그노리시스는 빠를수록 좋다.

장거리 육상 선수인 세바스찬 코는 올림픽에서 금메달을 두 차례 수상했다. 그는 언제나 자신과 경쟁을 한다고 했다.

> 운동선수로 활동한 기간 내내 나의 목표는 지금보다 더 나은 나를 만드는 것이었다. 다음 주, 다음 달, 다음 해에 나는 지금보다 더 나은 선수가 되는 것이 목표였다. 나의 목표는 성장이었고 금메달은 보상에 불과했다.

그는 금메달을 목표로 삼지 않았다. 매일같이 성장을 꿈꾸고 자신과의 경쟁을 할 뿐이었다. 그런 훈련의 결과 금메달을 두 차례나 딸 수 있었다. 마음의 성장과 진화도 마찬가지다. 그러므로 다른 것은 탐하지 말고 오직 당신 자신이 더 나은 사람, 더 강한 마음을 갖는 것만 목표로 삼길 바란다.

우리 자신을 찾는 아나그노리시스가 일어나면 더 좋은 사람으로 성장해 성공도 따라올지 모를 일이다. 꿈은 현실이 되고 더 나은 내일로 계속 전진해나갈 것이다. 그것을 함께 이루자는 것이 마음의 진화 모델을 제안하는 나의 희망이다. 그러니 이제 당신의 진화를 위해 오늘의 당신과 경쟁하는 훈련을 하길 바란다.

지금의 당신과 경쟁해 더 아름다운 사람으로 점점 성장해가자. 그렇게 가다 보면 우리의 생애에도 찬란한 우리만의 꽃이 필지 모른다. 또 운이 좋으면 살아 있는 동안 열매를 볼 수 있을지 모를 일이다. 재능이 있고 좋아하는 일을 평생하면서 살아가는 것을 이제는 기획해보기 바란다. 노력해야 한다. 도망쳐 닿은 곳에 구원은 없다.

먼저, 힘을 빼라.
그리고 훈련을 해라.
그러면 신이 너를 도울 것이다.

다시 엔진을 켜라,
가장 먼 항해는 아직 끝나지 않았다

어느 날, 나는 굴밥이 먹고 싶어 신선한 굴을 사러 단골 시장을 다시 찾았다. 초겨울 바람이 차가워 따뜻한 커피가 생각났다. 할머니의 커피 손수레를 향해 걸음을 재촉했다. 그런데 할머니는 안 계시고, 그 자리에 붕어빵을 구워 파는 청년이 있었다. 순간 놀랐다. 건강이 안 좋으시다더니 돌아가셨을까? 걱정됐다. 붕어빵 3천 원어치를 사면서 할머니에 대해 조심스레 묻는다.

청년은 환하게 웃으며 할머니가 자기 큰이모라고 한다. 그리고 길 건너에 카페를 개업해 자리를 옮기셨다고 했다. 깜짝 놀라 "할머니가 저 카페를 인수했다고요?"라고 되묻는다. 청년은 자랑스러운 듯 말해준다. 자기 큰이모가 원래는 부자였는데 사업이 망하고 이모부가 돌아가신 후 폐인처럼 살더니 어느 날부터인가 시장에서 커피를 팔기 시작했다는 것이다. 그렇게 딱 5년 커피를 파시더니 저 가게를 인수했고 커피 수레는 자기가 물려받아 붕어빵을 팔고 있다고 했다.

반가운 마음에 카페로 달려갔다. 20대 후반쯤으로 보이는 젊은 여성이 주문을 받는다. 라떼 한 잔을 주문하며 할머니는 안 계시냐고 묻는다. "아, 할머니 지금 수영장 가셨어요"라고 한다. 나는 두 번째 놀랐다. 늘 아프시다고, 류머티즘 때문에 걷기도 힘들다 하셨는데 70대 중반에 수영장에 다니시다니 놀라웠다. 주문을 받던 여성은 직원이 아니고 할머니의 외손녀라고 한다. 제과제빵과를 졸업했고 바리스타 자격증도 따서 할머니를 돕는다고 한다. 할머니도 이제 한시름 놓고 수영장 가셨구나 싶다.

귤을 사서 돌아오는 내내 나는 할머니의 작은 성공이 내 일처럼 기뻤다. 나도 그리 될 수 있음을 그녀의 5년을 보며 배운 것이다.

폐지 줍는 것보다 낫다는 생각으로 시작해 5년간 커피를 팔고, 지붕 있는 가게에서 외손녀와 함께 카페를 운영하게 된 것은 70대 할머니에게는 작은 성공이다. 비가 오나 눈이 오나 5년 동안 시장을 지킨 결과다. 젊은 날 누리던 막대한 부는 사라졌지만 몰락 후에도 죽지 않고 살아남은 산 증인으로 내게 희망을 각인시켜주셨다.

한 번뿐인 생, 누구도 실패를 계획하지는 않는다. 작은 실수조차 용납하지 않으려고 살얼음판을 걷듯이 사는 사람도 많다. 그러나 모두가 다 성공하지는 않는다. 커피 할머니 같은 실패를 경험하는 경우가 비일비재하다.

나는 광야의 삶을 20여 년 보냈다. 지금 돌아보니 그렇다. "신이 우리를 가르칠 때 채찍이 아닌 시간을 쓴다"고 한 발타사르 그라시안의 말이 정말 맞는 것 같다. 내게는 아직 말할 수 없고 끝내지 못한 숙제가 있다. 운명이 내게 무엇을 시키려고 숙제를 던져주고 광야로 내몬 듯하다. 서른일곱 살에 박사 학위를 받고 결혼을 하고 곧 출산을 했다. 그리고 시작된 나의 광야는 지금도 연속이다. 밥은 먹고 살았으나 서른일곱 살 이후 한 번도 행복하지 않았다. 그러나 그 불행 속에서 아픈 사람을 보았다. 내가 아프니 비로소 아픈 이가 옆에 있음을 알았다. 겪어보지 않고서는 아는 척 말라고 그러셨을까?

마음에는 많은 문제가 있다. 정신의 수준도 천차만별이다. 그걸 다 얘기할 수는 없지만 일단 나는 니체에서 시작했다. 니체처럼 정신을 간단히 낙타, 사자, 어린아이, 초인으로 보기로 했다. 왜 우리는 정신의 네 단계를 고속으로 오르지 못하는가? 각 수준에서 우리의 성장을 막는 것은 무엇인가? 수많은 문제 중 그게 먼저 알고 싶었다.

일단 나는 내가 만난 무기력과 저항, 혼란이라는 세 문제를 먼저 처리하기로 했다. 불교가 말하는 8만 4,000가지 번뇌를 세 개로 줄인 탐진치가 혼란, 저항, 무기력으로 나타날 수 있음을 알았기 때문이다. 마음의 성장 모델은 과학에서 빌려왔다. 비교적 검증된 노벨상 수상자의 이론 중에서 생명의 성장과 진화에 관계된 것을 마음의 성장 모델로 차용해왔다. 마음의 성장에 대한 합의된 이론이 아직 없으므로 일단 과학 모델에서 시작하자고 생각했다. 인지과학은 마음에 대한 종합적인 연구를 하는 학문이다. 나는 죽을 때까지 인지과학을 도구로 글을 써야 하는 운명인지 모른다. 커피 할머니가 시장에서 커피를 팔았듯이 나도 내가 할 수 있는 일을 매일 하기로 했다.

당신도 생에 한 번쯤 초인으로 살다 가면 좋겠다. 생활의 문제에 갇혀 낙타를 벗지 못할 수 있으나 주어진 생을 잘 살다 보면 낙타가 사자로 변하고, 어느 날 아이처럼 즐길 수 있게 될지 모른다. 그러나 아이로 놀지만 말라. 촛불 하나라도 켜길 바란다. 빛을 낸 이들은 기업을 일으켰고, 예술을 하고, 스포츠에 헌신하고, 글을 쓰거나, 떡볶이를 만들며 자기 생을 통해 누군가를 도왔다. 그리고 자기를 넘어서며 빛을 발했다.

당신이 신흥 종교를 세울 수도 있지만, 책 한 권 쓰고 갈 수도 있고, 피겨스케이트로 대중에게 위로를 줄 수도 있다. 자기를 넘어 다른 이를 돕는 모든 사람은 빛이 난다. 초인의 빛이다. 우리는 어쩌면 낙타, 사자, 아이, 초인이라는 정신의 과정을 오르기 위해 문제를 먼저 겪어야 하는지 모른다.

나는 그랬다. 편하게 지방대 교수직을 유지하며 예순다섯 살 정년까지 보내고 이후에는 사학 연금으로 평생 걱정 없이 살 수도 있었을 내 인생은 중년에 어떤 사건을 만나 모든 것이 뒤틀리고 무기력, 저항, 혼란을 차례로 겪었다. 그야말로 삶은 고통의 연속이었다.

내가 왜 그리 살아야 했는지 지금은 모른다. 그건 운명이고 신앙의 문제다. 내 인생에 강제로 개입하신 신이 그리하신 거라 믿고 있다. 그리고 내가 경험한 세 가지 문제를 차례로 독자에게 얘기할 수밖에 없는 강박증 역시 내 운명이라고 생각한다. 하지만 그 고통이 막연하고 상징적이기만 하던 낙타, 사자, 어린아이, 초인의 삶에 대한 현실적인 자각을 주었다. 고통이 나를 다듬었고 키우고 있다.

죽을 때 잘 살았다고 웃을 수 있으려면 삶을 통해 빛이 나야 한다. 나도 그게 꿈이다. 아직은 기회가 남았다. 끝났다고 생각했었는데 아직 한 번 더 기회가 있다니 기적 같지 않은가? 우리 생의 가장 먼 여행은 아직 끝나지 않았고 우리에겐 여전히 힘이 남아 있다. 모든 것을 잃은 할머니가 시장이라는 가장 밑바닥에서 싸구려 커피를 팔아 재기했듯이 우리가 오늘 할 수 있는 일이 우리를 또 다른 곳으로 데려갈지 모른다. 재능이 맞닿은 일을 찾아 매일 그 일을 하다 보면 어제보다 진화되고 당신 삶에도 탁월한 유산이 하나 남을지 모른다.

표류하고 있었는가? 엔진을 고치고 시동을 걸자. 그리고 다시 긴 항해를 시작하자. 그대 삶의 마지막 항해가 아직 남아 있다. 그 항해는 가장 아름다울 것이고 신은 늘 당신과 함께할 것이다.

끝까지 가라

무엇인가를 시도할 계획이라면

끝까지 가라.

그렇지 않다면 시작도 하지 마라.

만약 시도할 것이라면

끝까지 가라.

이것은 여자 친구와 아내와 친척과 일자리를

잃을 수 있음을 의미한다.

어쩌면 너의 마음까지도.

끝까지 가라.

3~4일 동안 먹지 못할 수도 있고

공원 벤치에 앉아 추위에 떨 수도 있고

감옥에 갇힐 수도 있다.

웃음거리가 되고 조롱당하고

고립될 수 있다.

만약 시도할 것이라면

끝까지 가라.

너는 혼자지만 신들이 함께할 것이고

밤은 불처럼 타오를 것이다.

하고, 하고, 하라.

또 하라.

끝까지 하라.

너는 마침내 너의 인생에 올라타

완벽한 웃음을 웃게 될 것이니

그것은 세상에 존재하는

가장 멋진 싸움이다.

_찰스 부코스키의 시 〈끝까지 가라〉를 축약

마음의 혼란에서 질서 찾기 자가 훈련법

정신이 없고 길을 잃었다는 느낌이 든다면 다음의 여섯 단계를 통해 마음의 질서를 찾는다.

1단계: 당신 마음의 엔트로피 수준을 알아본다

1차 진단

엔트로피가 높은 상태인 낙타가 주로 보이는 상태는 우울, 슬픔, 고통, 무기력, 수치심 등이다. 다음 테스트를 통해 슬픔, 실망, 열등감을 평가할 수 있다. 표에 당신의 현재 상태를 기입한다. 합산 점수를 확인해 11점이 넘어가면 마음의 문제가 발생한 것으로 볼 수 있고, 21점 이상이면 상당히 문제가 있다고 볼 수 있다.

마음의 상태	질문	0 전혀 그렇지 않다	1 약간 그렇다	2 상당히 그렇다	3 항상 그렇다
슬픔	슬프거나 침울한가?				
실망	미래에 희망이 없는가?				
낮은 자신감	자신이 가치 없는 사람이라고 느껴지는가?				
열등감	다른 사람과 비교해 자신을 열등하거나 못난 존재로 느끼는가?				

죄책감	자신에 대한 불평과 자책을 하는가?				
우유부단함	어떤 결정을 내리기가 어려운가?				
과민성	종종 화를 내거나 성을 내는가?				
인생 흥미 상실	자기 직업, 취미, 가족 또는 친구에게 흥미를 잃었는가?				
동기 결여	스스로 일을 시작하는 것이 힘든가?				
초라한 자기상	자신이 늙어 보이거나 매력이 없어 보이는가?				
식욕 변화	식욕을 잃었거나 강박적으로 과식을 하거나 술을 마시는가?				
수면 변화	단잠을 자지 못하는가? 지나치게 피곤하거나 잠을 너무 많이 자는가?				
성적 흥미 결여	성생활에 흥미를 잃었는가?				
건강 염려	건강에 대해 지나치게 걱정하는가?				
자살 충동	인생은 살 가치가 없다거나 죽는 것이 더 낫다고 생각하는가?				

총점	현재의 마음 상태
0~4	정상이고 괜찮은 마음 상태
5~10	정상이지만 행복하지 못함
11~20	주의를 요하는 마음 상태
21~35	우울증이 크게 나타나는 마음 상태

2차 진단

혼란스러운 마음이 만드는 걱정과 초조함은 불안으로 나타난다. 따라서 불안 검사를 통해 당신의 무질서 정도를 확인할 수 있다. 33개의 문항으로 구성된 다음의 불안 검사BAI는 근심, 신경질적 반응, 극도의 불안, 흥분이나 당혹감, 죽음의 공포 또는 갑작스러운 심장 박동과 같은 불안의 증후를 평가한다. 각 항목을 체크하고 합산 점수를 구한 뒤 점수표에서 자신의 상태를 확인해보길 바란다. 불안 점수가 21점이 넘어가면 당신 마음에는 혼란이 이미 상당히 진행된 것으로 볼 수 있다.

불안 검사 체크 범주 1: 불안한 감정 질문	0 전혀 없음	1 약간 있음	2 상당히 있음	3 아주 많이 있음
1. 불안, 초조, 근심, 두려움				
2. 자신 주변의 일들을 낯설거나 비현실적으로 느낌				
3. 자기 몸의 일부 또는 전부로부터 분리된 느낌				
4. 갑작스럽고 예기치 못한 극심한 불안				
5. 절박하게 어떤 운명이 도래한 느낌				
6. 긴장감, 스트레스, 숨막힘, 구석에 몰린 느낌				

불안 검사 체크 범주 2: 불안한 생각 질문	0 전혀 없음	1 약간 있음	2 상당히 있음	3 아주 많이 있음
7. 집중하기 어려움				
8. 몰려오는 생각들				
9. 경악스러운 환상이나 백일몽				
10. 어떤 일에 직면했을 때 통제력을 잃은 느낌				
11. 머리가 돌거나 이상해지는 느낌				
12. 졸도 또는 기절에 대한 공포				
13. 신체적 질병이나 심장마비로 죽음에 대한 공포				
14. 멍청해 보이거나 어리석어 보이는 것에 대한 걱정				
15. 고독감 또는 버림받지 않을까 하는 두려움				
16. 비난 받거나 또는 거절당할 것에 대한 두려움				
17. 무언가 끔찍한 것이 벌어질 것 같은 두려움				

불안 검사 체크 범주 3: 신체 증상 질문	0 전혀 없음	1 약간 있음	2 상당히 있음	3 아주 많이 있음
18. 심장이 뛰거나 두근거림				
19. 가슴이 답답하고 흉통과 압박감				
20. 발가락이나 손가락이 마비되거나 따끔거림				
21. 위장의 불편감				
22. 변비 또는 설사				
23. 안절부절못함				
24. 긴장, 근육 경련이 일어남				
25. 열이 없는데 식은땀이 남				
26. 목에 무언가 걸린 듯함(이물감)				
27. 전율 또는 격동(손발이 떨림)				
28. 다리에 힘이 빠지는 느낌				
29. 현기증이 나고 머리가 몽롱하고 균형이 안 맞는 느낌				
30. 숨 막히거나 질식할 것 같은 느낌 또는 호흡 곤란				
31. 두통 혹은 목과 등에 통증				
32. 열감 또는 오한				
33. 피곤하거나 무력감으로 쉽게 탈진함				
총점				

불안 검사의 점수 해석 기준표

총점	불안의 정도
0~4	불안 없음
5~10	경계성 불안
11~20	경미한 불안
21~30	중간 정도의 불안
31~50	심각한 불안
51~99	극도의 불안 또는 공황

2단계: 마음의 엔진을 가동한다

1단계 진단을 거쳐 마음의 엔트로피가 증가해 우울과 불안이 심해진 것이 확인됐다면 마음의 질서를 찾기 위해 다음 단계를 진행한다. 먼저 당신 마음의 다섯 가지 성분들이 제 기능을 하고 있는지를 먼저 알아본다.

- 동기: 삶의 목적과 의미는 무엇인가? (   )
- 메타동기: 소명이나 사명이 있는가? (   )
- 정서: 현재 자주 느끼는 감정은 무엇이고 그것을 제어하려고 노력하는가? (   )
- 메타정서: 기쁨을 유지하기 위해 뭔가 노력하는 것이 있는가? (   )
- 의지: 당신과 다른 것을 수용하는 사람인가, 혐오하는 사람인가? (   )
- 메타의지: 당신을 끌고 가는 운명의 힘이 있는가? (   )
- 인지: 스스로 자신을 바라보고 있는가? (   )
- 메타인지: 더 지혜로워지기 위해 늘 애쓰는 사람인가? (   )
- 행동: 매일 목표를 이루기 위해 뭔가를 하고 있는가? (   )
- 메타행동: 누가 시키지 않아도 자연스럽게 반복하는 일이 있는가? (   )

마음의 성분들이 다음 그림과 같은 형태를 만들고 있는지 살펴보라.

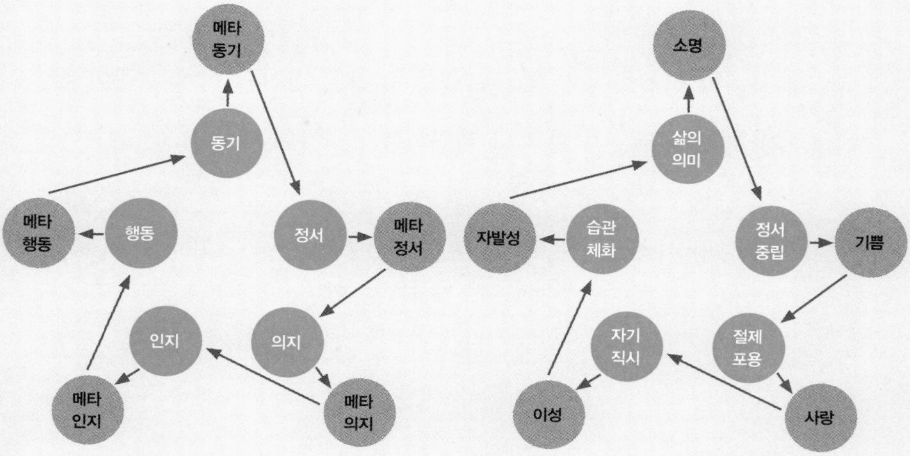

3단계: 메타마인드의 촉매 역할 체크

메타마인드가 마인드를 자극하는지 생각해본다. 다음 빈 그림에 당신의 마음 상태를 써본다. 또한 다섯 가지 마음 간의 순서를 보고 각각 제 기능을 하는지 자가 감시를 한다.

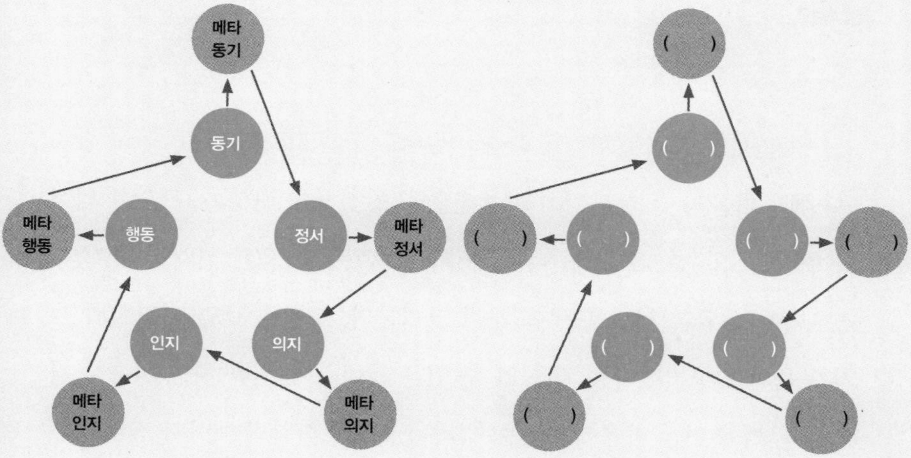

4단계: 의식 수준 체크

마음의 상태가 의식의 수준을 나타낸다. 따라서 당신의 의식 수준이 어디에 가장 많이 머무는지 전부 다 체크한다.

의식 단계 / 마음 요소	수치심	죄책감	무기력	슬픔	두려움	욕망	분노	자존심	용기	중용	자발성	포용	이성	사랑	기쁨	평화	깨달음
당신이 머무는 위치																	

5단계: 마음 성분 강화 훈련

4단계에서 체크한 의식 수준에 해당하는 마음 성분을 강화하는 훈련을 한다. 이 훈련을 최소한 한 주에서 한 달 정도 매일 반복한다.

의식 단계 / 마음 요소	수치심	죄책감	무기력	슬픔	두려움	욕망	분노	자존심	용기	중용	자발성	포용	이성	사랑	기쁨	평화	깨달음
당신이 머무는 위치	인지	인지	행동	정서	동기	동기	정서	인지	동기	정서	행동	의지	인지	의지	정서	행동	의지

6단계: 마음의 취약점 찾기와 마음의 질서도 도형 그리기

5단계의 마음의 성분을 강화하는 훈련을 일정하게 진행한 후 3부 '의식의 질서는 집중으로 나타난다' 장에서 살펴봤던 마음의 취약점 찾기 테스트와 마음의 질서도 도형을 다시 그려본다. 도형을 보면 다각형의 크기가 이전보다 커졌다는 것을 알 수 있을 것이다. 훈련을 하면 마음은 강화된다. 이 훈련을 마음에 혼란이 나타나 고통스러워질 때마다 진행한다.

	질문 사항	전혀 그렇지 않다 (1점)	그런 편이다 (2점)	아주 그렇다 (3점)	항목별 점수
동기	1. 나는 스스로 동기부여를 잘한다.				
	2. 나는 결코 일을 미루지 않는다.				
	3. 나는 꼴지를 하더라도 젖 먹던 힘까지 동원해 일을 마무리한다.				
정서	1. 나는 낯설고 어려운 상황이나 일에 처해도 잘 견딘다.				
	2. 나는 내가 내린 결정을 두고 결코 후회하지 않는다.				
	3. 나는 무언가가 의심스럽다고 해도 나를 신뢰한다.				
의지	1. 나는 어떤 일이 있더라도 내가 세운 목표에 집중한다.				
	2. 나는 무슨 일이 있어도 목표에 도달할 때까지 노력한다.				
	3. 나는 일을 할 때 처음부터 끝까지 핵심을 꿰뚫는 통찰력이 있다.				
인지	1. 나는 무언가가 잘못됐다고 판단되면 개선할 방법을 생각한다.				
	2. 나는 나 자신뿐만 아니라 타인이 지닌 잠재력을 정확히 안다.				
	3. 나는 내가 뭘 모르는지를 잘 안다.				
행동	1. 나는 해결책이 전혀 없어 보일 때에도 해결 방법을 잘 찾아낸다.				
	2. 나는 일이 잘 안 풀리는 상황도 실패라기보다는 기회라고 여긴다.				
	3. 나는 일이 원하는 대로 안 되면 다른 방법을 찾아내 꼭 결과를 본다.				

테스트 날짜: 년 월 일 총합산 ( ) 15~45점 사이에 있다

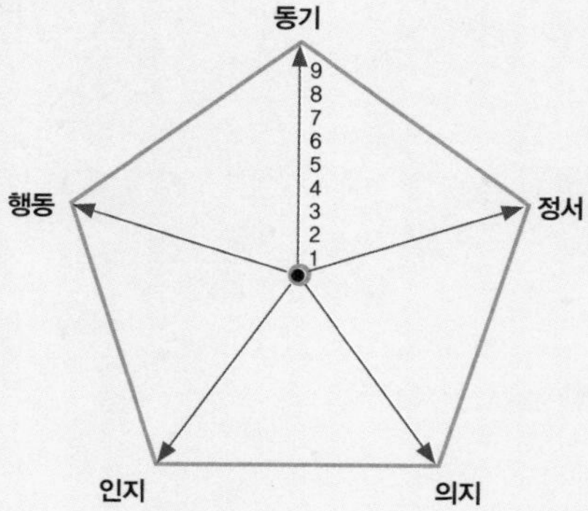

(테스트 날짜:)

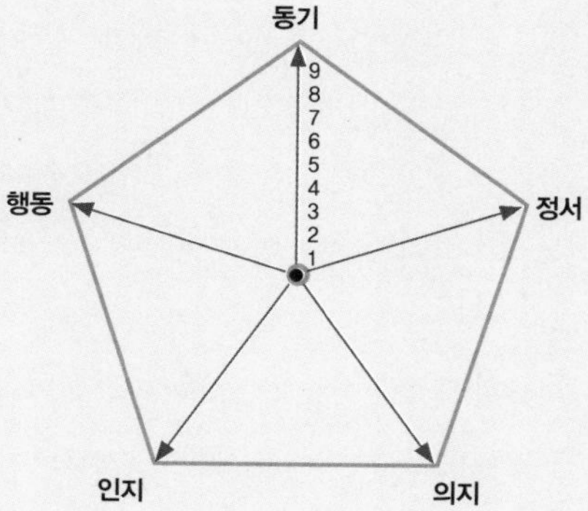

(테스트 날짜:)

머리말

《신곡1》 단테, 하서, 1990

《끝나지 않은 길》 스콧 펙, 소나무, 1999

《문제는 무기력이다》 박경숙, 와이즈베리, 2013

《문제는 저항력이다》 박경숙, 와이즈베리, 2016

1부. 혼란의 증상 – 무엇을 먼저 해야 할지 정신이 없다

《문제는 무기력이다》 박경숙, 와이즈베리, 2013

《문제는 저항력이다》 박경숙, 와이즈베리, 2016

《내면세계의 질서와 영적 성장》 고든 맥도널드, IVP, 2018

《바클레이 신약 주석 : 마태복음》 윌리엄 바클레이, 기독교문사, 1997

《상실과 고통 너머》 폴 투르니에, 다산글방, 2000

《아무것도 못 버리는 사람》 캐런 킹스턴, 도솔, 2001

《톨스토이 고백록》 레프 톨스토이, 현대지성, 2018

《의식혁명 》 데이비드 호킨스, 한문화, 1998

《인생의 궤도를 수정할 때》 고든 맥도널드, IVP, 2020

《부 중독자》 필립 슬레이터, 어마마마, 2015

《절벽산책》 돈 슈나이더, 사람과책, 1997

《성장심리학》 듀에인 슐츠, 이화여자대학교 출판부, 1996

《몰입》 미하이 칙센미하이, 한울림, 2011

《몰입의 즐거움》 미하이 칙센미하이, 해냄, 2007

《몰입의 기술》 미하이 칙센미하이, 더불어책, 2003

《몰입의 경영》 미하이 칙센미하이, 황금가지, 2006

《카오스》 제임스 글릭, 동아시아, 2013

《사람과 컴퓨터》 이인식, 까치, 1992

《혼돈의 가장자리》 스튜어트 A. 카우프만, 사이언스북스, 2002

《카오스 혼돈속의 법칙》 도다 모리가즈, 대광서림, 1993

《카오스와 프랙털》 야마구치 마사야, 전파과학사, 1993

《솔리톤-비선형의 불가사의》 와타나베 신스케, 대광서림, 1993

《장자》 오강남 풀이, 현암사, 2016

《*Helplessness - On depression, development and death*》 Martin E. P. Seligman, W.H. Freeman & CO., San Francisco, 1975

《*Chaos and Fractals*》 Heinz-Otto Peitgen & Hartmut Jurgens &, Dietmar Saupe, Springer-Verlag, 1992.

오스카 와일드 참고 사이트 : https://100.daum.net/encyclopedia/view/63XX19000062, https://terms.naver.com/entry.nhn?docId=2078577&cid=44546&categoryId=44546

2부. 혼란이 생기는 이유 - 문제는 엔트로피 증가야

《문제는 무기력이다》 박경숙, 와이즈베리, 2013

《문제는 저항력이다》 박경숙, 와이즈베리, 2016

《킬리만자로의 눈》 어니스트 헤밍웨이, 문학동네, 2012

《생의 절반에서 융을 만나다》 대릴 샤프, 북북서, 2009

《한 권으로 읽는 융》 에드워드 암스트롱 베넷, 푸른숲, 1997

《C. G. 융 심리학 해설》 야코비 외, 홍신 문화사, 1995

《히틀러의 정신 분석》 월터 C. 랑거, 솔출판사, 1999

《최신정신의학》 민성길 외, 일조각, 1998

《정신분석의 기본 원리》 알랭 바니에, 솔출판사, 1999

《성장 심리학》 듀에인 슐츠, 이화여자대학교 출판부, 1996

《엔트로피》 제러미 리프킨, 세종연구원, 2015

《쉽게 읽는 엔트로피》 엔트로피를 생각하는 사람들 엮음, 두레, 1993

《엔트로피 이야기》 곽영직, 자음과 모음, 2012

《생명이란 무엇인가?》 에르빈 슈뢰딩거, 한울, 2021

《몰입》 미하이 칙센미하이, 한울림, 2011

《불교사상의 이해》 동국대학교교불교문화대학, 불교시대사, 1999

《한국민족문화대백과사전》 한국정신문화연구원, http://encykorea.aks.ac.kr/ 참조

《성격장애의 인지치료》 에런 벡 외, 학지사, 2008

《하이퍼그라피아》 앨리스 플래허티, 휘슬러, 2006

《명상으로 십대의 뇌를 깨워라》 혜거스님, 책으로 여는 세상, 2012

《자아를 잃어버린 현대인》 롤로 메이, 문예출판사, 1974

《왜 나를 말하기를 두려워하는가》 존 포웰, 자유문학사, 1990

《반 고흐, 영혼의 편지》 빈센트 반 고흐, 위즈덤하우스, 2017

《Art and Fear: 예술가여, 무엇이 두려운가》 데이비드 베일즈, 테드 올랜드, 루비박스, 2006

《우파니샤드》 김세현 역, 동서문화사, 2016

《마음의 혼란》 다우어 드라이스마, 에코리브르, 2015

《파멸 : 카타스트로피》 에드워드 스코블레프, 열사람, 1992

《뇌 1.4킬로그램의 사용법》 존 레이티, 21세기북스, 2011

《뇌 매핑마인드》 리타 카터, 말글빛냄, 2007

《뇌》 리타 카터 외, 21세기북스, 2010

《나는 결심하지만 뇌는 비웃는다》 데이비드 디살보, 모멘텀, 2012

《꿈을 이룬 사람들의 뇌》 조 디스펜자, 한언, 2009

《브레이킹》 조 디스펜자, 프렘, 2012

《당신이 플라시보다》 조 디스펜자, 샨티, 2016

《행복을 선택한 사람들》 숀 아처, 청림, 2015

《뇌》 리처드 톰슨, 성원사, 1993

《뇌의 진화》 존 에클스, 민음사, 1998

《미친 뇌가 나를 움직인다》 데이비드 와이너, 길버트 헤프터, 사이, 2006

《성격심리학》 찰스 카버 외, 학지사, 2005

《성격심리학 이론과 연구》 로런스 퍼빈 외, 중앙적성출판사, 2006

《성격 심리학》 월터 미셸 외, 시그마 프레스, 2006

《작가 수업》 도러시아 브랜디, 공존, 2018

《미래 마인드》 하워드 가드너, 재인, 2008

《두려움》 스리니바산 S. 필레이, 웅진지식하우스, 2011

《구원으로서의 글쓰기》 나탈리 골드버그, 민음사, 2016

《끝나지 않은 길》 스콧 펙, 소나무, 1999

《몸에 밴 어린시절》 W. 휴 미실다인, 카톨릭교리신학원, 2000

《어린아이의 일을 버려라》 데이빗 A 씨멘즈, 두란노, 1992

《차라투스트라는 이렇게 말했다》 프리드리히 니체, 민음사, 2004

《권력에의 의지》 프리드리히 니체, 청하, 1988

《선악의 저편 · 도덕의 계보》 프리드리히 니체, 책세상, 2002

《인간적인 너무나 인간적인》 프리드리히 니체, 동서문화사, 2007

《정신분석 및 정서이론 결합형 지능 알고리즘을 이용한 인지모형 시스템》 박경숙, 연세대학교 대학원 박사학위 논문, 2000

《*Inner Healing: A Hand book for Helping Yourself & others*》 Flynn, M & Gregg, D. InterVarsity Press, 1993

《*Helplessness - On depression, development and death*》 Martin E. P. Seligman, W.H. Freeman & CO., San Francisco, 1975

3부. 의식의 질서찾기 – 힘을 빼고 훈련하라

《파인만씨 농담도 잘하시네》 리처드 P.파인만, 사이언스 북스, 2000

《집중력 마법을 부리다》 샘 혼, 갈매나무, 2017

《위너 브레인》 제프 브라운 외, 문학동네, 2011

《성공의 열쇠는 집중력이다》 세론 Q. 듀몬, 북뱅크, 2006

《미래를 여는 집중의 힘》 잭 캔필드, 마크 빅터 한센, 레스 휴이트, 북코프, 2007

《최강 생각 정리법》 나카지마 하지메, 폴라북스, 2011

《인생의 좌표를 잡아라》 외르크 W. 크놉라우흐 외, 김영사, 2004

《드라이브》 다니엘 핑크, 청림, 2011

《역사 속의 영웅들》 윌 듀런트, 김영사, 2011

《천의 얼굴을 가진 영웅》 조지프 캠벨, 민음사, 2004

《낭만적인 고고학 산책》 C. W. 체람, 대원사, 2002

《천로역정》 존 번연, 포이에마, 2011

《목적이 이끄는 삶》 릭 워런, 디모데, 2003

《월든》 헨리 데이비드 소로, 은행나무, 2011

《삶의 의미를 찾아서》 빅터 프랭클, 청아출판사, 2005

《죽음의 수용소에서》 빅터 프랭클, 청아출판사, 2005

《팡세》 블레즈 파스칼, 민음사, 2003

《정서심리학》 제임스 W. 카랏, 시그마 프레스, 2009

《정서심리학》 로버트 플루칙, 학지사, 2004

《정서란 무엇인가?》 김경희, 민음사, 1995

《정서심리학》 김경희, 박영사, 2004

《인간과 동물의 감정표현에 대하여》, 찰스 다윈, 서해문집, 1998

《정서지능》 제럴드 매슈 외, 학지사, 2010

《감성지능1, 2》 대니얼 골먼, 비전 코리아, 1996

《감정과 이성》 리처드 래저러스 외, 문예출판사, 2013

《감정을 과학한다》 게리 주커브, 이레, 2007

《영혼의 자리》 게리 주커브, 나라원, 2019

《다중지능》 하워드 가드너, 웅진지식하우스, 2007

《자아를 잃어버린 현대인》 롤로 메이, 문예출판사, 1974

《사랑과 의지》 롤로 메이, 한빛, 1981

《의지력의 재발견》 로이 F. 바우마이스터 외, 에코리브르, 2012

《의지력:내인생을 바꾸는 힘》 임근배, 경향미디어, 2006

《좋은 기업을 넘어 위대한 기업으로》 짐 콜린스, 김영사, 2021

《성공하는 기업들의 8가지 습관》 짐 콜린스, 김영사, 2002

《위대한 기업은 다 어디로 갔을까?》 짐 콜린스, 김영사, 2010

《긍정의 배신》 바버라 에런라이크, 부키, 2011

《의식혁명 》 데이비드 호킨스, 한문화, 1998

《의식 수준을 넘어서》 데이비드 호킨스, 판미동, 2009

《내 안의 참나를 만나다》 데이비드 호킨스, 판미동, 2008

《나의 눈》 데이비드 호킨스, 한문화, 2001

《놓아버림》 데이비드 호킨스, 판미동, 2013

《운동화 신은 뇌》 존 레이티, 에릭 헤이거먼, 녹색지팡이, 2009

《뇌 매핑마인드》 리타 카터, 말글빛냄, 2007

《뇌》 리타 카터 외, 21세기북스, 2010

《신화의 세계》 조지프 캠벨, 까치, 1998

《변신이야기》 오비디우스, 민음사, 1998

《천재들의 창조적 습관》 트와일라 타프, 문예출판사, 2006

《러셀 서양철학사》 버트란트 러셀, 을유문화사, 2020

《지금 이 순간을 살아라》 에크하르트 톨레, 양문, 2008

《역사 속의 영웅들》 윌 듀런트, 황금가지, 2002

《인생으로의 두 번째 여행》 알렌 B. 치넨, 황금가지, 1999

《목표, 그 성취의 기술》 브라이언 트레이시, 김영사, 2003

《아웃라이어》 말콤 글래드웰, 김영사, 2019

《코끼리와 벼룩》 찰스 핸디, 모멘텀, 2016

《포트폴리오 인생》 찰스 핸디, 에이지21, 2008

《경영의 미래》 게리 해멀, 세종서적, 2019

《의지와 표상으로서의 세계》 아르투어 쇼펜하우어, 동서문화사, 2008

《새뮤얼 스마일즈의 자조론》 새뮤얼 스마일즈, 21세기북스, 2021

《새로운 미래가 온다》 다니엘 핑크, 한국경제신문, 2020

《인지치료》 주디스 S. 벡, 하나의학사, 1997

《*Darwin and facial expression: A century of research in review*》 Ekman, p. New york : Academic Press. 1973

《*Emotion and Life*》 Robert Plutchik. American Psychological Association Washington DC, 2003

"Neorosis as a Failure of Personal Growth" Humanitas, A. Maslow,967. 3. pp 153~69

《*The cognitive structure of emotion*》 Andrew Ortony, Gerald L. Clore, Allan Collins, Cambridge University Press, 1988

《*Emotion and Adaption*》 Lazarus, R. S. New York: Oxford University Press.1991

4부. 혼란에서 질서로 – 성장과 진화를 꿈꾸며

《생명이란 무엇인가?》 에르빈 슈뢰딩거, 한울, 2021

《엔트로피》 제레미 리프킨, 세종연구원, 2015

《쉽게 읽는 엔트로피》 엔트로피를 생각하는 사람들 엮음, 두레, 1993

《엔트로피 이야기》 곽영직, 자음과 모음, 2012

《혼돈의 가장자리》 스튜어트 A. 카우프만, 사이언스북스, 2002

《자기조직하는 우주》 에리히 얀치, 범양사, 1989

《영혼의 절규》 바츨라프 니진스키, 푸른숲, 2002

《혼돈으로부터 질서》 일리야 프리고진 외, 자유아카데미, 2011

《차라투스트라는 이렇게 말했다》 프리드리히 니체, 민음사, 2004

《권력에의 의지》 프리드리히 니체, 청하, 1988

《선악의 저편 · 도덕의 계보》 프리드리히 니체, 책세상, 2003

《인간적인 너무나 인간적인》 프리드리히 니체, 동서문화사, 2007

《의지와 표상으로서의 세계》 아르투어 쇼펜하우어, 동서문화사, 2008

《철학 이야기》 윌 듀런트, 동서문화사, 2007

《니코마코스 윤리학》 아리스토텔레스, 도서출판 창, 2008

《시학》 아리스토텔레스, 현대지성, 2021

《신화와 인생》 조지프 캠벨, 갈라파고스, 2009

《월든》 헨리 데이비드 소로, 은행나무, 2011

《서드 에이지, 마흔 이후 30년》 윌리엄 새들러, 사이, 2015

《핫 에이지, 마흔 이후 30년》 윌리엄 새들러, 사이, 2008

《하프타임》 밥 버포드, 옥토, 1996

《40 또다른 출발점》 밥 버포드, 북스넛, 2003

《하프타임의 고수들》 밥 버포드, 국제제자훈련원, 2010

《위너 브레인》 제프 브라운 외, 문학동네, 2011

《우주변화의 원리》 한동석, 대원출판, 2001

《미친 뇌가 나를 움직인다》 데이비드 와이너, 길버트 헤프터, 사이, 2006

《기억 꿈 사상》 카를 융, 김영사, 2007

《생물학 이야기》 김웅진, 행성B이오스, 2015

《*Ten days to self-esteem*》 David D. Burns. Quill. 1999

《*Helplessness - On depression, development and death*》 Martin E. P. Seligman, W.H. Freeman & CO., San Francisco, 1975

《*Learned Optimism : How to Change Your Mind and Your Life*》 Martin E. P. Seligman, Vintage Books: A Division of Random House, Inc. New York, 2006

어른이라는 혼란

초판 1쇄 인쇄 2022년 12월 25일 | 초판 1쇄 발행 2023년 1월 15일

지은이 박경숙

펴낸이 신광수
CS본부장 강윤구 | 출판개발실장 위귀영 | 출판영업실장 백주현 | 디자인실장 손현지
단행본개발팀 권병규, 조문채, 정혜리
출판디자인팀 최진아, 당승근 | 저작권 김마이, 이아람
채널영업팀 이용복, 우광일, 김선영, 이채빈, 이강원, 강신구, 박세화, 김종민, 정재욱, 이태영, 전지현
출판영업팀 민현기, 최재용, 신지애, 정슬기, 허성배, 설유상, 정유
영업관리파트 홍주희, 이은비, 이용준, 정은정
CS지원팀 강승훈, 봉대중, 이주연, 이형배, 이우성, 전효정, 장현우, 정보길

펴낸곳 (주)미래엔 | 등록 1950년 11월 1일(제16-67호)
주소 06532 서울시 서초구 신반포로 321
미래엔 고객센터 1800-8890
팩스 (02)541-8249 | 이메일 bookfolio@mirae-n.com
홈페이지 www.mirae-n.com

ISBN 979-11-6841-481-5 (03180)

* 와이즈베리는 ㈜미래엔의 성인단행본 브랜드입니다.
* 책값은 뒤표지에 있습니다.
* 파본은 구입처에서 교환해 드리며, 관련 법령에 따라 환불해 드립니다.
  다만, 제품 훼손 시 환불이 불가능합니다.

와이즈베리는 참신한 시각, 독창적인 아이디어를 환영합니다.
기획 취지와 개요, 연락처를 bookfolio@mirae-n.com으로 보내주십시오.
와이즈베리와 함께 새로운 문화를 창조할 여러분의 많은 투고를 기다립니다.